图解施工
解 会计实操

平准◎编著

中国纺织出版社有限公司 | 国家一级出版社
全国百佳图书出版单位

内 容 提 要

本书依据最新的会计准则，结合建筑施工企业的特点，对建筑施工企业有关会计政策的选择、会计科目的设置和使用、相关信息的财务报告披露、税务筹划的方法等方面做了较为详细的论述。本书充分运用了图解的方式向读者传达建筑施工企业的会计知识，图文并茂，深入浅出，使得原本枯燥的内容能够活灵活现地展现在读者面前，这样不仅能使读者较快的学到知识的精髓，也能加深对知识的理解和掌握。

图书在版编目（CIP）数据

图解施工会计实操 / 平准编著 . -- 北京：中国纺织出版社有限公司，2021.1
ISBN 978-7-5180-7822-6

Ⅰ．①图… Ⅱ．①平… Ⅲ．①建筑施工企业－工业会计－图解 Ⅳ．① F407.967.2-64

中国版本图书馆 CIP 数据核字（2020）第 163892 号

策划编辑：史 岩　　　责任编辑：段子君
责任校对：高 涵　　　责任印制：储志伟

中国纺织出版社有限公司出版发行
地址：北京市朝阳区百子湾东里A407号楼　邮政编码：100124
销售电话：010—67004422　传真：010—87155801
http://www.c-textilep.com
中国纺织出版社天猫旗舰店
官方微博 http://weibo.com/2119887771
三河市延风印装有限公司印刷　各地新华书店经销
2021年1月第1版第1次印刷
开本：787×1092　1/16　印张：18
字数：369千字　定价：58.00元

前 言
PREFACE

在我国，建筑业是国民经济的重要物质生产部门，它与整个国家经济的发展、人民生活的改善有着密切的关系，建筑业的快速发展推动了国民经济的增长。

未来 20 年，中国城市化率将提高到 76% 以上，城市对整个国民经济的贡献率将达到 95% 以上。都市圈、城市群、城市带和中心城市的发展预示了中国城市化进程的高速起飞，也预示了建筑业更广阔的市场即将到来。

面对广阔的前景，施工企业应实行集约化经营和精细化管理，提高经济效益，增强发展后劲。企业集约化经营和精细化管理对企业"信息流"的要求越来越高，因而对作为决策信息重要组成部分的会计信息质量提出了更高要求。这迫切需要施工企业根据企业会计准则统一会计处理流程，实现会计工作的程序化与规范化，提高会计工作效率，保证会计信息及时、准确、完整，从而保障企业经营目标的实现。

正是基于此目的，我们在深入研究现代建筑施工企业会计核算特点和现行会计法规制度的基础上，为帮助建筑施工企业的财务会计人员领会建筑施工企业财务会计的精髓、提高建筑施工企业财务会计的实务操作技能编写了本书。

本书从实用性和适用性出发，将《企业会计准则》对企业会计核算的一般要求和原则规定与建筑施工企业经营活动的特殊性相结合，在阐明相关理论与方法的基础上，辅助大量的实例，系统的论述了建筑施工企业经济业务的会计核算理论与方法。

本书帮助读者搭建知识框架，由简入深，由分到总，循序渐进。本书具有以下特点：

一是图文并茂。本书充分运用了图解的方式，用图表代替文字进行阐述，化繁为简，尽量做到精练，帮助读者概括总结知识点，使读者一目了然，让原本较为枯燥的内容能够活灵活现地展现在读者面前。

二是内容新。我们以现行《企业会计准则》为主要依据，对施工企业有关会计政策的选择、会计科目的设置和使用、相关信息的财务报告披露等方面做了较为详细的论述。

三是兼具通用性和针对性。本书在阐述通用会计基础知识的基础上，结合施工企业的特点针对施工企业会计处理进行讲解和举例，既适用于想接触会计基础知识的人员，也适用于想了解和掌握施工企业具体会计处理的人员，兼具通用性和针对性。

四是适用范围广。本书全面介绍和举例详解。在实际工作中，一些施工企业由于分工细化，经营活动的内容相对简单或固定，会计业务相对也比较简单，而本书考虑各种施工企业在不同的施工活动中的经济业务事项和内容，把相关会计政策和方法做尽可能全面的介绍和举例详解。

五是适用范围广。本书的适用面较广，既可作为施工企业广大财会人员处理会计实务和税务筹划的工具书，又可作为大中专财经院校开设施工企业会计课程的最新教材和教学参考用书，还可作为广大财会人员自学以及参加各种会计专业考试的参考书。

由于水平有限，本书在编写过程中对有些问题的讲解可能不尽完善，疏漏之处不可避免，敬请读者批评指正。

平准

2020 年 12 月

目　录
CONTENTS

第三章　固定资产

第四章　金融工具

第五章　投资性房地产

第六章 **无形资产和其他资产**

第七章 **流动负债**

第八章　非流动负债

第九章　所有者权益

第十章　工程成本的会计核算

第一章

施工企业会计入门

第一节　施工企业的生产经营活动

一、施工企业的概念

施工企业主要从事建筑安装工程的生产活动，是为国民经济各部门建造房屋和建筑设备安装，以及建筑物修缮和拆除工程项目的企业。在行政上具有独立的组织机构，在经济上实行自主经营、独立核算、自负盈亏，是具有法人资格的经济实体。包括各类建筑公司、设备安装公司、工程公司、装饰和装修公司等。

施工企业和其他企业一样，都是通过其经营活动来获取经济效益，实现其资本增值的。但与其他企业不同的是，它主要是通过承包工程，提供建筑产品、安装产品等获取收入，实现利润。施工企业为了能以较少的消耗取得更大的经济效果，必须借助于会计，对施工过程中所发生的耗费以及取得的成果进行记录、计算、分析、对比等，为经济管理提供财务信息，从而达到降低工程成本、提高企业经济效益的目的。

二、施工企业生产经营活动的内容

施工企业生产经营活动的内容如图 1-1 所示：

图1-1　施工企业生产经营活动的内容

三、施工企业生产经营活动的特点

施工企业生产经营活动的特点如图 1-2 所示：

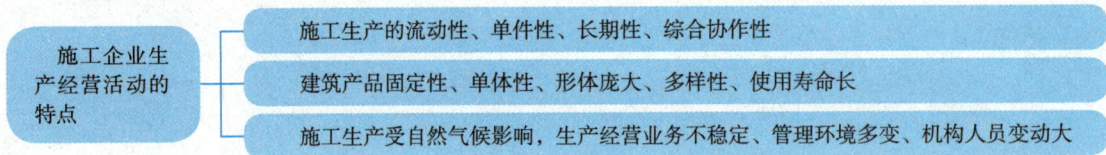

图1-2　施工企业生产经营活动的特点

第二节 施工企业会计的概念和特点

一、施工企业会计的概念

施工企业会计就是以货币为主要计量单位，采用专门的方法，对施工企业的经济活动进行全面、连续、系统地核算和监督的一种管理活动，是施工企业经济管理的重要组成部分。

施工企业会计的概念如图 1-3 所示：

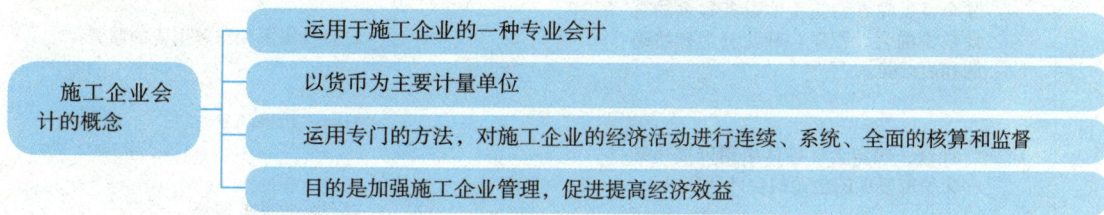

施工企业会计的概念
- 运用于施工企业的一种专业会计
- 以货币为主要计量单位
- 运用专门的方法，对施工企业的经济活动进行连续、系统、全面的核算和监督
- 目的是加强施工企业管理，促进提高经济效益

图1-3 施工企业会计的概念

二、施工企业会计的特点

施工企业会计的特点如图 1-4 所示：

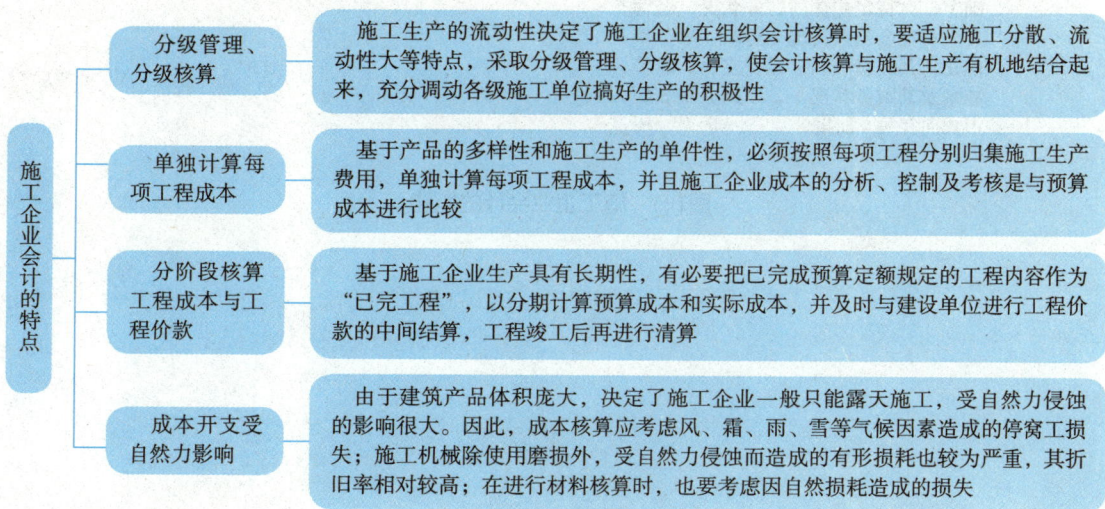

施工企业会计的特点

分级管理、分级核算　施工生产的流动性决定了施工企业在组织会计核算时，要适应施工分散、流动性大等特点，采取分级管理、分级核算，使会计核算与施工生产有机地结合起来，充分调动各级施工单位搞好生产的积极性

单独计算每项工程成本　基于产品的多样性和施工生产的单件性，必须按照每项工程分别归集施工生产费用，单独计算每项工程成本，并且施工企业成本的分析、控制及考核是与预算成本进行比较

分阶段核算工程成本与工程价款　基于施工企业生产具有长期性，有必要把已完成预算定额规定的工程内容作为"已完工程"，以分期计算预算成本和实际成本，并及时与建设单位进行工程价款的中间结算，工程竣工后再进行清算

成本开支受自然力影响　由于建筑产品体积庞大，决定了施工企业一般只能露天施工，受自然力侵蚀的影响很大。因此，成本核算应考虑风、霜、雨、雪等气候因素造成的停窝工损失；施工机械除使用磨损外，受自然力侵蚀而造成的有形损耗也较为严重，其折旧率相对较高；在进行材料核算时，也要考虑因自然损耗造成的损失

图1-4 施工企业会计的特点

三、施工企业会计的职能

施工企业会计的职能如图 1-5 所示：

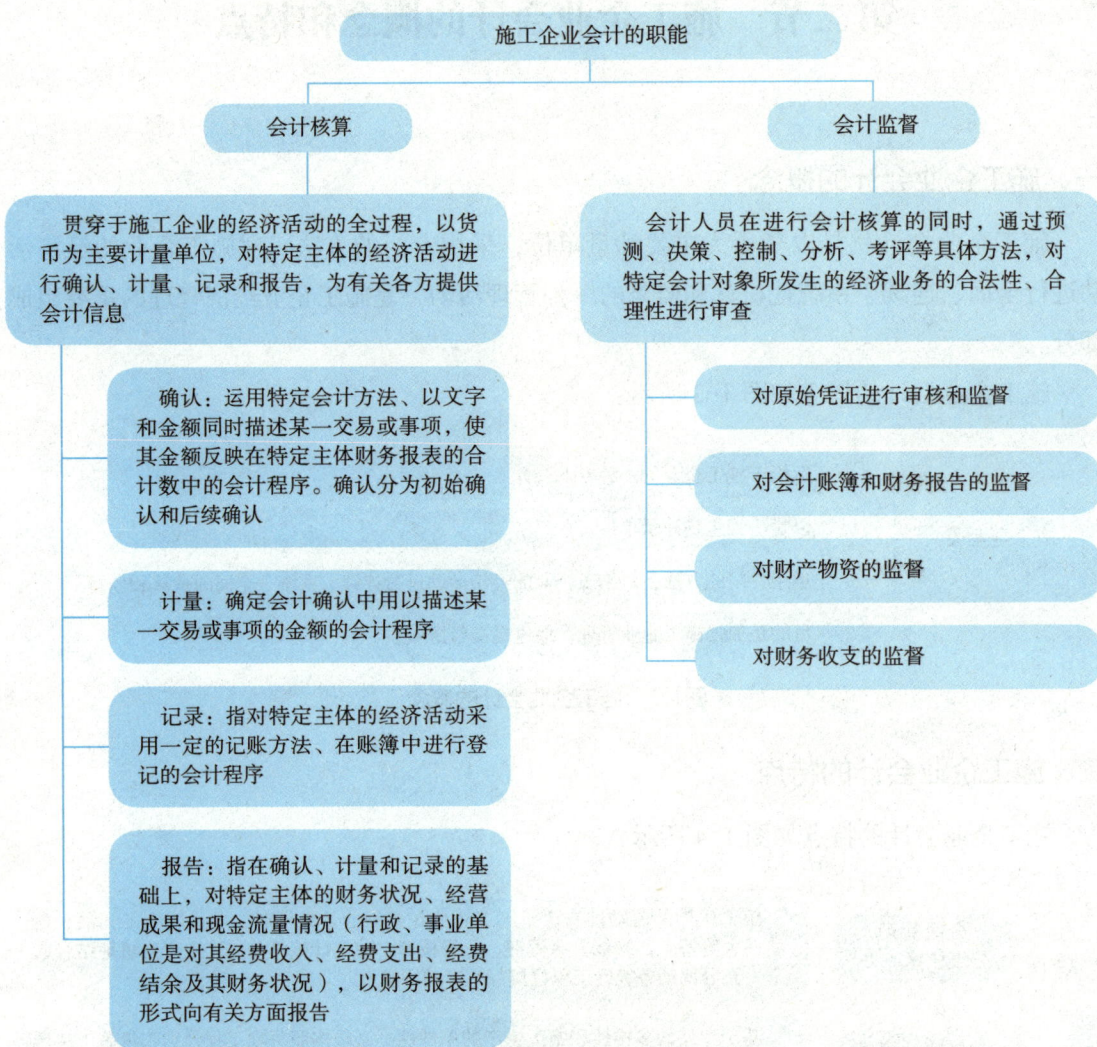

施工企业会计的职能

会计核算

贯穿于施工企业的经济活动的全过程，以货币为主要计量单位，对特定主体的经济活动进行确认、计量、记录和报告，为有关各方提供会计信息

确认：运用特定会计方法、以文字和金额同时描述某一交易或事项，使其金额反映在特定主体财务报表的合计数中的会计程序。确认分为初始确认和后续确认

计量：确定会计确认中用以描述某一交易或事项的金额的会计程序

记录：指对特定主体的经济活动采用一定的记账方法、在账簿中进行登记的会计程序

报告：指在确认、计量和记录的基础上，对特定主体的财务状况、经营成果和现金流量情况（行政、事业单位是对其经费收入、经费支出、经费结余及其财务状况），以财务报表的形式向有关方面报告

会计监督

会计人员在进行会计核算的同时，通过预测、决策、控制、分析、考评等具体方法，对特定会计对象所发生的经济业务的合法性、合理性进行审查

对原始凭证进行审核和监督

对会计账簿和财务报告的监督

对财产物资的监督

对财务收支的监督

图1-5　施工企业会计的职能

第二章

存　货

第一节　存货概述

一、存货的概念

存货的概念如图 2-1 所示：

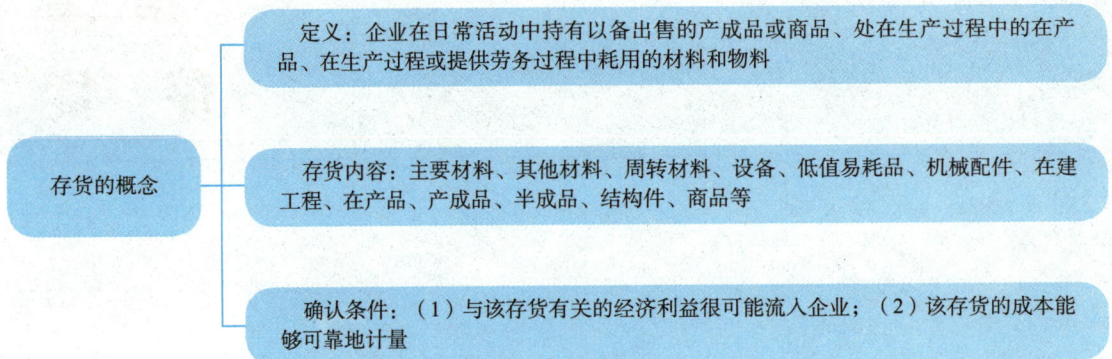

存货的概念

定义：企业在日常活动中持有以备出售的产成品或商品、处在生产过程中的在产品、在生产过程或提供劳务过程中耗用的材料和物料

存货内容：主要材料、其他材料、周转材料、设备、低值易耗品、机械配件、在建工程、在产品、产成品、半成品、结构件、商品等

确认条件：（1）与该存货有关的经济利益很可能流入企业；（2）该存货的成本能够可靠地计量

图2-1　存货的概念

二、存货的特点

存货的特点如图 2-2 所示：

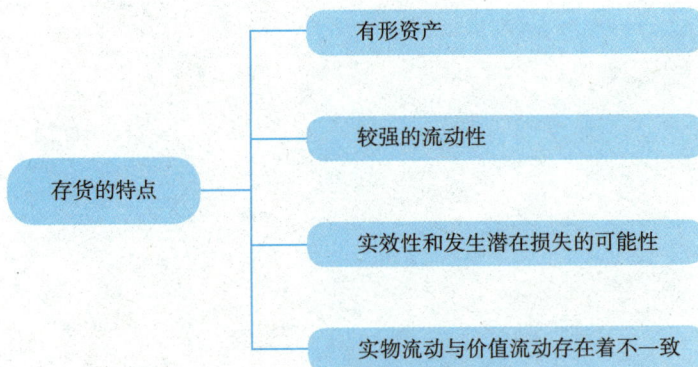

存货的特点

有形资产

较强的流动性

实效性和发生潜在损失的可能性

实物流动与价值流动存在着不一致

图2-2　存货的特点

三、施工企业存货的种类

施工企业存货的种类如图 2-3 所示：

施工企业存货的种类	库存材料	用于建筑安装工程而存放在仓库的各种材料，施工企业的库存材料包括主要材料、结构件、机械配件和其他材料等
	周转材料	施工生产过程中能多次使用，并可基本保持原来的形态而逐渐转移其价值的材料
	低值易耗品	使用年限较短，或价值较低，不作固定资产核算的各种用具物品。如铁镐、铁锹等
	在途物资	企业从外购进，货款已经支付，但尚在运输途中或虽已到达但尚未验收入库的材料
	委托加工物资	企业委托外单位加工的各种材料物资
	产成品	内部独立核算的附属工业企业库存的各种产品
	在产品	内部独立核算的附属工业企业正在加工产品

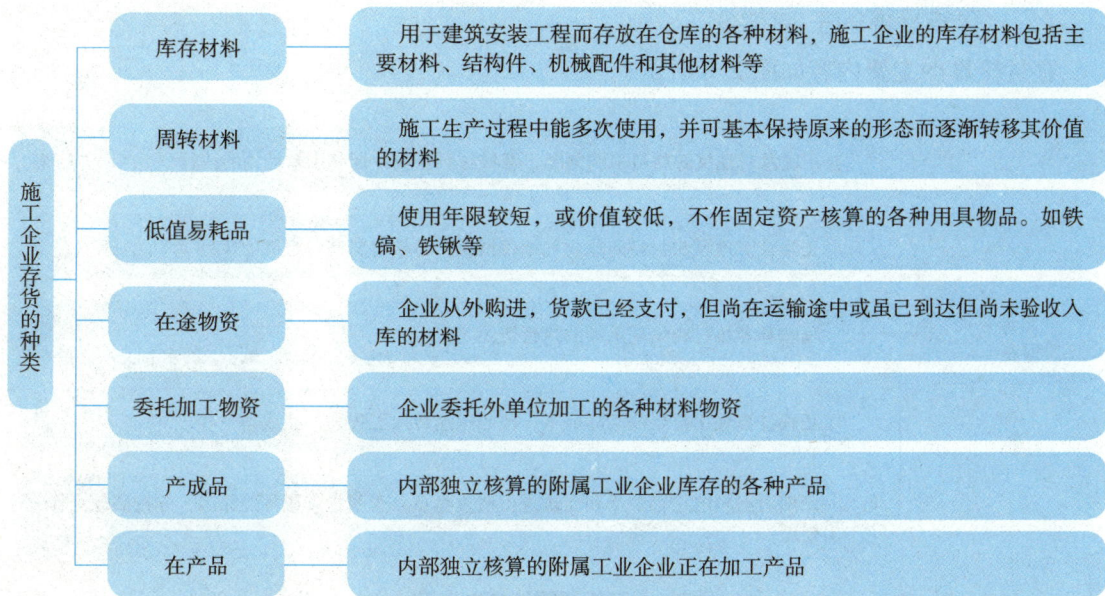

图2-3　施工企业存货的种类

四、存货会计核算概述

存货会计核算概述如图 2-4 所示：

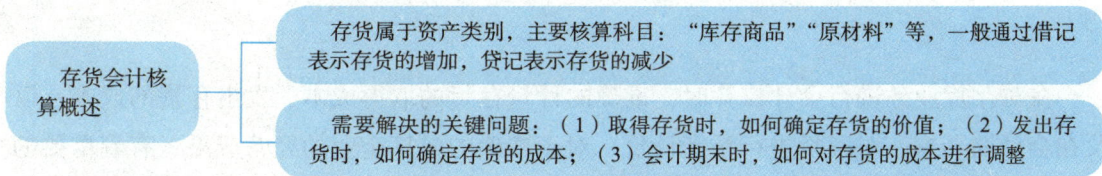

存货会计核算概述	存货属于资产类别，主要核算科目："库存商品""原材料"等，一般通过借记表示存货的增加，贷记表示存货的减少
	需要解决的关键问题：（1）取得存货时，如何确定存货的价值；（2）发出存货时，如何确定存货的成本；（3）会计期末时，如何对存货的成本进行调整

图2-4　存货会计核算概述

（一）存货核算的主要方法

存货核算的主要方法如图 2-5 所示：

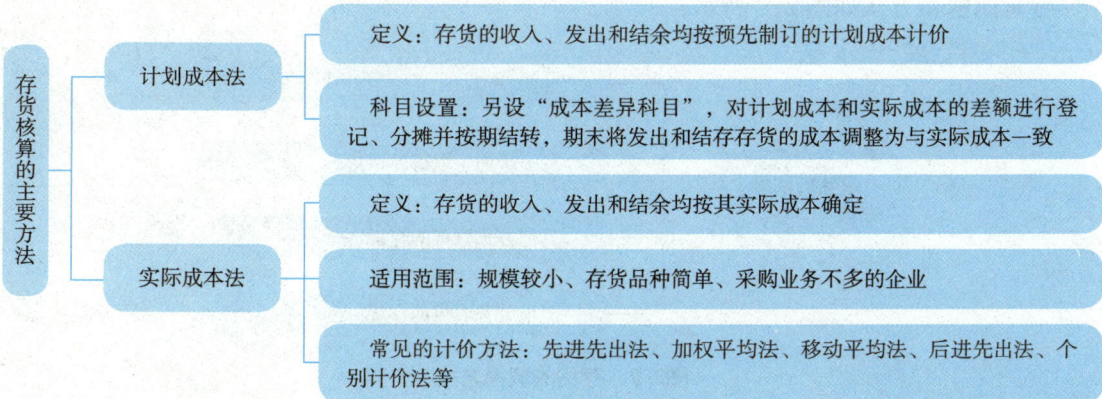

存货核算的主要方法	计划成本法	定义：存货的收入、发出和结余均按预先制订的计划成本计价
		科目设置：另设"成本差异科目"，对计划成本和实际成本的差额进行登记、分摊并按期结转，期末将发出和结存存货的成本调整为与实际成本一致
	实际成本法	定义：存货的收入、发出和结余均按其实际成本确定
		适用范围：规模较小、存货品种简单、采购业务不多的企业
		常见的计价方法：先进先出法、加权平均法、移动平均法、后进先出法、个别计价法等

图2-5　存货核算的主要方法

（二）存货核算的主要内容

存货核算的主要内容如图 2-6 所示：

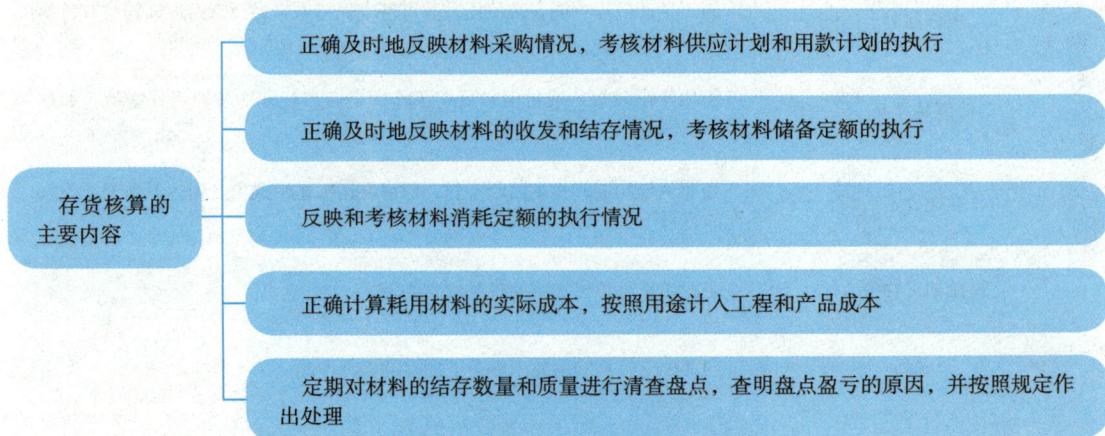

存货核算的主要内容
- 正确及时地反映材料采购情况，考核材料供应计划和用款计划的执行
- 正确及时地反映材料的收发和结存情况，考核材料储备定额的执行
- 反映和考核材料消耗定额的执行情况
- 正确计算耗用材料的实际成本，按照用途计入工程和产品成本
- 定期对材料的结存数量和质量进行清查盘点，查明盘点盈亏的原因，并按照规定作出处理

图2-6　存货核算的主要内容

第二节　存货的计价

在对存货业务进行会计核算时，准确的计量存货的取得成本、发出存货的成本，以及在会计期期末，对存货进行重新计价，对于准确的核算企业的经营成果，有着重要的意义。

一、存货的成本

存货应当按照成本进行初始计量。存货成本包括采购成本、加工成本和其他成本。

存货的取得方式如图 2-7 所示：

存货的取得方式
- 外购存货
- 进一步加工取得的存货
- 其他方式取得的存货
- 提供劳务取得的存货

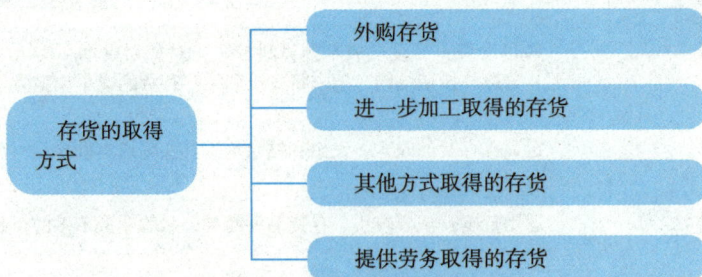

图2-7　存货的取得方式

（一）外购的存货

外购存货的计价如图 2-8 所示：

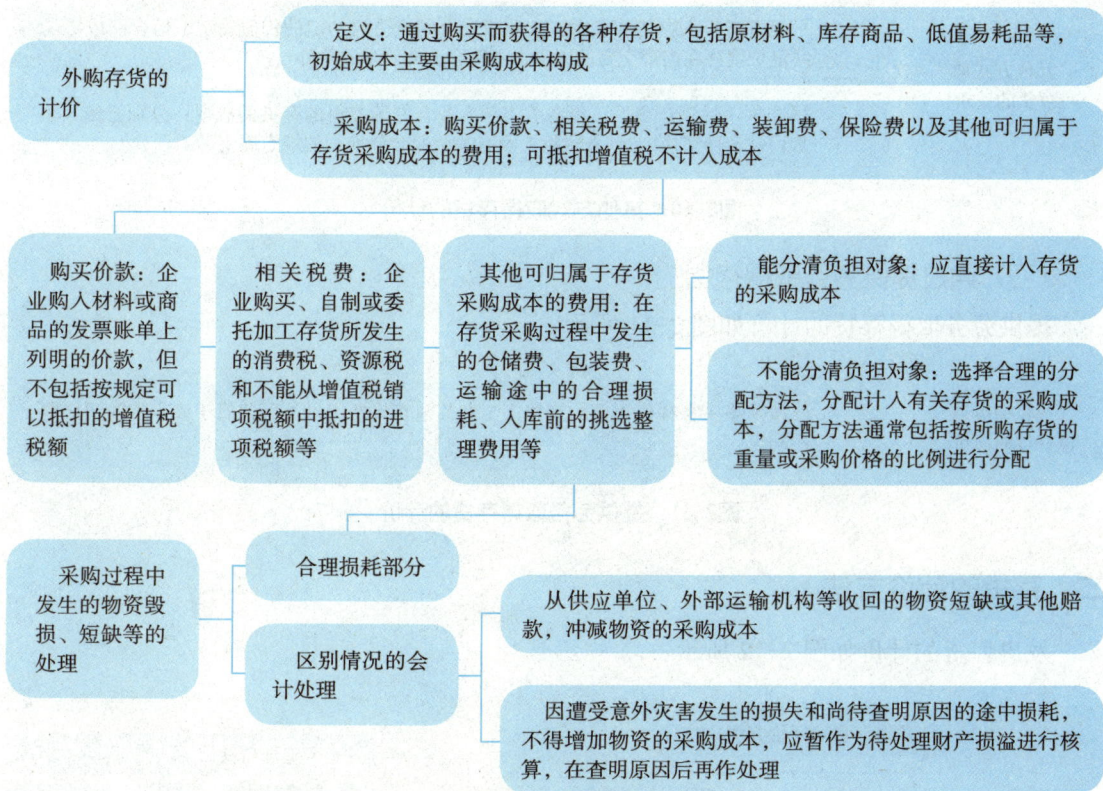

外购存货的计价

定义：通过购买而获得的各种存货，包括原材料、库存商品、低值易耗品等，初始成本主要由采购成本构成

采购成本：购买价款、相关税费、运输费、装卸费、保险费以及其他可归属于存货采购成本的费用；可抵扣增值税不计入成本

购买价款：企业购入材料或商品的发票账单上列明的价款，但不包括按规定可以抵扣的增值税税额

相关税费：企业购买、自制或委托加工存货所发生的消费税、资源税和不能从增值税销项税额中抵扣的进项税额等

其他可归属于存货采购成本的费用：在存货采购过程中发生的仓储费、包装费、运输途中的合理损耗、入库前的挑选整理费用等

能分清负担对象：应直接计入存货的采购成本

不能分清负担对象：选择合理的分配方法，分配计入有关存货的采购成本，分配方法通常包括按所购存货的重量或采购价格的比例进行分配

采购过程中发生的物资毁损、短缺等的处理

合理损耗部分

区别情况的会计处理

从供应单位、外部运输机构等收回的物资短缺或其他赔款，冲减物资的采购成本

因遭受意外灾害发生的损失和尚待查明原因的途中损耗，不得增加物资的采购成本，应暂作为待处理财产损溢进行核算，在查明原因后再作处理

图2-8 外购存货的计价

（二）通过进一步加工而取得的存货

进一步加工取得存货的计价如图 2-9 所示：

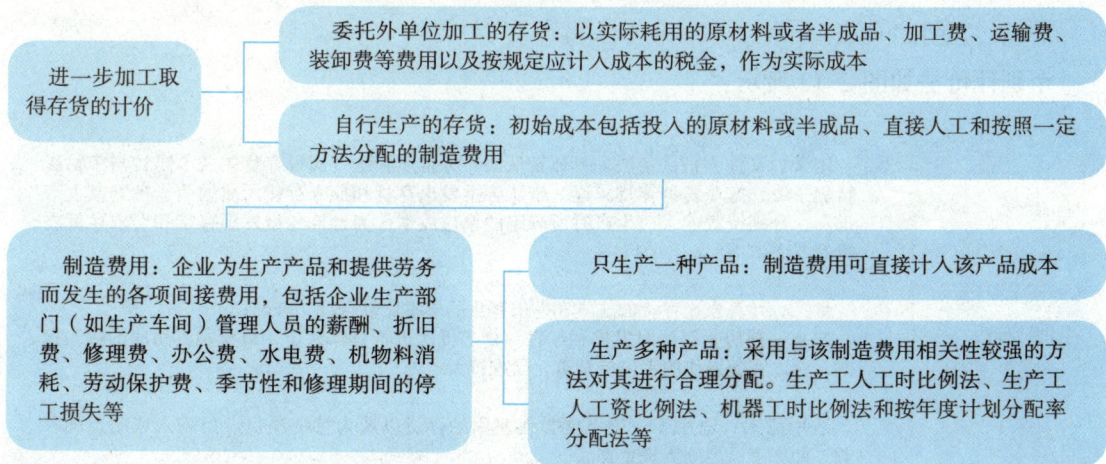

进一步加工取得存货的计价

委托外单位加工的存货：以实际耗用的原材料或者半成品、加工费、运输费、装卸费等费用以及按规定应计入成本的税金，作为实际成本

自行生产的存货：初始成本包括投入的原材料或半成品、直接人工和按照一定方法分配的制造费用

制造费用：企业为生产产品和提供劳务而发生的各项间接费用，包括企业生产部门（如生产车间）管理人员的薪酬、折旧费、修理费、办公费、水电费、机物料消耗、劳动保护费、季节性和修理期间的停工损失等

只生产一种产品：制造费用可直接计入该产品成本

生产多种产品：采用与该制造费用相关性较强的方法对其进行合理分配。生产工人工时比例法、生产工人工资比例法、机器工时比例法和按年度计划分配率分配法等

图2-9 进一步加工取得存货的计价

（三）其他方式取得的存货

其他方式取得存货的计价如图 2-10 所示：

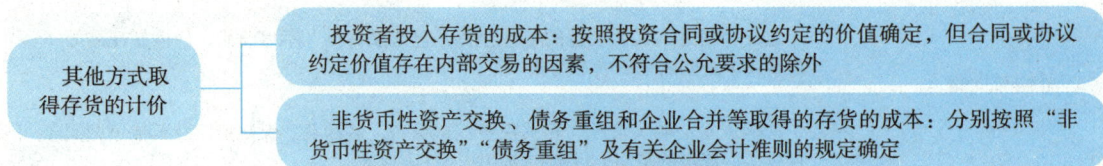

其他方式取得存货的计价	投资者投入存货的成本：按照投资合同或协议约定的价值确定，但合同或协议约定价值存在内部交易的因素，不符合公允要求的除外
	非货币性资产交换、债务重组和企业合并等取得的存货的成本：分别按照"非货币性资产交换""债务重组"及有关企业会计准则的规定确定

图2-10　其他方式取得存货的计价

（四）通过提供劳务取得存货的

提供劳务取得存货的计价如图 2-11 所示：

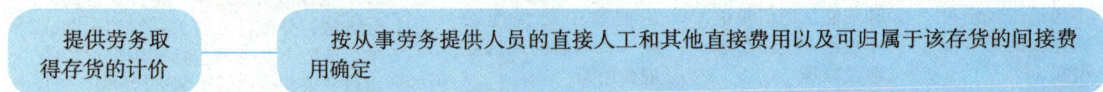

提供劳务取得存货的计价	按从事劳务提供人员的直接人工和其他直接费用以及可归属于该存货的间接费用确定

图2-11　提供劳务取得存货的计价

二、存货的计价方法

发出存货的计价如图 2-12 所示：

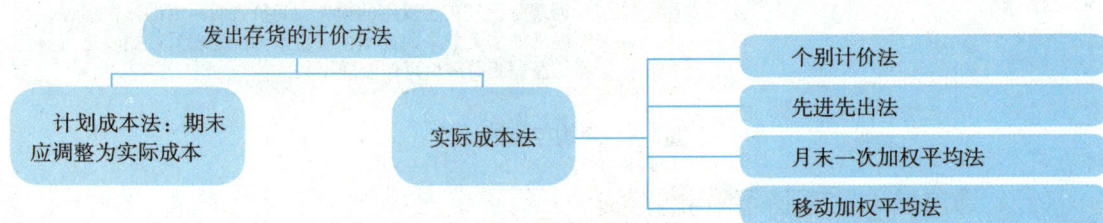

发出存货的计价方法

计划成本法：期末应调整为实际成本		实际成本法	个别计价法
			先进先出法
			月末一次加权平均法
			移动加权平均法

图2-12　发出存货的计价

（一）个别计价法

个别计价法如图 2-13 所示：

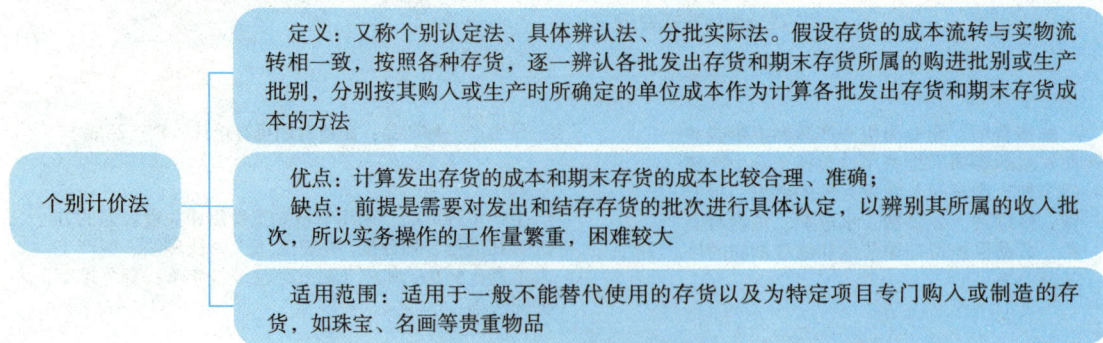

个别计价法	定义：又称个别认定法、具体辨认法、分批实际法。假设存货的成本流转与实物流转相一致，按照各种存货，逐一辨认各批发出存货和期末存货所属的购进批别或生产批别，分别按其购入或生产时所确定的单位成本作为计算各批发出存货和期末存货成本的方法
	优点：计算发出存货的成本和期末存货的成本比较合理、准确；缺点：前提是需要对发出和结存存货的批次进行具体认定，以辨别其所属的收入批次，所以实务操作的工作量繁重，困难较大
	适用范围：适用于一般不能替代使用的存货以及为特定项目专门购入或制造的存货，如珠宝、名画等贵重物品

图2-13　个别计价法

（二）先进先出法

先进先出法如图 2-14 所示：

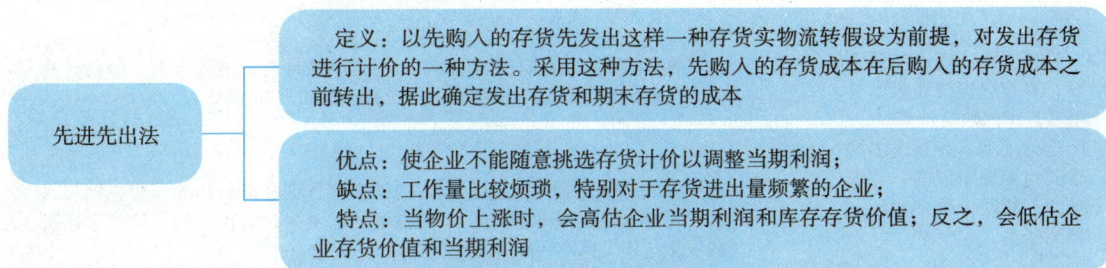

先进先出法

定义：以先购入的存货先发出这样一种存货实物流转假设为前提，对发出存货进行计价的一种方法。采用这种方法，先购入的存货成本在后购入的存货成本之前转出，据此确定发出存货和期末存货的成本

优点：使企业不能随意挑选存货计价以调整当期利润；
缺点：工作量比较烦琐，特别对于存货进出量频繁的企业；
特点：当物价上涨时，会高估企业当期利润和库存存货价值；反之，会低估企业存货价值和当期利润

图2-14　先进先出法

（三）月末加权平均法

月末一次加权平均法如图 2-15 所示：

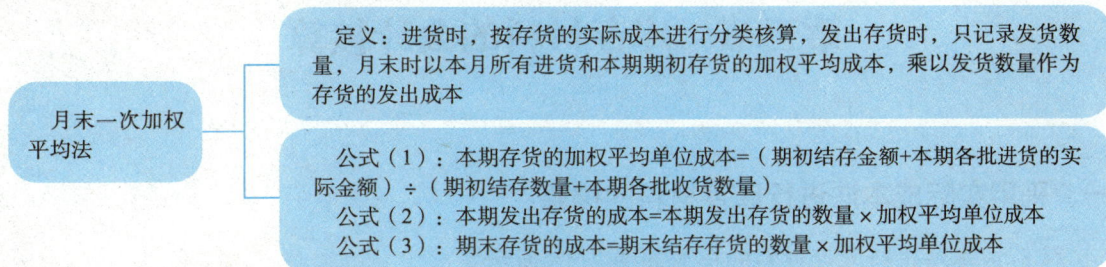

月末一次加权平均法

定义：进货时，按存货的实际成本进行分类核算，发出存货时，只记录发货数量，月末时以本月所有进货和本期期初存货的加权平均成本，乘以发货数量作为存货的发出成本

公式（1）：本期存货的加权平均单位成本＝（期初结存金额＋本期各批进货的实际金额）÷（期初结存数量＋本期各批收货数量）
公式（2）：本期发出存货的成本＝本期发出存货的数量×加权平均单位成本
公式（3）：期末存货的成本＝期末结存存货的数量×加权平均单位成本

图2-15　月末加权平均法

（四）移动加权平均法

移动加权平均法如图 2-16 所示：

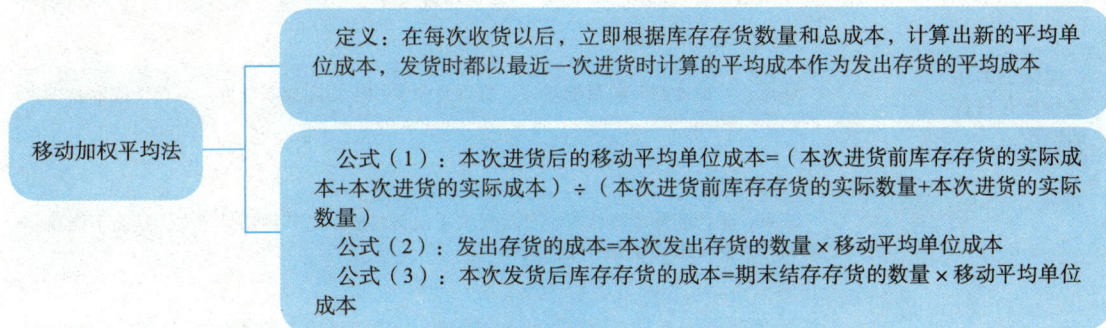

移动加权平均法

定义：在每次收货以后，立即根据库存存货数量和总成本，计算出新的平均单位成本，发货时都以最近一次进货时计算的平均成本作为发出存货的平均成本

公式（1）：本次进货后的移动平均单位成本＝（本次进货前库存存货的实际成本＋本次进货的实际成本）÷（本次进货前库存存货的实际数量＋本次进货的实际数量）
公式（2）：发出存货的成本＝本次发出存货的数量×移动平均单位成本
公式（3）：本次发货后库存存货的成本＝期末结存存货的数量×移动平均单位成本

图2-16　移动加权平均法

三、存货的期末计价

存货的期末计价如图 2-17 所示：

存货的期末计价

存货成本：指期末存货的实际成本。如企业在存货成本的日常核算中采用计划成本法、售价金额核算法等简化核算方法，则成本应为经调整后的实际成本

计价方式：资产负债表日，存货应当按照成本与可变现净值孰低计量。

会计处理：存货成本高于其可变现净值的，应当计提存货跌价准备，计入当期损益

可变现净值：指在日常活动中，存货的估计售价减去至完工时估计将要发生的成本、估计的销售费用以及相关税费后的金额

可变现净值的确定：企业预计的销售存货现金流量扣除存货在销售过程中可能发生的销售费用和相关税费，以及为达到预定可销售状态还可能发生的加工成本等相关支出

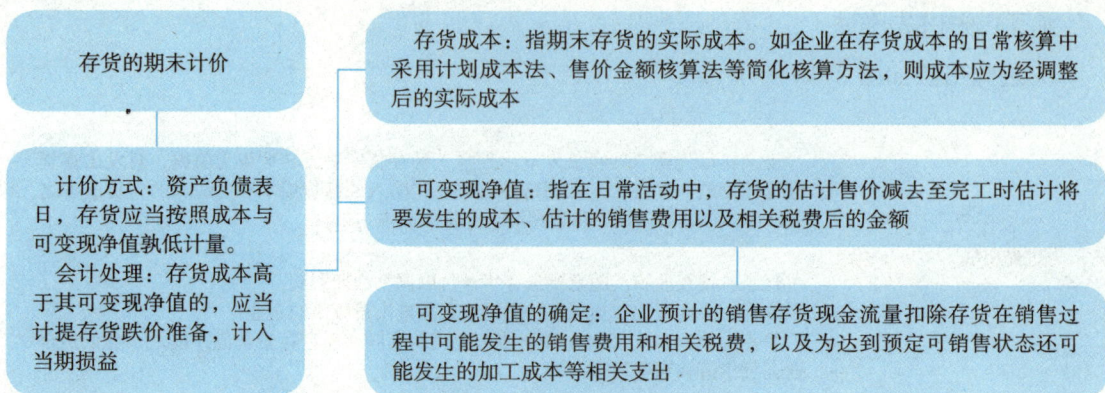

图2-17　存货的期末计价

第三节　库存材料的会计核算

一、采用实际成本法进行库存材料的核算

实际成本法进行库存材料的核算如图 2-18 所示：

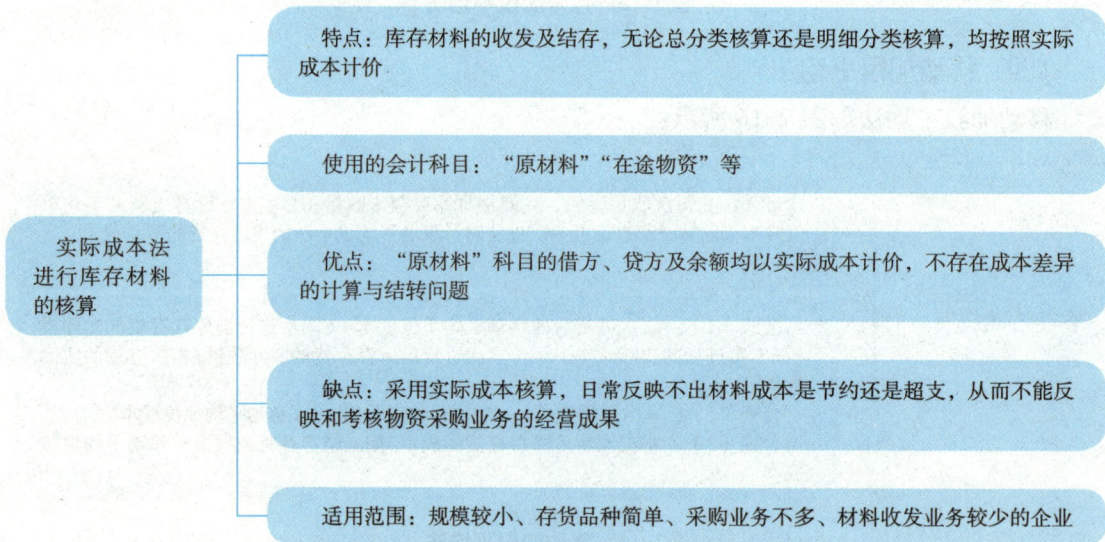

实际成本法进行库存材料的核算

特点：库存材料的收发及结存，无论总分类核算还是明细分类核算，均按照实际成本计价

使用的会计科目："原材料""在途物资"等

优点："原材料"科目的借方、贷方及余额均以实际成本计价，不存在成本差异的计算与结转问题

缺点：采用实际成本核算，日常反映不出材料成本是节约还是超支，从而不能反映和考核物资采购业务的经营成果

适用范围：规模较小、存货品种简单、采购业务不多、材料收发业务较少的企业

图2-18　实际成本法进行库存材料的核算

（一）采用实际成本法进行库存材料核算的常用科目

实际成本法下库存材料的常用科目介绍如图 2-19 所示：

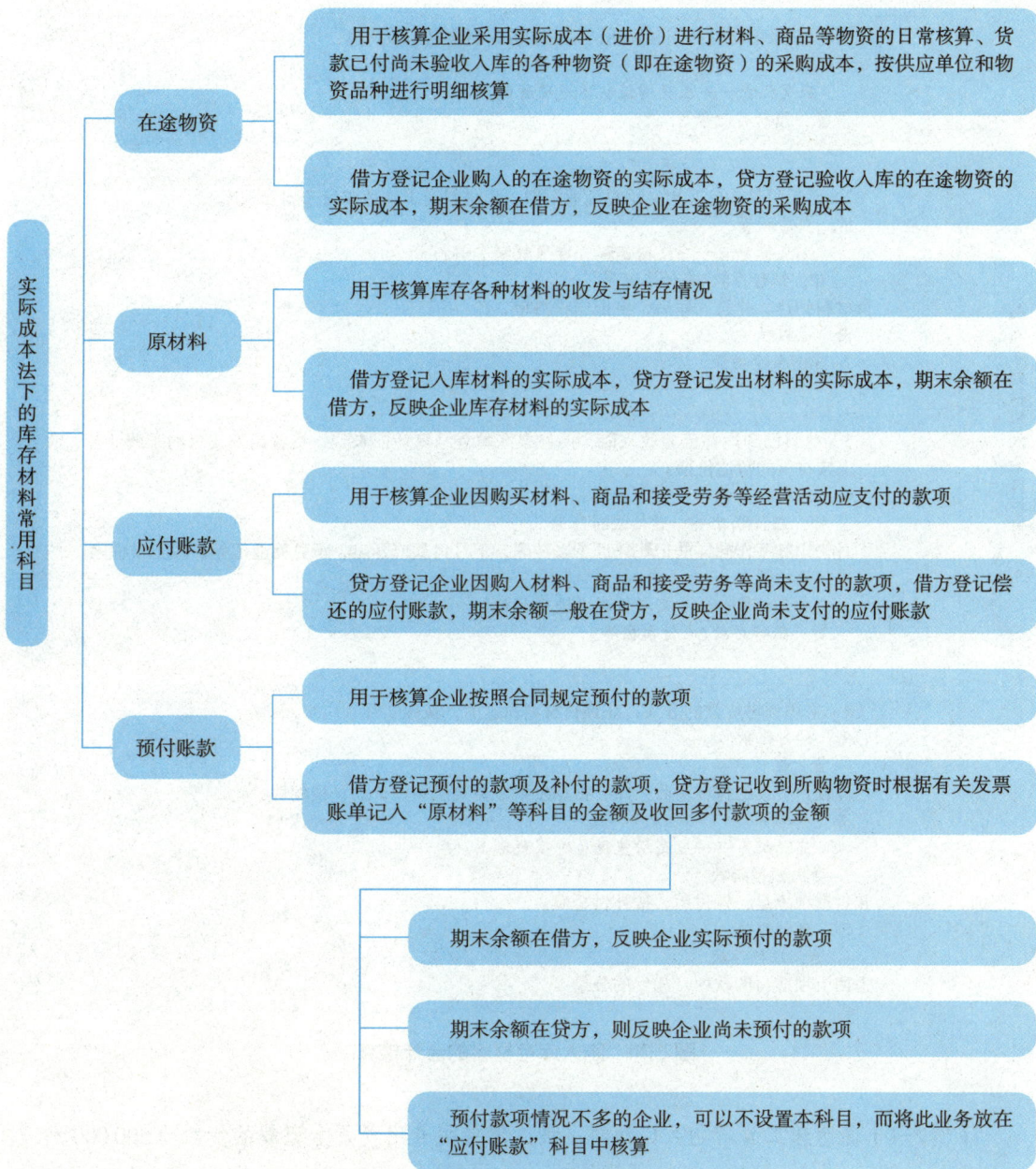

图2-19 实际成本法下库存材料的常用科目介绍

（二）采用实际成本法的账务处理

1.购入库存材料的会计核算

企业外购材料时，由于结算方式和采购地点的不同，材料入库和货款的支付在时间上不一定完全同步，相应地，其账务处理也有所不同。

购入库存材料的会计核算如图 2-20 所示：

购入库存材料的会计核算

（1）发票账单与材料同时到达的采购业务，材料已验收入库：
借：原材料
　　应交税费——应交增值税（进项税额）
　贷：银行存款等

（2）已经付款或已开出、承兑商业汇票，但材料尚未到达或尚未验收入库：
借：在途物资
　　应交税费——应交增值税（进项税额）
　贷：银行存款/应付票据等
待材料到达、验收入库后，再根据收料单，
借：原材料
　贷：在途物资

（3）材料已到达并已验收入库，但发票账单等结算凭证未到，货款尚未支付的采购业务，应于月末按材料的暂估价值：
借：原材料
　贷：应付账款——暂估应付账款
下月初用红字作同样的记账凭证予以冲回，下月付款或开出、承兑商业汇票，按正常程序：
借：原材料
　　应交税费——应交增值税（进项税额）
　贷：银行存款/应付票据等

（4）采用预付货款的方式，在预付材料价款时，按照实际预付金额：
借：预付账款
　贷：银行存款
已经预付货款的材料验收入库，根据发票账单等所列的价款、税额等：
借：原材料
　　应交税费——应交增值税（进项税额）
　贷：预付账款
预付款项不足，补付后，按补付金额：
借：预付账款
　贷：银行存款
退回上项多付的款项：相反的分录

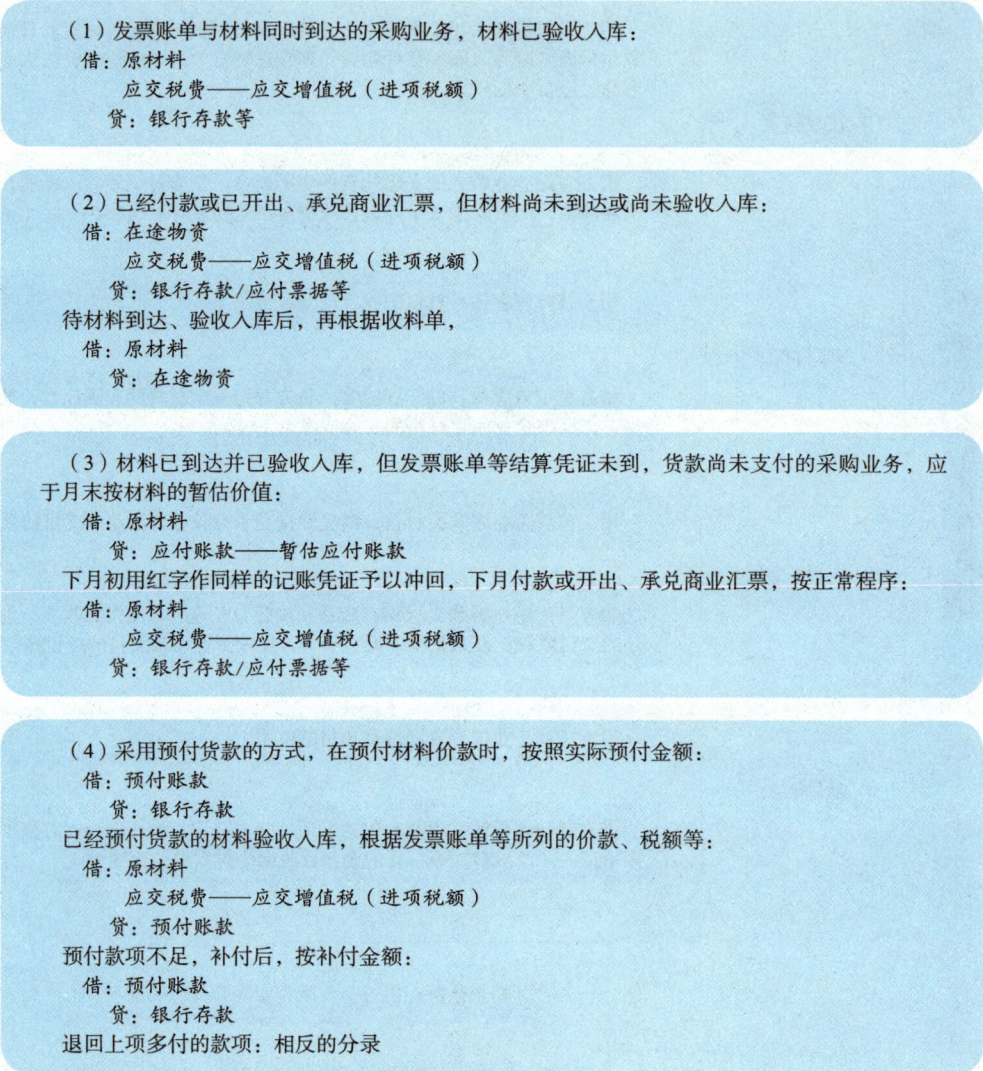

图2-20　购入库存材料的会计核算

【例2-1】通达建工公司购入C材料一批，增值税专用发票上记载的货款为500 000元，增值税额65 000元，另外为对方代垫包装费1 000元，全部款项已用电汇方式付讫，材料已验收入库。对此业务应进行如下的账务处理：

借：原材料——C材料　　501 000
　　应交税费——应交增值税（进项税额）　　65 000
　贷：银行存款　　566 000

【例2-2】通达建工公司于2×19年3月20日收到银行转来的委托收款凭证及200吨煤炭的提货单，采购成本共计60 000元，相应的增值税进项税额为7 800元，加税合计 67 800 元已由银行支付，但材料尚未到达。对此业务应进行如下的账务处理：

借：在途物资   60 000

　　应交税金——应缴增值税（进项税额）   7 800

　　贷：银行存款   67 800

3 月 24 日，材料到达并验收入库，则会计分录为：

借：原材料   67 800

　　贷：在途物资   67 800

【例 2-3】通达建工公司采用汇兑结算方式购入聚乙烯材料一批，发票及账单已收到，但材料尚未到达，增值税专用发票上记载的货款为 10 000 元，增值税额 1 300 元。支付保险费 1 000 元。对此业务应进行如下的账务处理：

借：在途物资   11 000

　　应交税费——应交增值税（进项税额）   1 300

　　贷：银行存款   12 300

待上述购入的聚乙烯材料已收到，并验收入库。应进行如下的账务处理：

借：原材料   12 300

　　贷：在途物资   12 300

【例 2-4】根据通达建工公司与某钢厂的购销合同规定，为购买金属材料向该钢厂预付 100 000 元货款的 80%，计 80 000 元，已通过汇兑方式汇出。对此业务应进行如下的账务处理：

借：预付账款——某钢厂   80 000

　　贷：银行存款   80 000

10 天之后，通达建工公司收到该钢厂发运来的金属材料，已验收入库。有关发票账单记载，该批货物的货款 100 000 元，增值税额 13 000 元，对方代垫包装费 3 000 元，所欠款项以银行存款的形式付讫。对此业务应进行如下账务处理：

（1）材料入库时：

借：原材料——金属材料   103 000

　　应交税费——应交增值税（进项税额）   13 000

　　贷：预付账款——某钢厂   116 000

（2）补付货款时：

借：预付账款   20 000

　　贷：银行存款   20 000

2. 领用库存材料的会计核算

领用库存材料的会计核算如图 2-21 所示：

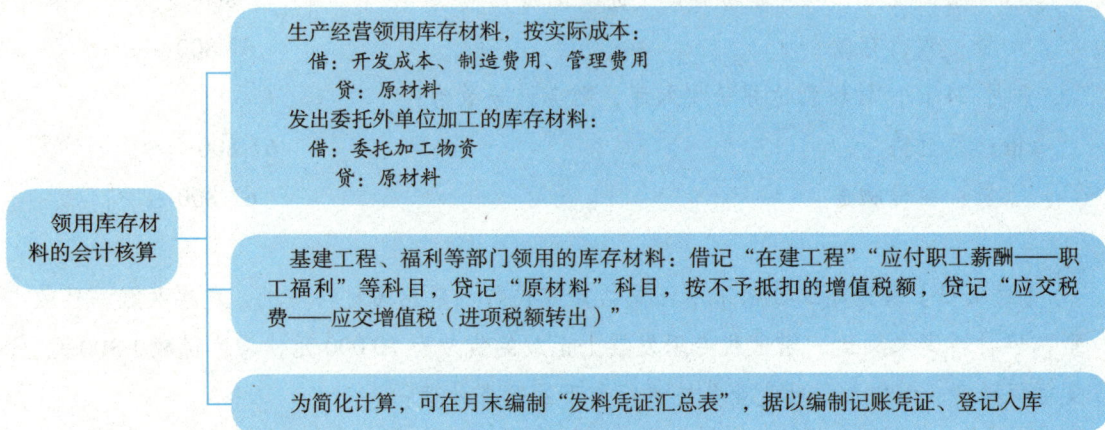

> 领用库存材料的会计核算
>
> - 生产经营领用库存材料，按实际成本：
>   借：开发成本、制造费用、管理费用
>   　　贷：原材料
>   发出委托外单位加工的库存材料：
>   借：委托加工物资
>   　　贷：原材料
> - 基建工程、福利等部门领用的库存材料：借记"在建工程""应付职工薪酬——职工福利"等科目，贷记"原材料"科目，按不予抵扣的增值税额，贷记"应交税费——应交增值税（进项税额转出）"
> - 为简化计算，可在月末编制"发料凭证汇总表"，据以编制记账凭证、登记入库

图2-21　领用库存材料的会计核算

【例 2-5】通达建工公司根据"发料凭证汇总表"的记录，1 月份基本生产车间领用一种不锈钢材料 10 000 元，辅助生产车间领用该种不锈钢材料 2 000 元，车间管理部门领用该材料 5 000 元，企业行政管理部门领用该材料 4 000 元，计 21 000 元。

借：生产成本——基本生产成本　　　　　　　　　　　10 000
　　　　　　——辅助生产成本　　　　　　　　　　　 2 000
　　制造费用　　　　　　　　　　　　　　　　　　　 5 000
　　管理费用　　　　　　　　　　　　　　　　　　　 4 000
　　贷：原材料——不锈钢材料　　　　　　　　　　　21 000

3. 出售库存材料的核算

出售库存材料的核算如图 2-22 所示：

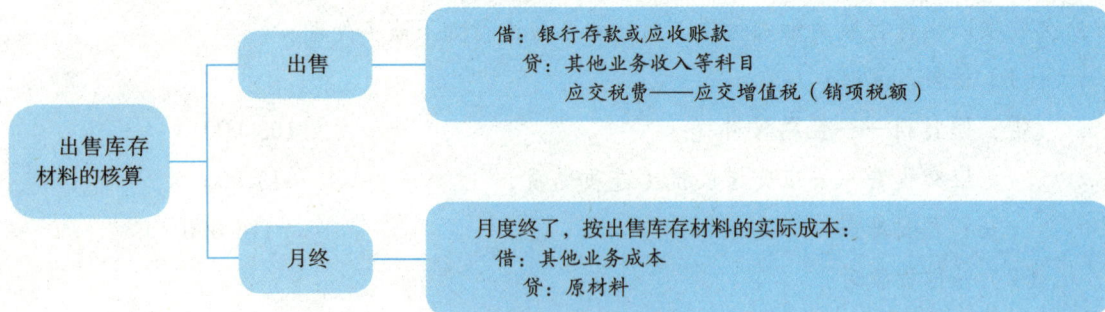

> 出售库存材料的核算
>
> - 出售
>   借：银行存款或应收账款
>   　　贷：其他业务收入等科目
>   　　　　应交税费——应交增值税（销项税额）
> - 月终
>   月度终了，按出售库存材料的实际成本：
>   借：其他业务成本
>   　　贷：原材料

图2-22　出售库存材料的核算

二、采用计划成本法进行库存材料核算

计划成本法下库存材料的核算如图 2-23 所示：

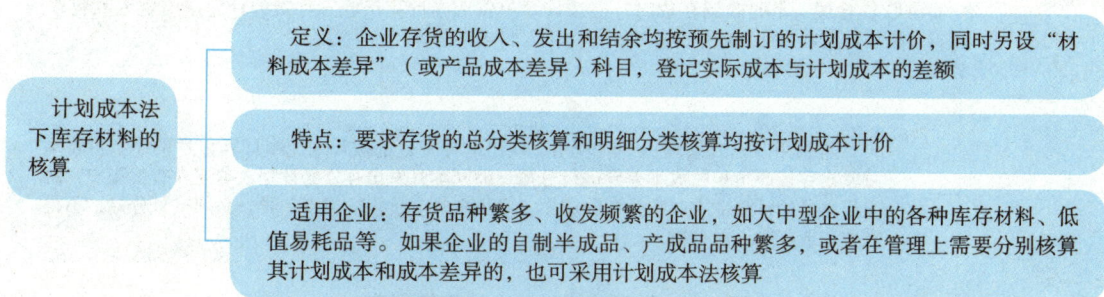

计划成本法下库存材料的核算

定义：企业存货的收入、发出和结余均按预先制订的计划成本计价，同时另设"材料成本差异"（或产品成本差异）科目，登记实际成本与计划成本的差额

特点：要求存货的总分类核算和明细分类核算均按计划成本计价

适用企业：存货品种繁多、收发频繁的企业，如大中型企业中的各种库存材料、低值易耗品等。如果企业的自制半成品、产成品品种繁多，或者在管理上需要分别核算其计划成本和成本差异的，也可采用计划成本法核算

图2-23　计划成本法下库存材料的核算

（一）采用计划成本法进行库存材料核算的常用科目

计划成本法下常用科目介绍如图 2-24 所示：

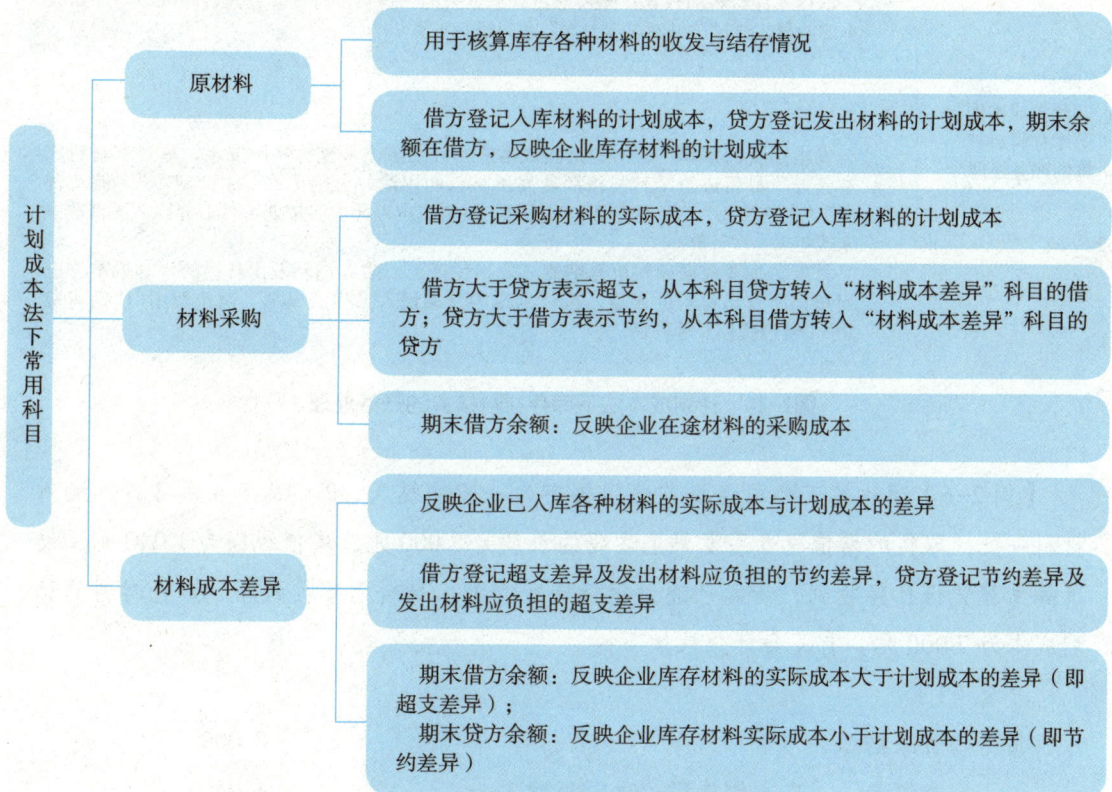

计划成本法下常用科目

原材料

用于核算库存各种材料的收发与结存情况

借方登记入库材料的计划成本，贷方登记发出材料的计划成本，期末余额在借方，反映企业库存材料的计划成本

材料采购

借方登记采购材料的实际成本，贷方登记入库材料的计划成本

借方大于贷方表示超支，从本科目贷方转入"材料成本差异"科目的借方；贷方大于借方表示节约，从本科目借方转入"材料成本差异"科目的贷方

期末借方余额：反映企业在途材料的采购成本

材料成本差异

反映企业已入库各种材料的实际成本与计划成本的差异

借方登记超支差异及发出材料应负担的节约差异，贷方登记节约差异及发出材料应负担的超支差异

期末借方余额：反映企业库存材料的实际成本大于计划成本的差异（即超支差异）；
期末贷方余额：反映企业库存材料实际成本小于计划成本的差异（即节约差异）

图2-24　计划成本法下常用科目介绍

（二）计划成本法的会计核算程序

计划成本法的会计核算程序如图 2-25 所示：

前提：制订各种存货的计划成本目录，规定存货的分类，各种存货的名称、规格、编号、计量单位和计划单位成本。除一些特殊情况外，计划单位成本在年度内一般不作调整

日常收货管理：平时收到存货时，应按计划单位成本计算出收入存货的计划成本填入收料单内，并按实际成本与计划成本的差额，作为"材料成本差异"分类登记

日常领用及月末管理：平时领用、发出的存货，都按计划成本计算，月份终了再将本月发出存货应负担的成本差异进行分摊，随同本月发出存货的计划成本记入有关账户，将发出存货的计划成本调整为实际成本。发出存货应负担的成本差异，必须按月分摊，不得在季末或年末一次分摊

图2-25　计划成本法的会计核算程序

（三）采用计划成本法进行库存材料核算的账务处理

计划成本法下库存材料核算的账务处理如图2-26所示：

计划成本法下库存材料核算的账务处理

取得库存材料的核算：先要通过"物资采购"科目进行核算，其实际成本与计划成本的差异，通过"材料成本差异"科目进行核算

发出存货的核算：发出的材料成本应由计划成本调整为实际成本，通过"材料成本差异"科目进行结转，按照所发出材料的用途，分别记入"生产成本""制造费用""销售费用""管理费用"等科目。材料成本差异应当按期（月）分摊，不得在季末或年末一次计算。

月末，企业根据领料单等编制"发料凭证汇总表"结转发出材料的计划成本，应当根据所发出材料的用途，按计划成本分别记入"生产成本""制造费用""销售费用""管理费用"等科目

图2-26　计划成本法下库存材料核算的账务处理

【例2-6】通达建工公司经税务部门核定为一般纳税人，2×19年4月2日，购入材料一批，取得的增值税专用发票上注明的价款为8 000元，增值税额为1 040元，发票等结算凭证已经收到，货款已通过银行转账支付。材料已验收入库。该批材料的计划成本为7 000元。有关会计分录如下：

分录（1）：

借：物资采购　　　　　　　　　　　　　　　　　　　　8 000

　　应交税费——应交增值税（进项税额）　　　　　　　1 040

　　贷：银行存款　　　　　　　　　　　　　　　　　　　　9 040

分录（2）：

借：原材料　　　　　　　　　　　　　　　　　　　　　7 000

材料成本差异	1 000
贷：物资采购	8 000

【例2-7】通达建工公司采用计划成本法对库存材料进行核算，2×19年4月份发出库存材料的计划成本如下：生产部门45 000元，管理部门6 800元，销售部门1 000元，合计52 800元。

该公司4月初库存材料账户余额为20 000元，本月收入材料计划成本为40 000元。月初材料成本差异账户为贷方余额2 400元，本月入库材料成本差异为贷方余额600元。请对本月的库存材料发出业务进行会计处理。

（1）在发出以上的库存材料时，首先按照发出库存材料的计划成本进行有关成本费用的会计处理：

借：生产成本	45 000
管理费用	6 800
销售费用	1 000
贷：原材料	52 800

（2）本月月底时，计算此种库存材料的材料成本差异率，对与此种库存材料有关的成本费用科目进行调整。

材料成本差异率=（月初结存材料的成本差异＋本月收入材料的成本差异）÷（月初结存材料的计划成本＋本月收入材料的计划成本）×100%

则：4月份材料成本差异率=（-2 400-600）÷（20 000+40 000）×100%=-5%

本月发出材料成本差异=本月发出材料计划成本 × 材料成本差异率

因此：4月份发出库存材料总的成本差异=52 800×（-5%）=-2 640（元）

本月发出材料实际成本应调整的金额依次为：

生产车间应调整的金额=45 000×（-5%）=-2 250（元）

管理费用应调整的金额=6 800×（-5%）=-340（元）

销售费用应调整的金额=1 000×（-5%）=-50（元）

根据计算结果，编制会计分录如下：

借：材料成本差异	2 640
贷：生产成本	2 250
管理费用	340
产品销售费用	50

第四节　委托加工物资

一、委托加工物资的计价

委托加工物资的计价如图 2-27 所示：

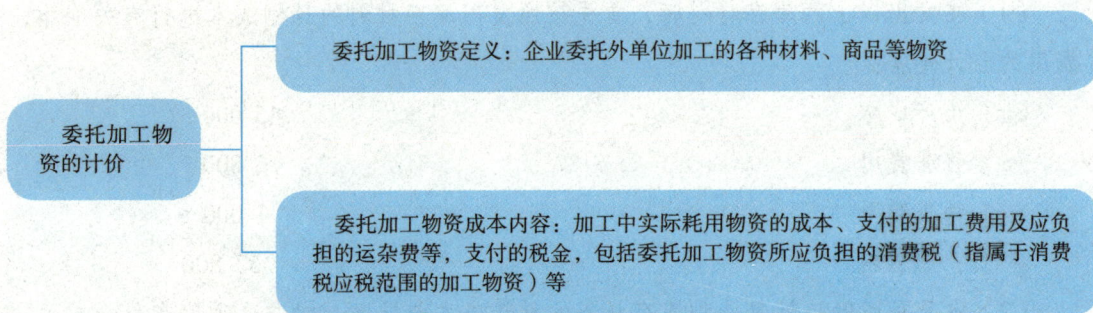

委托加工物资的计价

委托加工物资定义：企业委托外单位加工的各种材料、商品等物资

委托加工物资成本内容：加工中实际耗用物资的成本、支付的加工费用及应负担的运杂费等，支付的税金，包括委托加工物资所应负担的消费税（指属于消费税应税范围的加工物资）等

图2-27　委托加工物资的计价

二、委托加工物资的核算科目

委托加工物资的核算科目如图 2-28 所示：

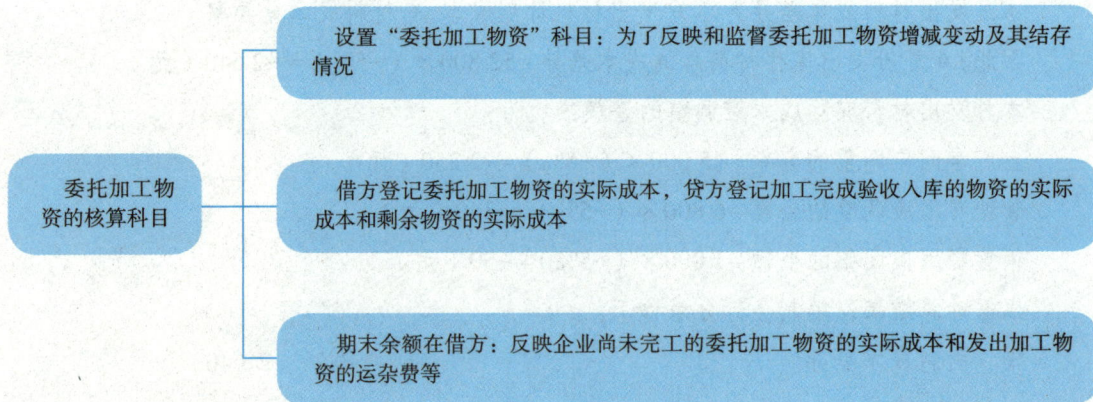

委托加工物资的核算科目

设置"委托加工物资"科目：为了反映和监督委托加工物资增减变动及其结存情况

借方登记委托加工物资的实际成本，贷方登记加工完成验收入库的物资的实际成本和剩余物资的实际成本

期末余额在借方：反映企业尚未完工的委托加工物资的实际成本和发出加工物资的运杂费等

图2-28　委托加工物资的核算科目

三、委托加工物资的会计核算

委托加工物资的会计核算如图 2-29 所示：

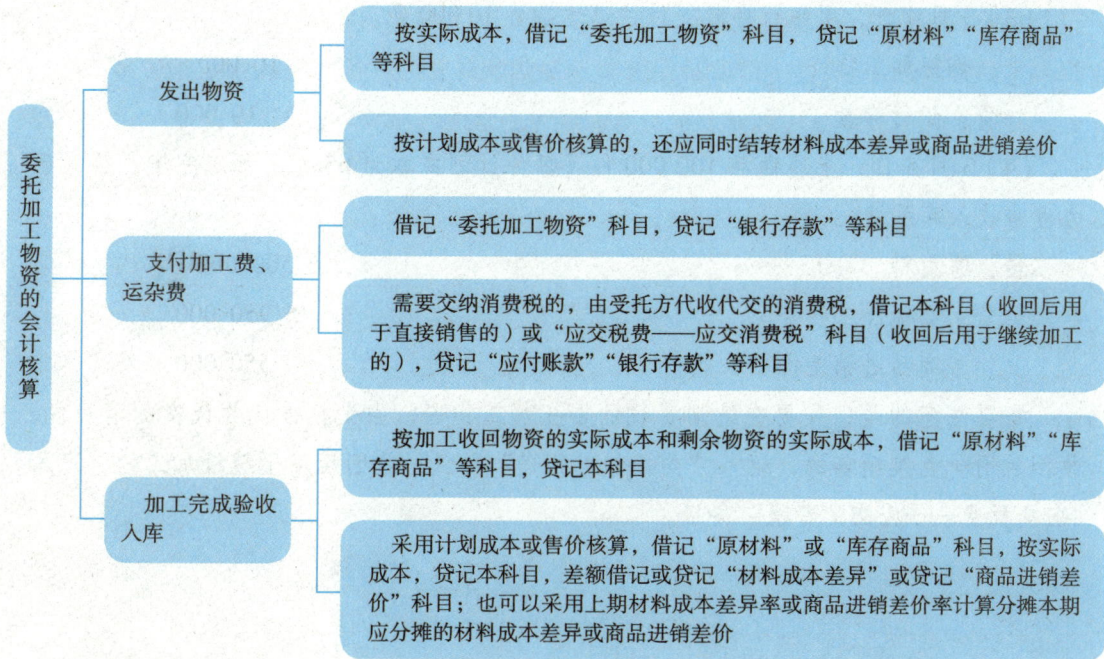

图2-29　委托加工物资的会计核算

【例2-8】通达建工公司委托A公司加工商品一批100 000件，按照我国当前法规的要求，属于应该缴纳消费税的产品，有关经济业务如下：

（1）2×19年1月20日，发出材料一批，计划成本为6 000 000元，材料成本差异率为-3%。应作如下会计处理：

①发出委托加工材料时：

借：委托加工物资　　　　　　　　　　　　　　　　　　　6 000 000

　　贷：原材料　　　　　　　　　　　　　　　　　　　　　　6 000 000

②结转发出材料应分摊的材料成本差异时：

借：材料成本差异　　　　　　　　　　　　　　　　　　　　180 000

　　贷：委托加工物资　　　　　　　　　　　　　　　　　　　　180 000

（2）2月20日，支付商品加工费120 000元，支付应当交纳的消费税660 000元，该商品收回后用于连续生产，消费税可抵扣，通达建工公司和A公司均为一般纳税人，适用增值税税率为13%。应作如下会计处理：

借：委托加工物资　　　　　　　　　　　　　　　　　　　　120 000

　　应交税费——应交消费税　　　　　　　　　　　　　　　　660 000

　　　　　　——应交增值税（进项税额）　　　　　　　　　　15 600

　　贷：银行存款　　　　　　　　　　　　　　　　　　　　　795 600

（3）3月4日，用银行存款支付往返运杂费 10 000 元。

借：委托加工物资   10 000

    贷：银行存款   10 000

（4）3月5日，上述商品 100 000 件（每件计划成本为 65 元）加工完毕，公司已办理验收入库手续。

借：原材料   6 500 000

    贷：委托加工物资   5 950 000

           商品进销差价   550 000

需要注意的是，需要交纳消费税的委托加工物资，由受托方代收代交的消费税，收回后用于直接销售的，记入"委托加工物资"科目；收回后用于继续加工的，记入"应交税费——应交消费税"科目。

第五节   低值易耗品

一、低值易耗品的分类与特点

低值易耗品的分类与特点如图 2-30 所示：

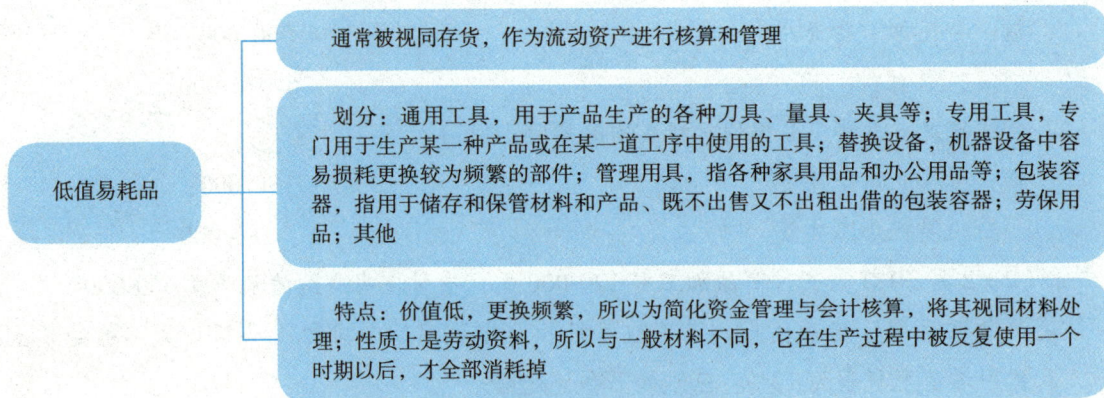

图2-30   低值易耗品的分类与特点

二、低值易耗品的会计核算

低值易耗品的科目设置与会计处理如图 2-31 所示：

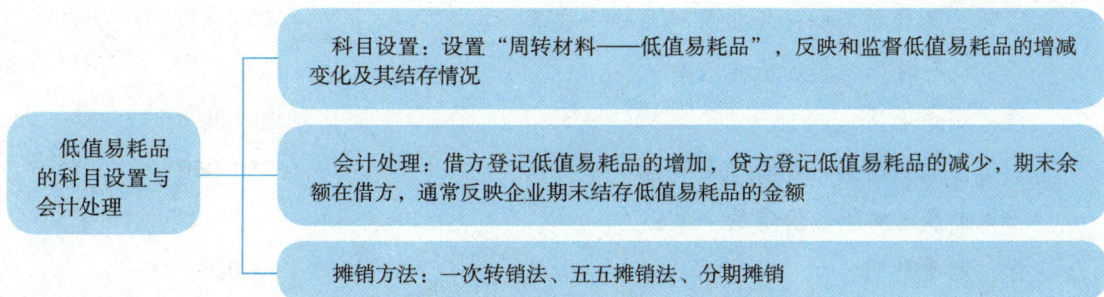

图2-31　低值易耗品的科目设置与会计处理

低值易耗品的摊销方法如图 2-32 所示：

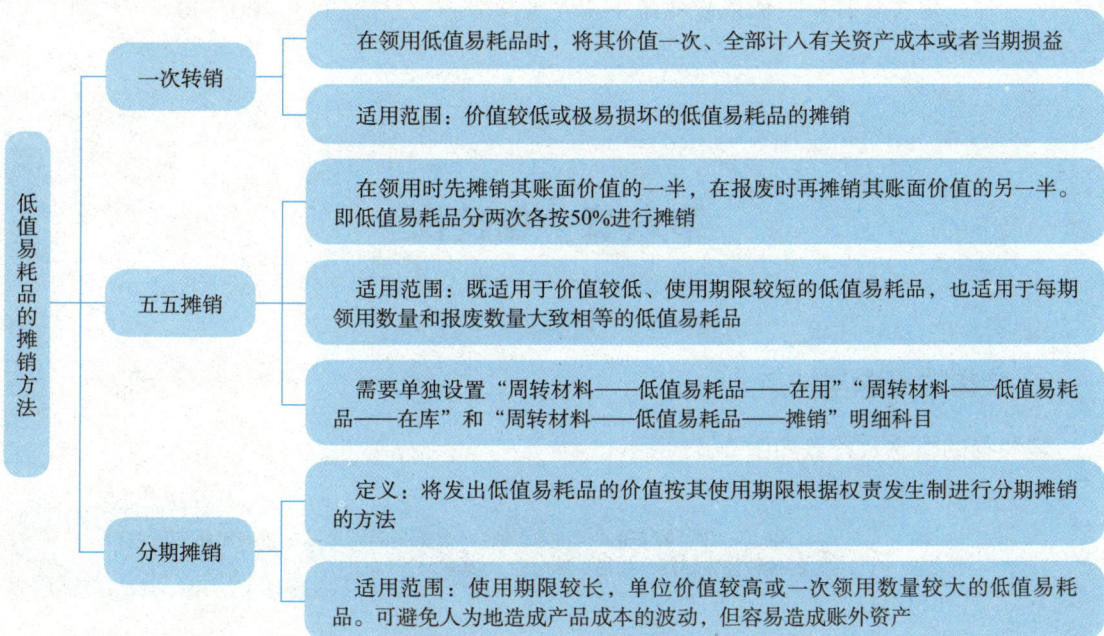

图2-32　低值易耗品的摊销方法

【例2-9】通达建工公司第一生产车间（该车间属于基本生产车间）领用一般工具一批，实际成本为 3 000 元，将全部计入当期制造费用。应作如下会计处理：

借：制造费用　　　　　　　　　　　　　　　　　　　　3 000

　　贷：周转材料——低值易耗品　　　　　　　　　　　　3 000

【例2-10】通达建工公司的基本生产车间领用专用工具一批，实际成本为 100 000 元，采用五五摊销法进行摊销。应作如下会计处理：

（1）领用专用工具：

借：周转材料——低值易耗品——在用　　　　　　　　100 000

贷：周转材料——低值易耗品——在库　　　　　　　100 000

（2）领用时摊销其价值的一半：

借：制造费用　　　　　　　　　　　　　　　　　50 000

　　贷：周转材料——低值易耗品——摊销　　　　　50 000

（3）报废时摊销其价值的一半：

借：制造费用　　　　　　　　　　　　　　　　　50 000

　　贷：周转材料——低值易耗品——摊销　　　　　50 000

同时，

借：周转材料——低值易耗品——摊销　　　　　　100 000

　　贷：周转材料——低值易耗品——在用　　　　100 000

第六节　包装物

一、包装物的概念与特点

包装物的概念及特点如图 2-33 所示：

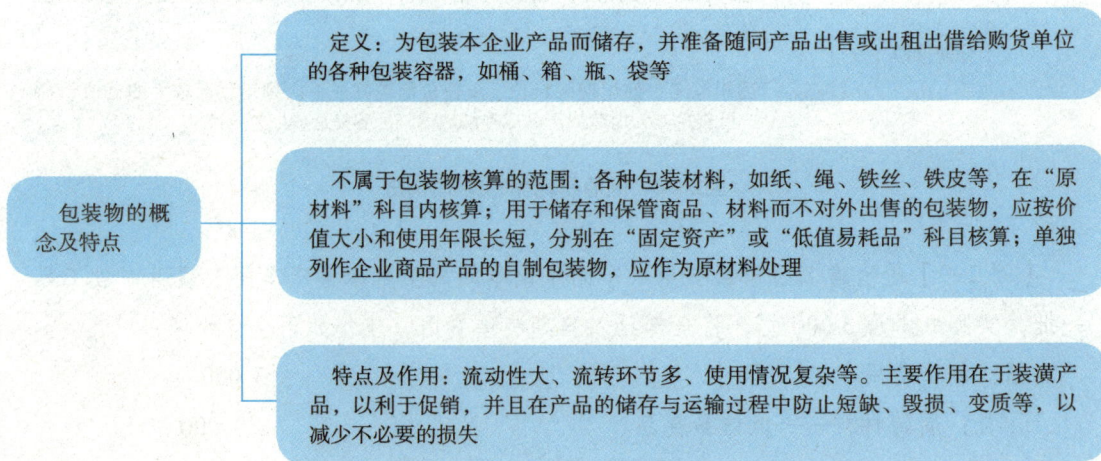

	定义：为包装本企业产品而储存，并准备随同产品出售或出租出借给购货单位的各种包装容器，如桶、箱、瓶、袋等
包装物的概念及特点	不属于包装物核算的范围：各种包装材料，如纸、绳、铁丝、铁皮等，在"原材料"科目内核算；用于储存和保管商品、材料而不对外出售的包装物，应按价值大小和使用年限长短，分别在"固定资产"或"低值易耗品"科目核算；单独列作企业商品产品的自制包装物，应作为原材料处理
	特点及作用：流动性大、流转环节多、使用情况复杂等。主要作用在于装潢产品，以利于促销，并且在产品的储存与运输过程中防止短缺、毁损、变质等，以减少不必要的损失

图2-33　包装物的概念及特点

二、包装物的会计核算

包装物的会计核算如图 2-34 所示：

包装物的会计核算 —— 会计核算与低值易耗品非常近似，一般通过"周转材料——包装物"科目进行核算，也可以单独设置"包装物"账户。可按周转材料的种类，分别"在库""在用"和"摊销"进行明细核算

属于资产类账户，借方登记增加的包装物的实际成本或计划成本，贷方减少包装物的实际成本或计划成本，期末借方余额表示库存包装物的实际成本或计划成本

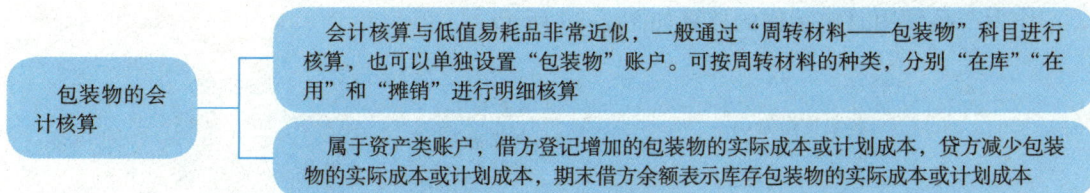

图2-34 包装物的会计核算

（一）包装物的摊销方法

包装物的摊销方法如图 2-35 所示：

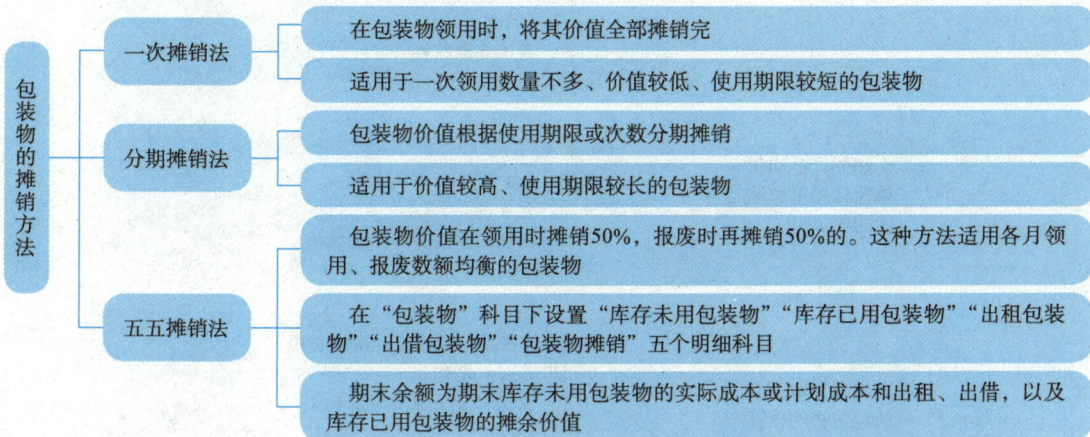

包装物的摊销方法
- 一次摊销法
  - 在包装物领用时，将其价值全部摊销完
  - 适用于一次领用数量不多、价值较低、使用期限较短的包装物
- 分期摊销法
  - 包装物价值根据使用期限或次数分期摊销
  - 适用于价值较高、使用期限较长的包装物
- 五五摊销法
  - 包装物价值在领用时摊销50%，报废时再摊销50%的。这种方法适用各月领用、报废数额均衡的包装物
  - 在"包装物"科目下设置"库存未用包装物""库存已用包装物""出租包装物""出借包装物""包装物摊销"五个明细科目
  - 期末余额为期末库存未用包装物的实际成本或计划成本和出租、出借，以及库存已用包装物的摊余价值

图2-35 包装物的摊销方法

（二）取得包装物的会计核算

购入、自制、委托外单位加工完成验收入库的包装物、企业接受的债务人以非现金资产抵偿债务方式取得的包装物、非货币性交易取得的包装物等，以及对包装物的清查盘点，比照"原材料"科目的相关规定进行会计处理。

（三）发出包装物的核算

发出包装物的核算种类如图 2-36 所示：

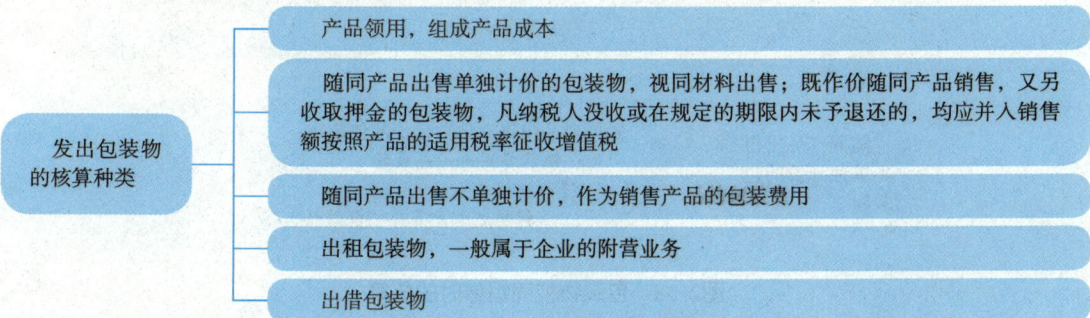

发出包装物的核算种类
- 产品领用，组成产品成本
- 随同产品出售单独计价的包装物，视同材料出售；既作价随同产品销售，又另收取押金的包装物，凡纳税人没收或在规定的期限内未予退还的，均应并入销售额按照产品的适用税率征收增值税
- 随同产品出售不单独计价，作为销售产品的包装费用
- 出租包装物，一般属于企业的附营业务
- 出借包装物

图2-36 发出包装物的核算种类

作为产品领用时包装物的核算如图 2-37 所示：

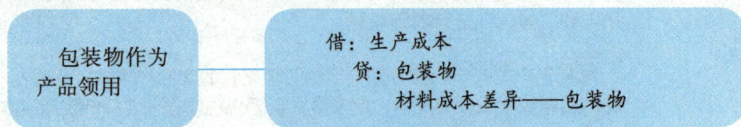

图2-37 作为产品领用时包装物的核算

包装物视同销售时的核算如图 2-38 所示：

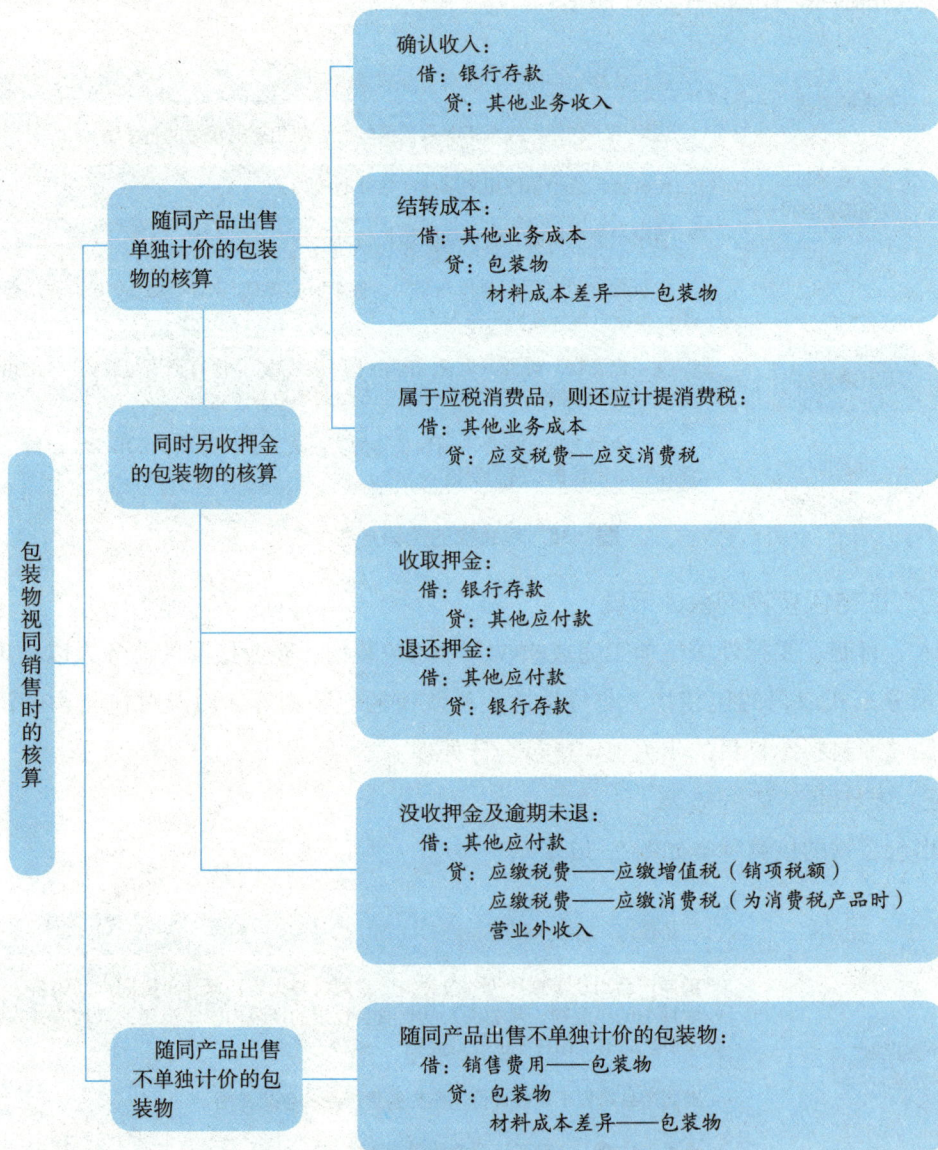

图2-38 包装物视同销售时的核算

出租包装物的会计核算如图 2-39 所示：

出租包装物的会计核算

转出成本：
借：其他业务支出——出租包装物
　　贷：包装物
　　　　材料成本差异——包装物
如出租时间较长，包装物价值较大，也可先计入“待摊费用”，然后分期摊销

收取押金：
借：银行存款
　　贷：其他应付款——包装物押金
如属于酒类包装物（啤酒、黄酒除外）收取的押金，税法规定不论是否返还，均征收增值税、消费税：
借：销售费用
　　贷：应交税费——应交增值税（销项税额）
　　　　　　　——应交消费税

收取租金：
借：银行存款（其他应收款）
　　贷：其他业务收入——出租包装物
没收押金：
借：其他应付款——包装物押金
　　贷：银行存款
　　　　其他业务收入——包装物押金
　　　　应交税费——应交增值税（销项税额）
非酒类应税消费品的包装物押金：
借：其他业务成本
　　贷：应交税金——应交消费税

出租包装物报废时，按残料价值：
借：原材料——×××
　　贷：其他业务成本

图2-39　出租包装物的会计核算

出借包装物的会计核算如图 2-40 所示：

出借包装物的会计核算

发出包装物：
借：营业费用——出借包装物
　　待摊费用——出借包装物（价值较大时）
　　贷：包装物
　　　　待摊费用

收取及没收押金：同“出租”
收回包装物：不做账务处理。（“五五摊销法”除外）
报废时：
借：原材料
　　贷：销售费用

图2-40　出借包装物的会计核算

第七节　周转材料的核算

一、周转材料的概念及分类

周转材料的概念及分类如图 2-41 所示：

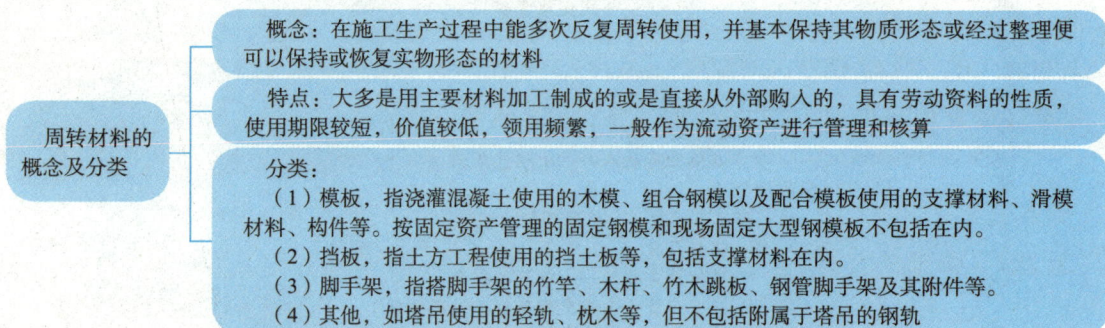

概念：在施工生产过程中能多次反复周转使用，并基本保持其物质形态或经过整理便可以保持或恢复实物形态的材料

特点：大多是用主要材料加工制成的或是直接从外部购入的，具有劳动资料的性质，使用期限较短，价值较低，领用频繁，一般作为流动资产进行管理和核算

分类：
（1）模板，指浇灌混凝土使用的木模、组合钢模以及配合模板使用的支撑材料、滑模材料、构件等。按固定资产管理的固定钢模和现场固定大型钢模板不包括在内。
（2）挡板，指土方工程使用的挡土板等，包括支撑材料在内。
（3）脚手架，指搭脚手架的竹竿、木杆、竹木跳板、钢管脚手架及其附件等。
（4）其他，如塔吊使用的轻轨、枕木等，但不包括附属于塔吊的钢轨

周转材料的概念及分类

图2-41　周转材料的概念及分类

二、周转材料的摊销方法

周转材料的摊销方法如图 2-42 所示：

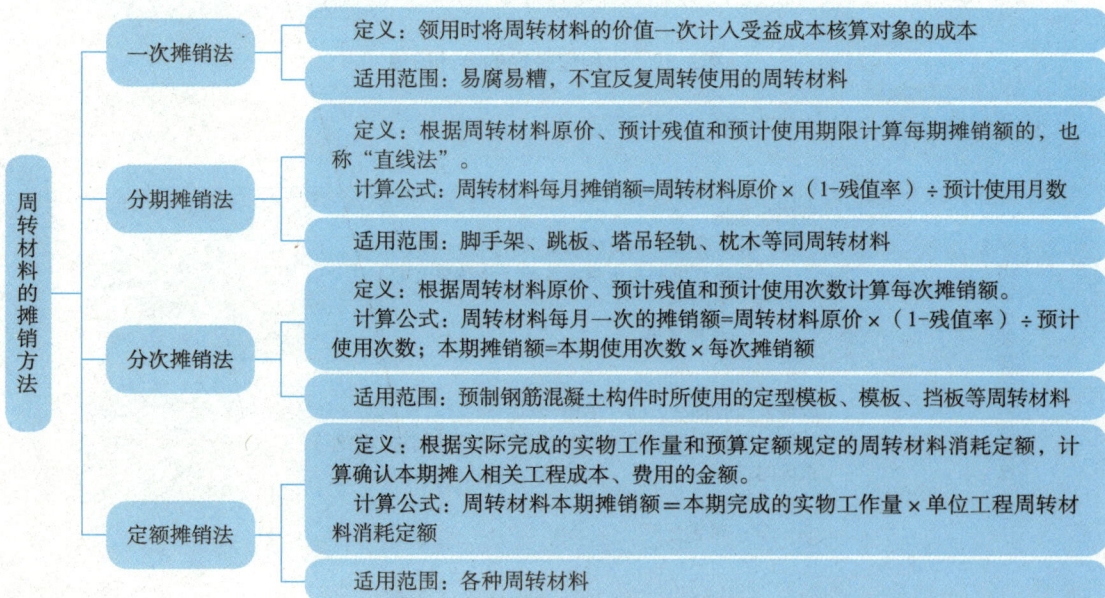

一次摊销法

定义：领用时将周转材料的价值一次计入受益成本核算对象的成本

适用范围：易腐易糟，不宜反复周转使用的周转材料

分期摊销法

定义：根据周转材料原价、预计残值和预计使用期限计算每期摊销额的，也称"直线法"。
计算公式：周转材料每月摊销额=周转材料原价×（1-残值率）÷预计使用月数

适用范围：脚手架、跳板、塔吊轻轨、枕木等同周转材料

分次摊销法

定义：根据周转材料原价、预计残值和预计使用次数计算每次摊销额。
计算公式：周转材料每月一次的摊销=周转材料原价×（1-残值率）÷预计使用次数；本期摊销额=本期使用次数×每次摊销额

适用范围：预制钢筋混凝土构件时所使用的定型模板、模板、挡板等周转材料

定额摊销法

定义：根据实际完成的实物工作量和预算定额规定的周转材料消耗定额，计算确认本期摊入相关工程成本、费用的金额。
计算公式：周转材料本期摊销额＝本期完成的实物工作量×单位工程周转材料消耗定额

适用范围：各种周转材料

图2-42　周转材料的摊销方法

对于施工企业来说，施工生产的自然条件较差，周转材料大部分都是露天堆放，发生的损耗较大。所以周转材料无论采用哪种摊销方法计算摊销额都不可能与实际消耗价值完全一致。为了使计提的周转材料摊销额尽可能与实际损耗价值一致，以保证工程成本的准确性，年终或工程竣工时，建筑企业还必须对周转材料进行清理，根据实际损耗情况调整已提摊销额。

三、周转材料核算中的科目设置

周转材料的科目设置如图 2-43 所示：

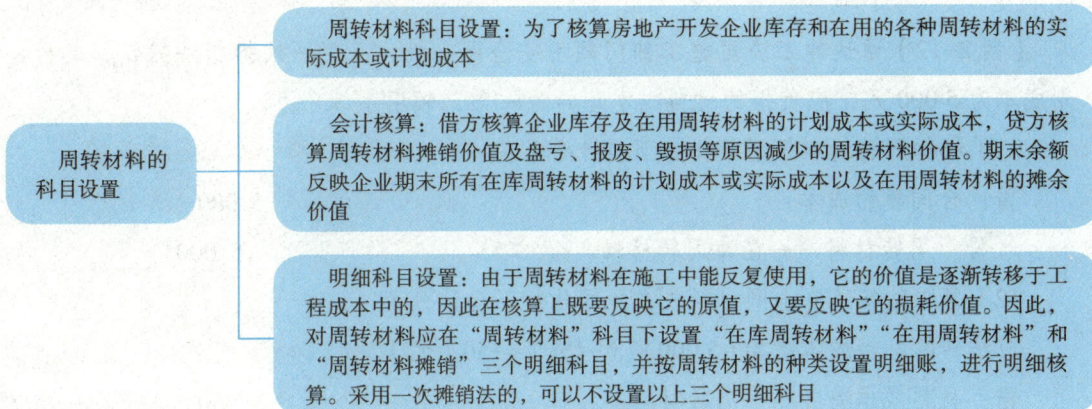

周转材料的科目设置

- 周转材料科目设置：为了核算房地产开发企业库存和在用的各种周转材料的实际成本或计划成本

- 会计核算：借方核算企业库存及在用周转材料的计划成本或实际成本，贷方核算周转材料摊销价值及盘亏、报废、毁损等原因减少的周转材料价值。期末余额反映企业期末所有在库周转材料的计划成本或实际成本以及在用周转材料的摊余价值

- 明细科目设置：由于周转材料在施工中能反复使用，它的价值是逐渐转移于工程成本中的，因此在核算上既要反映它的原值，又要反映它的损耗价值。因此，对周转材料应在"周转材料"科目下设置"在库周转材料""在用周转材料"和"周转材料摊销"三个明细科目，并按周转材料的种类设置明细账，进行明细核算。采用一次摊销法的，可以不设置以上三个明细科目

图2-43 周转材料的科目设置

四、周转材料的会计核算

（一）领用周转材料的会计核算

领用周转材料的会计核算如图 2-44 所示：

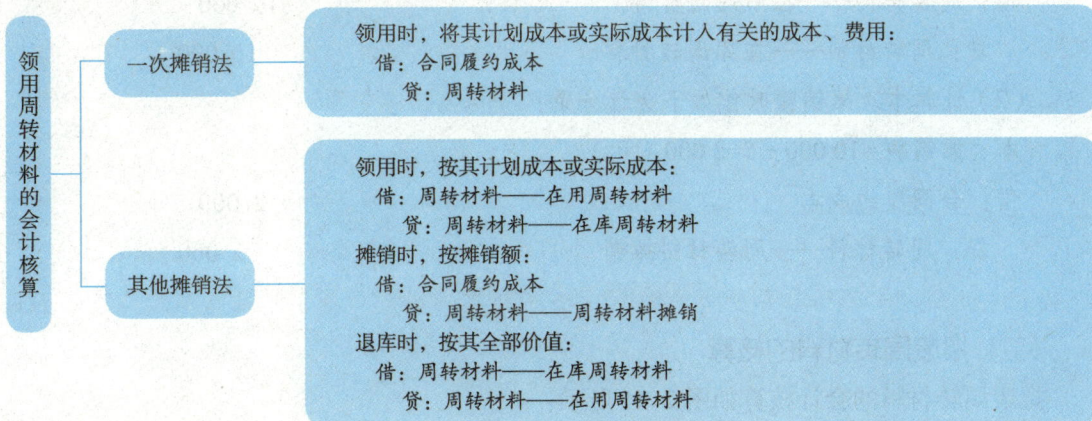

领用周转材料的会计核算

一次摊销法
- 领用时，将其计划成本或实际成本计入有关的成本、费用：
  借：合同履约成本
  　贷：周转材料

其他摊销法
- 领用时，按其计划成本或实际成本：
  借：周转材料——在用周转材料
  　贷：周转材料——在库周转材料
  摊销时，按摊销额：
  借：合同履约成本
  　贷：周转材料——周转材料摊销
  退库时，按其全部价值：
  借：周转材料——在库周转材料
  　贷：周转材料——在用周转材料

图2-44 领用周转材料的会计核算

其中采用计划成本核算的施工企业，月度终了，应结转当月领用周转材料应分摊的成本差异，通过"材料成本差异"科目，记入有关成本、费用科目。

【例2-11】通达建工公司施工部门领取尼龙防护网一批，该企业对周转材料按照实际成本进行核算，其实际成本为5 000元，采用一次摊销法核算。其会计分录如下：

借：合同履约成本   5 000

 贷：周转材料   5 000

【例2-12】通达建工公司施工部门领用安全网一批，采用一次摊销法摊销，其计划成本为5 000元，应负担的材料成本差异为-1%，领用手续已办。

（1）根据周转材料领用单作如下会计分录：

借：合同履约成本   5 000

 贷：周转材料——在库周转材料   5 000

（2）月末结转该安全网材料成本差异作如下会计分录：

应结转的材料成本差异=5 000×（-1%）=-50（元）

借：材料成本差异——周转材料   50

 贷：合同履约成本   50

【例2-13】某工程领用全新挡土板一批，其账面价值为10 000元，预计使用期限为5次，预计残值占账面价值的10%，采用分次摊销法核算。

（1）领用这批周转材料时，作如下会计分录：

借：周转材料——在用周转材料   10 000

 贷：周转材料——在库周转材料   10 000

（2）计算本次摊销额时作如下会计分录：

本次摊销额=10 000÷5=2 000（元）

借：合同履约成本   2 000

 贷：周转材料——周转材料摊销   2 000

（二）报废周转材料的核算

报废周转材料的会计核算如图2-45所示：

报废周转材料的会计核算

- 一次摊销法

  将报废周转材料的残料价值作为当月周转材料摊销额的减少，冲减有关成本、费用，

  借：原材料等

  　贷：合同履约成本等

- 其他摊销法

  首先补提摊销额，对尚未计提的周转材料余额，

  借：合同履约成本等

  　贷：周转材料——周转材料摊销

  将报废周转材料的残料价值作为当月周转材料摊销额的减少，冲减有关成本、费用，

  借：原材料等

  　贷：合同履约成本等

  同时，将已提摊销额，

  借：周转材料——周转材料摊销

  　贷：周转材料——在用周转材料

图2-45　报废周转材料的会计核算

【例 2-14】某工程领用全新挡土板一批，其账面价值为 10 000 元，预计使用期限为 5 次，预计残值占账面价值的 10%，采用分次摊销法核算。这批挡土板在使用到 5 次时已全部报废，收回残料价值为 800 元，挡土板已提摊销额 9 000 元。其账务处理如下：

挡土板应提摊销额 =10 000−800=9 200（元）

应补提摊销额 =9 200−9 000=200（元）

（1）补提摊销额时，作如下会计分录：

借：合同履约成本	200	
贷：周转材料——在用周转材料		200

（2）将残料验收入库，作如下会计分录：

借：原材料	800	
周转材料——周转材料摊销	9 200	
贷：周转材料——在用周转材料		10 000

第八节 存货清查

一、存货的盘存方法

存货的盘存方法如图 2-46 所示：

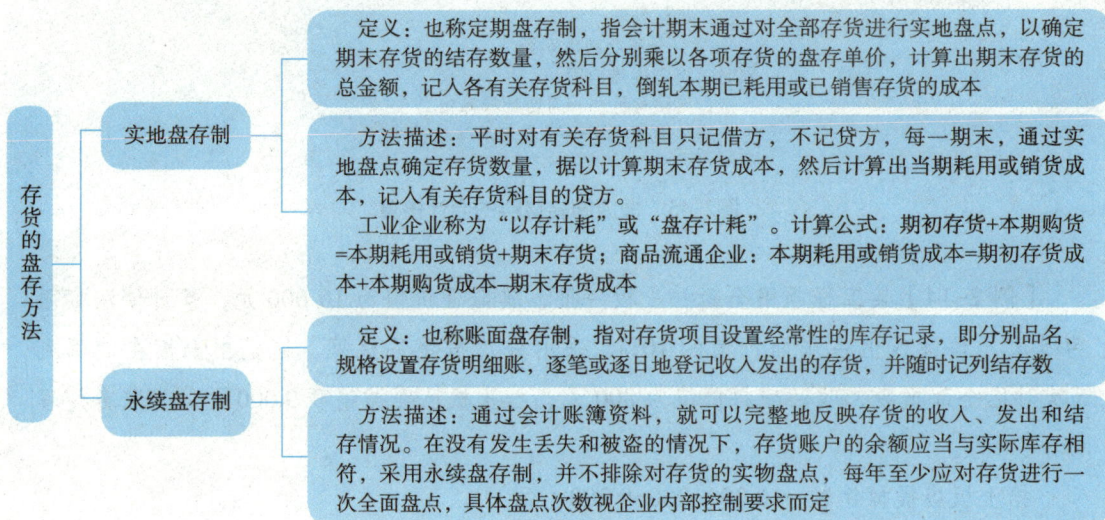

存货的盘存方法

实地盘存制
- 定义：也称定期盘存制，指会计期末通过对全部存货进行实地盘点，以确定期末存货的结存数量，然后分别乘以各项存货的盘存单价，计算出期末存货的总金额，记入各有关存货科目，倒轧本期已耗用或已销售存货的成本
- 方法描述：平时对有关存货科目只记借方，不记贷方，每一期末，通过实地盘点确定存货数量，据以计算期末存货成本，然后计算出当期耗用或销货成本，记入有关存货科目的贷方。
- 工业企业称为"以存计耗"或"盘存计耗"。计算公式：期初存货+本期购货=本期耗用或销货+期末存货；商品流通企业：本期耗用或销货成本=期初存货成本+本期购货成本－期末存货成本

永续盘存制
- 定义：也称账面盘存制，指对存货项目设置经常性的库存记录，即分别品名、规格设置存货明细账，逐笔或逐日地登记收入发出的存货，并随时记列结存数
- 方法描述：通过会计账簿资料，就可以完整地反映存货的收入、发出和结存情况。在没有发生丢失和被盗的情况下，存货账户的余额应当与实际库存相符，采用永续盘存制，并不排除对存货的实物盘点，每年至少应对存货进行一次全面盘点，具体盘点次数视企业内部控制要求而定

图2-46 存货的盘存方法

二、存货盘盈、盘亏的会计核算

存货盘盈、盘亏的会计核算如图 2-47 所示：

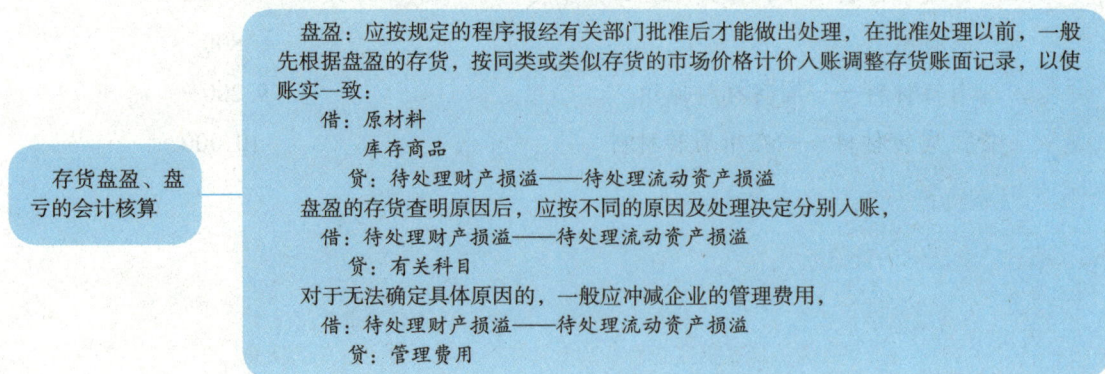

存货盘盈、盘亏的会计核算

盘盈：应按规定的程序报经有关部门批准后才能做出处理，在批准处理以前，一般先根据盘盈的存货，按同类或类似存货的市场价格计价入账调整存货账面记录，以使账实一致：

借：原材料
　　库存商品
　贷：待处理财产损溢——待处理流动资产损溢

盘盈的存货查明原因后，应按不同的原因及处理决定分别入账，

借：待处理财产损溢——待处理流动资产损溢
　贷：有关科目

对于无法确定具体原因的，一般应冲减企业的管理费用，

借：待处理财产损溢——待处理流动资产损溢
　贷：管理费用

盘亏：在批准处理以前，应先通过"待处理财产损溢——待处理流动资产损溢"科目进行核算。一般按盘亏和毁损存货的实际成本（大多按盘亏、毁损的数量和该存货的期初结存单价计算确定）冲减存货的账面记录：

借：待处理财产损溢——待处理流动资产损溢

贷：有关的存货科目

非正常损失的存货价值：存货实际成本和应负担的进项税两部分。发生非正常毁损时，应按非正常损失的价值借记"待处理财产损溢——待处理流动资产损溢"科目，按非正常损失存货的实际成本贷记有关存货科目，按非正常损失存货应负担的进项税，贷记"应交税费——应交增值税（进项税额转出）"科目。

查明盘亏和毁损原因：

借：有关科目

贷：待处理财产损溢——待处理流动资产损溢

（1）属于定额内合理盘亏，应作为管理费用列支；

（2）属于一般经营性损失的，扣除残料价值以及可以收回的保险赔偿和过失人赔偿剩余净损失，经批准也可以作为管理费用列支；

（3）属于自然灾害损失，管理不善造成货物被盗、发生霉烂变质等损失以及其他非正常损失的，扣除可以收回的保险赔偿及残料价值后的净损失，作为企业的营业外支出进行处理

存货盘盈、盘亏的会计核算

图2-47 存货盘盈、盘亏的会计核算

【例2-15】某企业进行财产清查，根据发生的有关存货盘盈的经济业务编制会计分录如下：

（1）盘点原材料，发现甲材料盘盈，按市场价格计算其成本为1 000元，盘盈原因待查。

借：原材料 1 000

　　贷：待处理财产损溢——待处理流动资产损溢 1 000

（2）查明原因，盘盈的原材料系收发时的计量误差所致，经批准冲销企业的管理费用。

借：待处理财产损溢——待处理流动资产损溢 1 000

　　贷：管理费用 1 000

【例2-16】通达建工公司在年末盘点时，发生以下有关的存货盘亏和毁损的经济业务，编制的会计分录如下：

（1）甲材料发生盘亏，实际成本为800元，原因待查。

借：待处理财产损溢——待处理流动资产损溢 800

　　贷：原材料 800

（2）后查明原因，盘亏甲材料系定额内合理损耗，批准作为管理费用列支。

借：管理费用 800

　　贷：待处理财产损溢——待处理流动资产损溢 800

（3）因发生水灾，对财产进行清查盘点。其中，产成品毁损额按实际成本计算为

2 000 元，产成品耗用的原材料及应税劳务的进项税为 260 元，并通知保险公司。

借：待处理财产损溢——待处理流动资产损溢　　　　　　　　　2 260

　　贷：产成品　　　　　　　　　　　　　　　　　　　　　　2 000

　　　　应交税费——增值税（进项税额）　　　　　　　　　　　260

（4）公司对水灾造成的产成品损失已经作出处理决定，残料估值 300 元，可以由保险公司赔偿的损失为 1 000 元，由企业负担的损失为 1 040 元。

借：原材料　　　　　　　　　　　　　　　　　　　　　　　　300

　　其他应收款　　　　　　　　　　　　　　　　　　　　　1 000

　　营业外成本　　　　　　　　　　　　　　　　　　　　　1 040

　　贷：待处理财产损溢——待处理流动资产损溢　　　　　　　2 340

第九节　存货跌价准备

一、存货的期末计量

存货的期末计量方法介绍如图 2-48 所示：

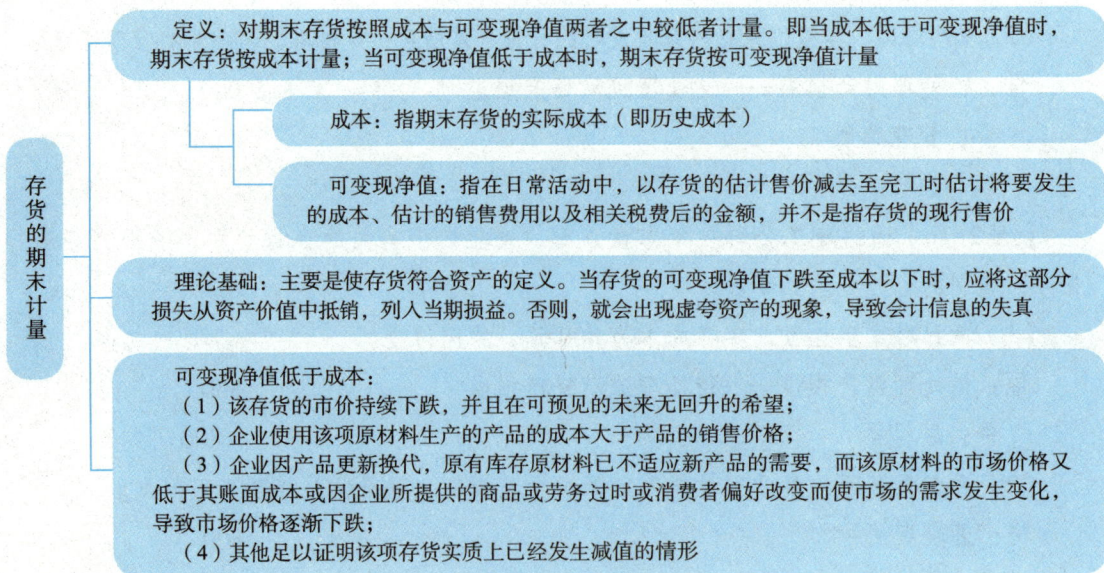

存货的期末计量

定义：对期末存货按照成本与可变现净值两者之中较低者计量。即当成本低于可变现净值时，期末存货按成本计量；当可变现净值低于成本时，期末存货按可变现净值计量

成本：指期末存货的实际成本（即历史成本）

可变现净值：指在日常活动中，以存货的估计售价减去至完工时估计将要发生的成本、估计的销售费用以及相关税费后的金额，并不是指存货的现行售价

理论基础：主要是使存货符合资产的定义。当存货的可变现净值下跌至成本以下时，应将这部分损失从资产价值中抵销，列入当期损益。否则，就会出现虚夸资产的现象，导致会计信息的失真

可变现净值低于成本：
（1）该存货的市价持续下跌，并且在可预见的未来无回升的希望；
（2）企业使用该项原材料生产的产品的成本大于产品的销售价格；
（3）企业因产品更新换代，原有库存原材料已不适应新产品的需要，而该原材料的市场价格又低于其账面成本或因企业所提供的商品或劳务过时或消费者偏好改变而使市场的需求发生变化，导致市场价格逐渐下跌；
（4）其他足以证明该项存货实质上已经发生减值的情形

存货的期末计量

计算方法：
（1）单项比较法，亦称逐项比较法或个别比较法，指对库存的每一种存货的成本与可变现净值逐项进行比较，每项存货均取较低数确定期末的存货成本。
（2）分类比较法，亦称类比法，指按存货类别的成本与可变现净值进行比较，每类存货取其较低数确定存货的期末成本。
（3）综合比较法，亦称总额比较法，指按全部存货的总成本与可变现净值总额相比较，以较低数作为期末全部存货的成本

图2-48　存货的期末计量方法介绍

二、存货期末计价的方法

存货期末计价的方法如图 2-49 所示：

存货可变现净值确认方法

直接用于出售的商品存货：在正常生产经营过程中，应当以该存货的估计售价减去估计的销售费用和相关税费后的金额确定

需要经过加工的材料存货：在正常生产经营过程中，应当以所生产的产成品的估计售价减去至完工时估计将要发生的成本、估计的销售费用以及相关税费后的金额确定其可变现净值

资产负债表日，同一项存货中一部分有合同价格约定，其他部分不存在合同价格的，企业应分别确定其可变现净值，并与其相对应的成本进行比较，分别确定存货跌价准备的计提或转回的金额

各类存货区别情况确定估计售价

为执行销售合同或者劳务合同而持有的存货可变现净值计算基础：通常以产成品或商品的合同价格；持有存货数量多于售价合同订购数量，超出部分的存货以一般销售价格；如果企业销售合同所规定的标的物还没有生产出来，但持有专门用于该标的物生产的原材料，计算基础是合同价格

没有销售合同约定的存货（不包括用于出售的材料）：以产成品或商品一般销售价格（即市场销售价格）作为计算基础

用于出售的材料等：以市场价格作为其可变现净值的计算基础

对于用于生产而持有的材料等：如果用其生产的产成品的可变现净值预计高于产成品的成本，则该材料应当按照其成本计量；如果材料价格的下降表明产成品的可变现净值低于产成品的成本，则该材料应当按其可变现净值计量

图2-49　存货期末计价的方法

存货跌价准备的计提如图 2-50 所示：

存货跌价准备的计提

定期或者至少于每年年度终了对存货进行全面清查，如由于存货遭受毁损、全部或部分陈旧过时等原因存货成本高于可变现净值，应按可变现净值低于成本的差额，计提存货跌价准备

如果以前减记存货价值的影响因素已经消失，则减记的金额应当予以恢复，并在原已计提的存货跌价准备的金额内转回，以此减少计提的存货跌价准备

表明存货的可变现净值低于成本，应计提存货跌价准备的情况

（1）存货的市价持续下跌，并且在可预见的未来无回升的希望；
（2）企业使用该项原材料生产的产品的成本大于产品的销售价格；
（3）企业因产品更新换代，原有库存原材料已不适应新产品的需要，而该原材料的市场价格又低于其账面成本或因企业所提供的商品或劳务过时或消费者偏好改变而使市场的需求发生变化，导致市场价格逐渐下跌；
（4）其他足以证明该项存货实质上已经发生减值的情形

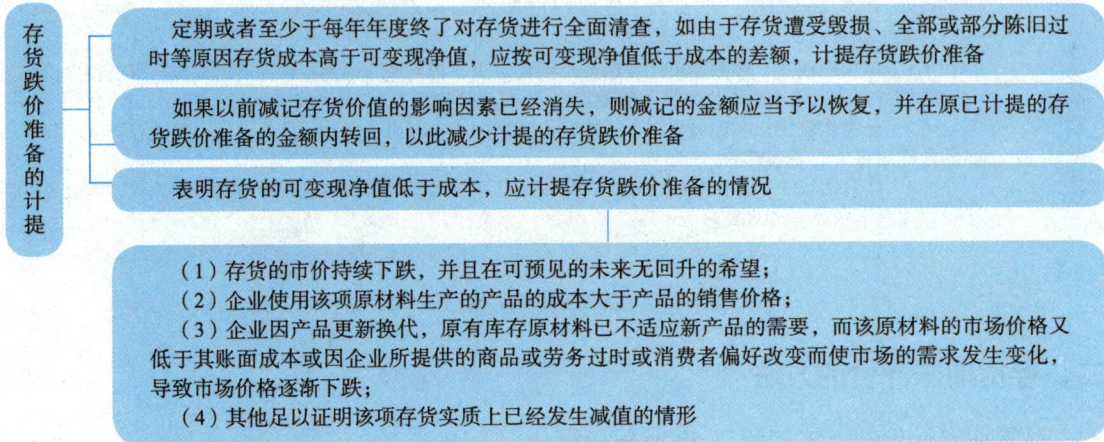

图2-50　存货跌价准备的计提

存货的可变现净值为零的情况如图2-51所示：

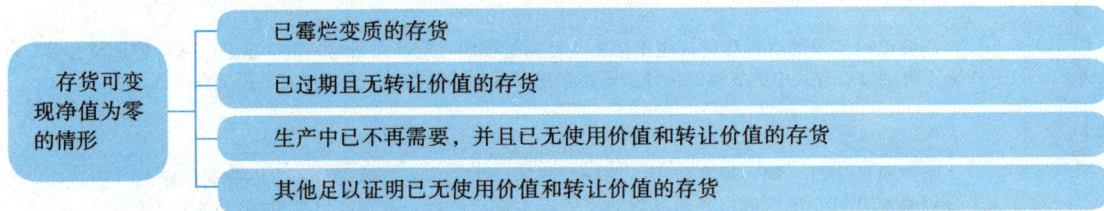

存货可变现净值为零的情形

已霉烂变质的存货

已过期且无转让价值的存货

生产中已不再需要，并且已无使用价值和转让价值的存货

其他足以证明已无使用价值和转让价值的存货

图2-51　存货的可变现净值为零的情况

存货跌价准备计提情况分类如图2-52所示：

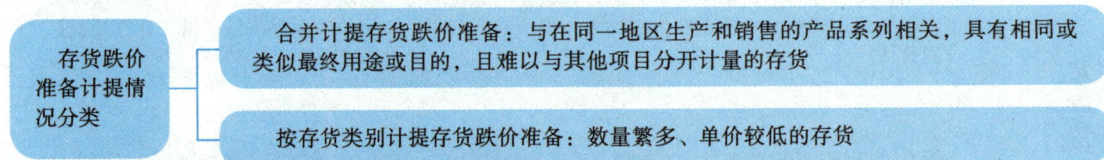

存货跌价准备计提情况分类

合并计提存货跌价准备：与在同一地区生产和销售的产品系列相关，具有相同或类似最终用途或目的，且难以与其他项目分开计量的存货

按存货类别计提存货跌价准备：数量繁多、单价较低的存货

图2-52　存货跌价准备计提情况分类

按成本与可变现净值孰低法对存货计价如图2-53所示：

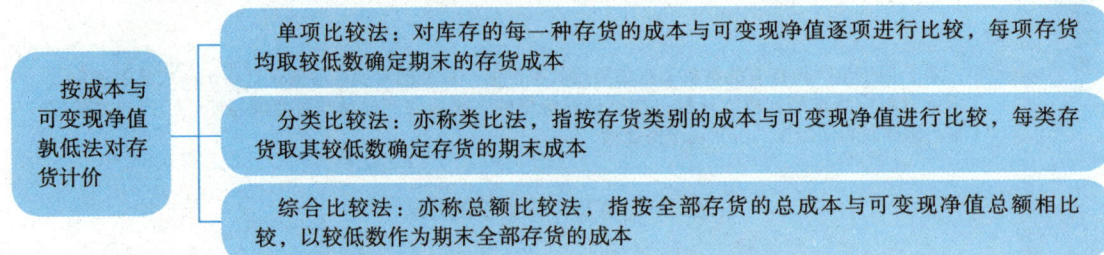

按成本与可变现净值孰低法对存货计价

单项比较法：对库存的每一种存货的成本与可变现净值逐项进行比较，每项存货均取较低数确定期末的存货成本

分类比较法：亦称类比法，指按存货类别的成本与可变现净值进行比较，每类存货取其较低数确定存货的期末成本

综合比较法：亦称总额比较法，指按全部存货的总成本与可变现净值总额相比较，以较低数作为期末全部存货的成本

图2-53　按成本与可变现净值孰低法对存货计价

【例2-17】某企业有甲、乙两大类A、B、C、D四种存货，各种存货分别按三种计算方式确定期末存货的成本，详见表2-1：

表2-1　期末存货成本与可变现净值比较表

存货项目	成本	可变现净值	期末计价		
			单项比较法	分类比较法	总额比较法
甲类存货	10 000.00	9 600.00		9 600.00	
A存货	4 000.00	3 200.00	3 200.00		
B存货	6 000.00	6 400.00	6 000.00		
乙类存货	20 000.00	20 800.00		20 000.00	
C存货	8 000.00	9 200.00	8 000.00		
D存货	12 000.00	11 600.00	11 600.00		
总计	30 000.00	30 400.00	28 800.00	29 600.00	30 000.00
应计提减值准备			1 200.00	400.00	

由表2-1可知，单项比较法确定的期末存货成本最低，为28 800元；分类比较法次之，为29 600元；总额比较法最高，为30 000元。相应地计提的存货跌价准备分别为1 200元，400元，0元。

三、存货跌价准备的核算

存货跌价准备的核算如图2-54所示：

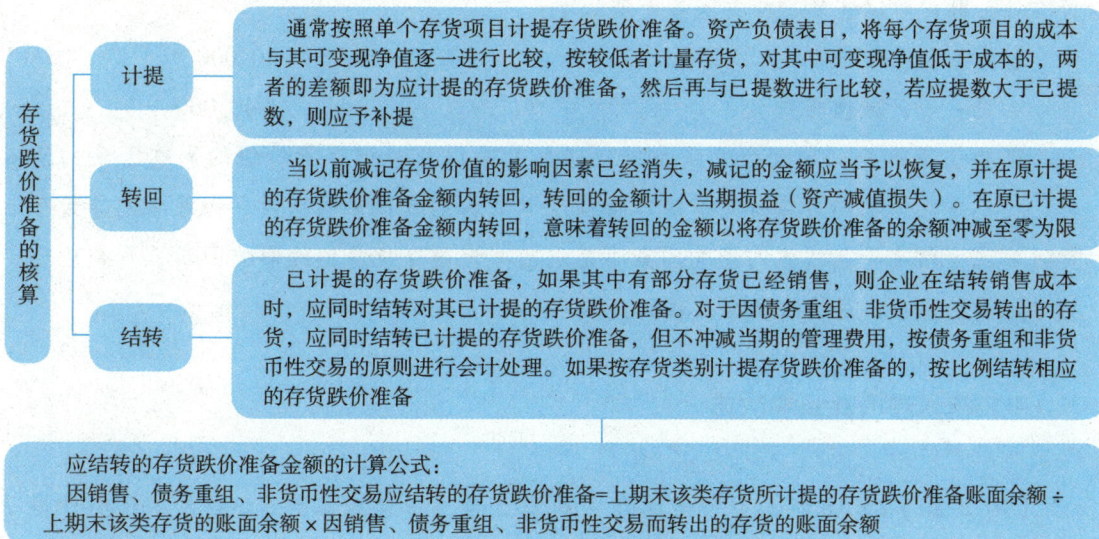

存货跌价准备的核算

计提　通常按照单个存货项目计提存货跌价准备。资产负债表日，将每个存货项目的成本与其可变现净值逐一进行比较，按较低者计量存货，对其中可变现净值低于成本的，两者的差额即为应计提的存货跌价准备，然后再与已提数进行比较，若应提数大于已提数，则应予补提

转回　当以前减记存货价值的影响因素已经消失，减记的金额应当予以恢复，并在原计提的存货跌价准备金额内转回，转回的金额计入当期损益（资产减值损失）。在原已计提的存货跌价准备金额内转回，意味着转回的金额以将存货跌价准备的余额冲减至零为限

结转　已计提的存货跌价准备，如果其中有部分存货已经销售，则企业在结转销售成本时，应同时结转对其已计提的存货跌价准备。对于因债务重组、非货币性交易转出的存货，应同时结转已计提的存货跌价准备，但不冲减当期的管理费用，按债务重组和非货币性交易的原则进行会计处理。如果按存货类别计提存货跌价准备的，按比例结转相应的存货跌价准备

应结转的存货跌价准备金额的计算公式：
因销售、债务重组、非货币性交易应结转的存货跌价准备=上期末该类存货所计提的存货跌价准备账面余额÷上期末该类存货的账面余额×因销售、债务重组、非货币性交易而转出的存货的账面余额

图2-54　存货跌价准备的核算

（一）存货跌价准备的计提

【例 2-18】通达建工有限公司采用成本与可变现净值孰低法对期末存货进行计量，采用单项比较法进行存货成本与可变现净值的比较。2×17 年 12 月 31 日，A、B 两种存货的成本分别为 40 万元、27 万元，可变现净值分别为 36 万元、30 万元。

对于 A 存货，其成本 40 万元高于可变现净值 36 万元，应计提存货跌价准备 4 万元（40-36）。

对于 B 存货，其成本 27 万元低于可变现净值 30 万元，不需计提存货跌价准备。

因此，该企业对 A、B 两种存货计提的跌价准备共计为 4 万元，在当日资产负债表中列示的存货金额为 63 万元（36+27）。

（二）存货跌价准备的转回

【例 2-19】通达建工有限公司采用成本与可变现净值孰低法对期末存货进行计量，采用单项比较法进行存货成本与可变现净值的比较。2×17 年 12 月 31 日，A、B 两种存货的成本分别为 40 万元、27 万元，可变现净值分别为 36 万元、30 万元。对存货 A 计提存货跌价准备 4 万元。

假设 2×18 年年末，存货的种类和数量、账面成本和已计提的存货跌价准备未发生变化，但是，2×19 年以来 A 存货市场价格持续上升，市场前景明显好转，可以判断以前造成减记存货价值的影响因素已经消失，减记的金额应当在原已计提的存货跌价准备金额内予以恢复。相关账务处理如下：

借：存货跌价准备　　　　　　　　　　　　　　　　40 000
　　贷：资产减值损失　　　　　　　　　　　　　　　　40 000

需要注意的是，导致存货跌价准备转回的是以前减记存货价值的影响因素的消失，而不是在当期造成存货可变现净值高于其成本的其他影响因素。如果本期导致存货可变现净值高于其成本的影响因素不是以前减记该存货价值的影响因素，则企业会计准则不允许将该存货跌价准备转回。

（三）存货跌价准备的结转

【例 2-20】2×18 年，甲公司库存 A 机器 5 台，每台成本为 5 000 元，已经计提的存货跌价准备为 6 000 元。2×19 年，甲公司将库存的 5 台机器全部以每台 6 000 元的价格售出。假定不考虑可能发生的销售费用及税金的影响，甲公司应将这 5 台 A 机器已经计提的跌价准备在结转其销售成本的同时，全部予以结转。

甲公司的相关账务处理如下：

借：主营业务成本   19 000

  存货跌价准备   6 000

  贷：原材料——A机器   25 000

第三章

固定资产

第一节 固定资产的概念与确认

一、固定资产的概念及确认条件

固定资产的概念及确认条件如图 3-1 所示：

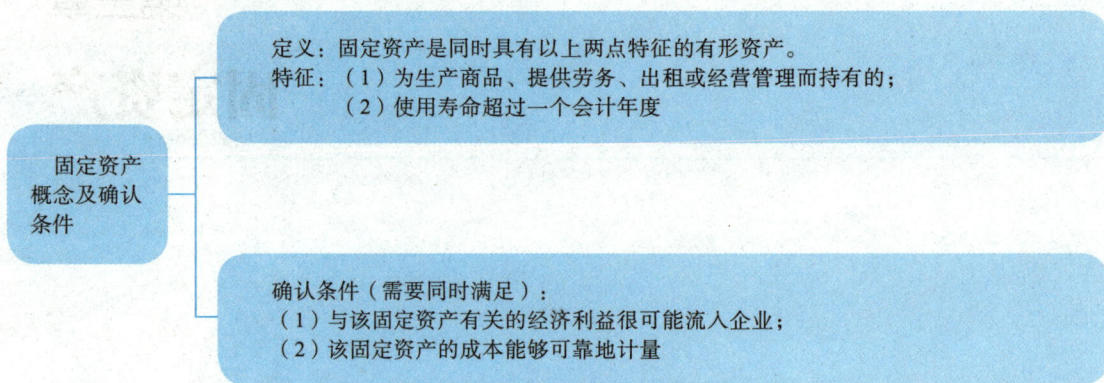

固定资产概念及确认条件

定义：固定资产是同时具有以上两点特征的有形资产。
特征：（1）为生产商品、提供劳务、出租或经营管理而持有的；
　　　（2）使用寿命超过一个会计年度

确认条件（需要同时满足）：
（1）与该固定资产有关的经济利益很可能流入企业；
（2）该固定资产的成本能够可靠地计量

图3-1　固定资产的概念及确认条件

二、固定资产确认条件的具体应用

固定资产确认条件的具体应用如图 3-2 所示：

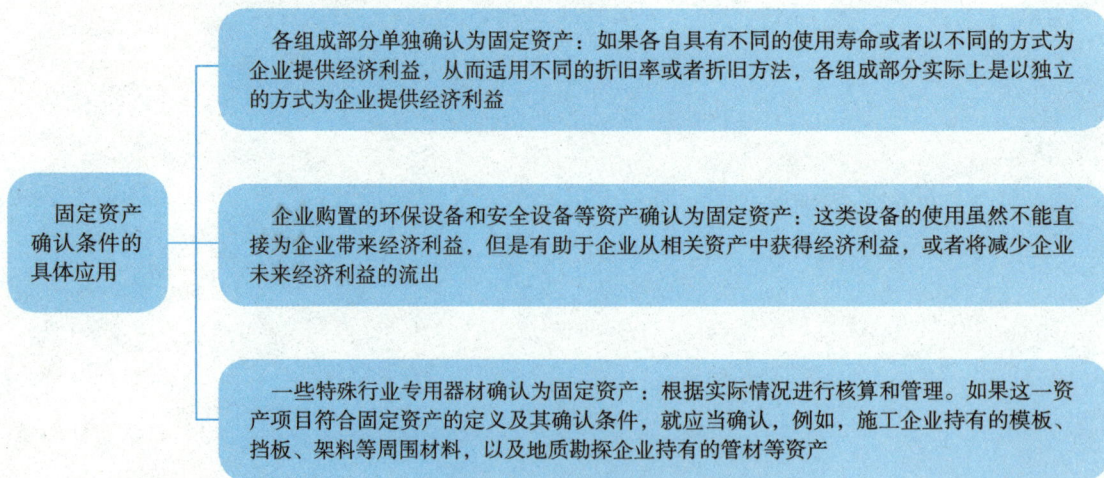

固定资产确认条件的具体应用

各组成部分单独确认为固定资产：如果各自具有不同的使用寿命或者以不同的方式为企业提供经济利益，从而适用不同的折旧率或者折旧方法，各组成部分实际上是以独立的方式为企业提供经济利益

企业购置的环保设备和安全设备等资产确认为固定资产：这类设备的使用虽然不能直接为企业带来经济利益，但是有助于企业从相关资产中获得经济利益，或者将减少企业未来经济利益的流出

一些特殊行业专用器材确认为固定资产：根据实际情况进行核算和管理。如果这一资产项目符合固定资产的定义及其确认条件，就应当确认，例如，施工企业持有的模板、挡板、架料等周围材料，以及地质勘探企业持有的管材等资产

图3-2　固定资产确认条件的具体应用

第二节 固定资产的初始计量

固定资产初始计量的相关概念如图 3-3 所示：

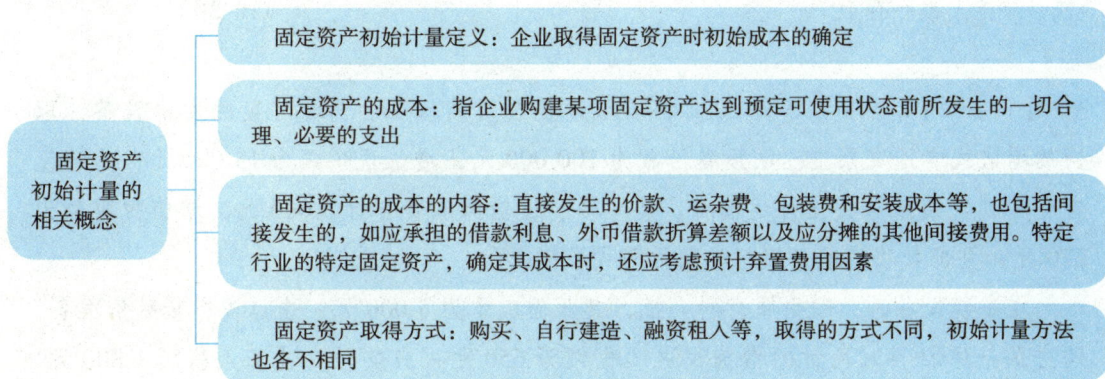

固定资产初始计量的相关概念
- 固定资产初始计量定义：企业取得固定资产时初始成本的确定
- 固定资产的成本：指企业购建某项固定资产达到预定可使用状态前所发生的一切合理、必要的支出
- 固定资产的成本的内容：直接发生的价款、运杂费、包装费和安装成本等，也包括间接发生的，如应承担的借款利息、外币借款折算差额以及应分摊的其他间接费用。特定行业的特定固定资产，确定其成本时，还应考虑预计弃置费用因素
- 固定资产取得方式：购买、自行建造、融资租入等，取得的方式不同，初始计量方法也各不相同

图3-3 固定资产初始计量的相关概念

一、外购固定资产

外购固定资产的成本、分类、特殊考虑、延期付款需要支付利息的核算如图 3-4 所示：

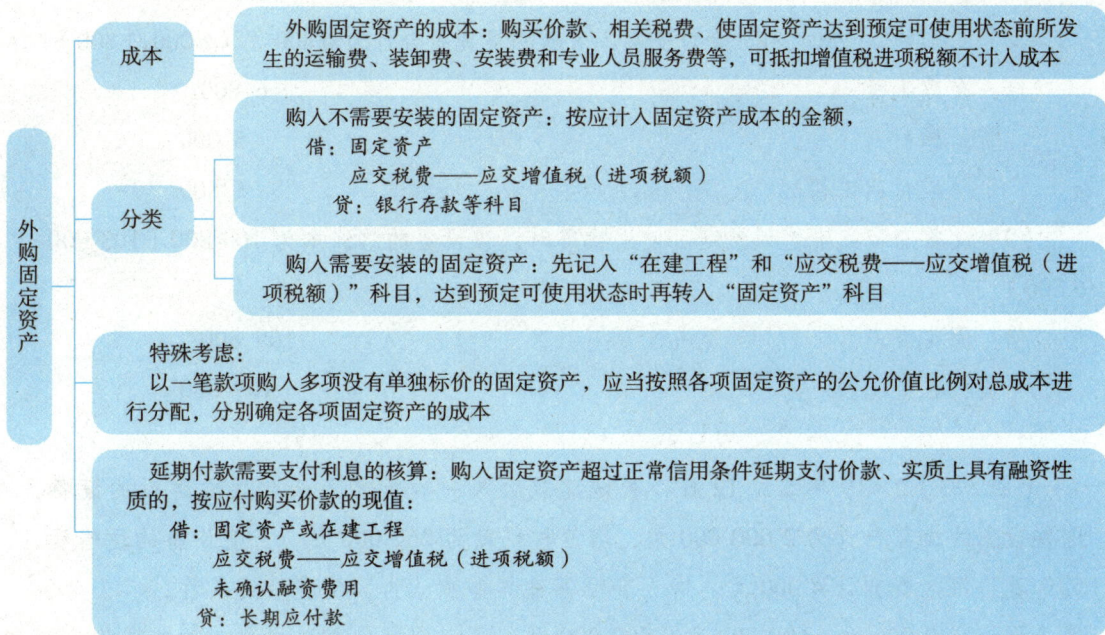

外购固定资产
- 成本
  - 外购固定资产的成本：购买价款、相关税费、使固定资产达到预定可使用状态前所发生的运输费、装卸费、安装费和专业人员服务费等，可抵扣增值税进项税额不计入成本
- 分类
  - 购入不需要安装的固定资产：按应计入固定资产成本的金额，
    借：固定资产
    　　应交税费——应交增值税（进项税额）
    　贷：银行存款等科目
  - 购入需要安装的固定资产：先记入"在建工程"和"应交税费——应交增值税（进项税额）"科目，达到预定可使用状态时再转入"固定资产"科目
- 特殊考虑：
  以一笔款项购入多项没有单独标价的固定资产，应当按照各项固定资产的公允价值比例对总成本进行分配，分别确定各项固定资产的成本
- 延期付款需要支付利息的核算：购入固定资产超过正常信用条件延期支付价款、实质上具有融资性质的，按应付购买价款的现值：
  借：固定资产或在建工程
  　　应交税费——应交增值税（进项税额）
  　　未确认融资费用
  　贷：长期应付款

图3-4 外购固定资产

【例 3-1】2×19 年 5 月 20 日，长城建筑公司购入一台不需要安装，直接就可投入使用的施工设备，取得的相应增值税专用发票上注明的设备价款为 100 000 元，增值税税额为 13 000 元，发生的运费、保险费、调试费等合计 5 000 元，增值税税额为 300 元，以银行存款转账的方式向对方进行了支付。假定不考虑其他相关税费。长城建筑公司应进行的账务处理如下：

借：固定资产 105 000
　　应交税费——应交增值税（销项税额） 13 300
　贷：银行存款 118 300

【例 3-2】2×19 年 5 月 10 日，长城建筑公司购入一台需要安装的发电设备，取得的增值税专用发票上注明设备价款为 100 000 元，增值税税额为 13 000 元，为将设备运输到安装地点共支付运输费、装卸费、运输保险费合计 3 000 元，增值税税额为 270 元，全部款项已通过银行转账的形式予以支付。

在安装设备时，领用原材料一批，其账面成本为 5 000 元，未计提存货跌价准备，购进该批原材料时已付的增值税进项税额为 650 元；应支付安装工人薪酬 1 800 元。假定不考虑其他相关税费。长城建筑公司应该进行的会计处理如下：

（1）支付设备价款、增值税、装卸费合计为 103 000 元（100 000+3 000）。

借：在建工程 103 000
　　应交税费——应交增值税（进项税额） 13 270
　贷：银行存款 116 270

（2）领用本公司原材料、支付安装工人薪酬等费用合计为 6 800 元（5 000+1 800）。

借：在建工程 6 800
　贷：原材料 5 000
　　应付职工薪酬 1 800

（3）设备安装完毕达到预定可使用状态时，该设备的总成本为 109 800（103 000+6 800）。

借：固定资产 109 800
　贷：在建工程 109 800

【例 3-3】2×19 年 5 月 12 日，长城建筑公司一次性购入三台独立运行的设备，这些设备的价款合计为 2 000 000 元，增值税税款为 260 000 元，三套设备的运输费、装卸费、保险费合计 4 000 元。这三套设备都具备确认为固定资产的条件，其公允价值分别为 900 000 元、600 000 元、500 000 元；不考虑其他相关税费。长城建筑公司的会计处理如下：

（1）确定 A、B、C 三套设备的成本分配比例。

A 设备的成本分配比例 =900 000÷（900 000+600 000+500 000）=45%

B 设备的成本分配比例 =600 000÷（900 000+600 000+500 000）=30%

C 设备的成本分配比例 =500 000÷（900 000+600 000+500 000）=25%

（2）确定应计入固定资产成本的总金额，包括买价、包装费及增值税税额等应计入固定资产成本的金额 =2 000 000+260 000+4 000=2 264 000（元）。

（3）确定设备 A、B、C 各自的入账价值。

A 设备的入账价值 =2 264 000×45%=1 018 800（元）

B 设备的入账价值 =2 264 000×30%=679 200（元）

C 设备的入账价值 =2 264 000×25%=566 000（元）

（4）编制会计分录。

借：固定资产——A　　　　　　　　　　　　　　　　1 018 800

　　　　　　——B　　　　　　　　　　　　　　　　　679 200

　　　　　　——C　　　　　　　　　　　　　　　　　566 000

　　贷：银行存款　　　　　　　　　　　　　　　　　2 264 000

【例 3-4】2×19 年 1 月 1 日，长城建筑公司与 ABC 公司签订一项购货合同，从 ABC 公司购入一台需要安装的大型机器设备，收到的增值税专用发票上注明的设备价款为 9 000 000 元，增值税税额为 1 170 000 元。合同约定，长城建筑公司于 2×19～2×23 年的 5 年内，每年的 12 月 31 日支付 2 034 000 元。2×19 年 1 月 1 日，长城建筑公司收到该设备并投入安装，发生保险费、装卸费等 7 000 元，增值税进项税额 630 元；2×19 年 12 月 31 日，该设备安装完毕达到预定可使用的状态，共发生安装费 50 000 元，款项均以银行存款支付。假定长城建筑公司综合各方面因素后决定采用 10% 作为折现率，不考虑其他因素。长城建筑公司的账务处理如下：

（1）2×19 年 1 月 1 日，确定购入固定资产成本的金额，包括购买价款、增值税税额、保险费、装卸费等。

购入固定资产成本 =2 034 000×3.7908+7 000=7 710 487.2（元）

注：期限 5 年，折现率为 10% 后付年金现值系数为 3.7908。

借：在建工程　　　　　　　　　　　　　　　　　　6 546 857.20

　　应交税额——应交增值税（进项税额）　　　　　1 170 630.00

　　未确认融资费用　　　　　　　　　　　　　　　2 452 512.80

　　贷：长期应付款　　　　　　　　　　　　　　　10 170 000.00

（2）2×19年度发生安装费用50 000元。

借：在建工程　　　　　　　　　　　　　　　　　　　　　　50 000
　　应交税额——应交增值税（进项税额）　　　　　　　　　　4 500
　　贷：银行存款　　　　　　　　　　　　　　　　　　　　54 500

（3）确定未确认融资费用在信用期间的分摊额，见表3-1。

表3-1　未确认融资费用分摊表

日期	分期付款额	确认的融资费用	应付本金减少额	应付本金余额
	（1）	（2）＝期初 4×10%	（3）＝（1）-（2）	（4）＝期初（4）-（3）
2×19年1月1日				7 710 487.20
2×19年12月31日	2 034 000	771 048.72	1 262 951.28	6 447 535.92
2×20年12月31日	2 034 000	644 753.59	1 389 246.41	5 058 289.51
2×21年12月31日	2 034 000	505 828.95	1 528 171.05	3 530 118.46
2×22年12月31日	2 034 000	353 011.85	1 680 988.15	1 849 130.31
2×23年12月31日	2 034 000	184 869.69	1 849 130.31	0.00
合计	10 170 000	2 459 512.80	7 710 487.20	

（4）2×19年12月31日，分摊未确认融资费用、结转工程成本、支付款项。

借：在建工程　　　　　　　　　　　　　　　771 048.72
　　贷：未确认融资费用　　　　　　　　　　　771 048.72
借：固定资产　　　　　　　　　　　　　　　7 367 905.92
　　贷：在建工程　　　　　　　　　　　　　7 367 905.92
借：长期应付款　　　　　　　　　　　　　　2 034 000
　　贷：银行存款　　　　　　　　　　　　　2 034 000

在固定资产未结转之前产生的利息，应该增加固定资产成本；以后年份产生的利息费用，计入当期的财务费用。

（5）2×20年12月31日，分摊未确认融资费用、支付款项。

借：财务费用　　　　　　　　　　　　　　　644 753.59
　　贷：未确认融资费用　　　　　　　　　　　644 753.59

借：长期应付款　　　　　　　　　　　　　　　　　2 034 000

　　货：银行存款　　　　　　　　　　　　　　　　　2 034 000

2×21～2×23 年分摊未确认融资费用、支付款项的账务处理比照 2×20 年的相关账务处理。

二、自行建造固定资产

自行建造的固定资产如图 3-5 所示：

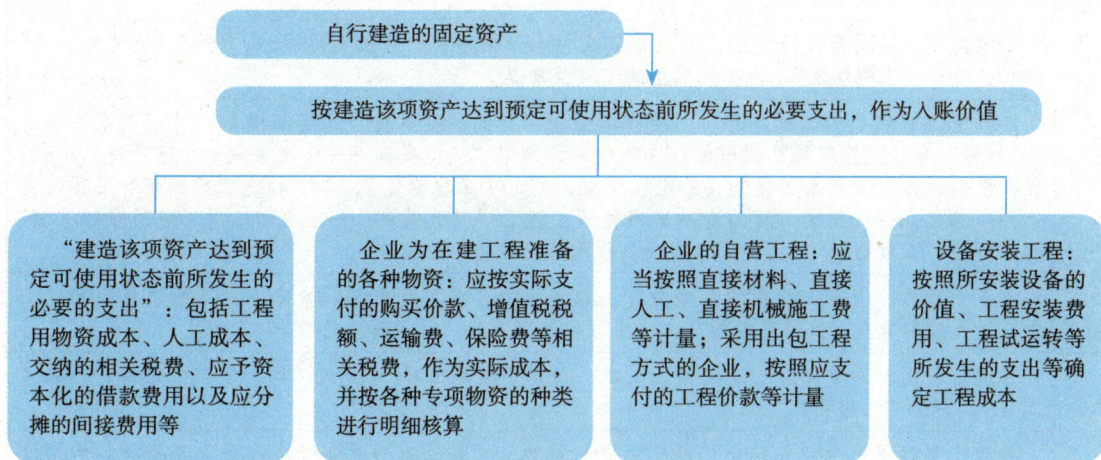

图3-5　自行建造的固定资产

（一）自营工程

自营工程的科目设置如图 3-6 所示：

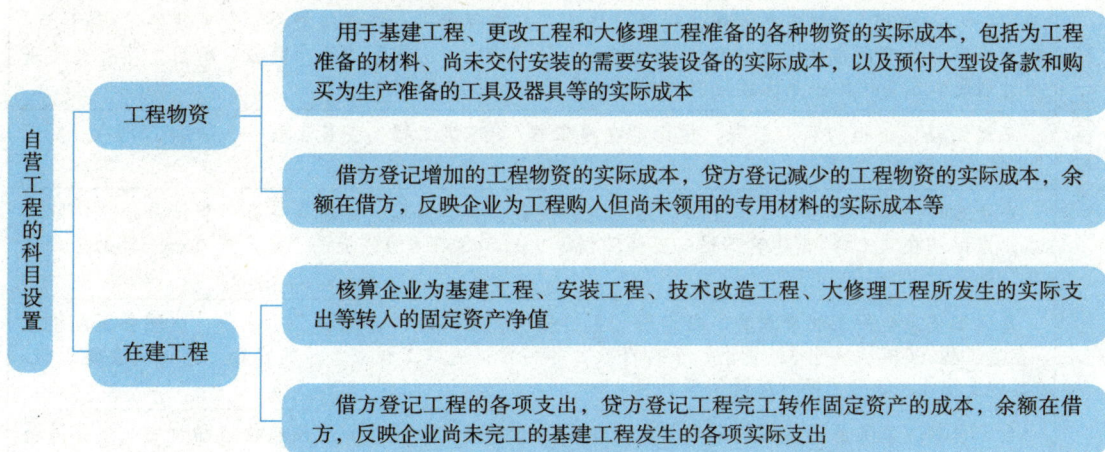

图3-6　自营工程的科目设置

自营工程的会计核算如表 3-2 所示：

表 3-2 自营工程的会计核算

工程物资的核算	企业购入为工程准备的物资，应按实际成本和专用发票上注明的增值税额，借记"工程物资"（专用材料、专用设备），"应交税费——应交增值税（进项税额）"；贷记"银行存款""应付账款""应付票据"等科目
	企业为购置大型设备而预付款时，借记"工程物资"（预付大型设备款），贷记"银行存款"科目；收到设备并补付设备价款时，按设备的实际成本，借记"工程物资"（专用设备），按预付的价款，贷记"工程物资"（预付大型设备款），按补付的价款，贷记"银行存款"等科目
	工程领用工程物资，借记"在建工程"科目，贷记"工程物资"（专用材料等）；工程完工后对领出的剩余工程物资应当办理退库手续，并作相反的会计分录
	工程完工，将为生产准备的工具及器具交付生产使用时，应按实际成本，借记"低值易耗品"科目，贷记"工程物资"（为生产准备的工具及器具）
	工程完工后剩余的工程物资，如转作本企业存货的，按原材料的实际成本或计划成本，借记"原材料"科目，按可抵扣的增值税进项税额，借记"应交税费——应交增值税（进项税额）"科目，按转入存货的剩余工程物资的账面余额，贷记"工程物资"；如工程完工后剩余的工程物资对外出售的，应先结转工程物资的进项税额，借记"应交税费——应交增值税（进项税额）"科目，贷记"工程物资"，出售时，应确认收入并结转相应的成本
	盘盈、盘亏、报废、毁损的工程物资，减去保险公司、过失人赔偿部分，工程项目尚未完工的，计入或冲减所建工程项目的成本；工程已经完工的，计入营业外收支
在建工程的核算	领用工程用材料物资时，应按实际成本，借记"在建工程"（建筑工程、安装工程等——××工程），贷记"工程物资"科目
	基建工程领用本企业外购生产经营用原材料的，应按原材料的实际成本加上不能抵扣的增值税进项税额，借记"在建工程"（建筑工程、安装工程等——××工程），按原材料的实际成本或计划成本，贷记"原材料"科目，按不能抵扣的增值税进项税额，贷记"应交税费——应交增值税（进项税额转出）"科目，采用计划成本进行材料日常核算的企业，还应当分摊材料成本差异
	基建工程领用本企业的商品产品以及委托加工收回的材料物资时，按商品产品的实际成本（或进价）或计划成本（或售价）加上应交的相关税费，借记"在建工程"（建筑工程、安装工程——××工程），按应交的相关税费，贷记"应交税费——应交增值税（销项税额）"等科目，按库存商品的实际成本（或进价）或计划成本（或售价），贷记"库存商品"科目。库存商品采用计划成本或售价的企业，还应当分摊成本差异或商品进销差价
	基建工程应负担的职工工资，借记"在建工程"（建筑工程、安装工程——××工程），贷记"应付职工薪酬"科目
	企业的辅助生产部门为工程提供的水、电、设备安装、修理、运输等劳务，应按月根据实际成本，借记"在建工程"（建筑工程、安装工程等——××工程），贷记"生产成本——辅助生产成本"等科目
	基建工程发生的工程管理费、征地费、可行性研究费、临时设施费、公证费、监理费等，借记"在建工程"（其他支出），贷记"银行存款"等科目；基建工程应负担的税金，借记"在建工程"（其他支出），贷记"银行存款"等科目
	由于自然灾害等原因造成的单项工程或单位工程报废或毁损，减去残料价值和过失人或保险公司等赔款后的净损失，报经批准后计入继续施工的工程成本，借记"在建工程"（其他支出）科目，贷记本科目（建筑工程、安装工程等——××工程）；如为非正常原因造成的报废或毁损，或在建工程项目全部报废或毁损，应将其净损失直接计入当期营业外支出

续表

在建工程的核算	工程物资在建设期间发生的盘亏、报废及毁损，其处置损失，报经批准后，借记"在建工程"，贷记"工程物资"科目；盘盈的工程物资或处置收益，作相反的会计分录
	基建工程达到预定可使用状态前进行负荷联合试车发生的费用，借记"在建工程"（其他支出），贷记"银行存款""库存商品"等科目；获得的试车收入或按预计售价将能对外销售的产品转为库存商品的，作相反会计分录
	基建工程完工后应当进行清理，已领出的剩余材料应当办理退库手续，借记"工程物资"科目，贷记"在建工程"

企业应当设置"在建工程其他支出备查簿"，专门登记基建项目发生的构成项目概算内容但不通过"在建工程"科目核算的其他支出，包括按照建设项目概算内容购置的不需要安装设备、现成房屋、无形资产以及发生的递延费用等。企业在发生上述支出时，应当通过"固定资产""无形资产"和"长期待摊费用"科目核算。但同时应在"在建工程其他支出备查簿"中进行登记。

【例 3-5】长城建筑公司自行建造露天泳池一座，购入为工程准备的各种物资23 400 元，支付的增值进项税额为 3 042 元，实际领用工程物资（不含增值税）21 060元，剩余物资转作企业存货；另外还领用了企业生产用的原材料一批，实际成本为3 000 元；支付工程人员工资 5 000 元，公司维修部为工程提供有关劳务支出 1 000 元，工程完工交付使用。有关会计处理如下：

（1）购入为工程准备的物资。

借：工程物资　　　　　　　　　　　　　　　　　　23 400

　　应交税费——应交增值税（进项税额）　　　　　 3 042

　　贷：银行存款　　　　　　　　　　　　　　　　　　26 442

（2）工程领用物资。

借：在建工程——仓库　　　　　　　　　　　　　　21 060

　　贷：工程物资　　　　　　　　　　　　　　　　　　21 060

（3）工程领用原材料。

借：在建工程——仓库　　　　　　　　　　　　　　 3 000

　　贷：原材料　　　　　　　　　　　　　　　　　　　 3 000

（4）支付工程人员工资。

借：在建工程——仓库　　　　　　　　　　　　　　 5 000

　　贷：应付职工薪酬　　　　　　　　　　　　　　　　 5 000

（5）公司维修部门为工程提供的劳务支出。

借：在建工程——仓库　　　　　　　　　　　　　　 1 000

　　　　贷：生产成本—辅助生产成本　　　　　　　　　　　　　1 000

（6）工程完工交付使用。

　　借：固定资产　　　　　　　　　　　　　　　　　　　30 060

　　　　贷：在建工程——仓库　　　　　　　　　　　　　　　30 060

（7）剩余工程物资转作企业存货。

　　剩余工程物资 =23 400−21 060=2 340（元）

　　借：原材料　　　　　　　　　　　　　　　　　　　　　2 340

　　　　贷：工程物资　　　　　　　　　　　　　　　　　　　2 340

（二）出包工程

出包工程的会计核算如图 3-7 所示：

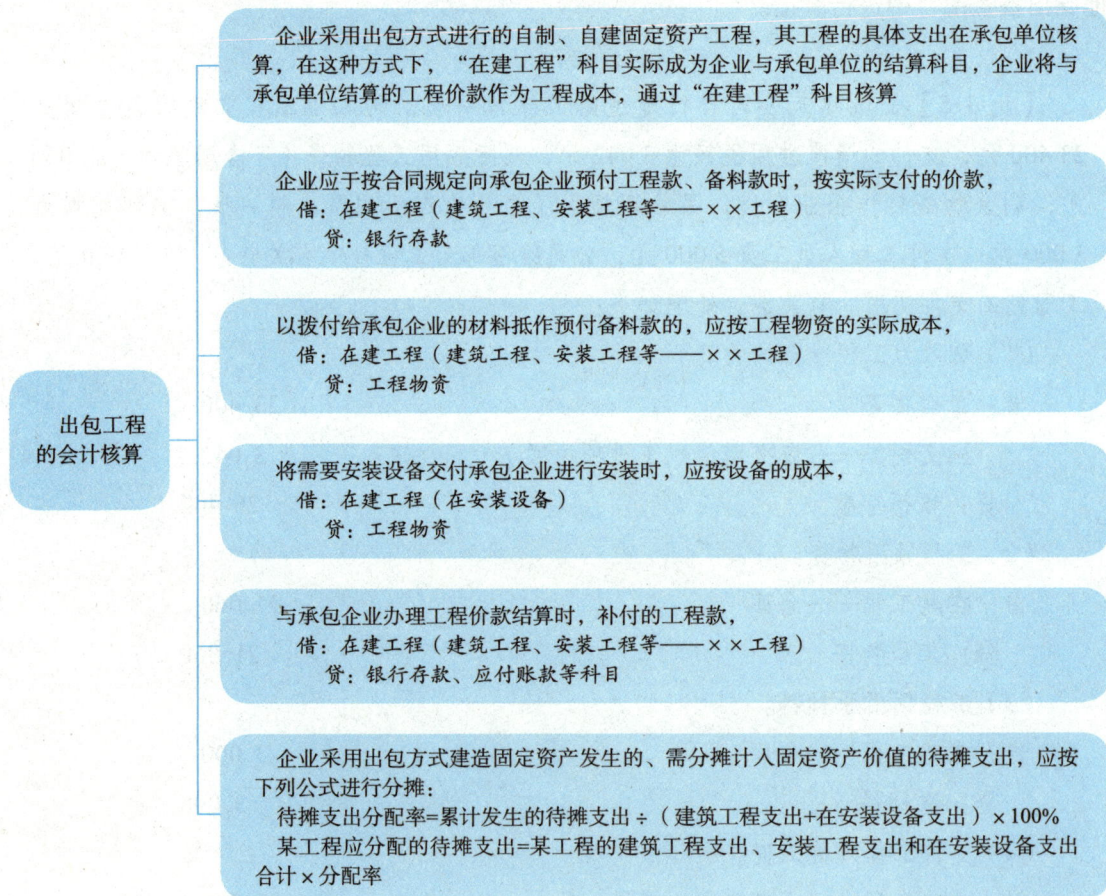

```
出包工程
的会计核算
```

　　企业采用出包方式进行的自制、自建固定资产工程，其工程的具体支出在承包单位核算，在这种方式下，"在建工程"科目实际成为企业与承包单位的结算科目，企业将与承包单位结算的工程价款作为工程成本，通过"在建工程"科目核算

　　企业应于按合同规定向承包企业预付工程款、备料款时，按实际支付的价款，
　　借：在建工程（建筑工程、安装工程等——××工程）
　　　　贷：银行存款

　　以拨付给承包企业的材料抵作预付备料款的，应按工程物资的实际成本，
　　借：在建工程（建筑工程、安装工程等——××工程）
　　　　贷：工程物资

　　将需要安装设备交付承包企业进行安装时，应按设备的成本，
　　借：在建工程（在安装设备）
　　　　贷：工程物资

　　与承包企业办理工程价款结算时，补付的工程款，
　　借：在建工程（建筑工程、安装工程等——××工程）
　　　　贷：银行存款、应付账款等科目

　　企业采用出包方式建造固定资产发生的、需分摊计入固定资产价值的待摊支出，应按下列公式进行分摊：
　　待摊支出分配率=累计发生的待摊支出÷（建筑工程支出+在安装设备支出）×100%
　　某工程应分配的待摊支出=某工程的建筑工程支出、安装工程支出和在安装设备支出合计×分配率

图3-7　出包工程的会计核算

【例 3-6】长城建筑公司经批准新建一个水泥搅拌站，包括建造堆料场、安装平

台、安装搅拌设备等3个单项工程。2×19年2月1日，长城建筑公司与A公司签订合同，将火电厂新建工程出包给A公司。双方约定，建造堆料场的价款为5 000 000元，建造安装平台的价款为2 800 000元，安装搅拌设备的安装费用为450 000元。其他有关资料如下：

（1）2×19年2月1日，长城建筑公司向A公司预付建造堆料场的工程价款3 000 000元。

（2）2×19年5月8日，长城建筑公司购入搅拌设备，价款3 800 000元，相应的增值税进项税额为494 000元，款项已经支付。

（3）2×19年7月2日，长城建筑公司向A公司预付建造安装平台的工程价款1 400 000元。

（4）2×19年7月22日，长城建筑公司将搅拌设备运抵现场，交付A公司安装。

（5）工程项目发生管理费、可行性研究费、公证费、监理费共计116 000元，相应的增值税进项税额为10 440元，款项已经支付。

（6）工程建造期间，由于台风造成安装平台工程部分毁损，经核算，损失为450 000元，保险公司已承诺支付300 000元。

（7）2×19年12月20日，所有工程完工，长城建筑公司收A公司的有关工程结算单据后，补付剩余工程款。

长城建筑公司的账务处理如下：

（1）2×19年2月1日，预付建造堆料场工程款。

借：预付账款——建筑工程（堆料场）	3 000 000
贷：银行存款	3 000 000

（2）2×19年5月8日，购入搅拌设备。

借：工程物资——搅拌设备	3 800 000
应交税费——应交增值税（进项税额）	494 000
贷：银行存款	4 294 000

（3）2×19年7月2日，预付建造安装平台工程款。

借：预付账款——建筑工程（安装平台）	1 400 000
贷：银行存款	1 400 000

（4）2×19年7月22日，将搅拌设备交A公司安装。

借：在建工程——在安装设备（搅拌设备）	3 800 000
贷：工程物资——搅拌设备	3 800 000

（5）支付工程发生的管理费、可行性研究费、公证费、监理费。

借：在建工程——待摊支出	116 000

应交税费——应交增值税（进项税额）	10 440
贷：银行存款	126 440

（6）台风造成安装平台工程部分毁损。

借：营业外支出	150 000
其他应收款——保险赔款	300 000
货：在建工程——建筑工程（冷却落）	450 000

（7）2×19年12月20日，结算工程款并补付剩余工程款。

借：在建工程——建筑工程（堆料场）	5 000 000
——建筑工程（安装平台）	2 800 000
——安装工程（堆料场）	450 000
货：银行存款	3 850 000
预付账款——建筑工程（堆料场）	3 000 000
——建筑工程（安装平台）	1 400 000

（8）分摊待摊支出。

待摊支出分配率 =116 000÷（5 000 000+2 800 000−450 000+3 800 000+450 000）× 100%=1%

堆料场应分配的待摊支出 =5 000 000×1%=50 000（元）

安装平台应分配的待摊支出 =（2 800 000−450 000）×1%=23 500（元）

搅拌设备（安装工程）应分配的待摊支出 =450 000×1%=4500（元）

搅拌设备（在安装设备）应分配的待摊支出 =3 800 000×1%=38 000（元）

借：在建工程——建筑工程（堆料场）	50 000
——建筑工程（安装平台）	23 500
——安装工程（搅拌设备）	4 500
——在安装设备（搅拌设备）	38 000
贷：在建工程——待摊支	116 000

（9）结转固定资产。

借：固定资产——堆料场	5 050 000
——安装平台	2 373 500
——搅拌设备	4 292 500
贷：在建工程——建筑工程（堆料场）	5 050 000
——建筑工程（安装平台）	2 373 500
——安装工程（搅拌设备）	454 500
——在安装设备（搅拌设备）	3 838 000

三、融资租赁固定资产

融资租赁的定义和确认条件如图 3-8 所示：

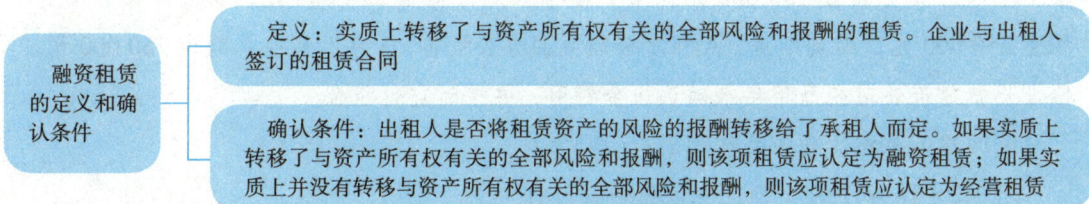

融资租赁的定义和确认条件

- 定义：实质上转移了与资产所有权有关的全部风险和报酬的租赁。企业与出租人签订的租赁合同
- 确认条件：出租人是否将租赁资产的风险的报酬转移给了承租人而定。如果实质上转移了与资产所有权有关的全部风险和报酬，则该项租赁应认定为融资租赁；如果实质上并没有转移与资产所有权有关的全部风险和报酬，则该项租赁应认定为经营租赁

图3-8　融资租赁的定义和确认条件

融资租赁的核算如图 3-9 所示：

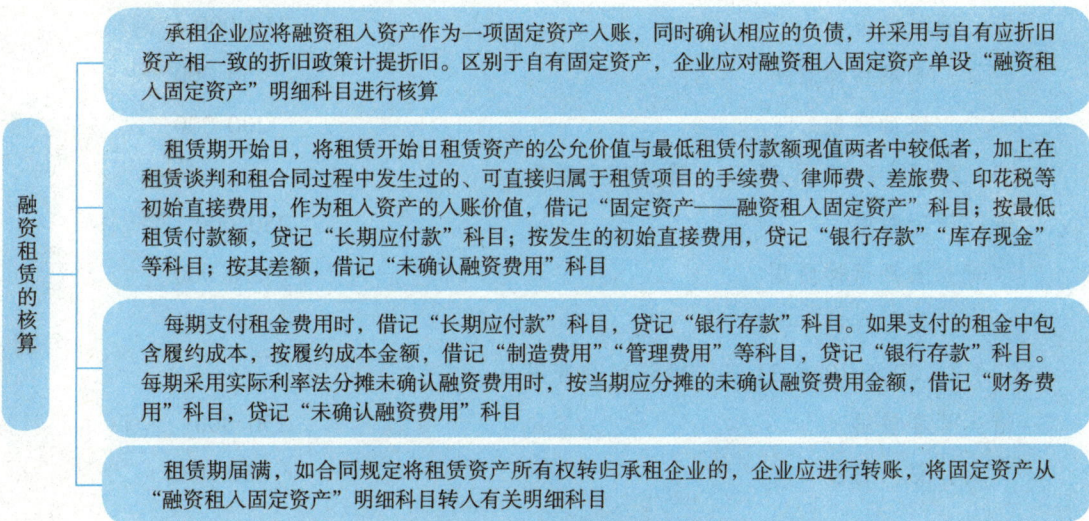

融资租赁的核算

- 承租企业应将融资租入资产作为一项固定资产入账，同时确认相应的负债，并采用与自有应折旧资产相一致的折旧政策计提折旧。区别于自有固定资产，企业应对融资租入固定资产单设"融资租入固定资产"明细科目进行核算
- 租赁期开始日，将租赁开始日租赁资产的公允价值与最低租赁付款额现值两者中较低者，加上在租赁谈判和租合同过程中发生过的、可直接归属于租赁项目的手续费、律师费、差旅费、印花税等初始直接费用，作为租入资产的入账价值，借记"固定资产——融资租入固定资产"科目；按最低租赁付款额，贷记"长期应付款"科目；按发生的初始直接费用，贷记"银行存款""库存现金"等科目；按其差额，借记"未确认融资费用"科目
- 每期支付租金费用时，借记"长期应付款"科目，贷记"银行存款"科目。如果支付的租金中包含履约成本，按履约成本金额，借记"制造费用""管理费用"等科目，贷记"银行存款"科目。每期采用实际利率法分摊未确认融资费用时，按当期应分摊的未确认融资费用金额，借记"财务费用"科目，贷记"未确认融资费用"科目
- 租赁期届满，如合同规定将租赁资产所有权转归承租企业的，企业应进行转账，将固定资产从"融资租入固定资产"明细科目转入有关明细科目

图3-9　融资租赁的核算

实际利率法下分摊率的确定如图 3-10 所示：

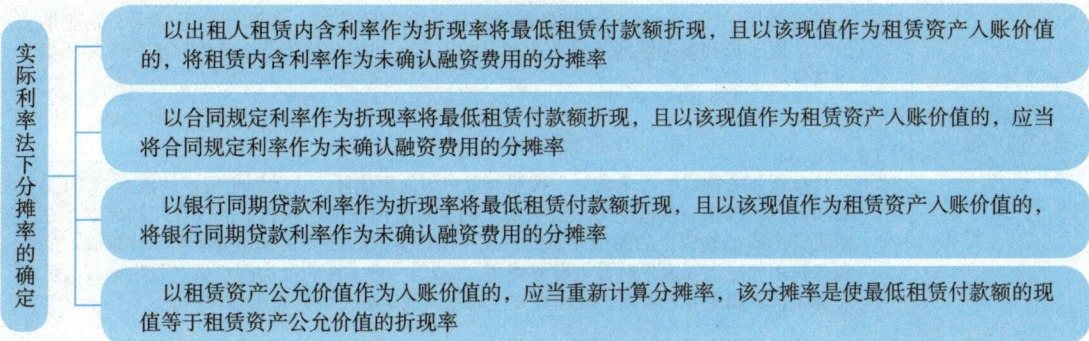

实际利率法下分摊率的确定

- 以出租人租赁内含利率作为折现率将最低租赁付款额折现，且以该现值作为租赁资产入账价值的，将租赁内含利率作为未确认融资费用的分摊率
- 以合同规定利率作为折现率将最低租赁付款额折现，且以该现值作为租赁资产入账价值的，应当将合同规定利率作为未确认融资费用的分摊率
- 以银行同期贷款利率作为折现率将最低租赁付款额折现，且以该现值作为租赁资产入账价值的，将银行同期贷款利率作为未确认融资费用的分摊率
- 以租赁资产公允价值作为入账价值的，应当重新计算分摊率，该分摊率是使最低租赁付款额的现值等于租赁资产公允价值的折现率

图3-10　实际利率法下分摊率的确定

【例3-7】2×18年1月1日，长城建筑公司从A租赁公司采用经营租赁方式租入一台发电设备，租赁期为3年。该办公设备价值为1 000 000元，预计使用年限为10年。租赁合同规定：租赁期开始日为2×18年1月1日，长城建筑公司预付租金150 000元，第1年年末支付租金150 000元，第2年年末支付租金200 000元，第3年年末支付租金250 000元；租赁期满，A租赁公司收回办公设备，3年的租金总额为750 000元。假设长城建筑公司在每年年末确认租金费用，并按时支付租金。

长城建筑公司的账务处理如下：

（1）2×18年1月1日，支付租金。

借：长期待摊费用　　　　　　　　　　　　　　　　　150 000
　　贷：银行存款　　　　　　　　　　　　　　　　　　150 000

（2）2×18年12月31日，确认租金费用。

借：管理费用　　　　　　　　　　　　　　　　　　　250 000
　　贷：长期待摊费用　　　　　　　　　　　　　　　　50 000
　　　　银行存款　　　　　　　　　　　　　　　　　200 000

（3）2×19年12月31日，确认租金费用。

借：管理费用　　　　　　　　　　　　　　　　　　　250 000
　　贷：长期待摊费用　　　　　　　　　　　　　　　　50 000
　　　　银行存款　　　　　　　　　　　　　　　　　200 000

（4）2×20年12月31日，确认租金费用。

借：管理费用　　　　　　　　　　　　　　　　　　　250 000
　　货：银行存款　　　　　　　　　　　　　　　　　250 000

四、存在弃置费用的固定资产

存在弃置费用的固定资产处理如图3-11所示：

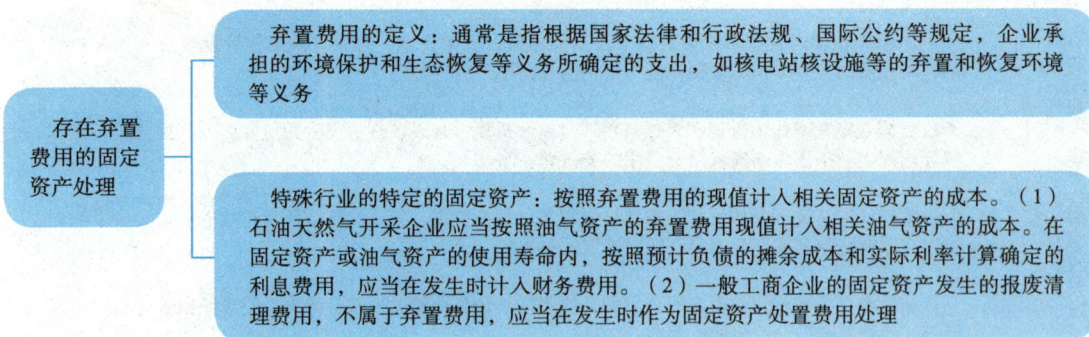

存在弃置费用的固定资产处理

- 弃置费用的定义：通常是指根据国家法律和行政法规、国际公约等规定，企业承担的环境保护和生态恢复等义务所确定的支出，如核电站核设施等的弃置和恢复环境等义务

- 特殊行业的特定的固定资产：按照弃置费用的现值计入相关固定资产的成本。（1）石油天然气开采企业应当按照油气资产的弃置费用现值计入相关油气资产的成本。在固定资产或油气资产的使用寿命内，按照预计负债的摊余成本和实际利率计算确定的利息费用，应当在发生时计入财务费用。（2）一般工商企业的固定资产发生的报废清理费用，不属于弃置费用，应当在发生时作为固定资产处置费用处理

图3-11　存在弃置费用的固定资产处理

【例3-8】甲公司主要从事化工产品的生产和销售。2×18年12月31日，甲公司一套化工产品生产线达到预定可使用状态并投入使用，预计使用寿命为15年。根据有关法律，甲公司在该生产线使用寿命届满时应对环境进行复原，预计将发生弃置费用6 529 090元。甲公司采用的折现率为10%。甲公司与弃置费用有关的账务处理如下：

（1）2×18年12月31日，按弃置费用的现值计入固定资产原价。

弃置费用的现值 =6 529 090×（1+10%）÷15 ≈ 478 800

借：固定资产　　　　　　　　　　　　　　　　　　　　478 800

　　贷：预计负债　　　　　　　　　　　　　　　　　　　478 800

（2）2×18年12月31日～2×33年12月31日利息费用的计算见表3-3：

表3-3　利息费用计算表

年度	利息费用	预计负债账面价值
	（1）=（2）×10%	上期（2）+（1）
2×18年		478 800.00
2×19年	47 880.00	526 680.00
2×20年	52 668.00	579 348.00
2×21年	57 934.80	637 282.80
2×22年	63 728.28	701 011.08
2×23年	70 101.11	771 112.19
2×24年	77 111.22	848 223.41
2×25年	84 822.34	933 045.75
2×26年	93 304.57	1 026 350.32
2×27年	102 635.03	1 128 985.35
2×28年	112 898.54	1 241 883.89
2×29年	124 188.39	1 366 072.28
2×30年	136 607.23	1 502 679.51
2×31年	150 267.95	1 652 947.46
2×32年	165 294.75	1 818 242.20
2×33年	181 757.78	2 000 000.00

2×19年12月31日，确认利息费用的账务处理如下：

借：财务费用　　　　　　　　　　　　　　　　　　　　47 880

　　贷：预计负债　　　　　　　　　　　　　　　　　　　47 880

2×20～2×33年，确认利息费用的账务处理比照2×19年的相关账务处理。固定资产的入账价值中，还应包括企业为取得固定资产而交纳的契税、耕地占用税、车辆购置税等相关税费。

五、其他方式取得的固定资产

其他方式取得的固定资产如图3-12所示：

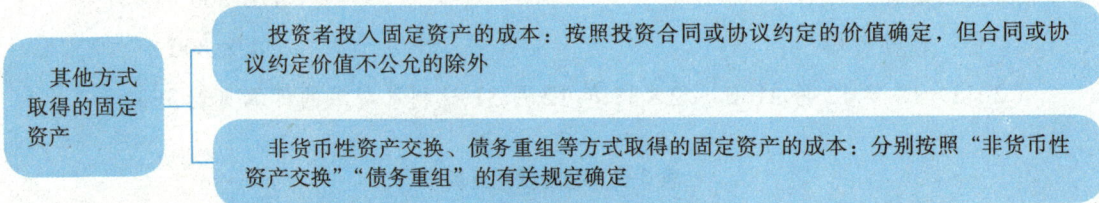

| 其他方式取得的固定资产 | 投资者投入固定资产的成本：按照投资合同或协议约定的价值确定，但合同或协议约定价值不公允的除外 |
| | 非货币性资产交换、债务重组等方式取得的固定资产的成本：分别按照"非货币性资产交换""债务重组"的有关规定确定 |

图3-12　其他方式取得的固定资产

第三节　固定资产折旧

一、固定资产折旧的概念与类别

（一）固定资产折旧的相关概念

固定资产折旧相关概念如图3-13所示：

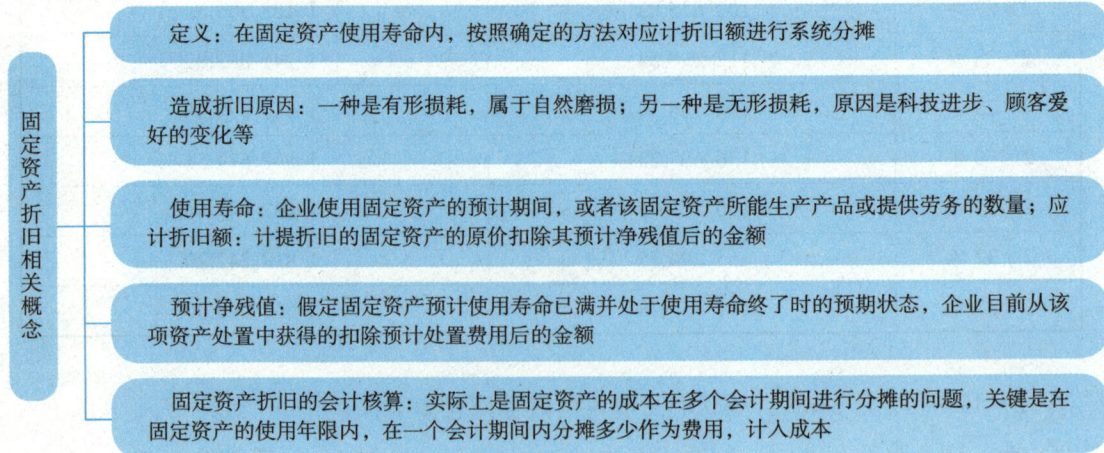

固定资产折旧相关概念	定义：在固定资产使用寿命内，按照确定的方法对应计折旧额进行系统分摊
	造成折旧原因：一种是有形损耗，属于自然磨损；另一种是无形损耗，原因是科技进步、顾客爱好的变化等
	使用寿命：企业使用固定资产的预计期间，或者该固定资产所能生产产品或提供劳务的数量；应计折旧额：计提折旧的固定资产的原价扣除其预计净残值后的金额
	预计净残值：假定固定资产预计使用寿命已满并处于使用寿命终了时的预期状态，企业目前从该项资产处置中获得的扣除预计处置费用后的金额
	固定资产折旧的会计核算：实际上是固定资产的成本在多个会计期间进行分摊的问题，关键是在固定资产的使用年限内，在一个会计期间内分摊多少作为费用，计入成本

图3-13　固定资产折旧相关概念

（二）固定资产折旧应考虑的因素

固定资产折旧应考虑的因素如图3-14所示：

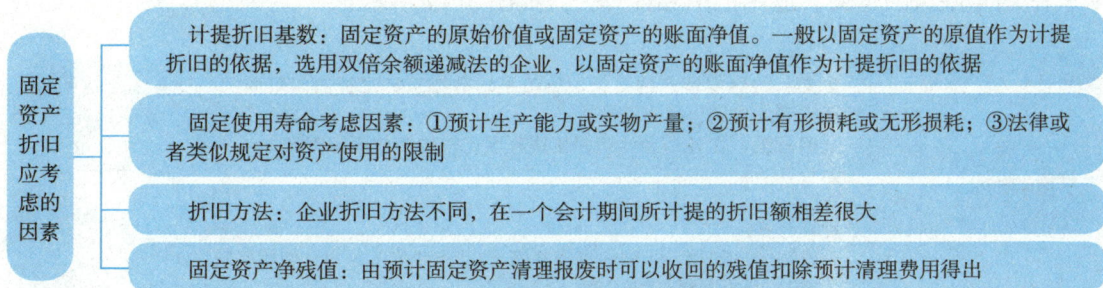

固定资产折旧应考虑的因素

- 计提折旧基数：固定资产的原始价值或固定资产的账面净值。一般以固定资产的原值作为计提折旧的依据，选用双倍余额递减法的企业，以固定资产的账面净值作为计提折旧的依据
- 固定使用寿命考虑因素：①预计生产能力或实物产量；②预计有形损耗或无形损耗；③法律或者类似规定对资产使用的限制
- 折旧方法：企业折旧方法不同，在一个会计期间所计提的折旧额相差很大
- 固定资产净残值：由预计固定资产清理报废时可以收回的残值扣除预计清理费用得出

图3-14　固定资产折旧应考虑的因素

（三）固定资产计提折旧的范围

固定资产折旧的范围如图3-15所示：

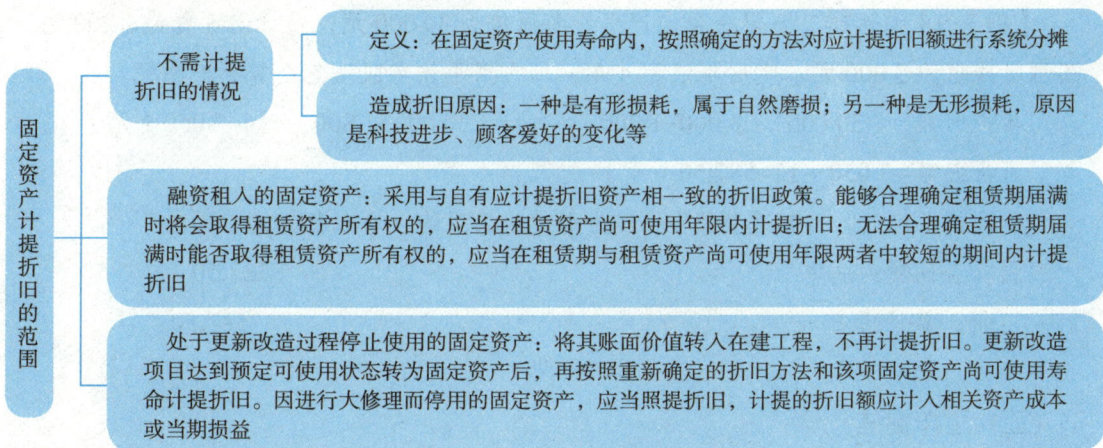

固定资产计提折旧的范围

- 不需计提折旧的情况
  - 定义：在固定资产使用寿命内，按照确定的方法对应计提折旧额进行系统分摊
  - 造成折旧原因：一种是有形损耗，属于自然磨损；另一种是无形损耗，原因是科技进步、顾客爱好的变化等
- 融资租入的固定资产：采用与自有应计提折旧资产相一致的折旧政策。能够合理确定租赁期届满时将会取得租赁资产所有权的，应当在租赁资产尚可使用年限内计提折旧；无法合理确定租赁期届满时能否取得租赁资产所有权的，应当在租赁期与租赁资产尚可使用年限两者中较短的期间内计提折旧
- 处于更新改造过程停止使用的固定资产：将其账面价值转入在建工程，不再计提折旧。更新改造项目达到预定可使用状态转为固定资产后，再按照重新确定的折旧方法和该项固定资产尚可使用寿命计提折旧。因进行大修理而停用的固定资产，应当照提折旧，计提的折旧额应计入相关资产成本或当期损益

图3-15　固定资产计提折旧的范围

（四）固定资产计提折旧的开始和终止

固定资产计提折旧的开始和终止如图3-16所示：

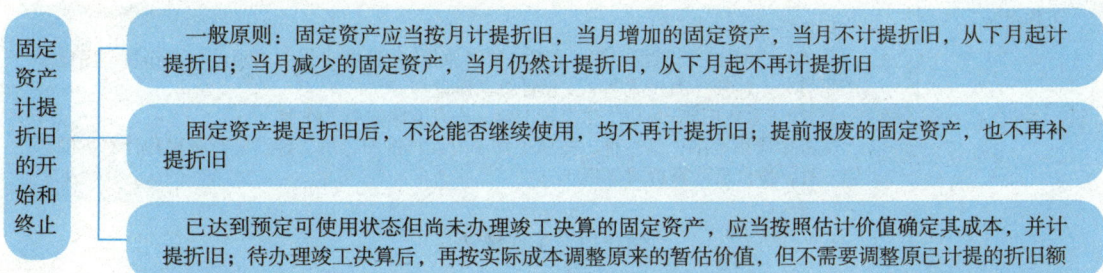

固定资产计提折旧的开始和终止

- 一般原则：固定资产应当按月计提折旧，当月增加的固定资产，当月不计提折旧，从下月起计提折旧；当月减少的固定资产，当月仍然计提折旧，从下月起不再计提折旧
- 固定资产提足折旧后，不论能否继续使用，均不再计提折旧；提前报废的固定资产，也不再补提折旧
- 已达到预定可使用状态但尚未办理竣工决算的固定资产，应当按照估计价值确定其成本，并计提折旧；待办理竣工决算后，再按实际成本调整原来的暂估价值，但不需要调整原已计提的折旧额

图3-16　固定资产计提折旧的开始和终止

二、固定资产折旧的计算方法

平均年限法的定义、适用范围和计算公式如图 3-17 所示：

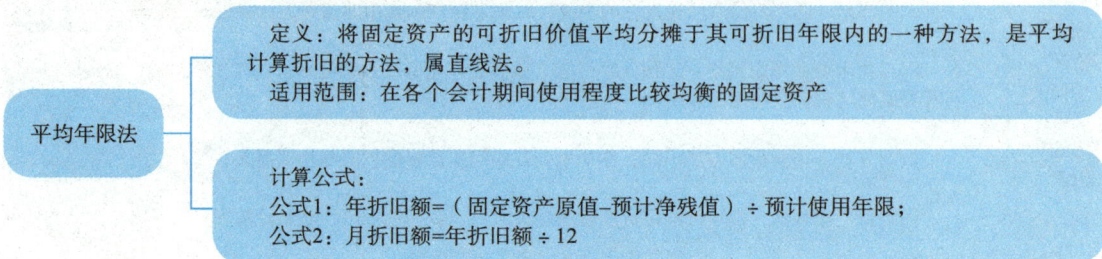

平均年限法

定义：将固定资产的可折旧价值平均分摊于其可折旧年限内的一种方法，是平均计算折旧的方法，属直线法。
适用范围：在各个会计期间使用程度比较均衡的固定资产

计算公式：
公式1：年折旧额=（固定资产原值-预计净残值）÷预计使用年限；
公式2：月折旧额=年折旧额÷12

图3-17 平均年限法

（一）平均年限法

【例 3-9】通达建工公司一台生产用设备原值为 30 000 元，预计清理费为 1 200 元，而预计残值为 3 000 元。使用年限为 4 年。那么用平均年限法怎么算折旧额呢？

年折旧额 =［30 000-（3 000-1 200）］÷4=（30 000-1 800）÷4=7 050（元）

月折旧额 =7 050÷12=587.50（元）

此项折旧应计入"制造费用"，因为那是施工用的，所以每期的分录如下：

借：合同履约成本   587.50

贷：累计折旧   587.50

（二）工作量法

工作量法的定义、适用范围和计算公式如图 3-18 所示：

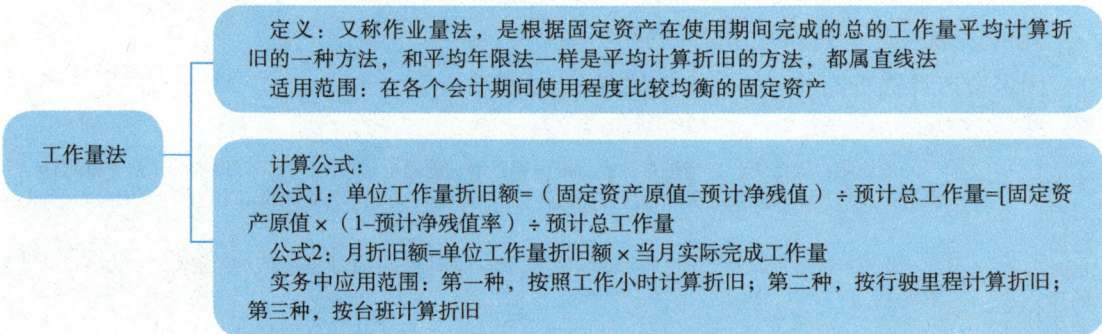

工作量法

定义：又称作业量法，是根据固定资产在使用期间完成的总的工作量平均计算折旧的一种方法，和平均年限法一样是平均计算折旧的方法，都属直线法
适用范围：在各个会计期间使用程度比较均衡的固定资产

计算公式：
公式1：单位工作量折旧额=（固定资产原值-预计净残值）÷预计总工作量=[固定资产原值×（1-预计净残值率）÷预计总工作量
公式2：月折旧额=单位工作量折旧额×当月实际完成工作量
实务中应用范围：第一种，按照工作小时计算折旧；第二种，按行驶里程计算折旧；第三种，按台班计算折旧

图3-18 工作量法

【例 3-10】通达建工购置一台专用机床，价值 200 000 元，预计总工作小时数为

300 000 小时，预计净残值为 20 000 元，购置的当年便工作了 2 400 小时，则有：

每小时折旧额 =（200 000–20 000）÷300 000=0.6（元 / 小时）

当年的折旧额 =2 400×0.6=1 440（元）

工作量法实际上也是直线法。它把产量与成本相联系，也就是把收入与费用相配。于是年末计提折旧时的会计分录如下：

借：制造费用　　　　　　　　　　　　　　　　　　　　　　　 1 440

　贷：累计折旧　　　　　　　　　　　　　　　　　　　　　　 1 440

【例 3-11】通达建工公司有经理用的小汽车一辆，原值为 150 000 元，预计净残值率为 5%，预计总行驶里程为 600 000 公里，当月行驶里程为 3 000 公里，该项固定资产的月折旧额计算如下：

单位里程折旧额 =（150 000–150 000×5%）÷600 000=0.2375（元 / 千米）

本月折旧额 =3 000 公里 ×0.2375 元 / 千米 =712.5（元）

因为这辆车是企业管理者作为管理用的，所以会计分录如下：

借：管理费用　　　　　　　　　　　　　　　　　　　　　　　 712.50

　贷：累计折旧　　　　　　　　　　　　　　　　　　　　　　 712.50

（三）双倍余额递减法

双倍余额递减法的定义、计算公式和注意事项如图 3-19 所示：

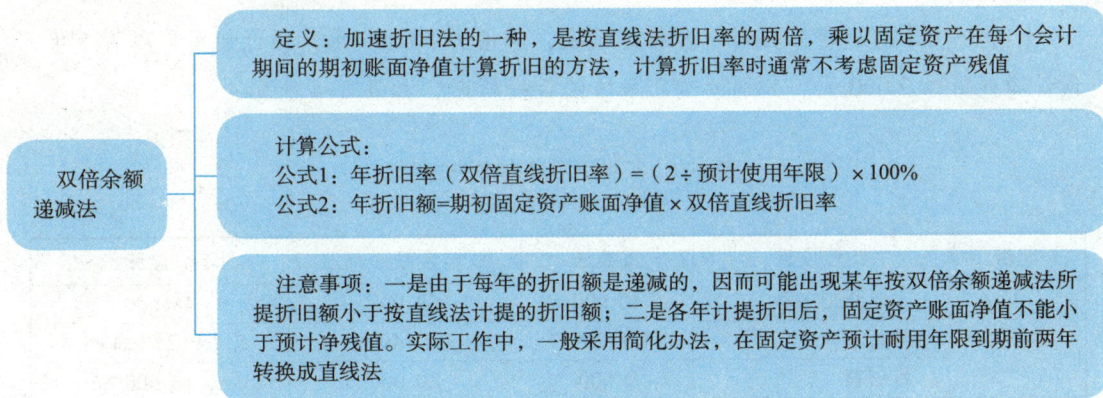

双倍余额递减法

定义：加速折旧法的一种，是按直线法折旧率的两倍，乘以固定资产在每个会计期间的期初账面净值计算折旧的方法，计算折旧率时通常不考虑固定资产残值

计算公式：
公式1：年折旧率（双倍直线折旧率）=（2÷预计使用年限）×100%
公式2：年折旧额=期初固定资产账面净值×双倍直线折旧率

注意事项：一是由于每年的折旧额是递减的，因而可能出现某年按双倍余额递减法所提折旧额小于按直线法计提的折旧额；二是各年计提折旧后，固定资产账面净值不能小于预计净残值。实际工作中，一般采用简化办法，在固定资产预计耐用年限到期前两年转换成直线法

图3-19　双倍余额递减法

【例 3-12】通达建工公司购入一部自动化生产线，安装完毕后，固定资产原值为 200 000 元，预计使用年限为 5 年，预计净残值收入 8 000 元。该生产线按双倍余额递减法计算各年的折旧额如下：

双倍直线折旧率 =2÷5×100%=40%

第一年应提折旧 =200 000×40%=80 000（元）

第二年应提折旧 =（200 000-80 000）×40%=48 000（元）

第三年应提折旧 =（120 000-48 000）×40%=72 000×40%=28 800（元）

第四年应提折旧 =（200 000-80 000-48 000-28 800-8 000）÷2=17 600（元）

第五年应提折旧 =（200 000-80 000-48 000-28 800-8 000）÷2=17 600（元）

可以看出折旧率 40% 是固定不变的。而每一期的期初账面余额是上一期的期末账面余额，每一期的折旧额都是递减的，但累计折旧总额却在增加。等到使用期的最后两年时，把此时的固定资产的账面价值减去预估的残值，进行均分便是最后两年每一年的折旧额。

（四）年数总和法

年数总和法的定义和计算公式如图 3-20 所示：

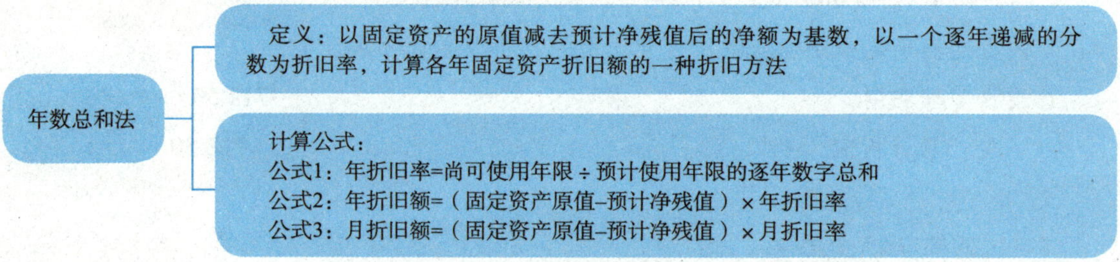

年数总和法

定义：以固定资产的原值减去预计净残值后的净额为基数，以一个逐年递减的分数为折旧率，计算各年固定资产折旧额的一种折旧方法

计算公式：
公式1：年折旧率=尚可使用年限÷预计使用年限的逐年数字总和
公式2：年折旧额=（固定资产原值-预计净残值）×年折旧率
公式3：月折旧额=（固定资产原值-预计净残值）×月折旧率

图3-20　年数总和法

【例 3-13】通达建工公司一台小型机床，原值为 50 000 元，预计使用年限为 5 年，预计净残值为 2 000 元。分别用这三种方法计提折旧，如表 3-4 所示：

表3-4　三种折旧计提方法的比较

单位：元

年份	比较项目	直线法	双倍余额递减法	年数总和法
第 1 年	当年折旧基数	48 000	50 000	48 000
	年折旧率	1/5=20%	2/5=40%	5/（1+2+3+4+5）
	折旧额	9 600	20 000	16 000
第 2 年	当年折旧基数	48 000	30 000	48 000
	年折旧率	1/5=20%	2/5=40%	4/（1+2+3+4+5）
	折旧额	9 600	12 000	12 800
第 3 年	当年折旧基数	48 000	18 000	48 000
	年折旧率	1/5=20%	2/5=40%	3/（1+2+3+4+5）
	折旧额	9 600	7 200	9 600

续表

年份	比较项目	直线法	双倍余额递减法	年数总和法
第4年	当年折旧基数	48 000	8 800	48 000
	年折旧率	1/5=20%	0.5	2/（1+2+3+4+5）
	折旧额	9 600	4 400	6 400
第5年	当年折旧基数	48 000	8 800	48 000
	年折旧率	1/5=20%	0.5	1/（1+2+3+4+5）
	折旧额	9 600	4 400	3 200

注：

（1）直线法折旧，折旧额每年都相等。其余两种方法，双倍余额递减法是折旧率不变，余额递减，相乘后得出递减的折旧额；而年限总和法是用递减的折旧率乘以固定的基数，也得出递减的折旧额。

（2）双倍余额递减法，在使用的最后2年，用原值减去累计折旧再减去净残值后的额，二一添作五，分别平摊在最后2年，最后两年不涉及折旧率的问题。双倍余额递减法计算折旧，初期不考虑净残值，在最后2年才涉及净残值，且平摊剩余的。

（3）5年后，每种方法的账面都会剩余净残值2 000元。

第四节　固定资产后续支出

固定资产的后续支出定义和分类如图3-21所示：

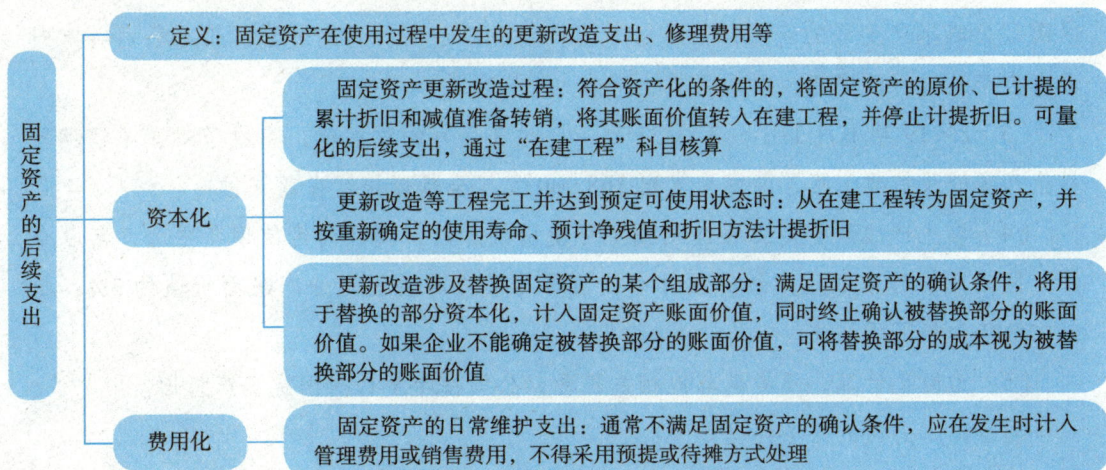

图3-21　固定资产的后续支出

固定资产后续支出的具体处理方法如图 3-22 所示：

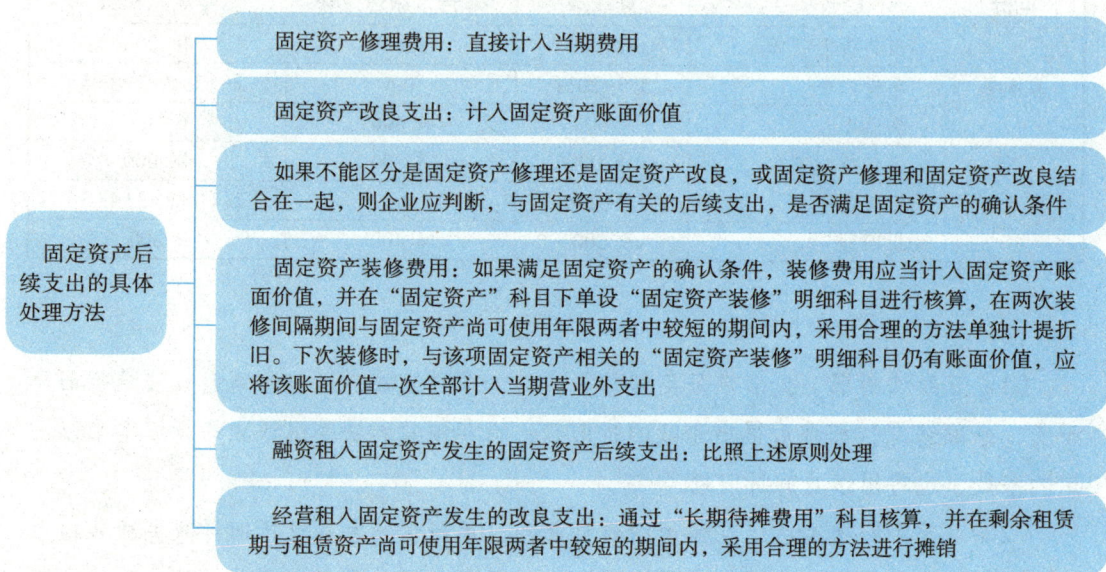

固定资产修理费用：直接计入当期费用

固定资产改良支出：计入固定资产账面价值

如果不能区分是固定资产修理还是固定资产改良，或固定资产修理和固定资产改良结合在一起，则企业应判断，与固定资产有关的后续支出，是否满足固定资产的确认条件

固定资产装修费用：如果满足固定资产的确认条件，装修费用应当计入固定资产账面价值，并在"固定资产"科目下单设"固定资产装修"明细科目进行核算，在两次装修间隔期间与固定资产尚可使用年限两者中较短的期间内，采用合理的方法单独计提折旧。下次装修时，与该项固定资产相关的"固定资产装修"明细科目仍有账面价值，应将该账面价值一次全部计入当期营业外支出

融资租入固定资产发生的固定资产后续支出：比照上述原则处理

经营租入固定资产发生的改良支出：通过"长期待摊费用"科目核算，并在剩余租赁期与租赁资产尚可使用年限两者中较短的期间内，采用合理的方法进行摊销

固定资产后续支出的具体处理方法

图3-22　固定资产后续支出的具体处理方法

一、资本化的后续支出

【例 3-14】通达建工公司 2×16 年新建一条不锈钢器材生产线，有关的会计资料如下：

（1）2×16 年 12 月，该公司自行建成了一条不锈钢器材生产线并投入使用，建造成本为 568 000 元；采用年限平均法计提折旧；预计净残值率为固定资产原价的 3%，预计使用年限为 6 年。

（2）2×19 年 1 月 1 日，由于生产的产品适销对路，现有生产线的生产能力已难以满足公司生产发展的需要，但若新建生产线成本过高、周期过长，于是公司决定对现有生产线进行改扩建，以提高其生产能力。

（3）2×19 年 1 月 1 日~3 月 31 日，经过 3 个月的改扩建，完成了对该不锈钢器材生产线的改扩建工程，共发生支出 268 900 元，全部以银行存款支付。

（4）该生产线改扩建工程达到预定可使用状态后，预计尚可使用年限为 7 年 9 个月。假定改扩建后的生产线的预计净残值率为改扩建后固定资产账面价值的 3%；折旧方法仍为年限平均法。

（5）为简化计算，不考虑其他相关税费，公司按年度计提固定资产折旧。

通达建工公司的账务处理如下：

（1）2×17 年 1 月 1 日~2×18 年 12 月 31 日的两年间，即固定资产后续支出发生前，该条生产线的应计折旧额为 550 960 元〔568 000×（1-3%）〕，年折旧额为 91 826.67 元（550 960÷6），各年的账务处理为：

借：制造费用 91 826.67
　贷：累计折旧 91 826.67

（2）2×19 年 1 月 1 日，该生产线的账面价值为 384 346.66 元〔568 000-（91 826.67×2）〕，该生产线转入改扩建时的账务处理为：

借：在建工程 384 346.66
　累计折旧 183 653.34
　贷：固定资产——生产线 568 000

（3）2×19 年 1 月 1 日～3 月 31 日，发生固定资产后续支出的账务处理为：

借：在建工程 268 900
　贷：银行存款 268 900

（4）2×19 年 3 月 31 日，生产线改扩建工程达到预定可使用状态，将后续支出全部资本化后的生产线账面价值为 653 264.66 元（384 364.66+268 900），其账务处理为：

借：固定资产——生产线 653 264.66
　贷：在建工程 653 264.66

（5）2×19 年 3 月 31 日，生产线改扩建工程达到预定可使用状态后，其每年应计提的折旧额为 81 761.19 元，每年计提固定资产折旧的账务处理为：

每年应计提的折旧额 =〔653 246.66×（1-3%）÷（7×12+9）×12〕=81 763.45

借：制造费用 81 763.45
　贷：累计折旧 81 763.45

【例 3-15】2×10 年 12 月，甲公司采用出包方式建造的营业厅达到预定可使用状态投入使用，并结转固定资产成本 1 800 000 元。该营业厅内有一部电梯，成本为 200 000 元，未单独确认为固定资产。2×19 年 1 月，为吸引顾客，甲公司决定更换一部观光电梯。支付的新电梯购买价款为 320 000 元（含增值税税额，适用的增值税税率为 13%），另发生安装费用 31 000 元，以银行存款支付；旧电梯的回收价格为 100 000 元，款项尚未收到。假定营业厅的年折旧率为 3%，净残值率为 3%。甲公司的账务处理如下：

（1）2×19 年 1 月，购入观光电梯一部。

借：工程物资 320 000
　贷：银行存款 320 000

（2）2×19 年 1 月，将营业厅的账面价值转入在建工程。

营业厅的累计折旧金额 =1 800 000×（1-3%）×3%×8=419 040（元）

借：在建工程   1 380 960

    累计折旧   419 040

  贷：固定资产   1 800 000

（3）2×19 年 1 月，转销旧电梯的账面价值。

旧电梯的账面价值 =200 000-200 000÷1 800 000×419 040=153 440（元）

借：其他应收款   100 000

    营业外支出   53 440

  贷：在建工程   153 440

（4）2×19 年 1 月，安装新电梯。

借：在建工程   351 000

  贷：工程物资   320 000

      银行存款   31 000

（5）电梯安装完毕达到预定可使用状态投入使用。

借：固定资产   1 578 520

  贷：在建工程   1 578 520

二、费用化的后续支出

【例 3-16】2×19 年 1 月 23 日，甲公司对某办公楼进行修理，修理过程中领用原材料一批，价值为 120 000 元，为购买该批原材料支付的增值税进项税额为 15 600 元；应支付维修人员薪酬为 43 320 元。

甲公司的账务处理如下：

借：管理费用   178 920

  贷：原材料   120 000

      应交税费——应交增值税（进项税额转出）   15 600

      应付职工薪酬   43 320

【例 3-17】2×16 年 1 月 25 日，甲公司对所属一家商场进行装修，发生如下有关支出：领用生产用原材料 40 000 元，购进该批原材料时支付的增值税进项税额为 5 200 元；辅助生产车间为商场装修工程提供的劳务支出为 14 660 元；发生有关人员薪酬 29 640 元。2×16 年 12 月 26 日，商场装修完工，达到预定可使用状态交付使用，甲公司预计下次装修时间为 2×22 年 12 月。2×19 年 12 月 31 日，甲公司决定对该商场重新进行装修。假定该商场的装修支出符合固定资产确认条件；该商场预计尚可使用年限为 6 年；装修形成的固定资产预计净残值为 1 300 元；采用直线法计提折旧；不考虑其他因素。甲公司的账务处理如下：

（1）装修领用原材料。

借：在建工程	45 200
贷：原材料	40 000
应交税费——应交增值税（进项税额转出）	5 200

（2）辅助生产车间为装修工程提供劳务。

借：在建工程	14 660
贷：生产成本——辅助生产成本	14 660

（3）发生工程人员薪酬。

借：在建工程	29 640
贷：应付职工薪酬	29 640

（4）装修工程达到预定可使用状态交付使用。

借：固定资产——固定资产装修	89 500
贷：在建工程	89 500

（5）2×17 年度计提装修形成的固定资产折旧。

因下次装修时间为 2×27 年 12 月，大于固定资产预计尚可使用年限 6 年，因此，应按固定资产预计尚可使用年限 6 年计提折旧。

借：管理费用	14 700
贷：累计折旧	14 700

（6）2×19 年 12 月 31 日重新装修。

借：营业外支出	454 00
累计折旧	44 100
贷：固定资产——固定资产装修	89 500

【例 3-18】2×18 年 8 月 20 日，甲公司对采用经营租赁方式租入的一条生产线进行改良，发生如下有关支出：领用生产用原材料 24 000 元，购进该批原材料时支付的增值税进项税额为 3 120 元；辅助生产车间为生产线改良提供的劳务支出为 2 560 元；发生有关人员薪酬 54 720 元。2×18 年 12 月 31 日，生产线改良工程完工，达到预定可使用状态交付使用。假定该生产线预计尚可使用年限为 6 年，剩余租赁期为 5 年；采用直线法进行摊销；不考虑其他因素。甲公司的账务处理如下：

（1）改良工程领用原材料。

借：在建工程	27 120

贷：原材料 24 000

　　　应交税费——应交增值税（进项税额转出） 3 120

（2）辅助生产车间为改良工程提供劳务。

借：在建工程 2 560

　　贷：生产成本——辅助生产成本 2 560

（3）发生工程人员薪酬。

借：在建工程 54 720

　　贷：应付职工薪酬 54 720

（4）改良工程达到预定可使用状态交付使用。

借：长期待摊使用 84 400

　　贷：在建工程 84 400

（5）2×19年度进行摊销。

因生产线预计尚可使用年限为6年，剩余租赁期为5年，因此，应按剩余租赁期5年进行摊销。

借：制造费用 16 880

　　贷：长期待摊费用 16 880

【例3-19】通达建工公司是一家在上海证券交易所发行股票的企业，其主要从事金属产品的制造，属于增值税一般纳税企业，适用的增值税税率为13%。其有关业务资料如下：

（1）2×16年12月1日，乙公司购入一条需要安装的生产线，取得的增值税专用发票上注明的生产线价款为10 000 000元，增值税税额为1 300 000元；发生保险费25 000元，款项均以银行存款支付；没有发生其他相关税费。

（2）2×16年12月1日，乙公司开始以自营方式安装该生产线。安装期间领用生产用原材料的实际成本和计税价格均为100 000元，发生安装工人薪酬50 000元，没有发生其他相关税费。该原材料没有计提存货跌价准备。

（3）2×16年12月31日，该生产线达到预定可使用状态，当日投入使用。该生产线预计使用年限为6年，预计净残值为88 000元，采用直线法计提折旧。

（4）2×17年12月31日，在对该生产线进行检查时发现其已经发生减值，可收回金额为8 075 600元。

（5）2×18年1月1日，该生产线预计尚可使用年限为5年，预计净残值为125 600元，采用直线法计提折旧。

（6）2×18年6月30日，乙公司采用出包方式对该生产线进行改良。当日，该生产线停止使用，开始进行改良。在改良过程中，乙公司以银行存款支付工程总价款 1 221 400 元。

（7）2×18 年 8 月 20 日，改良工程完工验收合格并于当日投入使用，预计尚可使用年限为 8 年，预计净残值为 102 000 元，采用直线法计提折旧。2×18 年 12 月 31 日，该生产线未发生减值。

乙公司的账务处理如下：

（1）2×16 年 12 月 1 日，购入生产线。

借：在建工程　　　　　　　　　　　　　　11 325 000

　贷：银行存款　　　　　　　　　　　　　　11 325 000

（2）2×16 年 12 月，安装该生产线。

借：在建工程　　　　　　　　　　　　　　163 000

　贷：原材料　　　　　　　　　　　　　　100 000

　　应交税费——应交增值税（销项税额）　　13 000

　　应付职工薪酬　　　　　　　　　　　　50 000

（3）2×16 年 12 月 31 日，生产线达到预定可使用状态投入使用。

借：固定资产　　　　　　　　　　　　　　11 488 000

　贷：在建工程　　　　　　　　　　　　　　11 488 000

（4）2×17 年度计提折旧。

生产线 2×17 年度折旧额 ＝（11 488 000－88 000）÷6＝1 900 000（元）

借：制造费用　　　　　　　　　　　　　　1 900 000

　贷：累计折旧　　　　　　　　　　　　　　1 900 000

（5）2×17 年 12 月 31 日，确认减值损失。

生产线应确认的减值损失 ＝（11 488 000－1 900 000）－8 075 600＝1 512 400（元）

借：资产减值损失　　　　　　　　　　　　1 512 400

　贷：固定资产减值准备　　　　　　　　　　1 512 400

（6）2×18 年上半年计提折旧。

2×18 年上半年折旧额 ＝（8 075 600－125 600）÷5÷2＝795 000（元）

借：制造费用　　　　　　　　　　　　　　795 000

　贷：累计折旧　　　　　　　　　　　　　　795 000

（7）2×18 年 6 月 30 日，将生产线转入改良。

借：在建工程　　　　　　　　　　　　　　7 280 600

　累计折旧　　　　　　　　　　　　　　2 695 000

　固定资产减值准备　　　　　　　　　　1 512 400

     贷：固定资产   11 488 000
   借：在建工程   1 221 400
     贷：银行存款   1 221 400
（8）2×18年8月20日，改良工程完工达到预定可使用状态投入使用。
   借：固定资产   8 502 000
     贷：在建工程   8 502 000
（9）2×18年生产线改良后计提折旧。
2×18年生产线改良后折旧额＝（8 502 000–102 000）÷8×4÷12=350 000（元）
   借：制造费用   350 000
     贷：累计折旧   350 000

第五节　固定资产的处置

一、固定资产终止确认的条件

固定资产终止确认条件如图3-23所示：

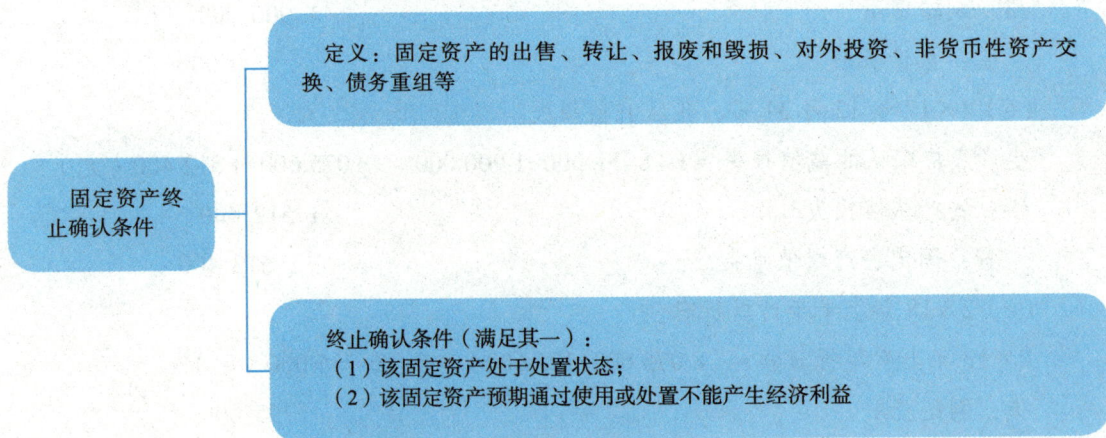

固定资产终止确认条件

- 定义：固定资产的出售、转让、报废和毁损、对外投资、非货币性资产交换、债务重组等
- 终止确认条件（满足其一）：
  （1）该固定资产处于处置状态；
  （2）该固定资产预期通过使用或处置不能产生经济利益

图3-23　固定资产终止确认条件

二、固定资产处置的会计处理

固定资产处置的会计处理如图3-24所示：

（1）注销账面的固定资产：
借：固定资产清理（减少的固定资产）
　　累计折旧
　　固定资产减值准备
　贷：固定资产（原价）
（2）清理过程中发生的费用以及应交的税金：
借：固定资产清理
　贷：银行存款
　　　应交税费——应交增值税等
（3）收回出售固定资产的价款、取得的残料价值和变价收入等：
借：银行存款、原材料等
　贷：固定资产清理
（4）由保险公司或过失人赔偿的损失：
借：其他应收款
　贷：固定资产清理

1.固定资产清理后的净收益：
　筹建期间：冲减长期待摊费用，借记"固定资产清理"，贷记"长期待摊费用"；
　生产经营期间：计入损益，借记"固定资产清理"，贷记"营业外收入——处置固定资产净收益"；
2.固定资产清理后的净损失：
　筹建期间：计入长期待摊费用，借记"长期待摊费用"，贷记"固定资产清理"；
　生产经营期间：
　（1）非正常原因造成的损失，借记"营业外支出——非常损失"，贷记"固定资产清理"；
　（2）正常原因造成的损失，借记"营业外支出——处置固定资产净损失"，贷记"固定资产清理"

持有待售的固定资产：调整其预计净残值，使预计净残值能够反映其公允价值减去处置费用后的金额，但不得超过其账面价值。原账面价值高于预计净残值的差额，应作为资产减值损失计入当期损益。该类固定资产从划归为持有待售之日起停止计提折旧和减值准备

其他方式减少的固定资产：如以固定资产清偿债务、以非货币性资产交换换出固定资产等，分别按照债务重组、非货币性资产交换的相应原则进行核算

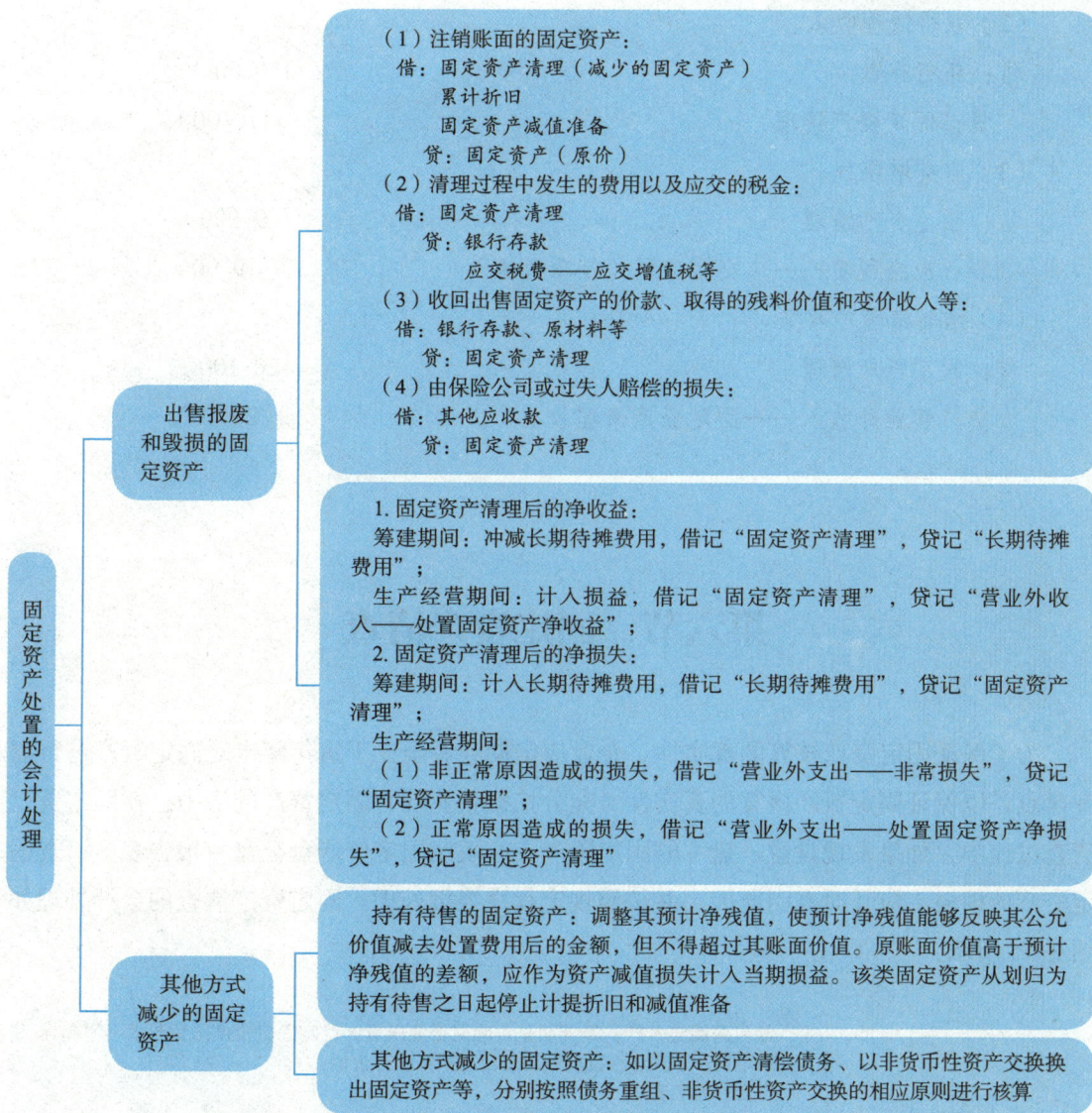

图3-24　固定资产处置的会计处理

【例3-20】通达建工公司出售一幢闲置厂房。该房屋账面原始价值200 000元，已提折旧110 000元；取得出售价款110 000元；应交增值税9 900元。该厂房已计提减值准备10 000元，有关会计处理为：

（1）注销出售固定资产价值。

借：固定资产清理　　　　　　　　　　　　　　　　　80 000

　　累计折旧　　　　　　　　　　　　　　　　　　　110 000

　　固定资产减值准备　　　　　　　　　　　　　　　10 000

　贷：固定资产　　　　　　　　　　　　　　　　　　　　200 000

（2）取得清理收入。

借：银行存款 110 000

　　贷：固定资产清理 110 000

（3）应交增值税。

借：固定资产清理 9 900

　　贷：应交税费——应交增值税（销项税额） 9 900

（4）结转清理净收益。

借：固定资产清理 20 100

　　贷：营业外收入——固定资产清理收益 20 100

第六节　固定资产清查

为了保证固定资产核算的真实性，企业应定期或者至少于每年年末对固定资产进行清查盘点，以保证固定资产核算的真实性，充分挖掘企业现有固定资产的潜力。在固定资产清查过程中，如果发现盘盈、盘亏的固定资产，应填制固定资产盘盈盘亏报告表。清查固定资产的损溢，应及时查明原因，并按照规定程序报批处理。固定资产清查的会计处理如图 3-25 所示：

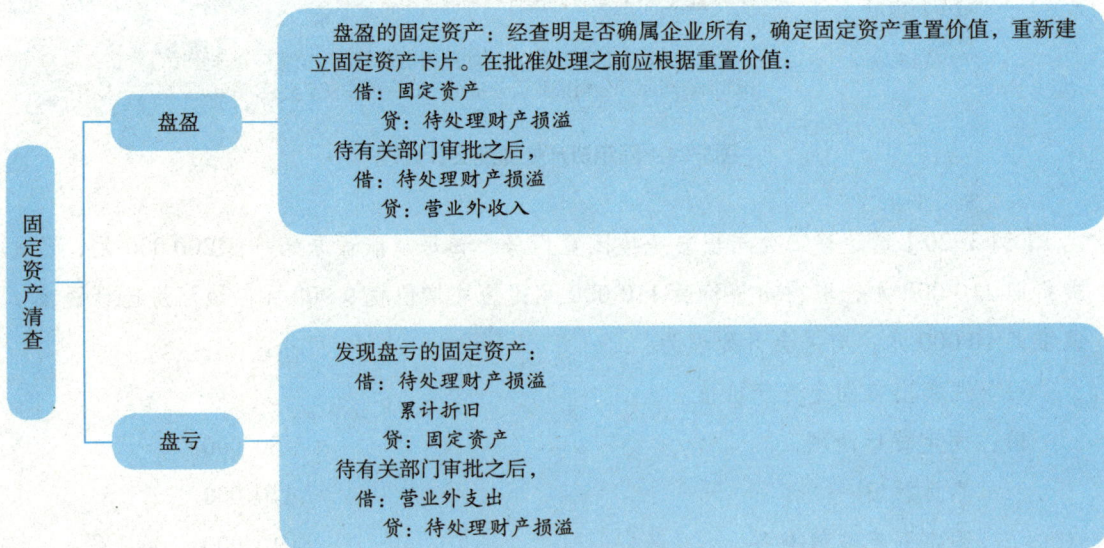

盘盈的固定资产：经查明是否确属企业所有，确定固定资产重置价值，重新建立固定资产卡片。在批准处理之前应根据重置价值：

借：固定资产
　　贷：待处理财产损溢
待有关部门审批之后，
借：待处理财产损溢
　　贷：营业外收入

盘盈

发现盘亏的固定资产：
借：待处理财产损溢
　　累计折旧
　　贷：固定资产
待有关部门审批之后，
借：营业外支出
　　贷：待处理财产损溢

盘亏

固定资产清查

图3-25　固定资产清查

一、固定资产盘盈

【例 3-21】某钢厂年末对资产进行清查时，发现未入账的设备一台，现若重新购入同样一台新设备要花 120 000 元，预计使用年限 10 年。此设备估计已使用 2 年，预计净残值率为 5%。每年应计折旧额为（120 000-120 000×5%）÷10=11 400 元，已提折旧额为 22 800 元，编制会计分录如下：

借：固定资产   120 000

    贷：累计折旧   22 800

        待处理财产损溢   97 200

盘盈的设备报经批准后转账时，分录如下：

借：待处理财产损溢   97 200

    贷：营业外收入——固定资产盘盈   97 200

二、固定资产盘亏

【例 3-22】大华家具公司于 2×19 年 9 月 22 日进行了一次资产清查，清查之后发现盘亏一台原值为 50 000 元的设备，经查账发现此台设备已提折旧为 24 000 元。请对以上的经济业务编制会计分录：

借：待处理财产损溢   26 000

        累计折旧   24 000

    贷：固定资产   50 000

上报上级主管部门后批准转入"营业外支出"。

借：营业外支出   26 000

    贷：待处理财产损溢   26 000

第七节 固定资产减值

一、固定资产可收回金额的计量

固定资产存在减值迹象的，应当估计其可收回金额并与固定资产的账面价值相比较，可收回金额低于账面价值的部分计提固定资产减值准备。

固定资产的可收回金额，是指该项资产的公允价值减去处置费用后的净额与资产预计未来现金流量的现值二者之间的较高者。

二、固定资产减值的账务处理

固定资产减值的会计处理如图 3-26 所示：

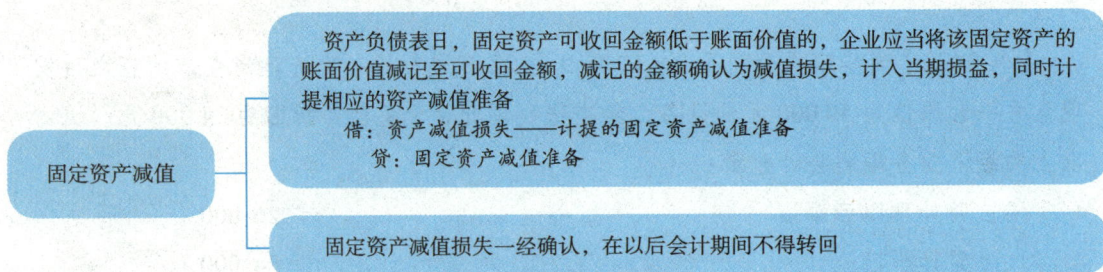

资产负债表日，固定资产可收回金额低于账面价值的，企业应当将该固定资产的账面价值减记至可收回金额，减记的金额确认为减值损失，计入当期损益，同时计提相应的资产减值准备
借：资产减值损失——计提的固定资产减值准备
贷：固定资产减值准备

固定资产减值

固定资产减值损失一经确认，在以后会计期间不得转回

图3-26 固定资产减值

【例 3-23】2×18 年 12 月 31 日，丁公司的某生产线存在可能发生减值的迹象。经计算，该机器的可收回金额合计为 1 230 000 元，账面价值为 1 400 000 元，以前年度对该生产线计提过减值准备。

由于该生产线的可收回金额为 1 230 000 元，账面价值为 1 400 000 元，可收回金额低于账面价值，应按两者之间的差额 170 000 元（1 400 000-1 230 000）计提固定资产减值准备。丁公司应作如下会计处理：

借：资产减值损失——计提的固定资产减值准备　　　　　　170 000
　　贷：固定资产减值准备　　　　　　　　　　　　　　　　　　170 000

第四章

金融工具

第一节　金融工具的分类

　　金融工具是指形成一方的金融资产并形成其他方的金融负债或权益工具的合同。实务中的金融工具合同通常采用书面形式。一般来说，金融工具包括金融资产、金融负债和权益工具，也可能包括一些尚未确认的项目。

一、金融资产的分类

　　金融资产，是指企业持有的现金、其他方的权益工具以及符合下列条件之一的资产，如图 4-1 所示：

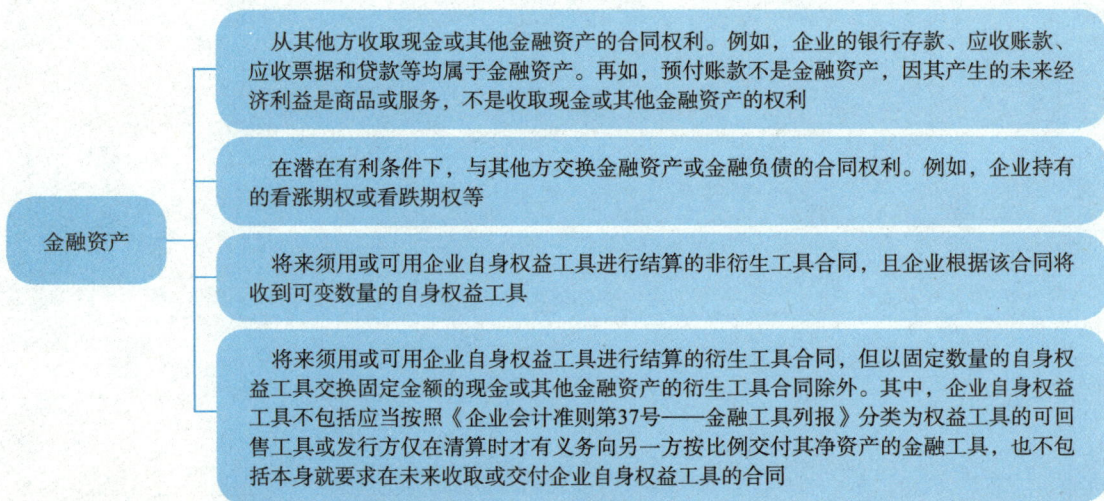

金融资产

- 从其他方收取现金或其他金融资产的合同权利。例如，企业的银行存款、应收账款、应收票据和贷款等均属于金融资产。再如，预付账款不是金融资产，因其产生的未来经济利益是商品或服务，不是收取现金或其他金融资产的权利
- 在潜在有利条件下，与其他方交换金融资产或金融负债的合同权利。例如，企业持有的看涨期权或看跌期权等
- 将来须用或可用企业自身权益工具进行结算的非衍生工具合同，且企业根据该合同将收到可变数量的自身权益工具
- 将来须用或可用企业自身权益工具进行结算的衍生工具合同，但以固定数量的自身权益工具交换固定金额的现金或其他金融资产的衍生工具合同除外。其中，企业自身权益工具不包括应当按照《企业会计准则第37号——金融工具列报》分类为权益工具的可回售工具或发行方仅在清算时才有义务向另一方按比例交付其净资产的金融工具，也不包括本身就要求在未来收取或交付企业自身权益工具的合同

图4-1　金融资产

　　企业应当根据其管理金融资产的业务模式和金融资产的合同现金流量特征，将金融资产划分为以下三类，如图 4-2 所示：

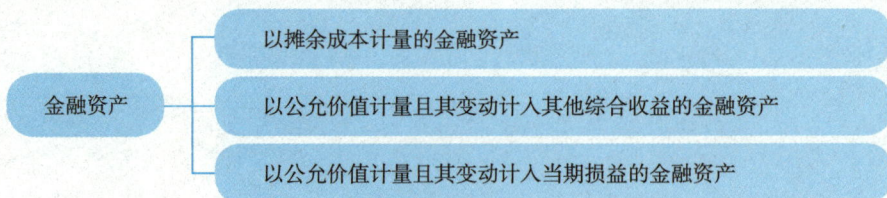

金融资产

- 以摊余成本计量的金融资产
- 以公允价值计量且其变动计入其他综合收益的金融资产
- 以公允价值计量且其变动计入当期损益的金融资产

图4-2　金融资产的类型

上述分类一经确定，不得随意变更。

（一）企业管理金融资产的业务模式

企业管理金融资产的业务模式，是指企业如何管理其金融资产以产生现金流量。业务模式决定企业所管理金融资产现金流量的来源是收取合同现金流量、出售金融资产还是两者兼有。

1. 以收取合同现金流量为目标的业务模式

企业管理金融资产的目的如图4-3所示：

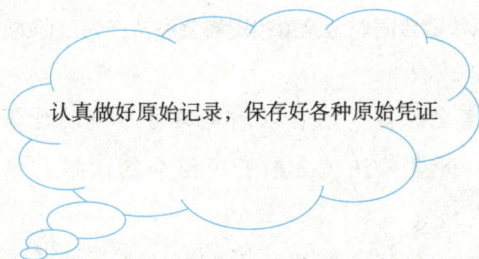

认真做好原始记录，保存好各种原始凭证

图4-3 企业管理金融资产的目的

在以收取合同现金流量为目标的业务模式下，金融资产的信用质量影响着企业收取合同现金流量的能力。为减少因信用恶化所导致的潜在信用损失而进行的风险管理活动与以收取合同现金流量为目标的业务模式并不矛盾。因此，即使企业在金融资产的信用风险增加时为减少信用损失而将其出售，金融资产的业务模式仍然可能是以收取合同现金流量为目标的业务模式。如图4-4所示：

如果企业在金融资产到期日前出售金融资产，即使与信用风险管理活动无关，在出售只是偶然发生（即使价值重大），或者单独及汇总而言出售的价值非常小（即使频繁发生）的情况下，金融资产的业务模式仍然可能是以收取合同现金流量为目标

如果企业能够解释出售的原因并且证明出售并不反映业务模式的改变，出售频率或者出售价值在特定时期内的增加不一定与以收取合同现金流量为目标的业务模式相矛盾。此外，如果出售发生在金融资产临近到期时，且出售所得接近待收取的剩余合同现金流量，金融资产的业务模式仍然可能是以收取合同现金流量为目标

图4-4 以收取合同现金流量为目标的业务模式

【例4-1】甲企业购买了一个贷款组合，且该组合中包含已发生信用减值的贷款。如果贷款不能按时偿付，甲企业将通过各种方式尽可能实现合同现金流量，例如通过邮件、电话或其他方法与借款人联系催收。同时，甲企业签订了一项利率互换合同，将贷款组合的利率由浮动利率转换为固定利率。

本例中，甲企业管理该贷款组合的业务模式是以收取合同现金流量为目标。即使甲企业预期无法收取全部合同现金流量（部分贷款已发生信用减值），但并不影响其业务模式。此外，该企业签订利率互换合同也不影响贷款组合的业务模式。

2. 以收取合同现金流量和出售金融资产为目标的业务模式

以收取合同现金流量和出售金融资产为目标的业务模式如图 4-5 所示：

在同时以收取合同现金流量和出售金融资产为目标的业务模式下，企业的关键管理人员认为收取合同现金流量和出售金融资产对于实现其管理目标而言都是不可或缺的

相对于以收取合同现金流量为目标的业务模式，此业务模式涉及的出售通常频率更高、金额更大。因为出售金融资产是此业务模式的目标之一，在该业务模式下不存在出售金融资产的频率或者价值的明确界限

图4-5　以收取合同现金流量和出售金融资产为目标的业务模式

【例 4-2】甲银行持有金融资产组合以满足其每日流动性需求。甲银行为了降低其管理流动性需求的成本，高度关注该金融资产组合的回报，包括收取的合同现金流量和出售金融资产的利得或损失。

本例中，甲银行管理该金融资产组合的业务模式以收取合同现金流量和出售金融资产为目标。

3. 其他业务模式

如果企业管理金融资产的业务模式不是以收取合同现金流量为目标，也不是以收取合同现金流量和出售金融资产为目标，则该企业管理金融资产的业务模式是其他业务模式。例如，企业持有金融资产的目的是交易性的或者基于金融资产的公允价值作出决策并对其进行管理。在这种情况下，企业管理金融资产的目标是通过出售金融资产以实现现金流量。即使企业在持有金融资产的过程中会收取合同现金流量，企业管理金融资产的业务模式也不是以收取合同现金流量和出售金融资产为目标，因为收取合同现金流量对实现该业务模式目标来说只是附带性质的活动。

（二）金融资产的合同现金流量特征

金融资产的合同现金流量特征，是指金融工具合同约定的、反映相关金融资产经济特征的现金流量属性。如果一项金融资产在特定日期产生的合同现金流量仅为对本金和以未偿付本金金额为基础的利息的支付（即符合"本金加利息的合同现金流量特征"），则该金融资产的合同现金流量特征与基本借贷安排相一致。如图 4-6 所示：

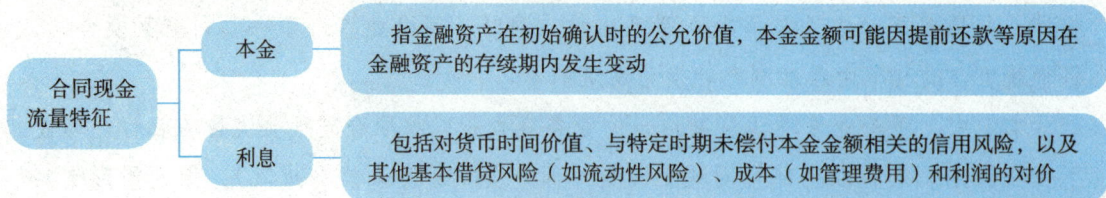

合同现金流量特征

本金　指金融资产在初始确认时的公允价值，本金金额可能因提前还款等原因在金融资产的存续期内发生变动

利息　包括对货币时间价值、与特定时期未偿付本金金额相关的信用风险，以及其他基本借贷风险（如流动性风险）、成本（如管理费用）和利润的对价

图4-6　合同现金流量特征

（三）金融资产的具体分类

1. 以摊余成本计量的金融资产

金融资产同时符合下列条件的，应当分类为以摊余成本计量的金融资产，如图 4-7 所示：

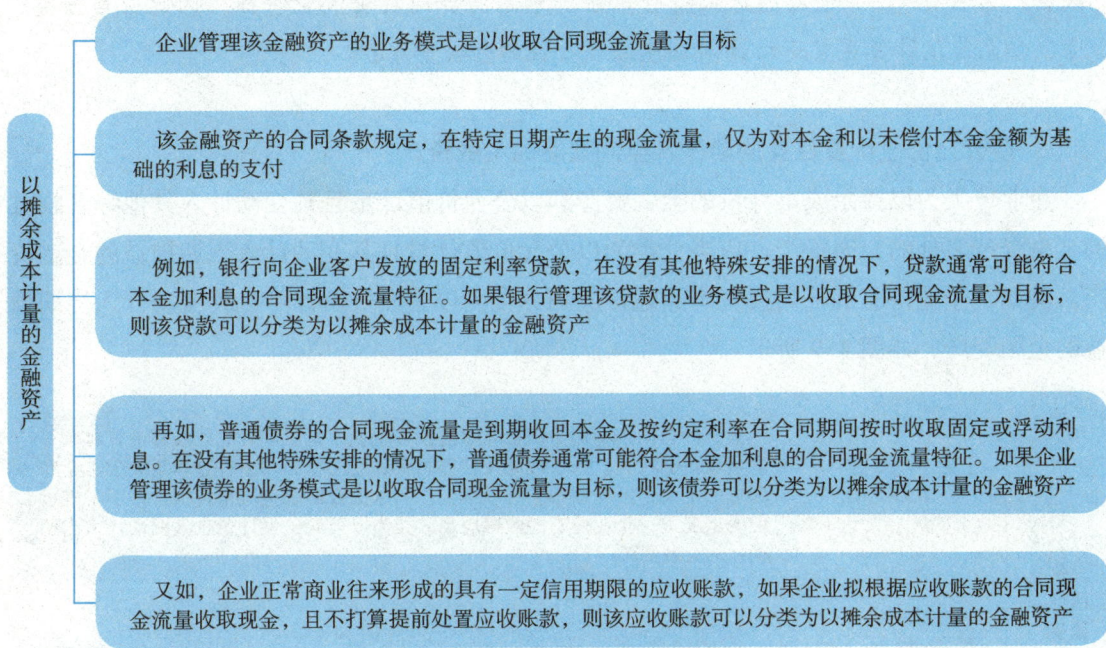

以摊余成本计量的金融资产

- 企业管理该金融资产的业务模式是以收取合同现金流量为目标
- 该金融资产的合同条款规定，在特定日期产生的现金流量，仅为对本金和以未偿付本金金额为基础的利息的支付
- 例如，银行向企业客户发放的固定利率贷款，在没有其他特殊安排的情况下，贷款通常可能符合本金加利息的合同现金流量特征。如果银行管理该贷款的业务模式是以收取合同现金流量为目标，则该贷款可以分类为以摊余成本计量的金融资产
- 再如，普通债券的合同现金流量是到期收回本金及按约定利率在合同期间按时收取固定或浮动利息。在没有其他特殊安排的情况下，普通债券通常可能符合本金加利息的合同现金流量特征。如果企业管理该债券的业务模式是以收取合同现金流量为目标，则该债券可以分类为以摊余成本计量的金融资产
- 又如，企业正常商业往来形成的具有一定信用期限的应收账款，如果企业拟根据应收账款的合同现金流量收取现金，且不打算提前处置应收账款，则该应收账款可以分类为以摊余成本计量的金融资产

图4-7 以摊余成本计量的金融资产

2. 以公允价值计量且其变动计入其他综合收益的金融资产

金融资产同时符合下列条件的，应当分类为以公允价值计量且其变动计入其他综合收益的金融资产，如图 4-8 所示：

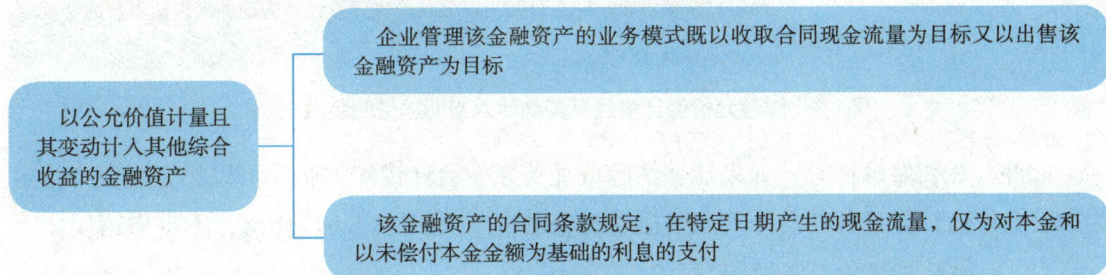

以公允价值计量且其变动计入其他综合收益的金融资产

- 企业管理该金融资产的业务模式既以收取合同现金流量为目标又以出售该金融资产为目标
- 该金融资产的合同条款规定，在特定日期产生的现金流量，仅为对本金和以未偿付本金金额为基础的利息的支付

图4-8 以公允价值计量且其变动计入其他综合收益的金融资产

【例 4-3】甲企业在销售中通常会给予客户一定期间的信用期。为了盘活存量资产，提高资金使用效率，甲企业与银行签订应收账款无追索权保理总协议，银行向甲企业一次性授信 10 亿元人民币，甲企业可以在需要时随时向银行出售应收账款。历

史上甲企业频繁向银行出售应收账款，且出售金额重大，上述出售满足终止确认的规定。

本例中，应收账款的业务模式符合"既以收取合同现金流量为目标又以出售该金融资产为目标"，且该应收账款符合本金加利息的合同现金流量特征，因此应当分类为以公允价值计量且其变动计入其他综合收益的金融资产。

3. 以公允价值计量且其变动计入当期损益的金融资产

企业分类为以摊余成本计量的金融资产和以公允价值计量且其变动计入其他综合收益的金融资产之外的金融资产，应当分类为以公允价值计量且其变动计入当期损益的金融资产。例如，企业持有的下列投资产品通常应当分类为以公允价值计量且其变动计入当期损益的金融资产，如图4-9所示：

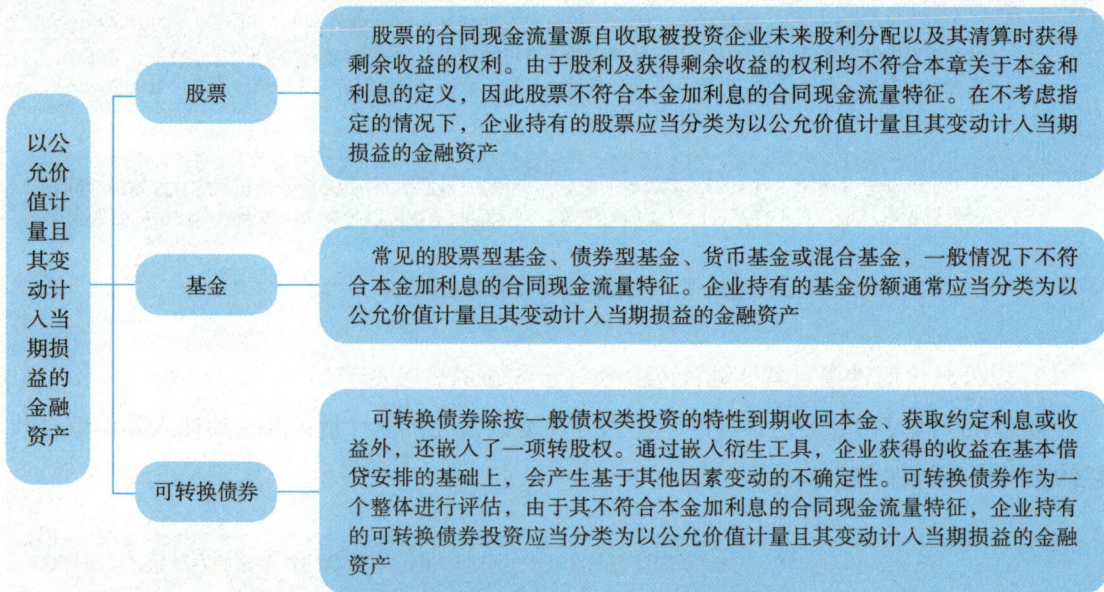

图4-9　以公允价值计量且其变动计入当期损益的金融资产

此外，在初始确认时，如果能够消除或显著减少会计错配，企业可以将金融资产指定为以公允价值计量且其变动计入当期损益的金融资产。该指定一经作出，不得撤销。

（四）金融资产分类的特殊规定

权益工具投资一般不符合本金加利息的合同现金流量特征，因此应当分类为以公允价值计量且其变动计入当期损益的金融资产。然而在初始确认时，企业可以将非交易性权益工具投资指定为以公允价值计量且其变动计入其他综合收益的金融资产，并按照规定确认股利收入。该指定一经做出，不得撤销。企业投资其他上市公司股票或者非上市公司股权的，都可能属于这种情形。

金融资产或金融负债满足下列条件之一的，表明企业持有该金融资产或承担该金融负债的目的是交易性的，如图 4-10 所示：

　　取得相关金融资产或承担相关金融负债的目的，主要是为了近期出售或回购。例如，企业以赚取差价为目的从二级市场购入的股票、债券和基金等，或者发行人根据债务工具的公允价值变动计划在近期回购的、有公开市场报价的债务工具。从其他方收取现金或其他金融资产的合同权利。例如，企业的银行存款、应收账款、应收票据和贷款等均属于金融资产。再如，预付账款不是金融资产，因其产生的未来经济利益是商品或服务，不是收取现金或其他金融资产的权利

　　相关金融资产或金融负债在初始确认时属于集中管理的可辨认金融工具组合的一部分，且有客观证据表明近期实际存在短期获利模式。在这种情况下，即使组合中有某个组成项目持有的期限稍长也不受影响。其中，"金融工具组合"指金融资产组合或金融负债组合。将来须用或可用企业自身权益工具进行结算的非衍生工具合同，且企业根据该合同将收到可变数量的自身权益工具

　　相关金融资产或金融负债属于衍生工具。但符合财务担保合同定义的衍生工具以及被指定为有效套期工具的衍生工具除外。例如，未作为套期工具的利率互换或外汇期权。将来须用或可用企业自身权益工具进行结算的衍生工具合同，但以固定数量的自身权益工具交换固定金额的现金或其他金融资产的衍生工具合同除外。其中，企业自身权益工具不包括应当按照《企业会计准则第37号——金融工具列报》分类为权益工具的可回售工具或发行方仅在清算时才有义务向另一方按比例交付其净资产的金融工具，也不包括本身就要求在未来收取或交付企业自身权益工具的合同

图4-10　以交易性为目的的持有金融资产或承担金融负债的条件

（五）不同类金融资产之间的重分类

　　企业改变其管理金融资产的业务模式时，应当按照本章相关内容对所有受影响的相关金融资产进行重分类。业务模式未发生改变的，企业不得对相关金融资产进行重分类

图4-11　金融资产重分类

　　企业对金融资产进行重分类，应当自重分类日起采用未来适用法进行相关会计处理，不得对以前已经确认的利得、损失（包括减值损失或利得）或利息进行追溯调整，如图 4-11 所示。重分类日，是指导致企业对金融资产进行重分类的业务模式发生变更后的首个报告期间的第一天。

　　例如，甲上市公司决定于 2×17 年 3 月 22 日改变其管理某金融资产的业务模式，则重分类日为 2×17 年 4 月 1 日（即下一个季度会计期间的期初）；乙上市公司决定于

2×17 年 10 月 15 日改变其管理某金融资产的业务模式，则重分类日为 2×18 年 1 月 1 日。

企业管理金融资产业务模式的变更是一种极其少见的情形。该变更源自外部或内部的变化，必须由企业的高级管理层进行决策，且其必须对企业的经营非常重要，并能够向外部各方证实。因此，只有当企业开始或终止某项对其经营影响重大的活动时（例如当企业收购、处置或终止某一业务线时），其管理金融资产的业务模式才会发生变更。

例如，某银行决定终止其零售抵押贷款业务，该业务线不再接受新业务，并且该银行正在积极寻求出售其抵押贷款组合，则该银行管理其零售抵押贷款的业务模式发生了变更。

【例 4-4】甲公司持有拟在短期内出售的某商业贷款组合。甲公司近期收购了一家资产管理公司（乙公司），乙公司持有贷款的业务模式是以收取合同现金流量为目标。甲公司决定，对该商业贷款组合的持有不再以出售为目标，而是将该组合与资产管理公司持有的其他贷款一起管理，以收取合同现金流量为目标，则甲公司管理该商业贷款组合的业务模式发生了变更。

图 4-12 所示情形不属于业务模式变更：

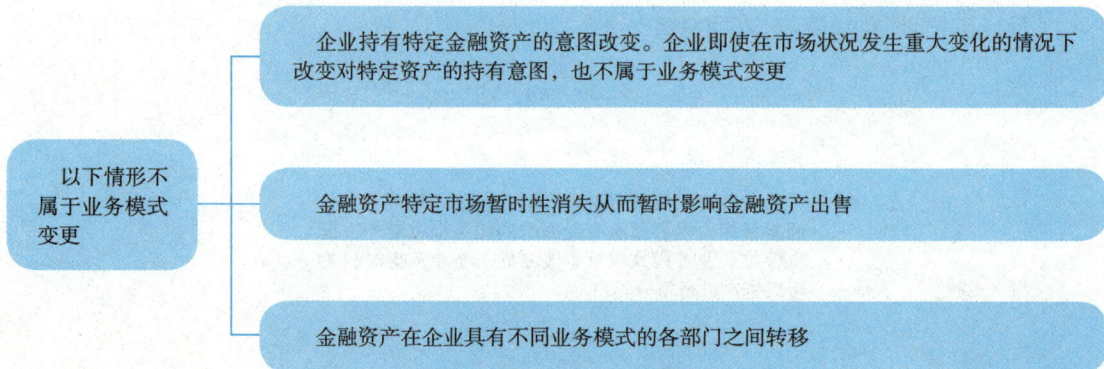

以下情形不属于业务模式变更

- 企业持有特定金融资产的意图改变。企业即使在市场状况发生重大变化的情况下改变对特定资产的持有意图，也不属于业务模式变更
- 金融资产特定市场暂时性消失从而暂时影响金融资产出售
- 金融资产在企业具有不同业务模式的各部门之间转移

图4-12　不属于业务模式变更的情形

需要注意的是，如果企业管理金融资产的业务模式没有发生变更，而金融资产的条款发生变更但未导致终止确认的，不允许重分类。如果金融资产条款发生变更导致金融资产终止确认的，不涉及重分类问题，企业应当终止确认原金融资产，同时按照变更后的条款确认一项新金融资产。

二、金融负债的分类

金融负债，是指企业符合下列条件之一的负债，如图 4-13 所示：

向其他方交付现金或其他金融资产的合同义务。例如，企业的应付账款、应付票据和应付债券等均属于金融负债。而预收账款不是金融负债，因其导致的未来经济利益流出是商品或服务，不是交付现金或其他金融资产的合同义务

在潜在不利条件下，与其他方交换金融资产或金融负债的合同义务。例如，企业签出的看涨期权或看跌期权等

将来须用或可用企业自身权益工具进行结算的非衍生工具合同，且企业根据该合同将交付可变数量的自身权益工具

将来须用或可用企业自身权益工具进行结算的衍生工具合同，但以固定数量的自身权益工具交换固定金额的现金或其他金融资产的衍生工具合同除外。企业对全部现有同类别非衍生自身权益工具的持有方按比例发行配股权、期权或认股权证，使之有权按比例以固定金额的任何货币换取固定数量的该企业自身权益工具的，该类配股权、期权或认股权证应当分类为权益工具

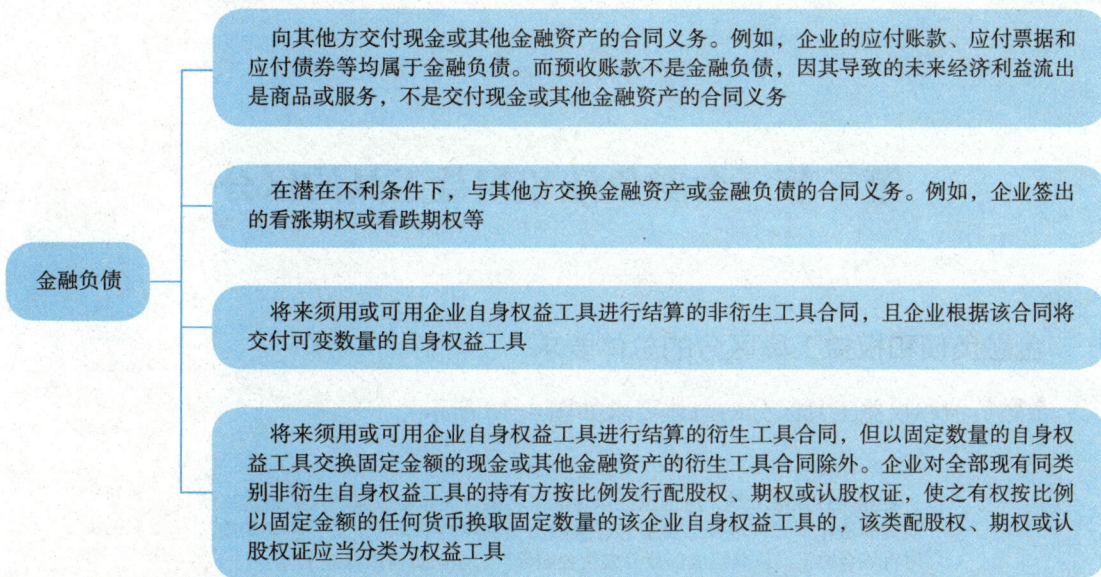

图4-13　金融负债

除图 4-14 所列各项外，企业应当将金融负债分类为以摊余成本计量的金融负债：

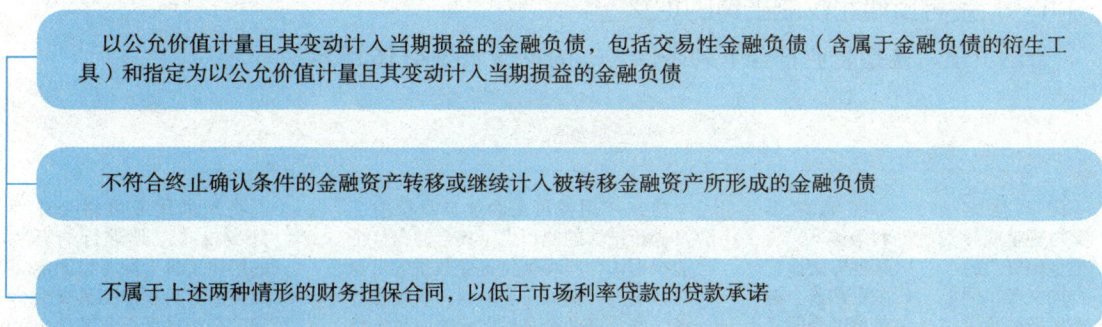

以公允价值计量且其变动计入当期损益的金融负债，包括交易性金融负债（含属于金融负债的衍生工具）和指定为以公允价值计量且其变动计入当期损益的金融负债

不符合终止确认条件的金融资产转移或继续计入被转移金融资产所形成的金融负债

不属于上述两种情形的财务担保合同，以低于市场利率贷款的贷款承诺

图4-14　不能分类为以摊余成本计量的金融负债的情况

在非同一控制下的企业合并中，企业作为购买方确认的或有对价形成金融负债的，该金融负债应当按照以公允价值计量且其变动计入当期损益进行会计处理。

企业对金融负债的分类一经确定，不得变更。

第二节　金融负债和权益工具的区分

一、金融负债和权益工具区分的总体要求

金融负债和权益工具区分的总体要求如图 4-15 所示：

> 企业发行金融工具，应当按照该金融工具的合同条款及其所反映的经济实质而非法律形式，以及金融资产、金融负债和权益工具的定义，在初始确认时将该金融工具或其组成部分分类为金融资产、金融负债或权益工具

图4-15　金融负债和权益工具区分的总体要求

（一）金融负债和权益工具的定义

金融负债，是指企业符合下列条件之一的负债如图 4-16 所示：

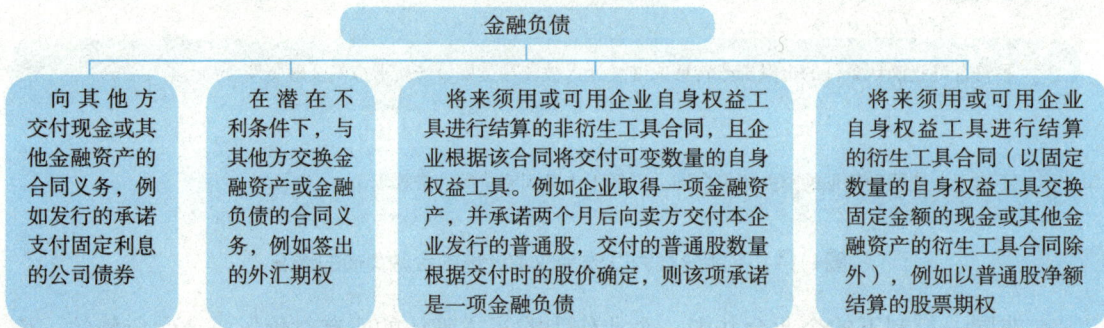

金融负债

| 向其他方交付现金或其他金融资产的合同义务，例如发行的承诺支付固定利息的公司债券 | 在潜在不利条件下，与其他方交换金融资产或金融负债的合同义务，例如签出的外汇期权 | 将来须用或可用企业自身权益工具进行结算的非衍生工具合同，且企业根据该合同将交付可变数量的自身权益工具。例如企业取得一项金融资产，并承诺两个月后向卖方交付本企业发行的普通股，交付的普通股数量根据交付时的股价确定，则该项承诺是一项金融负债 | 将来须用或可用企业自身权益工具进行结算的衍生工具合同（以固定数量的自身权益工具交换固定金额的现金或其他金融资产的衍生工具合同除外），例如以普通股净额结算的股票期权 |

图4-16　金融负债

权益工具，是指能证明拥有某个企业在扣除所有负债后的资产中的剩余权益的合同。在同时满足下列条件的情况下，企业应当将发行的金融工具分类为权益工具，如图 4-17 所示：

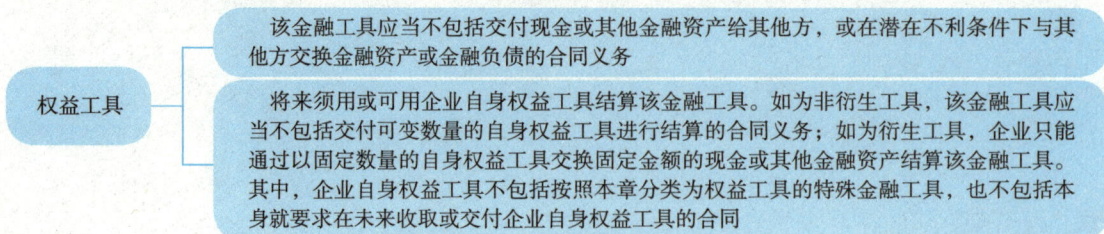

权益工具

- 该金融工具应当不包括交付现金或其他金融资产给其他方，或在潜在不利条件下与其他方交换金融资产或金融负债的合同义务
- 将来须用或可用企业自身权益工具结算该金融工具。如为非衍生工具，该金融工具应当不包括交付可变数量的自身权益工具进行结算的合同义务；如为衍生工具，企业只能通过以固定数量的自身权益工具交换固定金额的现金或其他金融资产结算该金融工具。其中，企业自身权益工具不包括按照本章分类为权益工具的特殊金融工具，也不包括本身就要求在未来收取或交付企业自身权益工具的合同

图4-17　权益工具

（二）区分金融负债和权益工具需考虑的因素

区分金融负债和权益工具需考虑的因素如图4-18所示：

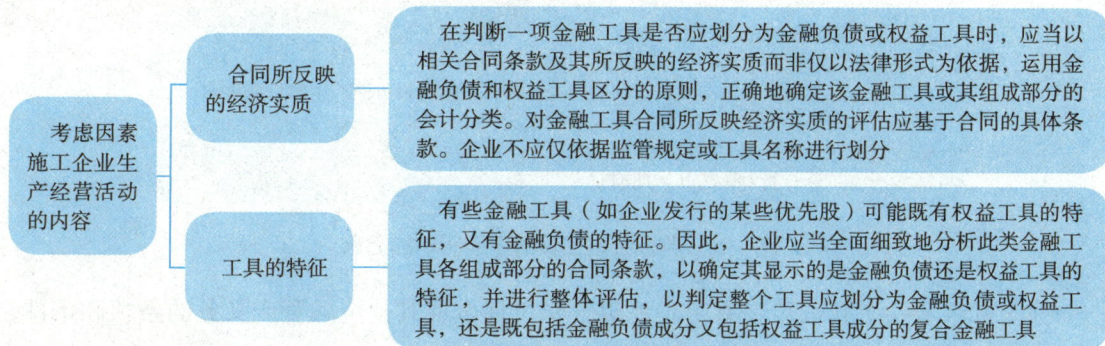

图4-18　区分金融负债和权益工具需考虑的因素

二、金融负债和权益工具区分的基本原则

（一）是否存在无条件地避免交付现金或其他金融资产的合同义务

（1）如果企业不能无条件地避免以交付现金或其他金融资产来履行一项合同义务，则该合同义务符合金融负债的定义。实务中，常见的该类合同义务情形包括以下两点，如图4-19所示：

图4-19　合同义务情形

（2）如果企业能够无条件地避免交付现金或其他金融资产，例如能够根据相应的议事机制自主决定是否支付股息（即无支付股息的义务），同时所发行的金融工具没有到期日且合同对手方没有回售权，或虽有固定期限但发行方有权无限期递延（即无支付本金的义务），则此类交付现金或其他金融资产的结算条款不构成金融负债。如果发放股利由发行方根据相应的议事机制自主决定，则股利是累积股利还是非累积股利本身均不会影响该金融工具被分类为权益工具。

（3）判断一项金融工具是划分为权益工具还是金融负债，不受图4-20所示因素的影响：

> ①以前实施分配的情况；
> ②未来实施分配的意向；
> ③相关金融工具如果没有发放股利对发行方普通股的价格可能产生的负面影响；
> ④发行方的未分配利润等可供分配权益的金额；
> ⑤发行方对一段期间内损益的预期；
> ⑥发行方是否有能力影响其当期损益

图4-20　判断金融工具时不受影响的因素

（4）有些金融工具虽然没有明确地包含交付现金或其他金融资产义务的条款和条件，但有可能通过其他条款和条件间接地形成合同义务。例如，企业可能在显著不利的条件下选择交付现金或其他金融资产，而不是选择履行非金融合同义务，或选择交付自身权益工具。

（二）是否通过交付固定数量的自身权益工具结算

权益工具是证明拥有企业的资产扣除负债后的剩余权益的合同。因此，对于将来须交付企业自身权益工具的金融工具，如果未来结算时交付的权益工具数量是可变的，或者收到对价的金额是可变的，则该金融工具的结算将对其他权益工具所代表的剩余权益带来不确定性（通过影响剩余权益总额或者稀释其他权益工具），也就不符合权益工具的定义。

对于将来须用或可用企业自身权益工具结算的金融工具应当区分衍生工具还是非衍生工具。例如，甲公司发行了一项无固定期限、能够自主决定支付本息的可转换优先股。按合同规定，甲公司将在第5年末将发行的该工具强制转换为可变数量的普通股，则该可转换优先股是一项非衍生工具。

基于自身权益工具的非衍生工具如图4-21所示：

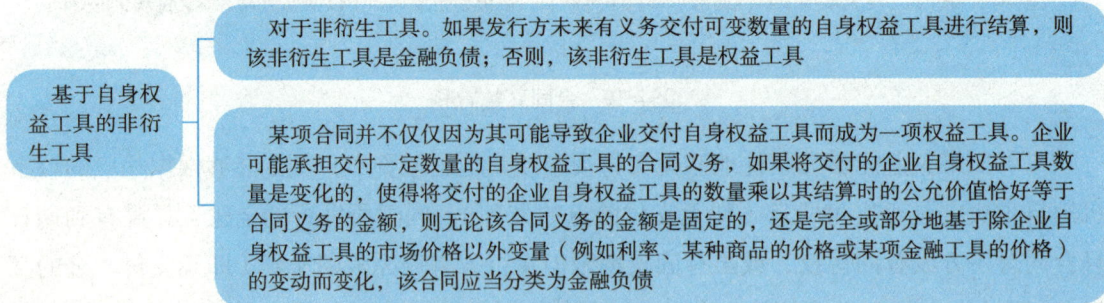

基于自身权益工具的非衍生工具

> 对于非衍生工具。如果发行方未来有义务交付可变数量的自身权益工具进行结算，则该非衍生工具是金融负债；否则，该非衍生工具是权益工具

> 某项合同并不仅仅因为其可能导致企业交付自身权益工具而成为一项权益工具。企业可能承担交付一定数量的自身权益工具的合同义务，如果将交付的企业自身权益工具数量是变化的，使得将交付的企业自身权益工具的数量乘以其结算时的公允价值恰好等于合同义务的金额，则无论该合同义务的金额是固定的，还是完全或部分地基于除企业自身权益工具的市场价格以外变量（例如利率、某种商品的价格或某项金融工具的价格）的变动而变化，该合同应当分类为金融负债

图4-21　基于自身权益工具的非衍生工具

基于自身权益工具的衍生工具如图4-22所示：

基于自身权益工具的衍生工具

如果发行方只能通过以固定数量的自身权益工具交换固定金额的现金或其他金融资产进行结算（即"固定换固定"），则该衍生工具是权益工具

如果发行方以固定数量自身权益工具交换可变金额现金或其他金融资产，或以可变数量自身权益工具交换固定金额现金或其他金融资产，或以可变数量自身权益工具交换可变金额现金或其他金融资产，则该衍生工具应当确认为衍生金融负债或衍生金融资产

因此，除非满足"固定换固定"的条件，否则将来须用或可用企业自身权益工具结算的衍生工具应分类为衍生金融负债或衍生金融资产

例如，发行在外的股票期权赋予了工具持有方以固定价格购买固定数量的企业股票的权利。该合同的公允价值可能会随着股票价格以及市场利率的波动而变动。但是，只要该合同的公允价值变动不影响结算时发行方可收取的现金或其他金融资产的金额，也不影响需交付的权益工具的数量，则发行方应将该股票期权作为一项权益工具处理

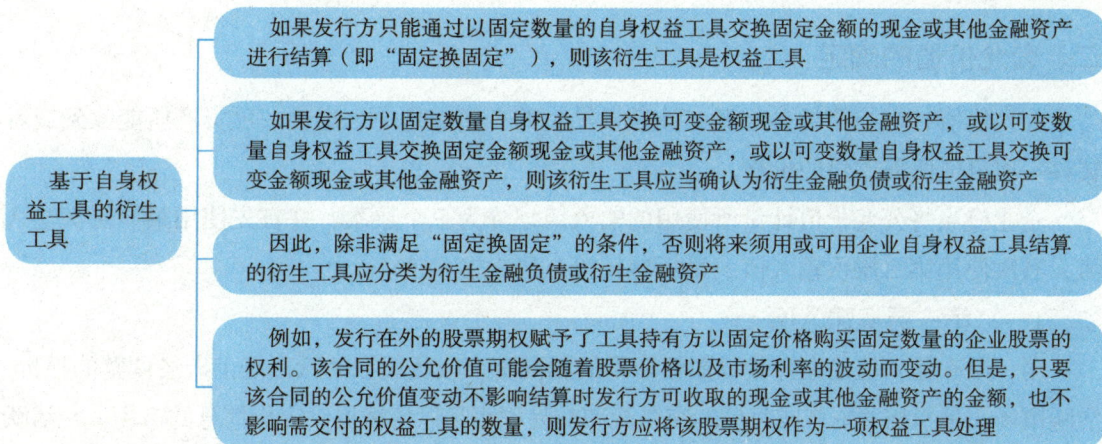

图4-22 基于自身权益工具的衍生工具

第三节 金融工具的计量

一、金融资产和金融负债的初始计量

企业初始确认金融资产或金融负债，应当按照公允价值计量。对于以公允价值计量且其变动计入当期损益的金融资产和金融负债，相关交易费用应当直接计入当期损益；对于其他类别的金融资产或金融负债，相关交易费用应当计入初始确认金额。交易费用如图4-23所示：

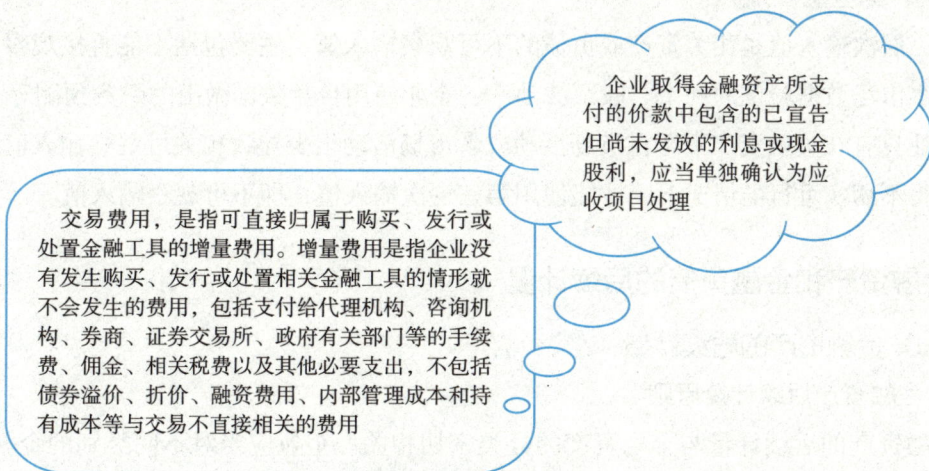

企业取得金融资产所支付的价款中包含的已宣告但尚未发放的利息或现金股利，应当单独确认为应收项目处理

交易费用，是指可直接归属于购买、发行或处置金融工具的增量费用。增量费用是指企业没有发生购买、发行或处置相关金融工具的情形就不会发生的费用，包括支付给代理机构、咨询机构、券商、证券交易所、政府有关部门等的手续费、佣金、相关税费以及其他必要支出，不包括债券溢价、折价、融资费用、内部管理成本和持有成本等与交易不直接相关的费用

图4-23 交易费用

二、公允价值的确定

公允价值，是指市场参与者在计量日发生的有序交易中，出售一项资产所能收到或者转移一项负债所需支付的价格。

企业应当将公允价值计量所使用的输入值划分为三个层次，并首先使用第一层次输入值，其次使用第二层次输入值，最后使用第三层次输入值。

（一）第一层次输入值

第一层次输入值是在计量日能够取得的相同资产或负债在活跃市场上未经调整的报价。活跃市场，是指相关资产或负债的交易量和交易频率足以持续提供定价信息的市场。在活跃市场，交易对象具有同质性，可随时找到自愿交易的买方和卖方，且市场价格信息是公开的。

（二）第二层次输入值

第二层次输入值是除第一层次输入值外相关资产或负债直接或间接可观察的输入值。对于具有合同期限等具体期限的金融资产，第二层次输入值应当在几乎整个期限内是可观察的。第二层次输入值包括图 4-24 所示：

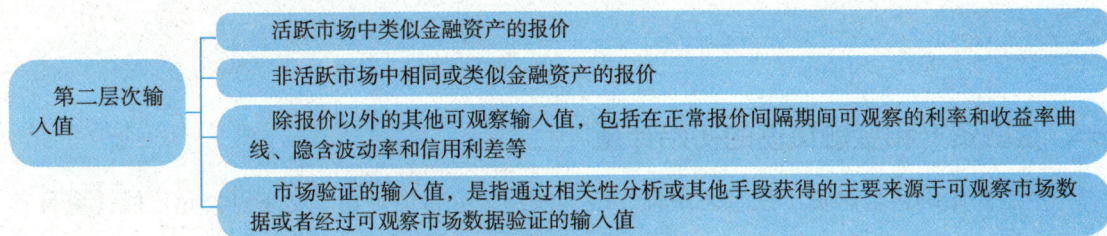

第二层次输入值	活跃市场中类似金融资产的报价
	非活跃市场中相同或类似金融资产的报价
	除报价以外的其他可观察输入值，包括在正常报价间隔期间可观察的利率和收益率曲线、隐含波动率和信用利差等
	市场验证的输入值，是指通过相关性分析或其他手段获得的主要来源于可观察市场数据或者经过可观察市场数据验证的输入值

图4-24　第二层次输入值

（三）第三层次输入值

第三层次输入值是相关资产或负债的不可观察输入值，主要包括不能直接观察和无法由可观察市场数据验证的利率、股票波动率、企业使用自身数据做出的财务预测等。

企业只有在金融资产不存在市场活动或者市场活动很少导致相关可观察输入值无法取得或取得不切实可行的情况下，才能使用第三层次输入值，即不可观察输入值。

三、金融资产和金融负债的后续计量

（一）金融资产的后续计量

1. 金融资产后续计量原则

金融资产的后续计量与金融资产的分类密切相关。企业应当对不同类别的金融资产，分别以摊余成本、以公允价值计量且其变动计入其他综合收益或以公允价值计量且其变动计入当期损益进行后续计量。

2. 以摊余成本计量的金融资产的会计处理

（1）实际利率法。

实际利率法如图 4-25 所示：

> 实际利率法，是指计算金融资产或金融负债的摊余成本以及将利息收入或利息费用分摊计入各会计期间的方法。
> 实际利率，是指将金融资产或金融负债在预计存续期的估计未来现金流量，折现为该金融资产账面余额（不考虑减值）或该金融负债摊余成本所使用的利率。在确定实际利率时，应当在考虑金融资产或金融负债所有合同条款（如提前还款、展期、看涨期权或其他类似期权等）的基础上估计预期现金流量，但不应当考虑预期信用损失。
> 合同各方之间支付或收取的、属于实际利率组成部分的各项费用、交易费用及溢价或折价等，应当在确定实际利率时予以考虑

图4-25 实际利率法

（2）摊余成本。

金融资产或金融负债的摊余成本，应当以该金融资产或金融负债的初始确认金额经下列调整后的结果确定，如图 4-26 所示：

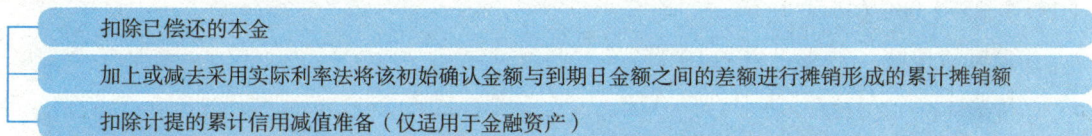

- 扣除已偿还的本金
- 加上或减去采用实际利率法将该初始确认金额与到期日金额之间的差额进行摊销形成的累计摊销额
- 扣除计提的累计信用减值准备（仅适用于金融资产）

图4-26 摊余成本调整项

（3）具体会计处理。

以摊余成本计量的金融资产的会计处理，主要包括该金融资产实际利率的计算、摊余成本的确定、持有期间的收益确认及将其处置时损益的处理。以摊余成本计量的金融资产所产生的利得或损失，应当在终止确认、按照规定重分类、按照实际利率法摊销或确认减值时，计入当期损益，如图 4-27 所示：

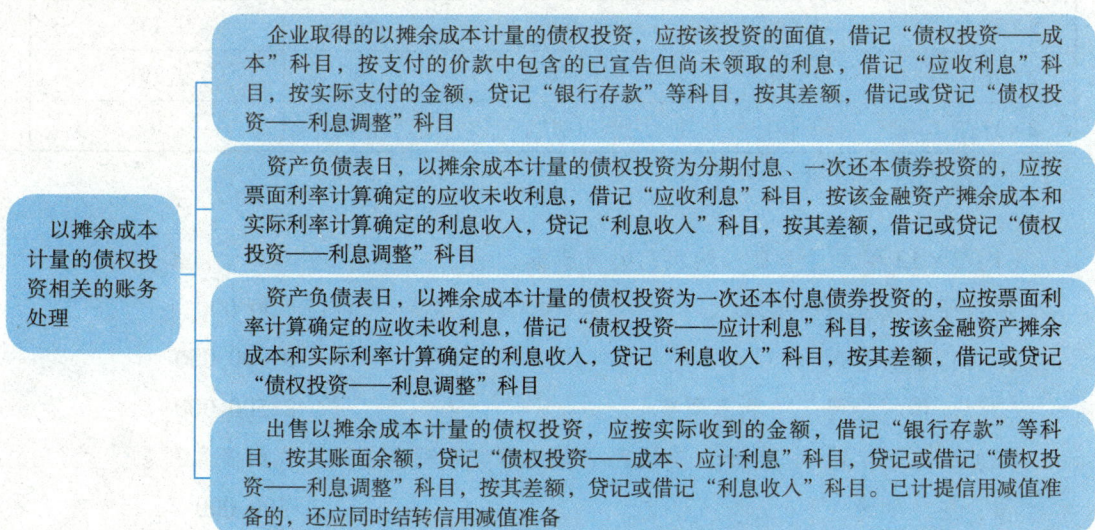

以摊余成本计量的债权投资相关的账务处理

- 企业取得的以摊余成本计量的债权投资，应按该投资的面值，借记"债权投资——成本"科目，按支付的价款中包含的已宣告但尚未领取的利息，借记"应收利息"科目，按实际支付的金额，贷记"银行存款"等科目，按其差额，借记或贷记"债权投资——利息调整"科目

- 资产负债表日，以摊余成本计量的债权投资为分期付息、一次还本债券投资的，应按票面利率计算确定的应收未收利息，借记"应收利息"科目，按该金融资产摊余成本和实际利率计算确定的利息收入，贷记"利息收入"科目，按其差额，借记或贷记"债权投资——利息调整"科目

- 资产负债表日，以摊余成本计量的债权投资为一次还本付息债券投资的，应按票面利率计算确定的应收未收利息，借记"债权投资——应计利息"科目，按该金融资产摊余成本和实际利率计算确定的利息收入，贷记"利息收入"科目，按其差额，借记或贷记"债权投资——利息调整"科目

- 出售以摊余成本计量的债权投资，应按实际收到的金额，借记"银行存款"等科目，按其账面余额，贷记"债权投资——成本、应计利息"科目，贷记或借记"债权投资——利息调整"科目，按其差额，贷记或借记"利息收入"科目。已计提信用减值准备的，还应同时结转信用减值准备

图4-27 以摊余成本计量的债权投资相关的账务处理

企业持有的以摊余成本计量的应收款项、贷款等的账务处理原则，与债权投资大致相同，企业可使用"应收账款""贷款"等科目进行核算。

【例4-5】2×13年1月1日，甲公司支付价款1 000万元（含交易费用）从公开市场购入乙公司同日发行的5年期公司债券12 500份，债券票面价值总额为1 250万元，票面年利率为4.72%，于年末支付本年度债券利息（即每年利息为59万元），本金在债券到期时一次性偿还。合同约定，该债券的发行方在遇到特定情况时可以将债券赎回，且不需要为提前赎回支付额外款项。甲公司在购买该债券时，预计发行方不会提前赎回。甲公司根据其管理该债券的业务模式和该债券的合同现金流量特征，将该债券分类为以摊余成本计量的金融资产。

假定不考虑所得税、减值损失等因素，计算该债券的实际利率 r：

$59 \times (1+r)-1+59 \times (1+r)-2+59 \times (1+r)-3+59 \times (1+r)-4+(59+1 250) \times (1+r)-5=1 000$（万元）

采用插值法，计算得出 $r=10\%$。

情形1：

根据表4-1中的数据，甲公司的有关账务处理如下：

表4-1 甲公司金融资产的会计处理

单位：万元

年份	期初摊余成本（ A ）	实际利息收入（ $B=A \times 10\%$ ）	现金流入（ C ）	期末摊余成本（ $D=A+B-C$ ）
2×13	1 000	100	59	1 041
2×14	1 041	104	59	1 086
2×15	1 086	109	59	1 136
2×16	1 136	114	59	1 191
2×17	1 191	118*	1 309	0

注：*尾数调整1 250+59−1 191=118（万元）。

（1）2×13年1月1日，购入乙公司债券。

借：债权投资——成本   12 500 000

   贷：银行存款   10 000 000

      债权投资——利息调整   2 500 000

（2）2×13年12月31日，确认乙公司债券实际利息收入、收到债券利息。

借：应收利息   590 000

债权投资——利息调整	410 000	
贷：利息收入	1 000 000	
借：银行存款	590 000	
贷：应收利息	590 000	

（3）2×14年12月31日，确认乙公司债券实际利息收入、收到债券利息。

借：应收利息	590 000
债权投资——利息调整	450 000
贷：利息收入	1 040 000
借：银行存款	590 000
贷：应收利息	590 000

（4）2×15年12月31日，确认乙公司债券实际利息收入、收到债券利息。

借：应收利息	590 000
债权投资——利息调整	500 000
贷：利息收入	1 090 000
借：银行存款	590 000
贷：应收利息	590 000

（5）2×16年12月31日，确认乙公司债券实际利息收入、收到债券利息。

借：应收利息	590 000
债权投资——利息调整	550 000
贷：利息收入	1 140 000
借：银行存款	590 000
贷：应收利息	590 000

（6）2×17年12月31日，确认乙公司债券实际利息收入、收到债券利息和本金。

借：应收利息	590 000
债权投资——利息调整	590 000
贷：利息收入	1 180 000
借：银行存款	590 000
贷：应收利息	590 000
借：银行存款	12 500 000
贷：债权投资——成本	12 500 000

情形2：

假定在2×15年1月1日，甲公司预计本金的一半（即625万元）将会在该年年末收回，而其余的一半本金将于2×17年年末付清。则甲公司应当调整2×15年年初的摊余成本，计入当期损益；调整时采用最初确定的实际利率。据此，调整表4-1中相关数据后如表4-2所示。

表4-2　甲公司金融资产的会计处理

单位：万元

年份	期初摊余成本（A）	实际利息收入（B=A×10%）	现金流入（C）	期末摊余成本（D=A+B-C）
2×13	1 000	100	59	1 041
2×14	1 041	104	59	1 086
2×15	1 139*	114	684	569
2×16	569	57	30**	596
2×17	596	59***	655	0

注：*（625+59）×（1+10%）-1+30×（1+10%）-2+（625+30）×（1+10%）-3=1 139（万元）（四舍五入）；

**625×4.72%=30（万元）（四舍五入）；

***625+30-596=59（万元）（尾数调整）。

根据上述调整，甲公司的账务处理如下：

（1）2×15年1月1日，调整期初账面余额。

借：债权投资——利息调整　　　　　　　　　　　　　　530 000

　　贷：投资收益　　　　　　　　　　　　　　　　　　530 000

（2）2×15年12月31日，确认实际利息、收回本金等。

借：应收利息　　　　　　　　　　　　　　　　　　　590 000

　　债权投资——利息调整　　　　　　　　　　　　　550 000

　　贷：利息收入　　　　　　　　　　　　　　　　　1 140 000

借：银行存款　　　　　　　　　　　　　　　　　　　590 000

　　贷：应收利息　　　　　　　　　　　　　　　　　　590 000

借：银行存款　　　　　　　　　　　　　　　　　　6 250 000

　　贷：债权投资——成本　　　　　　　　　　　　　6 250 000

（3）2×16年12月31日，确认实际利息等。

借：应收利息　　　　　　　　　　　　　　　　　　　300 000

　　债权投资——利息调整　　　　　　　　　　　　　270 000

　　贷：利息收入　　　　　　　　　　　　　　　　　　570 000

| 借：银行存款 | 300 000 |
| 贷：应收利息 | 300 000 |

（4）2×17年12月31日，确认实际利息、收回本金等。

借：应收利息	300 000
债权投资——利息调整	290 000
贷：利息收入	590 000
借：银行存款	300 000
贷：应收利息	300 000
借：银行存款	6 250 000
贷：债权投资——成本	6 250 000

情形3：

假定甲公司购买的乙公司债券不是分次付息，而是到期一次还本付息，且利息不以复利计算。此时，甲公司所购买乙公司债券的实际利率 r 计算如下：

$$（59+59+59+59+59+1\,250）×（1+r）-5=1\,000（万元）$$

由此计算得出 $r≈9.05\%$。

据此，调整表4-1中相关数据后如表4-3所示。

表4-3 甲公司金融资产的会计处理

单位：万元

年份	期初摊余成本（A）	实际利息收入（B=A×9.05%）	现金流入（C）	期末摊余成本（D=A+B-C）
2×13	1 000	90.5	0	1 090.5
2×14	1 090.5	98.69	0	1 189.19
2×15	1 189.19	107.62	0	1 296.81
2×16	1 296.81	117.36	0	1 414.17
2×17	1 414.17	130.83*	1 545	0

注：*尾数调整1 250+295-1 414.17=130.83（万元）。

根据表4-3中的数据，甲公司的有关账务处理如下：

（1）2×13年1月1日，购入乙公司债券。

借：债权投资——成本	12 500 000
贷：银行存款	10 000 000
债权投资——利息调整	2 500 000

（2）2×13 年 12 月 31 日，确认乙公司债券实际利息收入。

借：债权投资——应计利息　　　　　　　　　　　　　　590 000

　　　　　　——利息调整　　　　　　　　　　　　　　315 000

　　贷：利息收入　　　　　　　　　　　　　　　　　　905 000

（3）2×14 年 12 月 31 日，确认乙公司债券实际利息收入。

借：债权投资——应计利息　　　　　　　　　　　　　　590 000

　　　　　　——利息调整　　　　　　　　　　　　　　396 900

　　贷：利息收入　　　　　　　　　　　　　　　　　　986 900

（4）2×15 年 12 月 31 日，确认乙公司债券实际利息收入。

借：债权投资——应计利息　　　　　　　　　　　　　　590 000

　　　　　　——利息调整　　　　　　　　　　　　　　486 200

　　贷：利息收入　　　　　　　　　　　　　　　　　1 076 200

（5）2×16 年 12 月 31 日，确认乙公司债券实际利息收入。

借：债权投资——应计利息　　　　　　　　　　　　　　590 000

　　　　　　——利息调整　　　　　　　　　　　　　　583 600

　　贷：利息收入　　　　　　　　　　　　　　　　　1 173 600

（6）2×17 年 12 月 31 日，确认乙公司债券实际利息收入、收回债券本金和票面利息。

借：债权投资——应计利息　　　　　　　　　　　　　　590 000

　　　　　　——利息调整　　　　　　　　　　　　　　718 300

　　贷：利息收入　　　　　　　　　　　　　　　　　1 308 300

借：银行存款　　　　　　　　　　　　　　　　　　15 450 000

　　贷：债权投资——成本　　　　　　　　　　　　　12 500 000

　　　　　　　——应计利息　　　　　　　　　　　　2 950 000

3. 以公允价值计量且其变动计入其他综合收益的金融资产的会计处理

以公允价值计量且其变动计入其他综合收益的金融资产的会计处理，与以公允价值计量且其变动计入当期损益的金融资产的会计处理存在类似之处，例如，均要求按公允价值进行后续计量。但是，也有一些不同之处，以公允价值计量且其变动计入其他综合收益的金融资产所产生的利得或损失，除减值损失或利得和汇兑损益外，均应当计入其他综合收益，直至该金融资产终止确认或被重分类。但是，采用实际利率法计算的该金融资产的利息应当计入当期损益。终止确认时，之前计入其他综合收益的累计利得或损失应当从其他综合收益中转出，计入当期损益。

相关的账务处理如图 4-28 所示：

企业取得以公允价值计量且其变动计入其他综合收益的金融资产，应按该金融资产投资的面值，借记"其他债权投资——成本"科目，按支付的价款中包含的已宣告但尚未领取的利息，借记"应收利息"科目，按实际支付的金额，贷记"银行存款"等科目，按其差额，借记或贷记"其他债权投资——利息调整"科目

资产负债表日，以公允价值计量且其变动计入其他综合收益的金融资产为分期付息、一次还本债券投资的，应按票面利率计算确定的应收未收利息，借记"应收利息"科目，按债券的摊余成本和实际利率计算确定的利息收入，贷记"利息收入"科目，按其差额，借记或贷记"其他债权投资——利息调整"科目
以公允价值计量且其变动计入其他综合收益的金融资产为一次还本付息债券投资的，应按票面利率计算确定的应收未收利息，借记"其他债权投资——应计利息"科目，按债券的摊余成本和实际利率计算确定的利息收入，贷记"利息收入"科目，按其差额，借记或贷记"其他债权投资——利息调整"科目

资产负债表日，以公允价值计量且其变动计入其他综合收益的金融资产的公允价值高于其账面余额的差额，借记"其他债权投资——公允价值变动"科目，贷记"其他综合收益——其他债权投资公允价值变动"科目；公允价值低于其账面余额的差额作相反的会计分录。
确定以公允价值计量且其变动计入其他综合收益的金融资产发生减值的，应按减记的金额，借记"信用减值损失"，按从其他综合收益中转出的累计损失金额，贷记"其他综合收益——信用减值准备"科目

出售以公允价值计量且其变动计入其他综合收益的金融资产，应按实际收到的金额，借记"银行存款"等科目，按其账面余额，贷记"其他债权投资——成本、应计利息"科目，贷记或借记"其他债权投资——公允价值变动、利息调整"科目；按应从其他综合收益中转出的公允价值累计变动额，借记或贷记"其他综合收益——其他债权投资公允价值变动"科目；按应从其他综合收益转出的信用减值准备累计金额，贷记或借记"其他综合收益——信用减值准备"，按其差额，贷记或借记"投资收益"科目

左侧标签：以公允价值计量且其变动计入其他综合收益的金融资产的会计处理

图4-28 以公允价值计量且其变动计入其他综合收益的金融资产的会计处理

【例4-6】2×13年1月1日，甲公司支付价款1 000万元（含交易费用）从公开市场购入乙公司同日发行的5年期公司债券12 500份，债券票面价值总额为1 250万元，票面年利率为4.72%，于年末支付本年度债券利息（即每年利息为59万元），本金在债券到期时一次性偿还。合同约定，该债券的发行方在遇到特定情况时可以将债券赎回，且不需要为提前赎回支付额外款项。甲公司在购买该债券时，预计发行方不会提前赎回。甲公司根据其管理该债券的业务模式和该债券的合同现金流量特征，将该债券分类为以公允价值计量且其变动计入其他综合收益的金融资产。

其他资料如下：

（1）2×13年12月31日，乙公司债券的公允价值为1 200万元（不含利息）。

（2）2×14年12月31日，乙公司债券的公允价值为1 300万元（不含利息）。

（3）2×15年12月31日，乙公司债券的公允价值为1 250万元（不含利息）。

（4）2×16年12月31日，乙公司债券的公允价值为1 200万元（不含利息）。

（5）2×17年1月20日，通过上海证券交易所出售了乙公司债券12 500份，取得

价款 1 260 万元。

假定不考虑所得税、减值等因素，计算该债券的实际利率 r：

$59 \times (1+r)^{-1} + 59 \times (1+r)^{-2} + 59 \times (1+r)^{-3} + 59 \times (1+r)^{-4} + (59 + 1\,250) \times (1+r)^{-5} = 1\,000$（万元）

采用插值法，计算得出 $r = 10\%$。

根据表 4-4 中的数据，甲公司的有关账务处理如下：

表4-4　甲公司金融资产的会计处理

单位：万元

日期	现金流入（A）	实际利息收入（B= 期初 $D \times 10\%$）	已收回的本金（$C=A-B$）	摊余成本余额（D= 期初 $D-C$）	公允价值（E）	公允价值变动额 $F=E-D-$ 期初 G	公允价值变动累计金额 $G=$ 期初 $G+F$
2×13 年 1 月 1 日				1 000	1 000	0	0
2×13 年 12 月 31 日	59	100	− 41	1 041	1 200	159	159
2×14 年 12 月 31 日	59	104	− 45	1 086	1 300	55	214
2×15 年 12 月 31 日	59	109	− 50	1 136	1 250	− 100	114
2×16 年 12 月 31 日	59	113	− 54	1 190	1 200	− 104	10

（1）2×13 年 1 月 1 日，购入乙公司债券。

借：其他债权投资——成本　　　　　　　　　　　　12 500 000

　　贷：银行存款　　　　　　　　　　　　　　　　10 000 000

　　　　其他债权投资——利息调整　　　　　　　　 2 500 000

（2）2×13 年 12 月 31 日，确认乙公司债券实际利息收入、公允价值变动，收到债券利息。

借：应收利息　　　　　　　　　　　　　　　　　　　590 000

　　其他债权投资——利息调整　　　　　　　　　　　410 000

　　贷：利息收入　　　　　　　　　　　　　　　　 1 000 000

借：银行存款　　　　　　　　　　　　　　　　　　　590 000

　　贷：应收利息　　　　　　　　　　　　　　　　　590 000

借：其他债权投资——公允价值变动　　　　　　　 1 590 000

　　贷：其他综合收益——其他债权投资公允价值变动　 1 590 000

（3）2×14 年 12 月 31 日，确认乙公司债券实际利息收入、公允价值变动，收到债券利息。

借：应收利息　　　　　　　　　　　　　　　　　　590 000
　　其他债权投资——利息调整　　　　　　　　　　450 000
　　贷：利息收入　　　　　　　　　　　　　　　　　　　1 040 000
借：银行存款　　　　　　　　　　　　　　　　　　590 000
　　贷：应收利息　　　　　　　　　　　　　　　　　　　590 000
借：其他债权投资——公允价值变动　　　　　　　　550 000
　　贷：其他综合收益——其他债权投资公允价值变动　　　550 000

（4）2×15 年 12 月 31 日，确认乙公司债券实际利息收入、公允价值变动，收到债券利息。

借：应收利息　　　　　　　　　　　　　　　　　　590 000
　　其他债权投资——利息调整　　　　　　　　　　500 000
　　贷：利息收入　　　　　　　　　　　　　　　　　　　1 090 000
借：银行存款　　　　　　　　　　　　　　　　　　590 000
　　贷：应收利息　　　　　　　　　　　　　　　　　　　590 000
借：其他综合收益——其他债权投资公允价值变动　　1 000 000
　　贷：其他债权投资——公允价值变动　　　　　　　　　1 000 000

（5）2×16 年 12 月 31 日，确认乙公司债券实际利息收入、公允价值变动，收到债券利息。

借：应收利息　　　　　　　　　　　　　　　　　　590 000
　　其他债权投资——利息调整　　　　　　　　　　540 000
　　贷：利息收入　　　　　　　　　　　　　　　　　　　1130 000
借：银行存款　　　　　　　　　　　　　　　　　　590 000
　　贷：应收利息　　　　　　　　　　　　　　　　　　　590 000
借：其他综合收益——其他债权投资公允价值变动　　1 040 000
　　贷：其他债权投资——公允价值变动　　　　　　　　　1 040 000

（6）2×17 年 1 月 20 日，确认出售乙公司债券实现的损益。

借：银行存款　　　　　　　　　　　　　　　　　12 600 000
　　其他综合收益——其他债权投资公允价值变动　　100 000
　　其他债权投资——利息调整　　　　　　　　　　600 000
　　贷：其他债权投资——成本　　　　　　　　　　　　12 500 000
　　　　投资收益　　　　　　　　　　　　　　　　　　　800 000

4. 以公允价值计量且其变动计入当期损益的金融资产的会计处理

以公允价值计量且其变动计入当期损益的金融资产的会计处理，着重于反映该类金融资产公允价值的变化以及对企业财务状况和经营成果的影响。

相关的账务处理如图4-29所示：

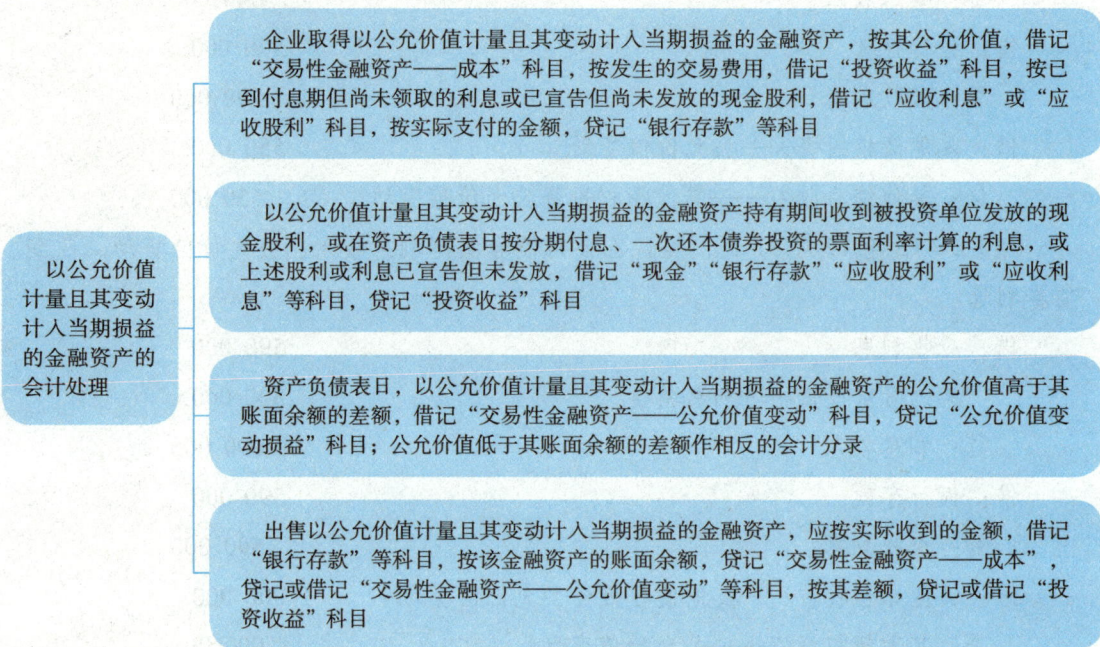

以公允价值计量且其变动计入当期损益的金融资产的会计处理

- 企业取得以公允价值计量且其变动计入当期损益的金融资产，按其公允价值，借记"交易性金融资产——成本"科目，按发生的交易费用，借记"投资收益"科目，按已到付息期但尚未领取的利息或已宣告但尚未发放的现金股利，借记"应收利息"或"应收股利"科目，按实际支付的金额，贷记"银行存款"等科目

- 以公允价值计量且其变动计入当期损益的金融资产持有期间收到被投资单位发放的现金股利，或在资产负债表日按分期付息、一次还本债券投资的票面利率计算的利息，或上述股利或利息已宣告但未发放，借记"现金""银行存款""应收股利"或"应收利息"等科目，贷记"投资收益"科目

- 资产负债表日，以公允价值计量且其变动计入当期损益的金融资产的公允价值高于其账面余额的差额，借记"交易性金融资产——公允价值变动"科目，贷记"公允价值变动损益"科目；公允价值低于其账面余额的差额作相反的会计分录

- 出售以公允价值计量且其变动计入当期损益的金融资产，应按实际收到的金额，借记"银行存款"等科目，按该金融资产的账面余额，贷记"交易性金融资产——成本"，贷记或借记"交易性金融资产——公允价值变动"等科目，按其差额，贷记或借记"投资收益"科目

图4-29 以公允价值计量且其变动计入当期损益的金融资产的会计处理

【例4-7】2×16年1月1日，甲公司从二级市场购入丙公司债券，支付价款合计1 020 000元（含已宣告但尚未领取的利息20 000元），另发生交易费用20 000元。该债券面值1 000 000元，剩余期限为2年，票面年利率为4%，每半年末付息一次，其合同现金流量特征满足仅为对本金和以未偿付本金金额为基础的利息的支付。甲公司根据其管理该债券的业务模式和该债券的合同现金流量特征，将该债券分类为以公允价值计量且其变动计入当期损益的金融资产。其他资料如下：

（1）2×16年1月5日，收到丙公司债券2×15年下半年利息20 000元。

（2）2×16年6月30日，丙公司债券的公允价值为1 150 000元（不含利息）。

（3）2×16年7月5日，收到丙公司债券2×16年上半年利息。

（4）2×16年12月31日，丙公司债券的公允价值为1 100 000元（不含利息）。

（5）2×17年1月5日，收到丙公司债券2×16年下半年利息。

（6）2×17年6月20日，通过二级市场出售丙公司债券，取得价款1 180 000元（含1季度利息10 000元）。

假定不考虑其他因素，甲公司的账务处理如下：

（1）2×16年1月1日，从二级市场购入丙公司债券。

借：交易性金融资产——成本 1 000 000

　　应收利息 20 000

　　投资收益 20 000

　贷：银行存款 1 040 000

（2）2×16年1月5日，收到该债券2×15年下半年利息20 000元。

借：银行存款 20 000

　贷：应收利息 20 000

（3）2×16年6月30日，确认丙公司债券公允价值变动和投资收益。

借：交易性金融资产——公允价值变动 150 000

　贷：公允价值变动损益 150 000

借：应收利息 20 000

　贷：投资收益 20 000

（4）2×16年7月5日，收到丙公司债券2×16年上半年利息。

借：银行存款 20 000

　贷：应收利息 20 000

（5）2×16年12月31日，确认丙公司债券公允价值变动和投资收益。

借：公允价值变动损益 50 000

　贷：交易性金融资产——公允价值变动 50 000

借：应收利息 20 000

　贷：投资收益 20 000

（6）2×17年1月5日，收到丙公司债券2×16年下半年利息。

借：银行存款 20 000

　贷：应收利息 20 000

（7）2×17年6月20日，通过二级市场出售丙公司债券。

借：银行存款 1 180 000

　贷：交易性金融资产——成本 1 000 000

　　　　　　　　——公允价值变动 100 000

　　投资收益 80 000

5. 以公允价值计量且其变动计入当期损益的金融资产中的交易性金融资产账务处理

交易性金融资产主要是指企业为了近期内出售而持有的金融资产，如企业以赚取差价为目的从二级市场购入的股票、债券、基金等。

（1）交易性金融资产核算应设置的会计科目。

为了反映和监督交易性金融资产的取得、收取现金股利或利息、出售等情况，企业应当设置"交易性金融资产""公允价值变动损益""投资收益"等科目进行核算，如图4-30所示：

"交易性金融资产"科目核算企业分类为以公允价值计量且其变动计入当期损益的金融资产，其中包括企业为交易目的所持有的债券投资、股票投资、基金投资等交易性金融资产的公允价值。"交易性金融资产"科目的借方登记金融资产的取得成本、资产负债表日其公允价值高于账面余额的差额，以及出售金融资产时结转公允价值低于账面余额的变动金额；贷方登记资产负债表日其公允价值低于账面余额的差额，以及企业出售金融资产时结转的成本和公允价值高于账面余额的变动金额。企业应当按照交易性金融资产的类别和品种，分别设置"成本""公允价值变动"等明细科目进行核算

"公允价值变动损益"科目核算企业交易性金融资产等的公允价值变动而形成的应计入当期损益的利得或损失。"公允价值变动损益"科目的借方登记资产负债表日企业持有的交易性金融资产等的公允价值低于账面余额的差额；贷方登记资产负债表日企业持有的交易性金融资产等的公允价值高于账面余额的差额

"投资收益"科目核算企业持有交易性金融资产等的期间内取得的投资收益以及出售交易性金融资产等实现的投资收益或投资损失，借方登记企业取得交易性金融资产时支付的交易费用、出售交易性金融资产等发生的投资损失，贷方登记企业持有交易性金融资产等的期间内取得的投资收益以及出售交易性金融资产等实现的投资收益

图4-30　交易性金融资产核算设置的会计科目

（2）取得交易性金融资产。

企业取得交易性金融资产时，应当按照该金融资产取得时的公允价值作为其初始入账金额。公允价值，是指市场参与者在计量日发生的有序交易中，出售一项资产所能收到或者转移一项负债所需支付的价格。在公平交易中，熟悉情况的交易双方自愿进行资产交换或者债务清偿的金额。金融资产的公允价值，应当以市场交易价格为基础加以确定。

企业取得交易性金融资产所发生的相关交易费用如图4-31所示：

企业取得交易性金融资产所支付价款中包含了已宣告但尚未发放的现金股利或已到付息期但尚未领取的债券利息，应当单独确认为应收项目

企业取得交易性金融资产所发生的相关交易费用应当在发生时计入当期损益，冲减投资收益，发生交易费用取得增值税专用发票的，进项税额经认证后可从当月销项税额中扣除。交易费用是指可直接归属于购买、发行或处置金融工具的增量费用。增量费用是指企业没有发生购买、发行或处置相关金融工具的情形就不会发生的费用，包括支付给代理机构、咨询公司、券商、证券交易所、政府有关部门等的手续费、佣金、相关税费以及其他必要支出，不包括债券溢价、折价、融资费用、内部管理成本和持有成本等与交易不直接相关的费用

图4-31　取得交易性金融资产所发生的交易费用

企业取得交易性金融资产，应当按照该金融资产取得时的公允价值，借记"交易性金融资产——成本"科目，按照发生的交易费用，借记"投资收益"科目，发生交易费用取得增值税专用发票的，按其注明的增值税进项税额，借记"应交税费——应交增值税（进项税额）"科目，按照实际支付的金额，贷记"其他货币资金"等科目。

【例4-8】2018年5月1日，甲公司从上海证券交易所购入A上市公司股票1 000 000股，该笔股票投资在购买日的公允价值为10 000 000元，另支付相关交易费用25 000元，取得的增值税专用发票上注明的增值税税额为1 500元。甲公司将其划分为交易性金融资产进行管理和核算。甲公司应编制如下会计分录：

（1）2018年5月1日，购买A上市公司股票时：

借：交易性金融资产——A上市公司股票——成本　　10 000 000

　　贷：其他货币资金——存出投资款　　　　　　　　　　10 000 000

（2）2018年5月1日，支付相关交易费用时：

借：投资收益——A上市公司股票　　　　　　　　25 000

　　应交税费——应交增值税（进项税额）　　　　　1 500

　　贷：其他货币资金——存出投资款　　　　　　　　　　26 500

在本例中，取得交易性金融资产所发生的相关交易费用25 000元，应当在发生时记入"投资收益"科目，而不记入"交易性金融资产——成本"科目。

【例4-9】假定2018年5月1日，甲公司从上海证券交易所购入A上市公司股票1 000 000股，支付价款10 000 000元（其中包含已宣告但尚未发放的现金股利600 000元），另支付相关交易费用25 000元，取得的增值税专用发票上注明的增值税税额为1 500元。甲公司将其划分为交易性金融资产进行管理和核算。甲公司应编制如下会计分录：

（1）2018年5月1日，购买A上市公司股票时：

借：交易性金融资产——A上市公司股票——成本　　9 400 000

　　应收股利——A上市公司股票　　　　　　　　　600 000

　　贷：其他货币资金——存出投资款　　　　　　　　　　10 000 000

（2）2018年5月1日，支付相关交易费用时：

借：投资收益——A上市公司股票　　　　　　　　25 000

　　应交税费——应交增值税（进项税额）　　　　　1 500

　　贷：其他货币资金——存出投资款　　　　　　　　　　26 500

在本例中，取得交易性金融资产所发生的相关交易费用25 000元，应当在发生时记入"投资收益"科目,而不记入"交易性金融资产——成本"科目。取得交易性金融资产支付价款 10 000 000 元中所包含的已宣告但尚未发放的现金股利 600 000 元,应当记入"应收股利"科目。

（3）持有交易性金融资产。

①企业持有交易性金融资产期间对于被投资单位宣告发放的现金股利或已到付息期但尚未领取的债券利息,应当确认为应收项目,并计入投资收益,即借记"应收股利"或"应收利息"科目,贷记"投资收益"科目;实际收到时作为冲减应收项目处理,即借记"其他货币资金"等科目,贷记"应收股利"或"应收利息"科目。

需要强调的是,企业只有在同时满足三个条件时,才能确认交易性金融资产所取得的股利或利息收入并计入当期损益:一是企业收取股利或利息的权利已经确立（例如被投资单位已宣告）;二是与股利或利息相关的经济利益很可能流入企业;三是股利或利息的金额能够可靠计量。

【例 4-10】承【例 4-9】,假定 2018 年 5 月 20 日,甲公司收到 A 上市公司向其发放的现金股利 600 000 元,并存入银行。假定不考虑相关税费。甲公司应编制如下会计分录:

借:其他货币资金——存出投资款　　　　　　　　　　600 000
　　贷:应收股利——A 上市公司股票　　　　　　　　　　600 000

【例 4-11】承【例 4-9】,假定 2019 年 3 月 20 日,A 上市公司宣告发放 2018 年现金股利,甲公司按其持有该上市公司股份计算确定的应分得的现金股利为 800 000 元。假定不考虑相关税费。甲公司应编制如下会计分录:

借:应收股利——A 上市公司股票　　　　　　　　　　800 000
　　贷:投资收益——A 上市公司股票　　　　　　　　　　800 000

在本例巾,甲公司取得 A 上市公司宣告发放的现金股利同时满足了确认股利收入并计入当期损益的三个条件:一是企业收取股利的权利已经确立;二是与股利相关的经济利益很可能流入企业;三是股利的金额能够可靠计量。因此,借记"应收股利"科目,贷记"投资收益"科目。

【例 4-12】2018 年 5 月 1 日,乙公司购入 B 公司发行的公司债券,支付价款 26 000 000 元（其中包含已到付息期但尚未领取的债券利息 500 000 元）,另支付交易费用 300 000 元,取得的增值税专用发票上注明的增值税税额为 18 000 元。该笔 B

公司债券面值为 25 000 000 元。乙公司将其划分为交易性金融资产进行管理和核算。2018 年 5 月 10 日，乙公司收到该笔债券利息 500 000 元。假定不考虑其他相关税费和因素。乙公司应编制如下会计分录：

（1）2018 年 5 月 1 日，购入 B 公司的公司债券时：

借：交易性金融资产——B 公司债券——成本　　　25 500 000
　　应收利息——B 公司债券　　　　　　　　　　　500 000
　　投资收益——B 公司债券　　　　　　　　　　　300 000
　　应交税费——应交增值税（进项税额）　　　　　18 000
　　贷：其他货币资金——存出投资款　　　　　　　26 318 000

（2）2018 年 5 月 10 日，收到购买价款中包含的已到付息期但尚未领取的债券利息时：

借：其他货币资金——存出投资款　　　　　　　　500 000
　　贷：应收利息——B 公司债券　　　　　　　　　500 000

在本例中，乙公司取得交易性金融资产所支付的交易费用 300 000 元，应当记入"投资收益"科目，而不记入"交易性金融资产——成本"科目。乙公司取得交易性金融资产所支付价款 26 000 000 元中包含的已到付息期但尚未领取的债券利息 500 000 元，应当记入"应收利息"科目。

②资产负债表日，交易性金融资产应当按照公允价值计量，公允价值与账面余额之间的差额计入当期损益。

企业应当在资产负债表日按照交易性金融资产公允价值高于其账面余额的差额，借记"交易性金融资产——公允价值变动"科目，贷记"公允价值变动损益"科目；公允价值低于其账面余额的差额作相反的会计分录，借记"公允价值变动损益"科目，贷记"交易性金融资产——公允价值变动"科目。

【例 4-13】承【例 4-9】和【例 4-10】，假定 2018 年 6 月 30 日，甲公司持有 A 上市公司股票的公允价值为 8 600 000 元；2018 年 12 月 31 日，甲公司持有 A 上市公司股票的公允价值为 12 400 000 元。不考虑相关税费和其他因素。甲公司应编制如下会计分录：

（1）2018 年 6 月 30 日，确认 A 上市公司股票的公允价值变动损益时：

借：公允价值变动损益——A 上市公司股票　　　　800 000
　　贷：交易性金融资产——A 上市公司股票——公允价值变动　800 000

（2）2018 年 12 月 31 日，确认 A 上市公司股票的公允价值变动损益时：

借：交易性金融资产——A 上市公司股票——公允价值变动　3 800 000

  贷：公允价值变动损益——A上市公司股票   3 800 000

　　在本例中，2018年6月30日作为资产负债表日，甲公司持有A上市公司股票在该日公允价值8 600 000元，账面余额9 400 000元（即2018年5月1日的公允价值9 400 000元），公允价值小于账面余额800 000元（8 600 000－9 400 000），应记入"公允价值变动损益"科目的借方；2018年12月31日作为资产负债表日，甲公司持有A上市公司股票在该日公允价值12 400 000元，账面余额8 600 000元（即2018年6月30日的公允价值8 600 000元），公允价值大于账面余额3 800 000元（12 400 000－8 600 000），应记入"公允价值变动损益"科目的贷方。

　　【例4-14】承【例4-12】，假定2018年6月30日，乙公司购买的B公司债券的公允价值为26 700 000元；2018年12月31日，乙公司购买的B公司债券的公允价值为25 800 000元。不考虑相关税费和其他因素。乙公司应编制如下会计分录：

　　（1）2018年6月30日，确认B公司债券的公允价值变动损益时：
　　借：交易性金融资产——B公司债券——公允价值变动   1 200 000
　　　　贷：公允价值变动损益——B公司债券   1 200 000
　　（2）2018年12月31日，确认B公司债券的公允价值变动损益时：
　　借：公允价值变动损益——B公司债券   900 000
　　　　贷：交易性金融资产——B公司债券——公允价值变动   900 000

　　在本例中，2018年6月30日，B公司债券的公允价值为26 700 000元，账面余额为25 500 000元，公允价值大于账面余额1 200 000元（26 700 000－25 500 000），应记入"公允价值变动损益"科目的贷方；2018年12月31日，B公司债券的公允价值为25 800 000元，账面余额为26 700 000元，公允价值小于账面余额900 000元（25 800 000－26 700 000），应记入"公允价值变动损益"科目的借方。

　　（3）出售交易性金融资产。

　　企业出售交易性金融资产时，应当将该金融资产出售时的公允价值与其账面余额之间的差额作为投资损益进行会计处理。

　　企业出售交易性金融资产，应当按照实际收到的金额，借记"其他货币资金"等科目，按照该金融资产的账面余额的成本部分，贷记"交易性金融资产——成本"科目，按照该金融资产的账面余额的公允价值变动部分，贷记或借记"交易性金融资产——公允价值变动"科目，按照其差额，贷记或借记"投资收益"科目。

　　【例4-15】承【例4-9】【例4-10】【例4-11】【例4-13】，假定2019年5月30日，甲公司出售了所持有的全部A上市公司股票，价款为12 100 000元。不考虑相关税费和其他因素。甲公司应编制如下会计分录：

借：其他货币资金——存出投资款　　　　　　　　　12 100 000

　　投资收益——A 上市公司股票　　　　　　　　　　300 000

　　贷：交易性金融资产——A 上市公司股票——成本　　9 400 000

　　　　　　　　　　　　——公允价值变动　　　　　3 000 000

在本例中，2019 年 5 月 30 日，甲公司出售持有 A 上市公司全部股票的价款 12 100 000 元与账面余额 12 400 000 元（即 2018 年 12 月 31 日的公允价值 12 400 000 元）之间的差额 300 000 元应当作为投资损失，记入"投资收益"科目的借方。

【例 4-16】承【例 4-12】和【例 4-14】，假定 2019 年 3 月 15 日，乙公司出售了所持有的全部 B 公司债券，售价为 35 500 000 元。不考虑相关税费和其他因素。乙公司应编制如下会计分录：

借：其他货币资金——存出投资款　　　　　　　　　35 500 000

　　贷：交易性金融资产——B 公司债券——成本　　　25 500 000

　　　　　　　　　　　　——公允价值变动　　　　　300 000

　　　　投资收益——B 公司债券　　　　　　　　　　9 700 000

在本例中，乙公司出售交易性金融资产的售价 35 500 000 元与其账面余额 25 800 000 元（即 2018 年 12 月 31 日 B 公司债券的公允价值 25 800 000 元）之间的差额 9 700 000 元应当作为投资收益，记入"投资收益"科目的贷方。

（4）转让金融商品应交增值税。

金融商品转让按照卖出价扣除买入价（不需要扣除已宣告未发放现金股利和已到付息期未领取的利息）后的余额作为销售额计算增值税，即转让金融商品按盈亏相抵后的余额为销售额。若相抵后出现负差，可结转下一纳税期与下期转让金融商品销售额互抵，但年末时仍出现负差的，不得转入下一会计年度。转让金融商品应交增值税如图 4-32 所示：

> 转让金融资产当月月末，如产生转让收益，则按应纳税额，借记"投资收益"等科目，贷记"应交税费——转让金融商品应交增值税"科目；如产生转让损失，则按可结转下月抵扣税额，借记"应交税费——转让金融商品应交增值税"科目，贷记"投资收益"等科目

> 年末，如果"应交税费——转让金融商品应交增值税"科目有借方余额，说明本年度的金融商品转让损失无法弥补，且本年度的金融资产转让损失不可转入下年度继续抵减转让金融资产的收益，因此，应借记"投资收益"等科目，贷记"应交税费——转让金融商品应交增值税"科目，将"应交税费——转让金融商品应交增值税"科目的借方余额转出

图4-32　转让金融商品应交增值税

【例4-17】承【例4-16】，计算该项业务转让金融商品应交增值税。

转让金融商品应交增值税 =（35 500 000－26 000 000）÷（1+6%）×6%=537 735.85（元）

乙公司应编制如下会计分录：

借：投资收益　　　　　　　　　　　　　　　　　　　537 735.85

　　贷：应交税费——转让金融商品应交增值税　　　　　537 735.85

6. 指定为以公允价值计量且其变动计入其他综合收益的非交易性权益工具投资的会计处理

指定为以公允价值计量且其变动计入其他综合收益的非交易性权益工具投资的公允价值的后续变动计入其他综合收益，不需计提减值准备，除了获得的股利收入（作为投资成本部分收回的股利收入除外）计入当期损益外，其他相关的利得和损失（包括汇兑损益）均应当计入其他综合收益，且后续不得转入损益；当终止确认时，之前计入其他综合收益的累计利得或损失应当从其他综合收益中转出，计入留存收益。

相关的账务处理如图4-33所示：

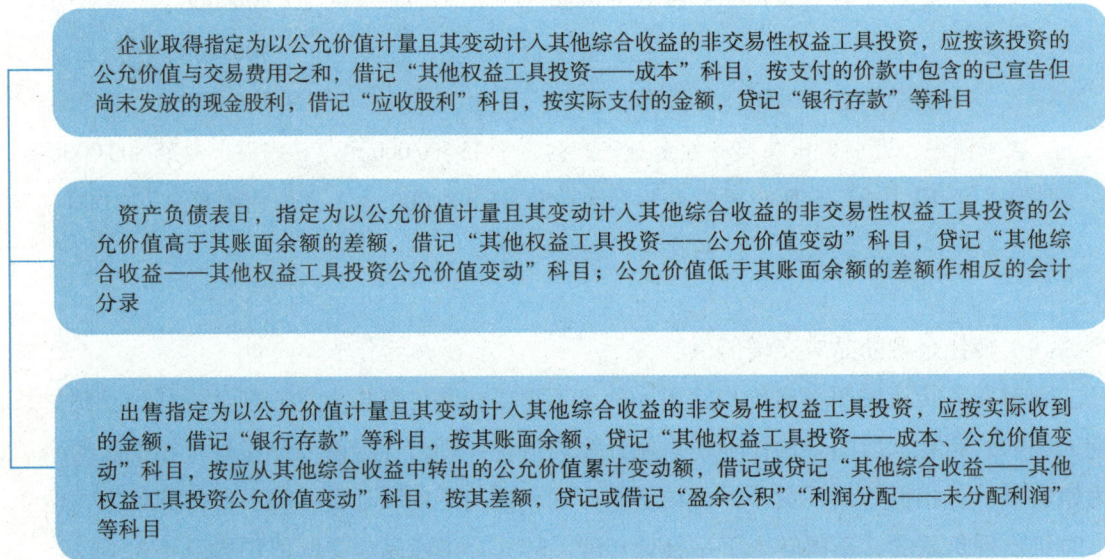

> 企业取得指定为以公允价值计量且其变动计入其他综合收益的非交易性权益工具投资，应按该投资的公允价值与交易费用之和，借记"其他权益工具投资——成本"科目，按支付的价款中包含的已宣告但尚未发放的现金股利，借记"应收股利"科目，按实际支付的金额，贷记"银行存款"等科目

> 资产负债表日，指定为以公允价值计量且其变动计入其他综合收益的非交易性权益工具投资的公允价值高于其账面余额的差额，借记"其他权益工具投资——公允价值变动"科目，贷记"其他综合收益——其他权益工具投资公允价值变动"科目；公允价值低于其账面余额的差额作相反的会计分录

> 出售指定为以公允价值计量且其变动计入其他综合收益的非交易性权益工具投资，应按实际收到的金额，借记"银行存款"等科目，按其账面余额，贷记"其他权益工具投资——成本、公允价值变动"科目，按应从其他综合收益中转出的公允价值累计变动额，借记或贷记"其他综合收益——其他权益工具投资公允价值变动"科目，按其差额，贷记或借记"盈余公积""利润分配——未分配利润"等科目

图4-33　以公允价值计量且其变动计入其他综合收益的非交易性权益工具投资的会计处理

【例4-18】2×16年5月6日，甲公司支付价款1 016万元（含交易费用1万元和已宣告发放现金股利15万元），购入乙公司发行的股票200万股，占乙公司有表决权股份的0.5 010。甲公司将其指定为以公允价值计量且其变动计入其他综合收益的非交易性权益工具投资。

2×16年5月10日，甲公司收到乙公司发放的现金股利15万元。

2×16年6月30日，该股票市价为每股5.2元。

2×16年12月31日，甲公司仍持有该股票；当日，该股票市价为每股5元。

2×17年5月9日，乙公司宣告发放股利4 000万元。

2×17年5月13日，甲公司收到乙公司发放的现金股利。

2×17年5月20日，甲公司由于某特殊原因，以每股4.9元的价格将股票全部转让。

假定不考虑其他因素，甲公司的账务处理如下：

（1）2×16年5月6日，购入股票。

借：应收股利　　　　　　　　　　　　　　　　　　　150 000
　　其他权益工具投资——成本　　　　　　　　　　10 010 000
　　贷：银行存款　　　　　　　　　　　　　　　　10 160 000

（2）2×16年5月10日，收到现金股利。

借：银行存款　　　　　　　　　　　　　　　　　　　150 000
　　贷：应收股利　　　　　　　　　　　　　　　　　　150 000

（3）2×16年6月30日，确认股票价格变动。

借：其他权益工具投资——公允价值变动　　　　　　　390 000
　　贷：其他综合收益——其他权益工具投资公允价值变动　390 000

（4）2×16年12月31日，确认股票价格变动。

借：其他综合收益——其他权益工具投资公允价值变动　400 000
　　贷：其他权益工具投资——公允价值变动　　　　　　400 000

（5）2×17年5月9日，确认应收现金股利。

借：应收股利　　　　　　　　　　　　　　　　　　　200 000
　　贷：投资收益　　　　　　　　　　　　　　　　　　200 000

（6）2×17年5月13日，收到现金股利。

借：银行存款　　　　　　　　　　　　　　　　　　　200 000
　　贷：应收股利　　　　　　　　　　　　　　　　　　200 000

（7）2×17年5月20日，出售股票。

借：盈余公积——法定盈余公积　　　　　　　　　　　　1 000
　　利润分配——未分配利润　　　　　　　　　　　　　9 000
　　贷：其他综合收益——其他权益工具投资公允价值变动　10 000
借：银行存款　　　　　　　　　　　　　　　　　　9 800 000
　　其他权益工具投资——公允价值变动　　　　　　　　10 000
　　盈余公积——法定盈余公积　　　　　　　　　　　　20 000
　　利润分配——未分配利润　　　　　　　　　　　　180 000

  贷：其他权益工具投资——成本   10 010 000

  如果甲公司根据其管理乙公司股票的业务模式和乙公司股票的合同现金流量特征，将乙公司股票分类为以公允价值计量且其变动计入当期损益的金融资产，且2×16年12月31日乙公司股票市价为每股4.8元，其他资料不变，则甲公司应作如下账务处理：

  （1）2×16年5月6日，购入股票。

  借：应收股利   150 000

    交易性金融资产——成本   10 000 000

    投资收益   10 000

    贷：银行存款   10 160 000

  （2）2×16年5月10日，收到现金股利。

  借：银行存款   150 000

    贷：应收股利   150 000

  （3）2×16年6月30日，确认股票价格变动。

  借：交易性金融资产——公允价值变动   400 000

    贷：公允价值变动损益   400 000

  （4）2×16年12月31日，确认股票价格变动。

  借：公允价值变动损益   800 000

    贷：交易性金融资产——公允价值变动 800 000

  注：公允价值变动=200×（4.8-5.2）=-80（万元）

  （5）2×17年5月9日，确认应收现金股利。

  借：应收股利   200 000

    贷：投资收益   200 000

  （6）2×17年5月13日，收到现金股利。

  借：银行存款   200 000

    贷：应收股利   200 000

  （7）2×17年5月20日，出售股票。

  借：银行存款   9 800 000

    交易性金融资产——公允价值变动   400 000

    贷：交易性金融资产——成本   10 000 000

      投资收益   200 000

7. 金融资产之间重分类的会计处理

（1）以摊余成本计量的金融资产的重分类。

以摊余成本计量的金融资产的重分类如图4-34所示：

企业将一项以摊余成本计量的金融资产重分类为以公允价值计量且其变动计入当期损益的金融资产的，应当按照该金融资产在重分类日的公允价值进行计量。原账面价值与公允价值之间的差额计入当期损益

企业将一项以摊余成本计量的金融资产重分类为以公允价值计量且其变动计入其他综合收益的金融资产的，应当按照该金融资产在重分类日的公允价值进行计量。原账面价值与公允价值之间的差额计入其他综合收益。该金融资产重分类不影响其实际利率和预期信用损失的计量

图4-34　以摊余成本计量的金融资产的重分类

【例4-19】2×16年10月15日，甲银行以公允价值500 000元购入一项债券投资，并按规定将其分类为以摊余成本计量的金融资产，该债券的账面余额为500 000元。2×17年10月15日，甲银行变更了其管理债券投资组合的业务模式，其变更符合重分类的要求，因此，甲银行于2×18年1月1日将该债券从以摊余成本计量重分类为以公允价值计量且其变动计入当期损益。2×18年1月1日，该债券的公允价值为490 000元，已确认的信用减值准备为6 000元。假设不考虑该债券的利息收入。甲银行的会计处理如下：

借：交易性金融资产　　　　　　　　　　　　　　　　　　490 000
　　债权投资减值准备　　　　　　　　　　　　　　　　　　6 000
　　公允价值变动损益　　　　　　　　　　　　　　　　　　4 000
　贷：债权投资　　　　　　　　　　　　　　　　　　　　　500 000

（2）以公允价值计量且其变动计入其他综合收益的金融资产的重分类。

以公允价值计量且其变动计入其他综合收益的金融资产的重分类如图4-35所示：

企业将一项以公允价值计量且其变动计入其他综合收益的金融资产重分类为以摊余成本计量的金融资产的，应当将之前计入其他综合收益的累计利得或损失转出，调整该金融资产在重分类日的公允价值，并以调整后的金额作为新的账面价值，即视同该金融资产一直以摊余成本计量。该金融资产重分类不影响其实际利率和预期信用损失的计量。

企业将一项以公允价值计量且其变动计入其他综合收益的金融资产重分类为以公允价值计量且其变动计入当期损益的金融资产的，应当继续以公允价值计量该金融资产。同时，企业应当将之前计入其他综合收益的累计利得或损失从其他综合收益转入当期损益。

图4-35　以公允价值计量且其变动计入其他综合收益的金融资产的重分类

【例4-20】2×16年9月15日，甲银行以公允价值500 000元购入一项债券投资，并按规定将其分类为以公允价值计量且其变动计入其他综合收益的金融资产，该债券的账面余额为500 000元。2×17年10月15日，甲银行变更了其管理债券投资组合的业务模式，其变更符合重分类的要求，因此，甲银行于2×18年1月1日将该债券从以公允价值计量且其变动计入其他综合收益的金融资产重分类为以摊余成本计量的金融资产。2×18年1月1日，该债券的公允价值为490 000元，已确认的信用减值准备为6 000元。假设不考虑利息收入。甲银行的会计处理如下：

借：债权投资　　　　　　　　　　　　　　　　　　　　　　500 000

　　其他债权投资——公允价值变动　　　　　　　　　　　　 10 000

　　其他综合收益——信用减值准备　　　　　　　　　　　　 6 000

　　贷：其他债权投资——成本　　　　　　　　　　　　　　　500 000

　　　　其他综合收益——其他债权投资公允价值变动　　　　　 10 000

　　　　债权投资减值准备　　　　　　　　　　　　　　　　　　6 000

（3）以公允价值计量且其变动计入当期损益的金融资产的重分类。

以公允价值计量且其变动计入当期损益的金融资产的重分类如图4-36所示：

企业将一项以公允价值计量且其变动计入当期损益的金融资产重分类为以摊余成本计量的金融资产的，应当以其在重分类日的公允价值作为新的账面余额

企业将一项以公允价值计量且其变动计入当期损益的金融资产重分类为以公允价值计量且其变动计入其他综合收益的金融资产的，应当继续以公允价值计量该金融资产

图4-36　以公允价值计量且其变动计入当期损益的金融资产的重分类

对以公允价值计量且其变动计入当期损益的金融资产进行重分类的，企业应当根据该金融资产在重分类日的公允价值确定其实际利率。同时，企业应当自重分类日起对该金融资产适用金融工具减值的相关规定，并将重分类日视为初始确认日。

（二）金融负债的后续计量

1. 金融负债后续计量原则

金融负债后续计量原则如图4-37所示：

企业应当按照以下原则对金融负债进行后续计量

以公允价值计量且其变动计入当期损益的金融负债，应当按照公允价值进行后续计量

上述金融负债以外的金融负债，除特殊规定外，应当按摊余成本进行后续计量

图4-37　金融负债后续计量原则

2.金融负债后续计量的会计处理

（1）对于以公允价值进行后续计量的金融负债，其公允价值变动形成的利得或损失，除与套期会计有关外，应当计入当期损益。

【例4-21】2×16年7月1日，甲公司经批准在全国银行间债券市场公开发行10亿元人民币短期融资券，期限为1年，票面年利率5.58%，每张面值为100元，到期一次还本付息。所募集资金主要用于公司购买生产经营所需的原材料及配套件等。公司将该短期融资券指定为以公允价值计量且其变动计入当期损益的金融负债。假定不考虑发行短期融资券相关的交易费用以及企业自身信用风险变动。

2×16年12月31日，该短期融资券市场价格每张120元（不含利息）;2×17年6月30日，该短期融资券到期兑付完成。

据此，甲公司账务处理如下（金额单位：万元）：

（1）2×16年7月1日，发行短期融资券。

借：银行存款　　　　　　　　　　　　　　　　100 000

　　贷：交易性金融负债　　　　　　　　　　　　100 000

（2）2×16年12月31日，年末确认公允价值变动和利息费用。

借：公允价值变动损益　　　　　　　　　　　　 20 000

　　贷：交易性金融负债　　　　　　　　　　　　 20 000

借：财务费用　　　　　　　　　　　　　　　　　2 790

　　贷：应付利息　　　　　　　　　　　　　　　　2 790

（3）2×17年6月30日，短期融资券到期。

借：财务费用　　　　　　　　　　　　　　　　　2 790

　　贷：应付利息　　　　　　　　　　　　　　　　2 790

借：交易性金融负债　　　　　　　　　　　　　120 000

　　应付利息　　　　　　　　　　　　　　　　　5 580

　　贷：银行存款　　　　　　　　　　　　　　　105 580

　　　　公允价值变动损益　　　　　　　　　　　 20 000

（2）以摊余成本计量且不属于任何套期关系一部分的金融负债所产生的利得或损失，应当在终止确认时计入当期损益或在按照实际利率法摊销时计入相关期间损益。

【例4-22】甲公司发行公司债券为建造专用生产线筹集资金。有关资料如下：

（1）2×13年12月31日，委托证券公司以7 755万元的价格发行3年期分期付息公司债券。该债券面值为 8 000 万元，票面年利率 4.5%，实际年利率 5.64%，每年付息一次，到期后按面值偿还。假定不考虑发行公司债券相关的交易费用。

（2）生产线建造工程采用出包方式，于 2×14 年 1 月 1 日开始动工，发行债券所得款项当日全部支付给建造承包商，2×15 年 12 月 31 日所建造生产线达到预定可使用状态。

（3）假定各年度利息的实际支付日期均为下年度的 1 月 10 日；2×17 年 1 月 10 日支付 2×16 年度利息，一并偿付面值。

（4）所有款项均以银行存款支付。

据此，甲公司计算得出该债券在各年末的摊余成本、应付利息金额、当年应予资本化或费用化的利息金额、利息调整的本年摊销和年末余额。有关结果如表 4-5 所示。

表 4-5　甲公司发行公司债券的会计处理

单位：万元

时间		2×13 年 12 月 31 日	2×14 年 12 月 31 日	2×15 年 12 月 31 日	2×16 年 12 月 31 日
年末摊余成本	面值	8 000	8 000	8 000	8 000
	利息调整	−245	−167.62	−85.87	0
	合计	7 755	7 832.38	7 914.13	8 000
当年应予资本化或费用化的利息金额			437.38	441.75	445.87
年末应付利息金额			360	360	360
"利息调整"本年摊销额			77.38	81.75	85.87

相关账务处理如下：

（1）2×13 年 12 月 31 日，发行债券。

借：银行存款　　　　　　　　　　　　　　　　　77 550 000

　　应付债券——利息调整　　　　　　　　　　　 2 450 000

　　贷：应付债券——面值　　　　　　　　　　　　80 000 000

（2）2×14 年 12 月 31 日，确认和结转利息。

借：在建工程　　　　　　　　　　　　　　　　　 4 373 800

　　贷：应付利息　　　　　　　　　　　　　　　　　 600 000

　　　　应付债券——利息调整　　　　　　　　　　　 773 800

（3）2×15年1月10日，支付利息。

借：应付利息 3 600 000

　　贷：银行存款 3 600 000

（4）2×15年12月31日，确认和结转利息。

借：在建工程 4 417 500

　　贷：应付利息 3 600 000

　　　　应付债券——利息调整 817 500

（5）2×16年1月10日，支付利息。

借：应付利息 3 600 000

　　贷：银行存款 3 600 000

（6）2×16年12月31日，确认和结转利息。

借：财务费用 4 458 700

　　贷：应付利息 3 600 000

　　　　应付债券——利息调整 858 700

（7）2×17年1月10日，债券到期兑付。

借：应付利息 3 600 000

　　应付债券——面值 80 000 000

　　贷：银行存款 83 600 000

第四节　金融资产终止确认和金融资产转移的判断

一、金融资产终止确认的一般原则

金融资产终止确认，是指企业将之前确认的金融资产从其资产负债表中予以转出。金融资产满足下列条件之一的，应当终止确认：

（1）收取该金融资产现金流量的合同权利终止；

（2）该金融资产已转移，且该转移满足本节关于终止确认的规定。

在第一个条件下，企业收取金融资产现金流量的合同权利终止，如因合同到期而使合同权利终止，金融资产不能再为企业带来经济利益，应当终止确认该金融资产。在第二个条件下，企业收取一项金融资产现金流量的合同权利并未终止，但若企业转移了该项金融资产，同时该转移满足本节关于终止确认的规定，在这种安排下，企业也应当终止确认被转移的金融资产。

金融资产的一部分满足下列条件之一的，企业应当将终止确认的规定适用于该金融资产部分，除此之外，企业应当将终止确认的规定适用于该金融资产整体，如图4-38所示：

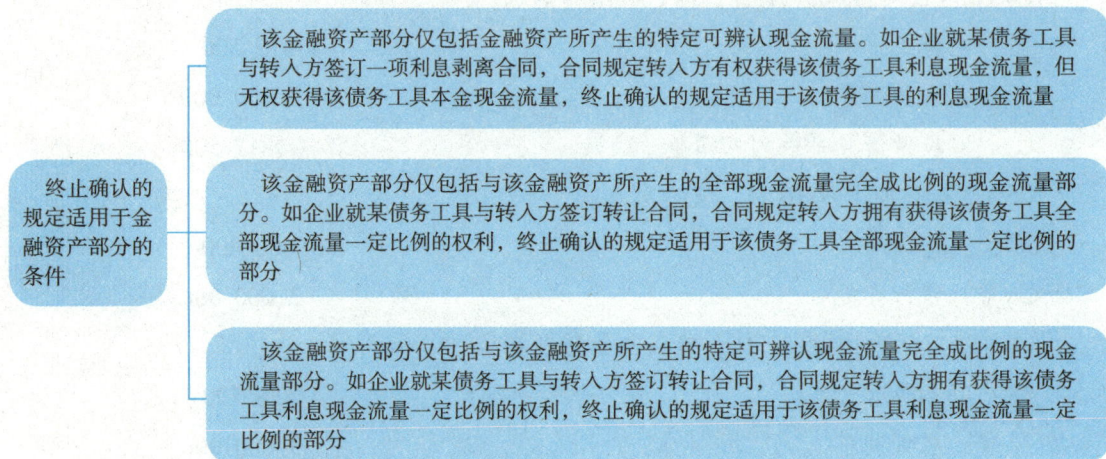

终止确认的规定适用于金融资产部分的条件

- 该金融资产部分仅包括金融资产所产生的特定可辨认现金流量。如企业就某债务工具与转入方签订一项利息剥离合同，合同规定转入方有权获得该债务工具利息现金流量，但无权获得该债务工具本金现金流量，终止确认的规定适用于该债务工具的利息现金流量

- 该金融资产部分仅包括与该金融资产所产生的全部现金流量完全成比例的现金流量部分。如企业就某债务工具与转入方签订转让合同，合同规定转入方拥有获得该债务工具全部现金流量一定比例的权利，终止确认的规定适用于该债务工具全部现金流量一定比例的部分

- 该金融资产部分仅包括与该金融资产所产生的特定可辨认现金流量完全成比例的现金流量部分。如企业就某债务工具与转入方签订转让合同，合同规定转入方拥有获得该债务工具利息现金流量一定比例的权利，终止确认的规定适用于该债务工具利息现金流量一定比例的部分

图4-38 终止确认的规定适用于金融资产部分的条件

企业发生满足上述2或3条件的金融资产转移，且存在一个以上转入方的，只要企业转移的份额与金融资产全部现金流量或特定可辨认现金流量完全成比例即可，不要求每个转入方均持有成比例的份额。

二、 金融资产转移概述

金融资产转移如图4-39所示：

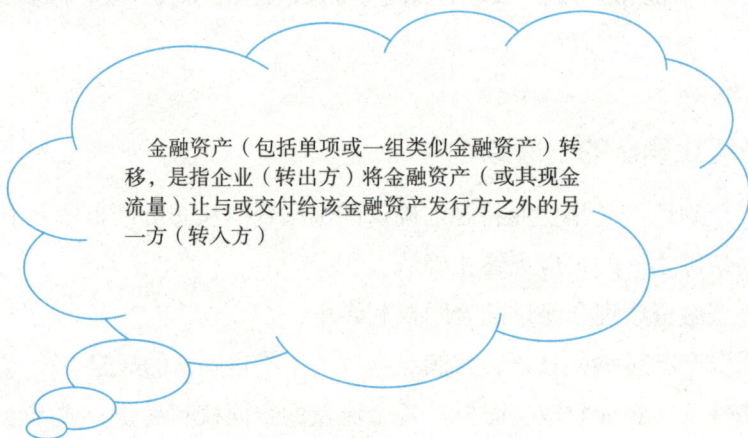

金融资产（包括单项或一组类似金融资产）转移，是指企业（转出方）将金融资产（或其现金流量）让与或交付给该金融资产发行方之外的另一方（转入方）

图4-39 金融资产转移

（一）金融资产转移的情形

企业金融资产转移，包括下列两种情形，如图4-40所示：

企业将收取金融资产现金流量的合同权利转移给其他方	企业将收取金融资产现金流量的合同权利转移给其他方，表明该项金融资产发生了转移，通常表现为金融资产的合法出售或者金融资产现金流量权利的合法转移。例如，实务中常见的票据背书转让、商业票据贴现等，均属于这一种金融资产转移的情形。在这种情形下，转入方拥有了获取被转移金融资产所有未来现金流量的权利，转出方应进一步判断金融资产风险和报酬转移情况来确定是否应当终止确认被转移金融资产
企业保留了收取金融资产现金流量的合同权利，但承担了将收取的该现金流量支付给一个或多个最终收款方的合同义务	这种金融资产转移的情形通常被称为"过手安排"，在某些金融资产转移交易中，转出方在出售金融资产后，会继续作为收款服务或收款代理人等收取金融资产的现金流量，再转交给转入方或最终收款方。这种金融资产转移情形常见于资产证券化业务。例如，在某些情况下，银行可能负责收取所转移贷款的本金和利息并最终支付给收益权持有者，同时收取相应服务费

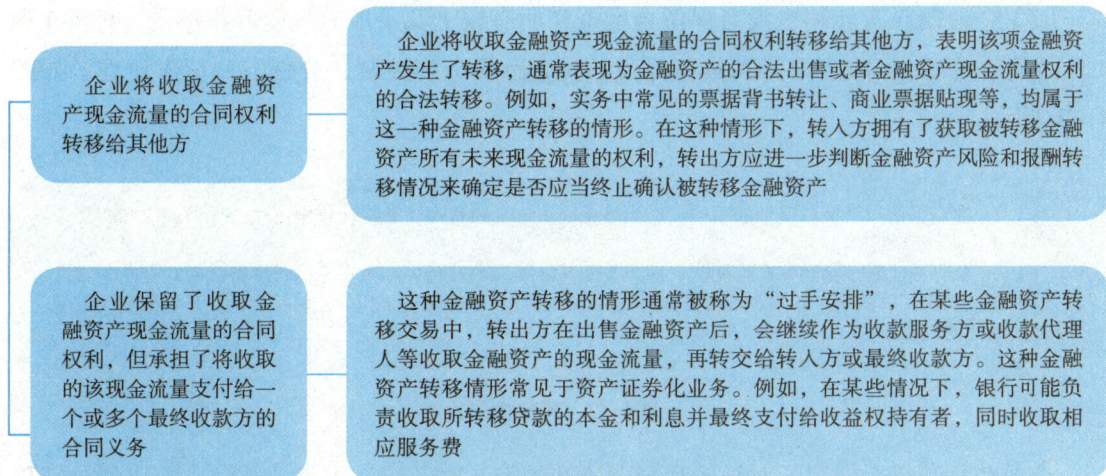

图4-40 金融资产转移的情形

（二）所转移金融资产的风险和报酬转移情况

企业在发生金融资产转移时，应当评估其保留金融资产所有权上的风险和报酬的程度，并分别下列情形处理：

（1）企业转移了金融资产所有权上几乎所有风险和报酬的，应当终止确认该金融资产，并将转移中产生或保留的权利和义务单独确认为资产或负债。常见情形如图4-41所示：

> （1）企业无条件出售金融资产。
> （2）企业出售金融资产，同时约定按回购日该金融资产的公允价值回购。
> （3）企业出售金融资产，同时与转入方签订看跌期权合同（即转入方有权将该金融资产返售给企业）或看涨期权合同（即转出方有权回购该金融资产），且根据合同条款判断，该看跌期权或看涨期权为一项重大价外期权（即期权合约的条款设计，使得金融资产的转入方或转出方极小可能会行权）

图4-41 终止确认该金融资产的情形

（2）企业保留了金融资产所有权上几乎所有风险和报酬的，应当继续确认该金融资产。常见情形如图4-42所示：

> （1）企业出售金融资产并与转入方签订回购协议，协议规定企业将回购原被转移金融资产，或者将予回购的金融资产与售出的金融资产相同或实质上相同、回购价格固定或原售价加上回报。
> （2）企业融出证券或进行证券出借。
> （3）企业出售金融资产并附有将市场风险敞口转回给企业的总回报互换。
> （4）企业出售短期应收款项或信贷资产，并且全额补偿转入方可能因被转移金融资产发生的信用损失。
> （5）企业出售金融资产，同时与转入方签订看跌期权合同或看涨期权合同，且根据合同条款判断，该看跌期权或看涨期权为一项重大价内期权（即期权合约的条款设计，使得金融资产的转入方或转出方很可能会行权）

图4-42 继续确认该金融资产的情形

（3）企业既没有转移也没有保留金融资产所有权上几乎所有风险和报酬的（即除1和2外的其他情形），应当根据其是否保留了对金融资产的控制，分别下列情形处理，如图4-43所示：

（1）企业未保留对该金融资产控制的，应当终止确认该金融资产，并将转移中产生或保留的权利和义务单独确认为资产或负债。
（2）企业保留了对该金融资产控制的，应当按照其继续涉入被转移金融资产的程度继续确认有关金融资产，并相应确认相关负债。继续涉入被转移金融资产的程度，是指企业承担的被转移金融资产价值变动风险或报酬的程度。

图4-43　其他情形

企业在判断是否保留了对被转移金融资产的控制时，应当重点关注转入方出售被转移金融资产的实际能力。如果转入方有实际能力单方面决定将转入的金融资产整体出售给与其不相关的第三方，且没有额外条件对此项出售加以限制，则表明企业作为转出方未保留对被转移金融资产的控制；除此之外的其他情况下，则应视为企业保留了对被转移金融资产的控制。

第五章

投资性房地产

第一节　投资性房地产的概念与确认

一、投资性房地产的范围

投资性房地产的范围如表 5-1 所示：

表 5-1　投资性房地产的范围

投资性房地产的主要内容	投资性房地产的具体内容
已出租的土地使用权	以经营租赁方式出租的土地使用权。其中，用于出租的土地使用权是指企业通过出让或转让方式取得的土地使用权
持有并准备增值后转让的土地使用权	企业取得的、准备增值后转让的土地使用权。按照国家有关规定认定的闲置土地，不属于持有并准备增值后转让的土地使用权
已出租的建筑物	用于出租的建筑物是指企业拥有产权的建筑物

二、投资性房地产的确认条件

投资性房地产的确认条件如表 5-2 所示：

表 5-2　投资性房地产的确认条件

投资性房地产的确认条件	符合投资性房地产的概念	
	同时满足	与该投资性房地产相关的经济利益很可能流入企业
		该投资性房地产的成本能够可靠地计量

第二节　取得投资性房地产的会计核算

投资性房地产应当按照取得的总成本进行初始计量，但根据取得方式的不同，其成本的计算有各自的特点，以下以外购、自行建造的投资性房地产的初始计量予以具体说明。

一、外购的投资性房地产

外购投资性房地产的性质、成本和特殊情形如图 5-1 所示：

性质：只有在购入房地产的同时开始对外出租（自租赁期开始日起，下同）或用于资本增值，才能成为投资性房地产

外购的投资
性房地产

成本：购买价款、相关税费和可直接归属于该资产的其他支出

特殊情形：外购房地产，自用一段时间之后再改为出租或用于资本增值，应先将外购的房地产确认为固定资产或无形资产，自租赁期开始日或用于资本增值之日起，再从固定资产或无形资产转换为投资性房地产

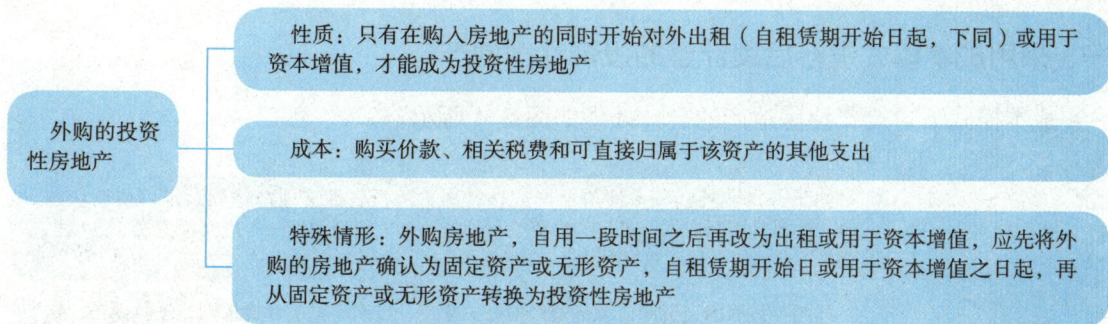

图5-1　外购的投资性房地产

二、自行建造的投资性房地产

自行建造的投资性房地产的性质、成本和特殊情形如图 5-2 所示：

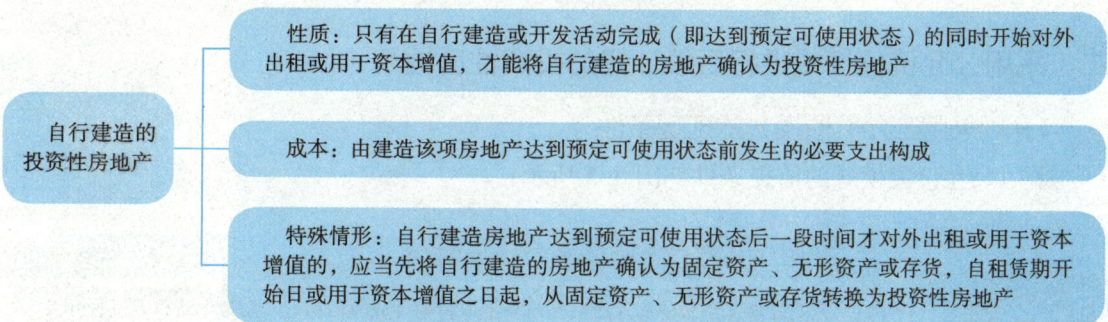

性质：只有在自行建造或开发活动完成（即达到预定可使用状态）的同时开始对外出租或用于资本增值，才能将自行建造的房地产确认为投资性房地产

自行建造的
投资性房地产

成本：由建造该项房地产达到预定可使用状态前发生的必要支出构成

特殊情形：自行建造房地产达到预定可使用状态后一段时间才对外出租或用于资本增值的，应当先将自行建造的房地产确认为固定资产、无形资产或存货，自租赁期开始日或用于资本增值之日起，从固定资产、无形资产或存货转换为投资性房地产

图5-2　自行建造的投资性房地产

第三节　投资性房地产的后续计量

投资性房地产后续计量的方法介绍如图 5-3 所示：

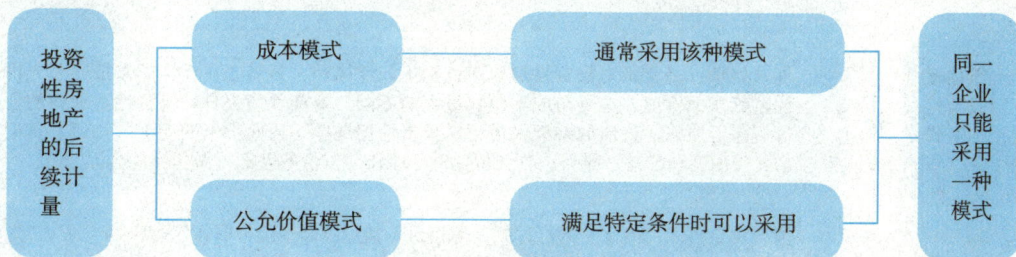

投资
性房
地产
的后
续计
量

成本模式　——　通常采用该种模式

公允价值模式　——　满足特定条件时可以采用

同一
企业
只能
采用
一种
模式

图5-3　投资性房地产的后续计量

一、采用成本模式进行后续计量的投资性房地产

成本模式下对投资性房地产的会计处理如图 5-4 所示：

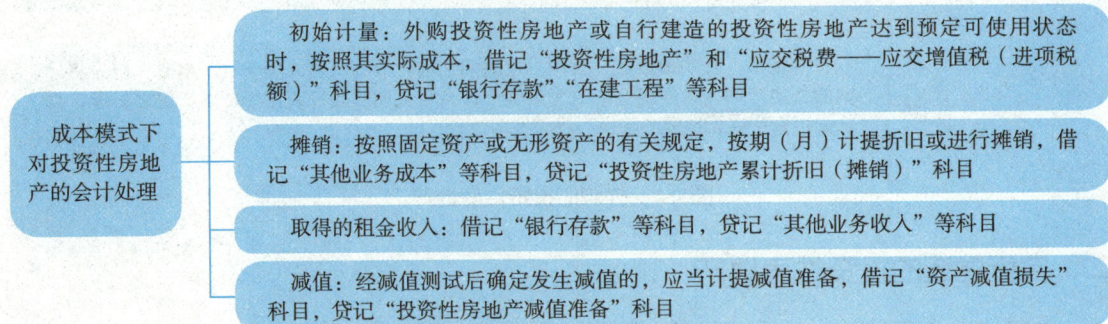

成本模式下对投资性房地产的会计处理	初始计量：外购投资性房地产或自行建造的投资性房地产达到预定可使用状态时，按照其实际成本，借记"投资性房地产"和"应交税费——应交增值税（进项税额）"科目，贷记"银行存款""在建工程"等科目
	摊销：按照固定资产或无形资产的有关规定，按期（月）计提折旧或进行摊销，借记"其他业务成本"等科目，贷记"投资性房地产累计折旧（摊销）"科目
	取得的租金收入：借记"银行存款"等科目，贷记"其他业务收入"等科目
	减值：经减值测试后确定发生减值的，应当计提减值准备，借记"资产减值损失"科目，贷记"投资性房地产减值准备"科目

图5-4　成本模式下对投资性房地产的会计处理

二、采用公允价值模式进行后续计量的投资性房地产

（一）采用公允价值模式的前提条件

采用公允价值模式的前提条件如图 5-5 所示：

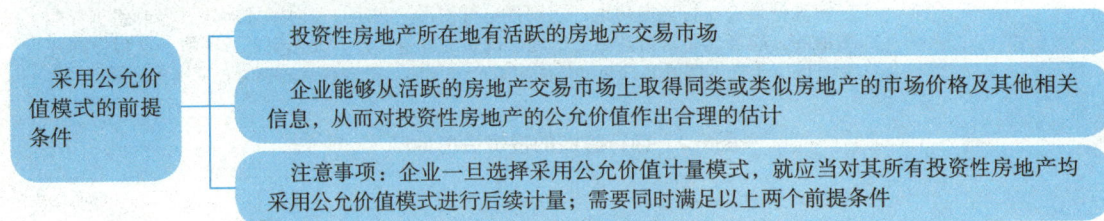

采用公允价值模式的前提条件	投资性房地产所在地有活跃的房地产交易市场
	企业能够从活跃的房地产交易市场上取得同类或类似房地产的市场价格及其他相关信息，从而对投资性房地产的公允价值作出合理的估计
	注意事项：企业一旦选择采用公允价值计量模式，就应当对其所有投资性房地产均采用公允价值模式进行后续计量；需要同时满足以上两个前提条件

图5-5　采用公允价值模式的前提条件

（二）采用公允价值模式进行后续计量的会计处理

采用公允价值模式下对投资性房地产的会计处理如图 5-6 所示：

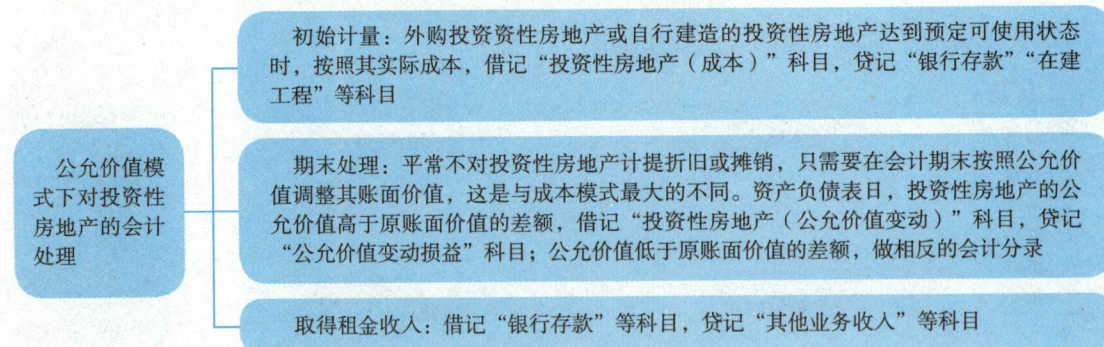

公允价值模式下对投资性房地产的会计处理	初始计量：外购投资资性房地产或自行建造的投资性房地产达到预定可使用状态时，按照其实际成本，借记"投资性房地产（成本）"科目，贷记"银行存款""在建工程"等科目
	期末处理：平常不对投资性房地产计提折旧或摊销，只需要在会计期末按照公允价值调整其账面价值，这是与成本模式最大的不同。资产负债表日，投资性房地产的公允价值高于原账面价值的差额，借记"投资性房地产（公允价值变动）"科目，贷记"公允价值变动损益"科目；公允价值低于原账面价值的差额，做相反的会计分录
	取得租金收入：借记"银行存款"等科目，贷记"其他业务收入"等科目

图5-6　公允价值模式下对投资性房地产的会计处理

【例5-1】通达建工公司为一家建筑施工企业，2×18年6月1日，通达建工公司与乙公司达成租赁协议，约定自身购入的一栋可用于办公的写字楼租赁给乙公司使用，租期自9月1日开始，租赁期为5年。

当年9月1日，通达建工公司一次性交纳了全部的购楼款10 000 000元，该写字楼也开始起租。由于该栋写字楼地处商业繁华区，所在城区有活跃的房地产交易市场，而且能够从房地产交易市场上取得同类房地产的市场报价，通达建工公司决定采用公允价值模式对该项出租的房地产进行后续计量。

2×18年12月31日，该写字楼的公允价值为12 000 000元。2×19年12月31日，该写字楼的公允价值为13 000 000元。通达建工公司的账务处理如下：

（1）2×18年9月1日，通达建工公司交纳了全部房款并开始出租。

借：投资性房地产——××写字楼（成本）　　　　　10 000 000

　　应交税费——应交增值税（进项税额）　　　　　900 000

　　贷：银行存款　　　　　　　　　　　　　　　　　　10 900 000

（2）2×18年12月31日，以公允价值为基础调整其账面价值，公允价值与原账面价值之间的差额计入当期损益。

公允价值变动损益 =12 000 000–10 000 000=2 000 000（元）

借：投资性房地产——××写字楼（公允价值变动）　2 000 000

　　贷：公允价值变动损益　　　　　　　　　　　　　　2 000 000

（3）2×19年12月31日，公允价值又发生变动。

公允价值变动损益 =13 000 000–12 000 000=1 000 000（元）

借：投资性房地产——××写字楼（公允价值变动）　1 000 000

　　贷：公允价值变动损益　　　　　　　　　　　　　　1 000 000

三、投资性房地产后续计量模式的变更

投资性房地产后续计量模式的变更处理如图5-7所示：

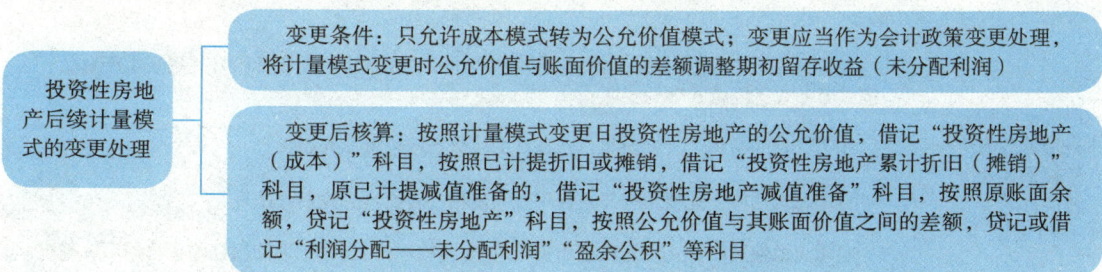

投资性房地产后续计量模式的变更处理

变更条件：只允许成本模式转为公允价值模式；变更应当作为会计政策变更处理，将计量模式变更时公允价值与账面价值的差额调整期初留存收益（未分配利润）

变更后核算：按照计量模式变更日投资性房地产的公允价值，借记"投资性房地产（成本）"科目，按照已计提折旧或摊销，借记"投资性房地产累计折旧（摊销）"科目，原已计提减值准备的，借记"投资性房地产减值准备"科目，按照原账面余额，贷记"投资性房地产"科目，按照公允价值与其账面价值之间的差额，贷记或借记"利润分配——未分配利润""盈余公积"等科目

图5-7　投资性房地产后续计量模式的变更处理

【例 5-2】通达建工公司拥有一栋可作办公用的独栋小楼，一直出租给某科技开发公司办公使用。在会计处理上一直按照成本模式作为投资性房地产处理。

2×19 年 1 月 1 日，通达建工公司认为，出租的写字楼由于其所在地的房地产交易市场比较成熟，具备了采用公允价值模式计量的条件，决定对该项投资性房地产从成本模式转换为公允价值模式计量。该写字楼的原造价为 1 000 000 元，已计提折旧 200 000 元，账面价值为 800 000 元。2×19 年 1 月 1 日，该写字楼的公允价值为 950 000 元。假设通达建工公司按净利润的 10% 计提盈余公积。通达建工公司应该进行的账务处理如下：

借：投资性房地产——××写字楼（成本）   950 000

      投资性房地产累计折旧（摊销）   200 000

    贷：投资性房地产——××写字楼   1 000 000

      利润分配——未分配利润   135 000

      盈余公积   15 000

第四节　投资性房地产的转换

一、房地产转换的概念

房地产的转换，并非是指两个所有权人之间的房产置换，其实质是因房地产用途发生改变，而在会计处理上，由投资性房地产转换为其他资产，或者由其他资产转换为投资性房地产。

二、房地产的转换形式及转换日

房地产的转换形式及转换日如图 5-8 所示：

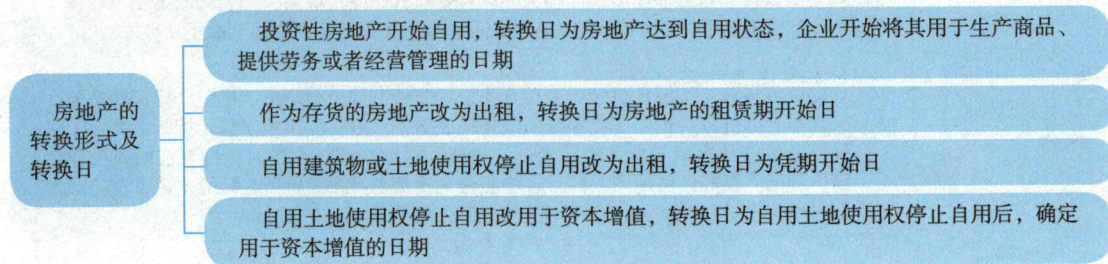

图5-8　房地产的转换形式及转换日

三、房地产转换的会计处理

（一）采用成本模式计量的投资性房地产转换为自用房地产

采用成本模式计量的投资性房地产转为自用房地产的会计处理如图 5-9 所示：

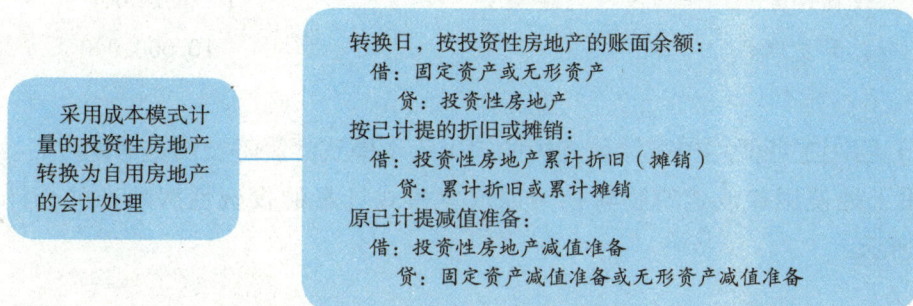

图5-9 成本模式计量的投资性房地产转换为自用房地产的会计处理

【例 5-3】通达建工公司拥有一座独立的厂房出租给另一家企业使用。在会计处理上一直采用成本模式计量，截至 2×19 年 7 月 31 日，账面价值为 1 350 000 元，其中，原价值 1 500 000 元，累计已计提折旧 150 000 元。

2×19 年 7 月末，通达建工公司将出租在外的厂房收回，从 8 月 1 日开始供本公司的生产车间使用，该厂房相应地由投资性房地产转换为自用房地产。通达建工公司 2×19 年 8 月 1 日的账务处理如下：

借：固定资产   1 500 000

     投资性房地产累计折旧（摊销）   150 000

    贷：投资性房地产——××厂房   1 500 000

       累计折旧   150 000

（二）作为存货的房地产转换为采用成本模式计量的投资性房地产

作为存货的房地产转换为成本模式计量的投资性房地产的会计处理如图 5-10 所示：

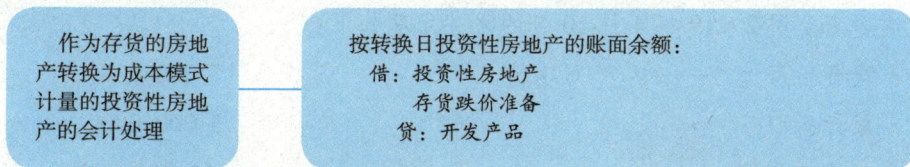

图5-10 作为存货的房地产转换为成本模式计量的投资性房地产

【例 5-4】通达建工公司是从事建筑工程业务的企业，2×19 年 3 月 10 日，通达建工公司与另一家公司签署租赁协议，将其开发的一栋写字楼整体出租给另一家公司使用，租赁期开始日为2×19年4月15日。2×19年4月15日，该写字楼的账面余额10 000 000元，未计提存货跌价准备，转换后采用成本模式计量。

通达建工公司2×19年4月15日的账务处理如下：

借：投资性房地产——××写字楼　　　　　　　　　　　　　10 000 000

　　贷：开发产品　　　　　　　　　　　　　　　　　　　　10 000 000

（三）自用土地使用权或建筑物转换为以成本模式计量的投资性房地产

自用土地使用权或建筑物转换为以成本模式计量的投资性房地产的会计处理如图5-11所示：

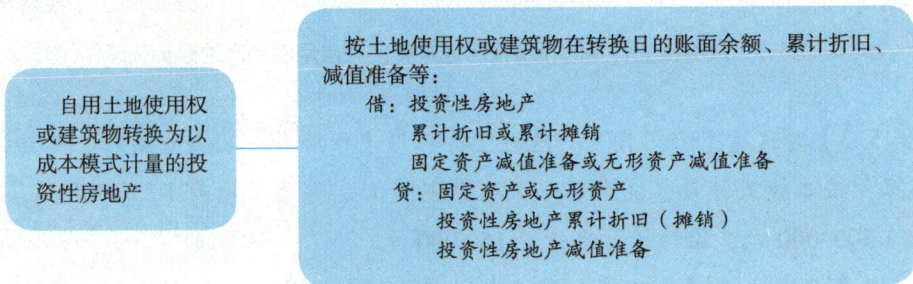

图5-11　自用土地使用权或建筑物转换为以成本模式计量的投资性房地产

【例5-5】通达建工公司拥有一栋写字楼，2×19年之前一直用于本公司的办公使用。在本公司于其他地方购置了新办公用楼之后，通达建工公司于2×19年3月10日，与另一家企业签订了办公楼的经营租赁协议，将这栋办公楼整体出租给另一家公司使用，租赁期5年，起租日为2×19年4月10日。

由于通达建工公司所在城市缺乏活跃的房地产交易市场，该公司决定将该房产由固定资产转换为以成本模式核算的投资性房地产。2×19年4月10日，这栋办公楼的账面余额1 500 000元，已计提折旧3 000 000元。假设通达建工公司所在城市没有活跃的房地产交易市场。

通达建工公司2×19年4月10日的账务处理如下：

借：投资性房地产——××写字楼　　　　　　　　　　　　　15 000 000

　　累计折旧　　　　　　　　　　　　　　　　　　　　　　3 000 000

　　贷：固定资产　　　　　　　　　　　　　　　　　　　　15 000 000

　　　　投资性房地产累计折旧（摊销）　　　　　　　　　　　3 000 000

（四）采用公允价值模式计量的投资性房地产转换为自用房地产

采用公允价值模式计量的投资性房地产转换为自用房地产的会计处理如图 5-12 所示：

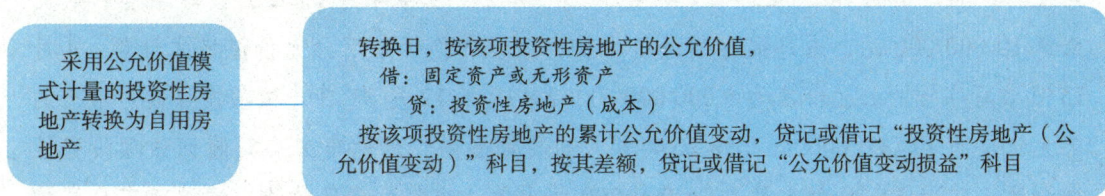

采用公允价值模式计量的投资性房地产转换为自用房地产	转换日，按该项投资性房地产的公允价值， 　借：固定资产或无形资产 　　贷：投资性房地产（成本） 按该项投资性房地产的累计公允价值变动，贷记或借记"投资性房地产（公允价值变动）"科目，按其差额，贷记或借记"公允价值变动损益"科目

图5-12　采用公允价值模式计量的投资性房地产转换为自用房地产

【例 5-6】2×18 年 10 月 15 日，通达建工公司因租赁期满，将出租的写字楼收回，准备作为办公楼用于本企业的行政管理。该项房地产在转换前采用公允价值模式计量，原账面价值为 17 500 000 元，其中，成本为 15 000 000 元，公允价值变动为增值 2 500 000 元。

2×18 年 12 月 1 日，该写字楼正式开始自用，相应由投资性房地产转换为自用房地产，当日的公允价值为 18 000 000 元。通达建工公司的账务处理如下：

借：固定资产　　　　　　　　　　　　　　　　　　18 000 000

　　贷：投资性房地产——写字楼（成本）　　　　　　　　15 000 000

　　　　　　　——写字楼（公允价值变动）　　　　　　 2 500 000

　　公允价值变动损益　　　　　　　　　　　　　　　　 500 000

（五）作为存货的房地产转换为采用公允价值模式计量的投资性房地产

作为存货的房地产转换为采用公允价值模式计量的投资性房地产的会计处理如图 5-13 所示：

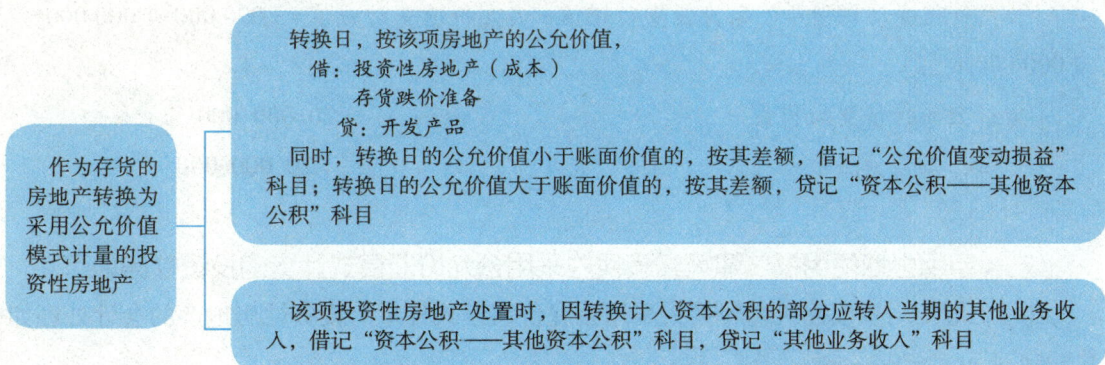

作为存货的房地产转换为采用公允价值模式计量的投资性房地产	转换日，按该项房地产的公允价值， 　借：投资性房地产（成本） 　　存货跌价准备 　　贷：开发产品 同时，转换日的公允价值小于账面价值的，按其差额，借记"公允价值变动损益"科目；转换日的公允价值大于账面价值的，按其差额，贷记"资本公积——其他资本公积"科目
	该项投资性房地产处置时，因转换计入资本公积的部分应转入当期的其他业务收入，借记"资本公积——其他资本公积"科目，贷记"其他业务收入"科目

图5-13　作为存货的房地产转换为采用公允价值模式计量的投资性房地产

【例5-7】通达建工公司是从事建筑工程业务的企业，2×19年3月10日，通达建工公司与另一家公司签订了租赁协议，将其开发的一栋写字楼整体出租给另一家公司使用，租赁期开始日为2×19年4月15日。2×19年4月15日，该写字楼的账面余额10 000 000元，未计提存货跌价准备，假设转换后采用公允价值模式计量，4月15日该写字楼的公允价值为9 000 000元，2×19年12月31日，该项投资性房地产的公允价值为12 000 000元。2×20年4月租赁期届满，通达建工公司收回该项投资性房地产，并于2×20年6月以16 000 000元出售，出售款项已收讫。通达建工公司的账务处理如下：

（1）2×19年4月15日：

借：投资性房地产——××写字楼（成本）　　　　9 000 000

　　公允价值变动损益　　　　　　　　　　　　1 000 000

　贷：开发产品　　　　　　　　　　　　　　　　　10 000 000

（2）2×19年12月31日：

借：投资性房地产——××写字楼（公允价值变动）　3 000 000

　贷：公允价值变动损益　　　　　　　　　　　　　3 000 000

（3）2×20年6月，出售时：

借：银行存款　　　　　　　　　　　　　　　　16 800 000

　贷：其他业务收入　　　　　　　　　　　　　　16 000 000

　　　应交税费——应交增值税（销项税额）　　　　800 000

借：其他业务成本　　　　　　　　　　　　　　12 000 000

　贷：投资性房地——××写字楼（成本）　　　　　11 000 000

　　　　　　　——××写字楼（公允价值变动）　　1 000 000

同时，将投资性房地产累计公允价值变动转入其他业务收入。

公允价值变动增值＝公允价值变动增值－公允价值变动减值＝3 000 000－1 000 000＝2 000 000（元）

借：公允价值变动损益　　　　　　　　　　　　20 000 000

　贷：其他业务收入　　　　　　　　　　　　　　20 000 000

（六）自用土地使用权或建筑物转换为采用公允价值模式计量的投资性房地产

自用土地使用权或建筑物转换为采用公允价值模式计量的投资性房地产的会计处理如图5-14所示：

转换日，按该项土地使用权或建筑物的公允价值，
借：投资性房地产（成本）
　　累计摊销或累计折旧
　　无形资产减值准备或固定资产减值准备
　　贷：固定资产或无形资产
同时，转换日的公允价值小于账面价值的，按其差额，借记"公允价值变动损益"科目；转换日的公允价值大于账面价值的，按其差额，贷记"资本公积——其他资本公积"科目

自用土地使用权或建筑物转换为采用公允价值模式计量的投资性房地产

该项投资性房地产处置时，因转换计入资本公积的部分应转入当期的其他业务收入，借记"资本公积——其他资本公积"，贷记"其他业务收入"科目

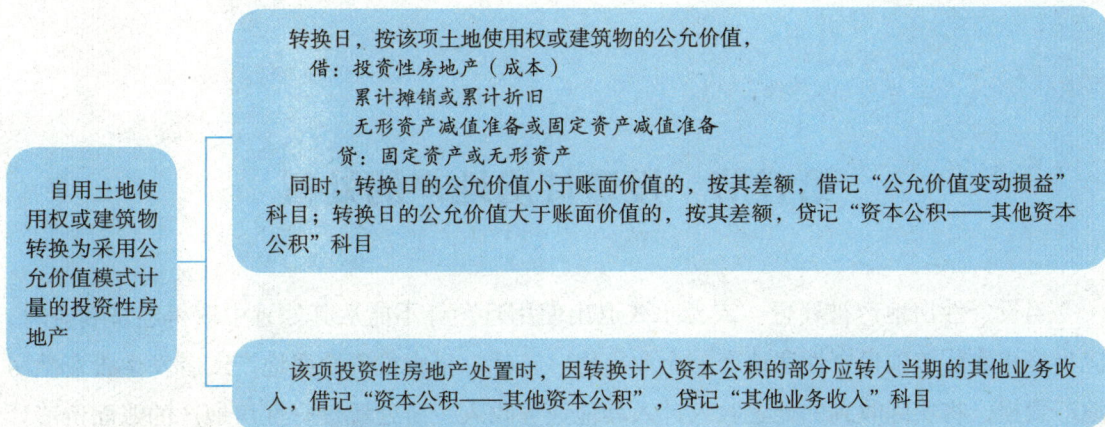

图5-14　自用土地使用权或建筑物转换为采用公允价值模式计量的投资性房地产

【例5-8】2×18年6月，通达建工公司打算搬迁至新建办公楼，由于原办公楼处于商业繁华地段，通达建工公司准备将其出租，以赚取租金收入。2×18年10月，公司完成了搬迁工作，原办公楼停止自用。

2×18年12月，通达建工公司与另一家公司签署了租赁协议，将其原办公楼停止使用，租赁期开始日为2×19年1月1日，租赁期限为3年。通达建工公司应当于租赁期开始日（2×19年1月1日），将自用房地产转换为投资性房地产。由于该办公楼处于繁华商业区，房地产交易活跃，该企业能够从市场上取得同类或类似房地产的市场价格及其他相关信息，假设通达建工公司对出租的办公楼采用公允价值模式作为投资性房地产进行会计核算。

通达建工公司2×19年1月1日，该办公楼的公允价值为13 000 000元，其原价为15 000 000元，已计提折旧1 500 000元。通达建工公司2×19年1月1日的账务处理如下：

借：投资性房地产——××办公楼（成本）　　　　　13 000 000
　　公允价值变动损益　　　　　　　　　　　　　　　　500 000
　　累计折旧　　　　　　　　　　　　　　　　　　1 500 000
　　贷：固定资产　　　　　　　　　　　　　　　　　　　15 000 000

第五节　投资性房地产的处置

当投资性房地产被处置，或者永久退出使用且预计不能从其处置中取得经济利益时，应当终止确认该项投资性房地产。企业出售、转让、报废投资性房地产或者发生投资性房地产毁损，将实际收到的处置收入计入其他业务收入，所处置投资性房地产的账面价值计入其他业务成本，这样就相当于将处置收入与其账面价值、相关税费后的差额计入了当期损益。

一、成本模式计量的投资性房地产

成本模式下投资性房地产的会计核算如图 5-15 所示：

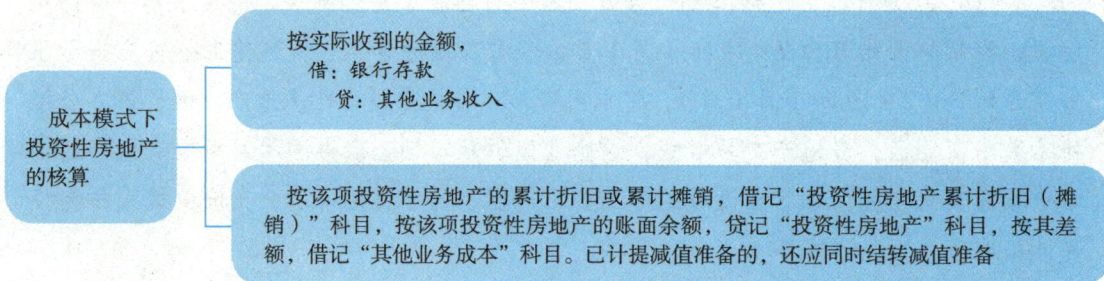

图5-15　成本模式下投资性房地产的核算

【例 5-9】通达建工公司拥有一栋用于出租的办公用房，一直采用成本模式将其作为投资性房地产进行会计核算。2×19 年 6 月，通达建工公司将该栋写字楼出售给甲公司，合同价款为 5 000 000 元，由于是 2×18 年 5 月以前取得的不动产，采用了 5% 的征收率，甲公司已用银行存款付清。出售时，该栋写字楼的成本为 2 800 000 元，已计提折旧 600 000 元。通达建工公司的账务处理如下：

借：银行存款　　　　　　　　　　　　　　　　　　　5 250 000
　　贷：其他业务收入　　　　　　　　　　　　　　　　5 000 000
　　　　应交税费——应交增值税（销项税额）　　　　　　250 000
借：其他业务成本　　　　　　　　　　　　　　　　　2 200 000
　　投资性房地产累计折旧（摊销）　　　　　　　　　　　600 000
　　贷：投资性房地产——××写字楼　　　　　　　　　2 800 000

二、公允价值模式计量的投资性房地产

公允价值模式下投资性房地产的会计核算如图5-16所示：

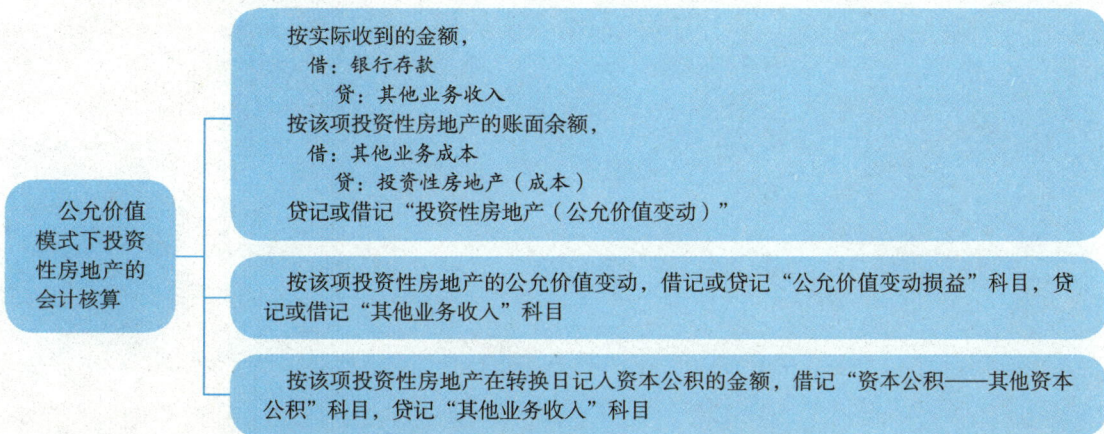

公允价值模式下投资性房地产的会计核算：

按实际收到的金额，
　　借：银行存款
　　　贷：其他业务收入
按该项投资性房地产的账面余额，
　　借：其他业务成本
　　　贷：投资性房地产（成本）
贷记或借记"投资性房地产（公允价值变动）"

按该项投资性房地产的公允价值变动，借记或贷记"公允价值变动损益"科目，贷记或借记"其他业务收入"科目

按该项投资性房地产在转换日记入资本公积的金额，借记"资本公积——其他资本公积"科目，贷记"其他业务收入"科目

图5-16　公允价值模式下投资性房地产的会计核算

【例5-10】通达建工公司拥有一栋用于出租的办公用房，一直采用公允价值模式将其作为投资性房地产进行会计核算。2×19年6月，通达建工公司将该栋写字楼出售给美华公司，合同价款为5 000 000元，美华公司已用银行存款付清。出售时，该栋写字楼的成本为2 800 000元，公允价值变动为借方余额400 000元。通达建工公司的账务处理如下：

借：银行存款　　　　　　　　　　　　　　　　　　5 000 000
　　贷：其他业务收入　　　　　　　　　　　　　　　　5 000 000
借：其他业务成本　　　　　　　　　　　　　　　　3 200 000
　　贷：投资性房地产——××写字楼（成本）　　　　　2 800 000
　　　　　　　　　——××写字楼（公允价值变动）　　400 000

同时，将投资性房地产累计公允价值变动转入其他业务收入。

借：公允价值变动损益　　　　　　　　　　　　　　　400 000
　　贷：其他业务收入　　　　　　　　　　　　　　　　400 000

第六章

无形资产和其他资产

第一节　无形资产概述

一、无形资产的概念、分类及特征

（一）无形资产的概念

无形资产的含义以及内容如表6-1所示：

表6-1　无形资产的概念

无形资产的含义	企业为生产商品、提供劳务、出租给他人，或为管理目的而持有的、没有实物形态的非货币性资产	
无形资产的内容	专利权	权利人在法定期限内对某一发明创造所拥有的独占权和专有权
	非专利技术	也叫专有技术，是指发明人垄断的、不公开的、具有实用价值的先进技术、资料、技能、知识等
	商标权	企业专门在某种指定的商品上使用特定的名称、图案、标记的权利
	著作权	著作人对其著作依法享有的出版、发行等方面的专有权利
	土地使用权	国家准许某一企业在一定期间内对国有土地享有开发、利用、经营的权利
	商誉	企业获得超额收益的能力。只有在企业购并过程中所产生的商誉，才能入账核算

（二）无形资产的分类

无形资产的分类如表6-2所示：

表6-2　无形资产的分类

无形资产的划分标准	无形资产分类的具体内容	
按可否辨认分类	可辨认无形资产和不可辨认无形资产	通常可以脱离企业个体而单独取得或转让，具有相对独立性，如专利权、版权、商标权、非专利技术、土地使用权等
		不能脱离企业个体而单独取得或者转让，如商誉
按形成来源分类	购入的无形资产、自创的无形资产、投资者投入的无形资产以及接受捐赠的无形资产	
按有无期限分类	有限期无形资产和无限期无形资产。有限期无形资产的有效期多为法律规定，如专利权、商标权等；无限期无形资产在法律上没有规定其有效期限，如商誉	

（三）无形资产的特征

无形资产的特征如表 6-3 所示：

表 6-3　无形资产的特征

无形资产的特征	具体含义	相关说明
无实体性	无形资产一般是由法律或契约关系所赋予的权利，也可能为获得超额收益的能力，它没有实物形态，看不见，摸不着，但其作用可以感觉得到	没有实物形态的资产不一定都是无形资产，如应收账款，但无形资产一定是没有实物形态的
未来效益不确定性	无形资产能为企业带来长期效益，但它所能提供的未来经济效益具有很大的不确定性	如企业拥有一项专利权，它使企业在某一项技术上拥有独占使用权，从而获得超过同类其他企业的经济利益。但是一旦有一项新的技术出现，它可以远远领先于企业的专利技术，那么企业来自该项专利的经济利益可能减少，甚至消失
非流动性	无形资产能为企业连续提供一年以上的服务或利益，其成本不能在短期内得到充分补偿	由于无形资产有效期在一年以上，也可以说是一种广义的固定资产，除此之外，与固定资产相同之处还包括：在用途上，两者都是主要用于企业的生产经营活动而非用于出售或投资；两者都能为企业带来经济利益且有价值，其成本都应按受益期分摊

二、无形资产的确认

无形资产的确认条件如表 6-4 所示：

表 6-4　无形资产的确认条件

无形资产的确认条件	举例说明
与该无形资产有关的经济利益很可能流入企业	企业外购一项专利权，从而拥有法定所有权，使得企业的相关权利受到法律的保护，此时，表明企业能够控制该项无形资产所产生的经济利益
该无形资产的成本能够可靠地计量	一些高科技领域的高科技人才，假定其与企业签订了服务合同，且合同规定其在一定期限内不能为其他企业提供服务。在这种情况下，虽然这些高科技人才的知识在规定的期限内预期能够为企业创造经济利益，但由于这些高科技人才的知识难以准确或合理辨认，加之为形成这些知识所发生的支出难以计量，从而不能作为企业的无形资产加以确认

三、无形资产的主要类型

（一）专利权

专利权的定义及其成本确定如图 6-1 所示：

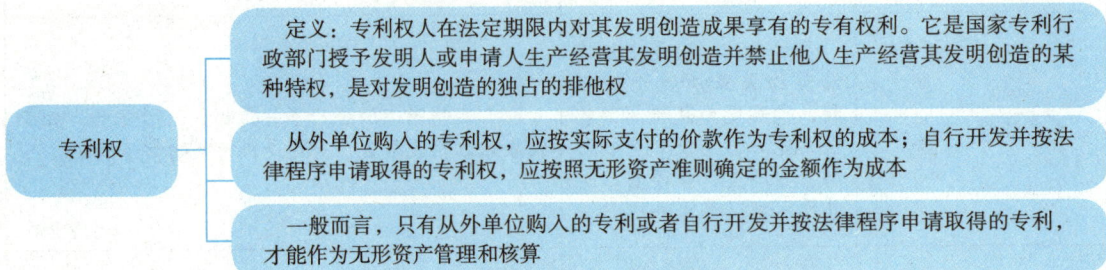

专利权	定义：专利权人在法定期限内对其发明创造成果享有的专有权利。它是国家专利行政部门授予发明人或申请人生产经营其发明创造并禁止他人生产经营其发明创造的某种特权，是对发明创造的独占的排他权
	从外单位购入的专利权，应按实际支付的价款作为专利权的成本；自行开发并按法律程序申请取得的专利权，应按照无形资产准则确定的金额作为成本
	一般而言，只有从外单位购入的专利或者自行开发并按法律程序申请取得的专利，才能作为无形资产管理和核算

图6-1　专利权的定义及其成本确定

（二）商标权

商标权的定义和特征如图 6-2 所示：

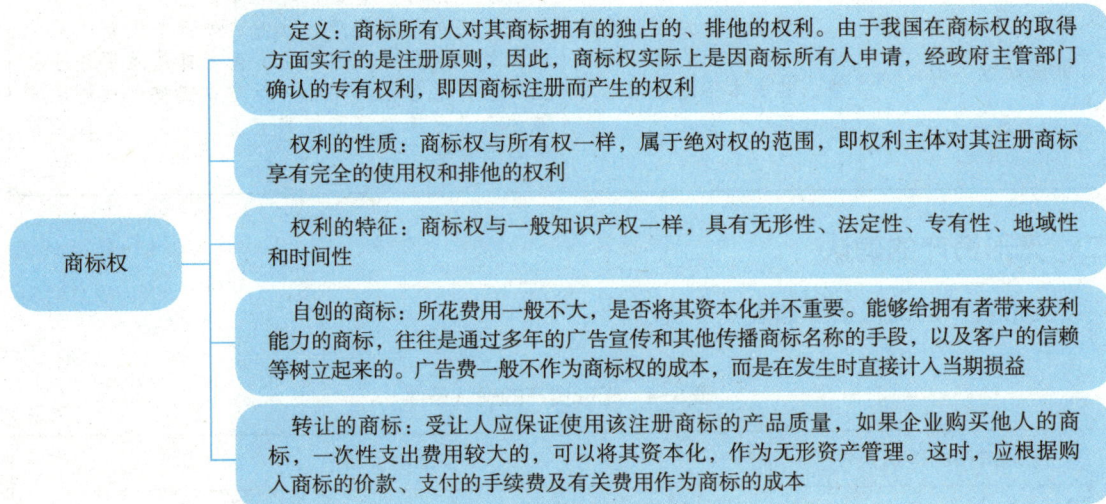

商标权	定义：商标所有人对其商标拥有的独占的、排他的权利。由于我国在商标权的取得方面实行的是注册原则，因此，商标权实际上是因商标所有人申请，经政府主管部门确认的专有权利，即因商标注册而产生的权利
	权利的性质：商标权与所有权一样，属于绝对权的范围，即权利主体对其注册商标享有完全的使用权和排他的权利
	权利的特征：商标权与一般知识产权一样，具有无形性、法定性、专有性、地域性和时间性
	自创的商标：所花费用一般不大，是否将其资本化并不重要。能够给拥有者带来获利能力的商标，往往是通过多年的广告宣传和其他传播商标名称的手段，以及客户的信赖等树立起来的。广告费一般不作为商标权的成本，而是在发生时直接计入当期损益
	转让的商标：受让人应保证使用该注册商标的产品质量，如果企业购买他人的商标，一次性支出费用较大的，可以将其资本化，作为无形资产管理。这时，应根据购入商标的价款、支付的手续费及有关费用作为商标的成本

图6-2　商标权的定义和特征

（三）土地使用权

土地使用权的定义和会计核算如图 6-3 所示：

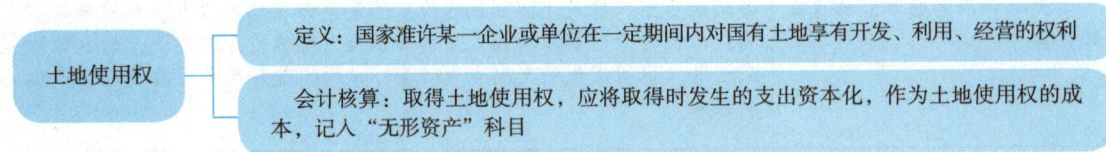

| 土地使用权 | 定义：国家准许某一企业或单位在一定期间内对国有土地享有开发、利用、经营的权利 |
| | 会计核算：取得土地使用权，应将取得时发生的支出资本化，作为土地使用权的成本，记入"无形资产"科目 |

图6-3　土地使用权的定义和会计核算

（四）非专利技术

非专利技术的定义、主要内容及确认如图 6-4 所示：

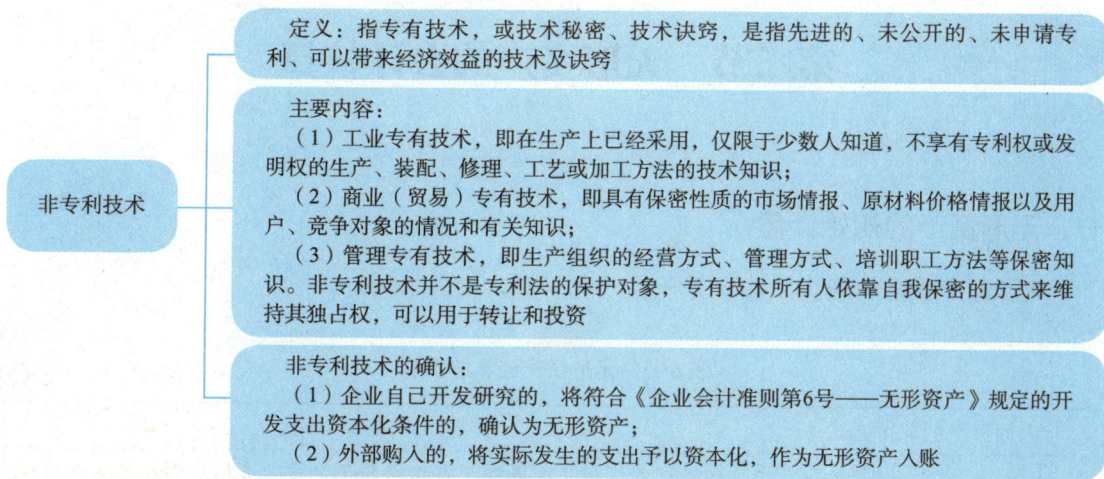

非专利技术

定义：指专有技术，或技术秘密、技术诀窍，是指先进的、未公开的、未申请专利、可以带来经济效益的技术及诀窍

主要内容：
（1）工业专有技术，即在生产上已经采用，仅限于少数人知道，不享有专利权或发明权的生产、装配、修理、工艺或加工方法的技术知识；
（2）商业（贸易）专有技术，即具有保密性质的市场情报、原材料价格情报以及用户、竞争对象的情况和有关知识；
（3）管理专有技术，即生产组织的经营方式、管理方式、培训职工方法等保密知识。非专利技术并不是专利法的保护对象，专有技术所有人依靠自我保密的方式来维持其独占权，可以用于转让和投资

非专利技术的确认：
（1）企业自己开发研究的，将符合《企业会计准则第6号——无形资产》规定的开发支出资本化条件的，确认为无形资产；
（2）外部购入的，将实际发生的支出予以资本化，作为无形资产入账

图6-4　非专利技术的定义、主要内容及确认

（五）著作权

著作权的定义和特征如图 6-5 所示：

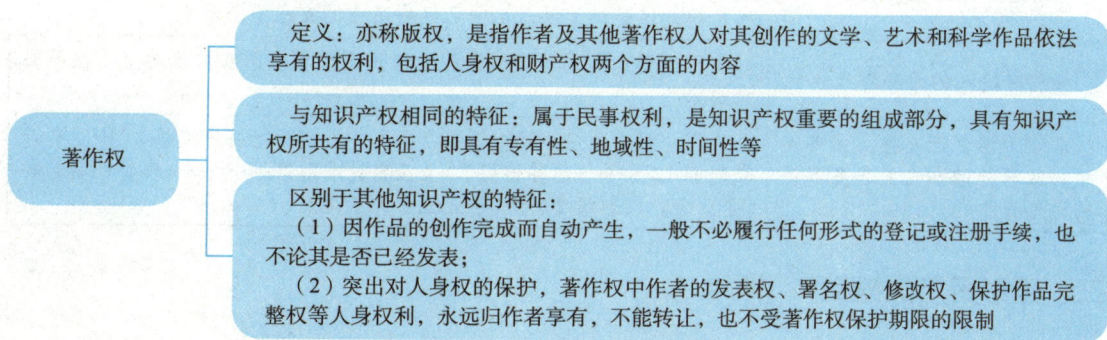

著作权

定义：亦称版权，是指作者及其他著作权人对其创作的文学、艺术和科学作品依法享有的权利，包括人身权和财产权两个方面的内容

与知识产权相同的特征：属于民事权利，是知识产权重要的组成部分，具有知识产权所共有的特征，即具有专有性、地域性、时间性等

区别于其他知识产权的特征：
（1）因作品的创作完成而自动产生，一般不必履行任何形式的登记或注册手续，也不论其是否已经发表；
（2）突出对人身权的保护，著作权中作者的发表权、署名权、修改权、保护作品完整权等人身权利，永远归作者享有，不能转让，也不受著作权保护期限的限制

图6-5　著作权的定义和特征

（六）特许权

特许权的定义如图 6-6 所示：

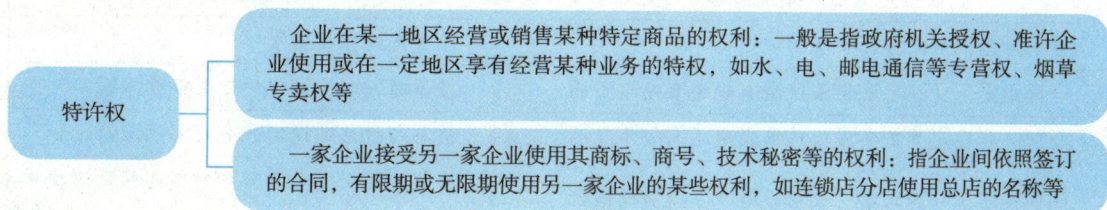

特许权

企业在某一地区经营或销售某种特定商品的权利：一般是指政府机关授权、准许企业使用或在一定地区享有经营某种业务的特权，如水、电、邮电通信等专营权、烟草专卖权等

一家企业接受另一家企业使用其商标、商号、技术秘密等的权利：指企业间依照签订的合同，有限期或无限期使用另一家企业的某些权利，如连锁店分店使用总店的名称等

图6-6　特许权的定义

第二节 无形资产的会计核算

一、无形资产的初始计量

无形资产成本的确认如表 6-5 所示：

表 6-5 无形资产成本的确认

无形资产的取得方式	无形资产成本的确定
外购的无形资产	购买价款、相关税费以及直接归属于使该项资产达到预定用途所发生的其他支出
购买无形资产的价款超过正常信用条件延期支付，实质上具有融资性质	以购买价款的现值为基础确定。实际支付的价款与购买价款的现值之间的差额，除按照《企业会计准则第 17 号——借款费用》应予资本化的以外，应当在信用期间内计入当期损益
自行开发的无形资产	自满足本准则第四条和第九条规定后至达到预定用途前所发生的支出总额，但是对于以前期间已经费用化的支出不再调整
投资者投入的无形资产	按照投资合同或协议约定的价值确定，但合同或协议约定价值不公允的除外
非货币性资产交换、债务重组、政府补助和企业合并取得的无形资产	分别按照《企业会计准则第 7 号——非货币性资产交换》《企业会计准则第 12 号——债务重组》《企业会计准则第 16 号——政府补助》和《企业会计准则第 20 号——企业合并》确定

二、无形资产的摊销

（一）摊销期限的规定

无形资产摊销年限的规定如表 6-6 所示：

表 6-6 无形资产摊销年限的规定

无形资产摊销情形	规定年限
合同对无形资产摊销年限的规定	应确定的摊销年限
合同规定了受益年限但法律没有规定有效年限的	按不超过合同规定的受益年限摊销
合同没有规定受益年限而法律规定了有效年限的	按不超过法律规定的有效年限摊销
合同规定了受益年限，法律也规定了有效年限的	按不应超过受益年限和有效年限两者之中较短者
合同没有规定受益年限，法律也没有规定有效年限的	摊销年限不应超过 10 年

（二）摊销方法

无形资产的摊销方法如图 6-7 所示：

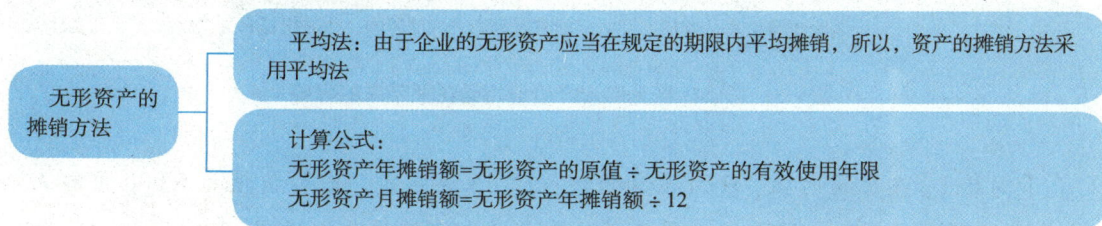

图6-7 无形资产的摊销方法

三、无形资产注销与减值的核算

企业应当定期或至少每年年度终了，对各项资产进行全面检查。由于无形资产未来经济效益和受益期的不确定性，某些无形资产随时要经受市场竞争和新技术发明带来的冲击，所以，企业要根据谨慎性原则，合理地预计各项无形资产可能发生的损失，对可能发生的各项资产损失计提资产减值准备。

无形资产注销与减值准备的确定主要考虑的情形如表 6-7 所示：

表 6-7 无形资产注销与减值准备的确定主要考虑的情形

无形资产注销与减值准备的确定主要考虑的情形	企业的无形资产应当按照账面价值与可收回金额孰低计量，可收回金额低于账面价值的差额，计提无形资产减值准备	
	当存在右侧一项或若干项情形时，应当将该项无形资产的账面价值全部转入当期损益	某项无形资产已被其他新技术所代替，并且该项无形资产已无使用价值和转让价值
		某项无形资产已超过法律保护期限，并且已不能为企业带来经济利益
		其他足以证明某项无形资产已经丧失了使用价值和转让价值的情形
	当存在右侧一项或若干项情形时，应当计提无形资产的减值准备	某项无形资产已被其他新技术所代替，使其为企业创造经济利益的能力受到重大不利影响
		某项无形资产的市价在当期大幅下跌，在剩余摊销年限内预期不会恢复
		某项无形资产已超过法律保护期限，但仍然具有部分使用价值
		其他足以证明某项无形资产实质上已经发生了减值的情形

正确计量无形资产价值将给企业带来的好处如图 6-8 所示：

- 正确计量无形资产价值将给企业带来的好处
  - 资产公允：通过无形资产摊销和确认无形资产减值准备，将使会计报表中的无形资产项目更公允、更可靠
  - 利润真实：与实物资产不同，无形资产价值更多地体现在未来超额收益的流入上，倘若无形资产真的减值，及时反映其对利润总额的影响，才能保证对外会计报表的真实性

图6-8　正确计量无形资产价值将给企业带来的好处

【例 6-1】A 公司有 A、B 两项专利权。2×18 年年末，账面价值为 5 000 元的 A 专利权因泄密等原因，符合将其账面价值全部转入当期损益的规定；B 专利权的账面价值为 8 600 元，因技术陈旧应当计提 3 000 元的减值准备。

会计上，年末应将专利权 A 的价值 5 000 元，全部记入“管理费用”账户，B 专利权减值 3 000 元，记入“营业外支出——计提的无形资产减值准备”账户，冲减本年利润。按照会计稳健性原则，如果 B 专利权的价值逐年恢复，会计上确认的恢复价值不应超过当初计提无形资产减值准备的价值，即无形资产价值仍以历史成本为基础。

四、无形资产的披露

无形资产的披露如表 6-8 所示：

表 6-8　无形资产的披露

按照无形资产的类别在附注中披露的信息	无形资产的期初和期末账面余额、累计摊销额及减值准备累计金额
	使用寿命有限的无形资产，其使用寿命的估计情况；使用寿命不确定的无形资产，其使用寿命不确定的判断依据
	无形资产的摊销方法
	用于担保的无形资产账面价值、当期摊销额等情况
	计入当期损益和确认为无形资产的研究开发支出金额

第三节　其他资产项目

其他资产项目的定义和内容如图 6-9 所示：

- 其他资产项目
  - 定义：除流动资产、长期投资、固定资产和无形资产以外的各项资产
  - 内容：开办费、长期待摊费用、银行冻结存款和诉讼中财产等

图6-9　其他资产项目的定义和内容

一、开办费的会计核算

开办费的会计核算如表 6-9 所示：

表 6-9　开办费的会计核算

开办费的含义	开办费的内容	会计处理	
企业在筹建期间发生的不能计入各项资产价值的支出。开办费应该在企业生产经营开始之日一次摊销	筹建期间人员的工资、办公费、培训费、差旅费、印刷费、注册登记费以及不计入固定资产价值的汇兑损益、利息支出等	发生各项开办费时	借：开办费 贷：相关科目
		摊销时	借：管理费用 贷：开办费

二、长期待摊费用的核算

长期待摊费用是指公司已经支出但摊销期限在 1 年以上（不含 1 年）的各项费用，包括固定资产大修理支出、租入固定资产的改良支出等。应当由本期负担的借款利息、租金等，不得作为长期待摊费用处理。

长期待摊费用的会计核算如表 6-10 所示：

表 6-10　长期待摊费用的会计核算

长期待摊费用	摊销的方式
固定资产大修理费用	将发生的大修理费用在下一次大修理前平均摊销
租入固定资产改良支出	在租赁期限与预计可使用年限两者孰短的期限内平均摊销
其他长期待摊费用	在受益期内平均摊销
股份有限公司委托其他单位发行股票支付的手续费或佣金等相关费用，减去股票发行冻结期间的利息收入的余额较大	在不超过两年的期限内平均摊销，计入损益（金额较小，直接计入当期损益）
企业所有筹建期间发生的费用，即开办费	先在长期待摊费用中归集，待企业开始生产经营时一次计入开始生产经营当期的损益。如果长期待摊费用不能使以后会计期间受益，应当将尚未摊销的项目的摊余价值全部计入当期损益

【例 6-2】2×18 年 4 月 1 日，通达建工公司对其以经营租赁方式新租入的办公楼进行装修，发生以下有关支出：须用生产用材料 500 000 元，购进该批原材料时支付的增值税进项税额为 65 000 元；辅助生产车间为该装修工程提供的劳务支出为 180 000 元；有关人员工资等职工薪酬 455 000 元。2×18 年 12 月 1 日，该办公楼装修

完工，达到预定可使用状态并交付使用，并按租赁期10年开始进行摊销。假定不考虑其他因素，通达建工公司应作如下会计处理：

（1）装修领用原材料时：

借：长期待摊费用 565 000

　贷：原材料 500 000

　　　应交税费——应交增值税（进项税额转出） 65 000

（2）辅助生产车间为装修工程提供劳务时：

借：长期待摊费用 180 000

　贷：生产成本——辅助生产成本 180 000

（3）确认工程人员职工薪酬时：

借：长期待摊费用 455 000

　贷：应付职工薪酬 455 000

（4）2×18年摊销装修支出时：

借：管理费用 10 000

　贷：长期待摊费用 10 000

第七章

流动负债

第一节 负债的概念与分类

一、负债的概念

负债，是指企业过去的交易或者事项形成的、预期会导致经济利益流出企业的现时义务。负债的特征如表 7-1 所示：

表 7-1 负债的特征

负债的特征	负债特征的具体含义
企业承担的现时义务	由企业过去的交易或事项形成的、现已承担的义务。现时义务可以是法定义务，也可以是推定义务
负债的清偿预期会导致经济利益流出企业	履行预期均会导致企业经济利益的流出。具体表现为交付资产、提供劳务、将一部分股权转给债权人等
由企业过去的交易或者事项形成的	只有过去发生的交易或者事项才形成负债，企业将在未来发生的承诺、合同等交易或者事项，不形成负债

二、负债的确认条件

负债的确认条件如图 7-1 所示：

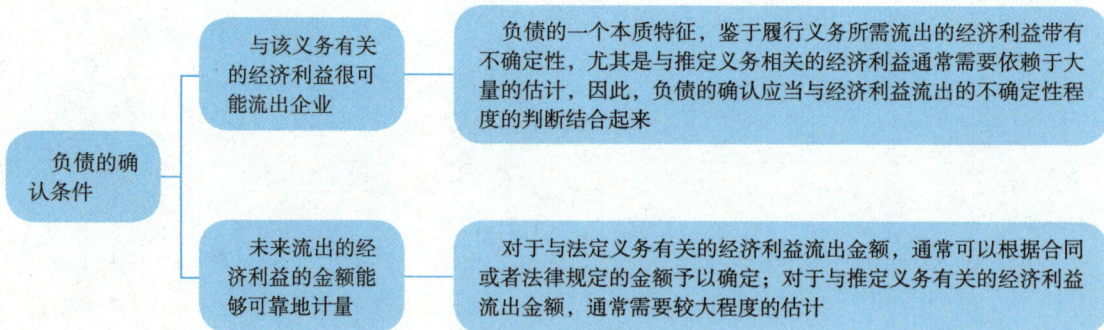

```
负债的确认          与该义务有关         负债的一个本质特征，鉴于履行义务所需流出的经济利益带有
条件                的经济利益很可       不确定性，尤其是与推定义务相关的经济利益通常需要依赖于大
                    能流出企业           量的估计，因此，负债的确认应当与经济利益流出的不确定性程
                                         度的判断结合起来

                    未来流出的经         对于与法定义务有关的经济利益流出金额，通常可以根据合同
                    济利益的金额能       或者法律规定的金额予以确定；对于与推定义务有关的经济利益
                    够可靠地计量         流出金额，通常需要较大程度的估计
```

图7-1 负债的确认条件

三、负债的分类

负债的分类如表 7-2 所示：

表 7-2　负债的分类

负债的分类	具体内容	包含项目
流动负债	预计在一个正常营业周期中清偿、或者主要为交易目的而持有、或者自资产负债表日起一年内（含一年）到期应予以清偿、或者企业无权自主地将清偿推迟至资产负债表日后一年以上的负债	短期借款、应付票据、应付账款、预收账款、应付职工薪酬、应交税费、应付利息、应付股利、其他应付款等
非流动负债	流动负债以外的负债	长期借款、应付债券等

第二节　短期借款的会计核算

一、短期借款的概念

短期借款是指企业为满足生产经营的需要，向银行或其他金融机构借入的、偿还期在 1 年以内的各种借款。"短期借款"科目总括地反映企业短期借款的借入、归还和结余情况，该科目应按债权人户名和借款种类进行明细核算。

二、短期借款的账务处理

短期借款的会计处理如表 7-3 所示：

表 7-3　短期借款的会计处理

短期借款的业务	相关的会计核算
取得各种短期借款	借记"银行存款"等科目，贷记"短期借款"
支付的短期借款利息	数额不大，可于支付月份计入财务费用，借记"财务费用"等科目，贷记"银行存款"
	数额较大，采用按月预提的办法，借记"财务费用"等科目，贷记"应付利息"
偿还短期借款的核算	借记"短期借款"科目，贷记"银行存款"

【例 7-1】某企业为了采购原料，于 2×18 年 9 月 1 日从银行取得期限为 3 个月、年利率 6% 的短期借款 10 万元，利息在偿还本金时一并归还；该企业对此项短期借款的利息支出，采用按月预提的办法。请对以上的经济业务编制会计分录：

（1）取得借款时。

借：银行存款　　　　　　　　　　　　　　　　　　　100 000

　　贷：短期借款　　　　　　　　　　　　　　　　　　100 000

（2）每月（9 月、10 月）末预提利息费用时，每月应预提的利息 =100 000×6%×1/12=500（元）。

借：财务费用　　　　　　　　　　　　　　　　　　　500

　　贷：应付利息　　　　　　　　　　　　　　　　　　500

（3）该项借款到期，按期归还本息时，应归还的本息总和 =100 000+500×3=101 500（元）。

借：短期借款　　　　　　　　　　　　　　　　　　　100 000

　　应付利息　　　　　　　　　　　　　　　　　　　1 000

　　财务费用　　　　　　　　　　　　　　　　　　　500

　　贷：银行存款　　　　　　　　　　　　　　　　　101 500

第三节　应付票据

一、应付票据的概念

应付票据的概念如图 7-2 所示：

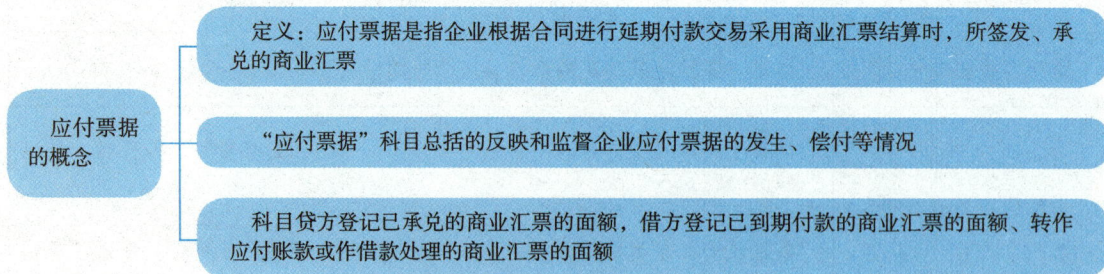

图7-2　应付票据的概念

应付票据的概念：

- 定义：应付票据是指企业根据合同进行延期付款交易采用商业汇票结算时，所签发、承兑的商业汇票
- "应付票据"科目总括的反映和监督企业应付票据的发生、偿付等情况
- 科目贷方登记已承兑的商业汇票的面额，借方登记已到期付款的商业汇票的面额、转作应付账款或作借款处理的商业汇票的面额

二、应付票据的账务处理

和应付票据相关的业务主要包括企业开出票据进行支付、票据到期支付现金、以及票据到期后，无资金进行支付三种情况。

应付票据的账务处理如表 7-4 所示：

表 7-4　应付票据的账务处理

应付票据的业务	相关的会计核算
开出、承兑商业汇票或以承兑汇票抵付货款	借记"原材料""应付账款""应交税金"等，贷记"应付票据"；若为银行承兑汇票，支付银行承兑手续费时，借记"财务费用"，贷记"银行存款"
汇票到期付款	借记"应付票据"科目，贷记"银行存款"；如为带息票据，则应借记"应付票据""财务费用"等科目，贷记"银行存款"
票据到期无力偿付	若为商业承兑汇票，则将应付票据转为应付账款，借记"应付票据"科目，贷记"应付账款"
	若为银行承兑汇票，则银行先代为付款，企业将不足部分转为短期借款，借记"应付票据"科目，贷记"银行存款""短期借款"；归还银行短期借款时，借记"短期借款"，贷记"银行存款"

【例 7-2】通达建工公司出具一张期限为 90 天、票面金额为 33 900 元的不带息商业承兑汇票，向某供应单位购进原材料一批，其增值税发票上记载的货款金额为 30 000 元，增值税额为 3 900 元。请对以上的业务编制会计分录：

（1）购进原材料时：

借：原材料　　　　　　　　　　　　　　　　　　　 30 000

　　应交税费——应交增值税（进项税额）　　　　　 3 900

　　贷：应付票据　　　　　　　　　　　　　　　　 33 900

（2）票据到期，接到银行支付汇票款项的通知时：

借：应付票据　　　　　　　　　　　　　　　　　　 33 900

　　贷：银行存款　　　　　　　　　　　　　　　　 33 900

第四节 应付账款的会计核算

一、应付账款的概念

应付账款的概念如图 7-3 所示：

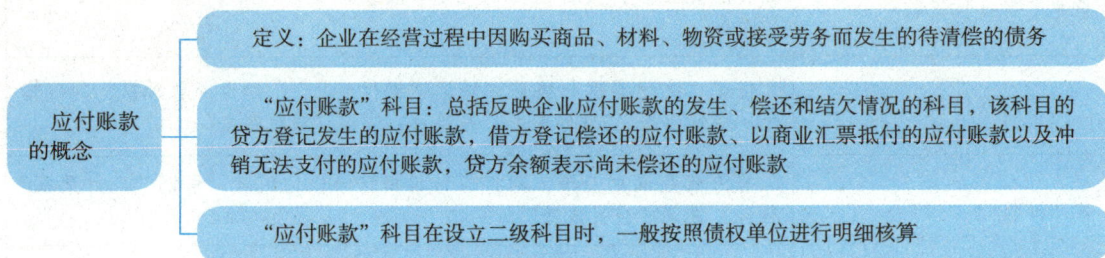

应付账款 —— 定义：企业在经营过程中因购买商品、材料、物资或接受劳务而发生的待清偿的债务
的概念

"应付账款"科目：总括反映企业应付账款的发生、偿还和结欠情况的科目，该科目的贷方登记发生的应付账款，借方登记偿还的应付账款、以商业汇票抵付的应付账款以及冲销无法支付的应付账款，贷方余额表示尚未偿还的应付账款

"应付账款"科目在设立二级科目时，一般按照债权单位进行明细核算

图7-3 应付账款的概念

二、应付账款的账务处理

应付账款的账务处理如表 7-5 所示：

表 7-5 应付账款的账务处理

应付账款的业务	相关的会计核算
购入材料、物资等已验收入库，但货款尚未支付	根据有关结算凭证，借记"原材料"和"应交税费"，贷记"应付账款"
材料等已验收入库、结算凭证未到、货款尚未支付	为了简化核算，可以暂不作会计分录，待收到结算凭证后，再按正常手续进行账务处理。但每月月末，对于相关业务，应按材料的暂估价格（合同价格或计划单位成本）计价入库，借记"原材料"等，贷记"应付账款"。这笔分录，在下月月初时应用红字冲回，以便下月结算凭证到达时，按正常程序进行核算
接受供应单位提供劳务而发生的应付未付款项	根据供应单位的发票账单，借记有关的成本费用科目和"应交税费"，贷记"应付账款"
偿付应付账款	借记"应付账款"科目，贷记"银行存款"等；若开出、承兑商业汇票抵付应付账款，借记"应付账款"科目，贷记"应付票据"
不单独设置"预付账款"的企业	用"应付账款"同时核算企业应付账款和预付账款的增减变动和结果，期末应根据"应付账款"科目所属各明细科目的余额的方向来分析判断其是预付账款还是应付账款

【例 7-3】通达建工公司 5 月 30 日从某厂购进原材料一批，增值税发票记载的货款金额为 10 000 元，增值税进项税额为 1 300 元，已验收入库，款项尚未支付。7 月 10 日，通达建工公司开出 11 300 元的转账支票一张，支付此笔购料款。请编制以上业务的会计分录：

（1）购买材料时：

借：原材料   10 000

  应交税费——应交增值税（进项税额）   1 300

  贷：应付账款   11 300

（2）支付购料款时：

借：应付账款   11 300

  贷：银行存款   11 300

【例 7-4】通达建工公司 6 月 28 日收到供货单位运来的新型材料 10 吨，发票和商品结算清单尚未到达，原材料已验收入库。6 月 30 日时，发票账单仍未到，按每吨 3 000 元的暂估价入账，请编制以上业务的会计分录：

借：原材料   30 000

  贷：应付账款   30 000

以上分录 7 月 1 日以红字冲回，其会计分录如下：

借：原材料   30 000

  贷：应付账款   30 000

第五节　应付职工薪酬

一、应付职工薪酬应核算的内容

应付职工薪酬的具体内容如表 7-6 所示：

表 7-6　应付职工薪酬的具体内容

不同视角	具体内容	详细解释
广义的职工薪酬	企业必须付出的人力成本，是吸引和激励职工的重要手段	职工薪酬既是职工对企业投入劳动获得的报酬，也是企业的成本费用

不同视角	具体内容	详细解释
狭义的职工薪酬	职工工资、奖金、津贴和补贴	按规定，构成工资总额的计时工资、计件工资、支付给职工的超额劳动报酬和增收节支的劳动报酬、为了补偿职工特殊或额外的劳动消耗和因其他特殊原则支付给职工的津贴，以及为了保证职工工资水平不受物价影响支付给职工的物价补贴等企业按规定支付给职工的加班加点工资，以及根据国家法律、法规和政策规定，企业在职工因病、工伤、产假、计划生育假、婚丧假、事假、探亲假、定期休假、停工学习、执行国家或社会义务等特殊情况下，按照计时工资或计件工资标准的一定比例支付的工资，也属于职工工资范畴，在职工休假或缺勤时，不应当从工资总额中扣除
	职工福利费	企业为职工集体提供的福利，如补助生活困难职工等
	医疗保险费、养老保险费、失业保险费、工伤保险费和生育保险费等社会保险费	企业按照国家规定的基准和比例计算，向社会保险经办机构缴纳的医疗保险金、基本养老保险金、失业保险金、工伤保险费和生育保险费，以及根据《企业年金试行办法》《企业年金基金管理试行办法》等相关规定，向有关单位（企业年金基金账户管理人）缴纳的补充养老保险费；以商业保险形式提供给职工的各种保险待遇
	住房公积金	企业按照国家《住房公积金管理条例》规定的基准和比例计算，向住房公积金管理机构缴存的住房公积金
	工会经费和职工教育经费	企业为了改善职工文化生活、提高职工业务素质用于开展工会活动和职工教育及职业技能培训，根据国家规定的基准和比例，从成本费用中提取的金额
	非货币性福利	企业以自己的产品或其他有形资产发放给职工作为福利、企业向职工提供无偿使用自己拥有的资产（如提供给企业高级管理人员的汽车、住房等）。企业为职工无偿提供商品或类似医疗保健的服务等
	其他职工薪酬	如因解除与职工的劳动关系给予的补偿（又称辞退福利），即由于企业分离办社会职能、实施主辅分离、辅业改制等分流安置富余人员、实施重组、改组计划、职工不能胜任等原因，企业在职工劳动合同到期之前解除与职工的劳动关系，或者为鼓励职工自愿接受裁减而提出补偿建议的计划中给予职工的经济补偿

二、应付职工薪酬的核算

应付职工薪酬科目设置如图 7-4 所示：

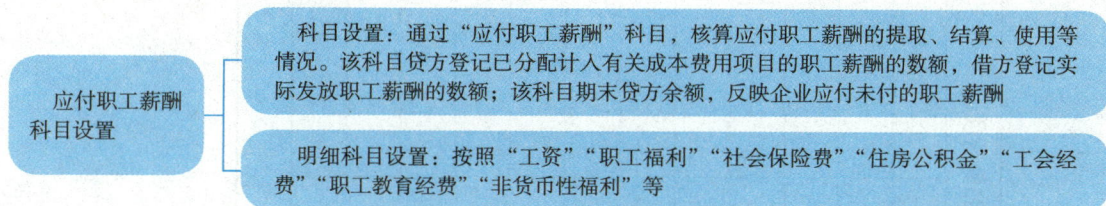

应付职工薪酬科目设置

科目设置：通过"应付职工薪酬"科目，核算应付职工薪酬的提取、结算、使用等情况。该科目贷方登记已分配计入有关成本费用项目的职工薪酬的数额，借方登记实际发放职工薪酬的数额；该科目期末贷方余额，反映企业应付未付的职工薪酬

明细科目设置：按照"工资""职工福利""社会保险费""住房公积金""工会经费""职工教育经费""非货币性福利"等

图7-4　应付职工薪酬科目设置

（一）计算职工薪酬

进行应付职工薪酬的核算，首先要计算应付给职工的工资。计算应付职工工资时，应根据考勤记录、工时记录、产量记录、工资标准、工资等级、计件工资单件，以及其他有关资料，计算应付给每一职工的工资数，在此基础上，再根据有关代扣款项凭证计算实际应发放给每一职工的金额，一般情况下，应按照部门分别编制"工资结算表"，企业可根据本单位的实际需要设计该表的格式与内容。"工资结算表"的一般格式如表 7-7 所示：

表 7-7　部门工资结算表

所属部门：第一工程部　　　　　　　2×18 年 × 月　　　　　　　单位：元

序号	姓名	基本工资	浮动工资	津贴		应付工资	代扣款项		实发金额
				乘车补助	餐补		三险一金	个人所得税	
1									
2									
3									
4									
5									
6									
7									
合计									

为了总括反映整个企业对职工工资的结算情况，便于进行总分类核算，会计部门应根据按车间、部门编制的工资结算单，汇总编制"工资结算汇总表"，企业可根据本单位的实际需要设计该表的格式与内容。工资结算汇总表的常见格式如表 7-8 所示：

表 7-8　工资结算汇总表

2×18 年 × 月

单位：元

| 车间、部门名称 | 计时工资 | 计件工资 | 应扣工资 | | 综合奖金 | 应付工资 | 扣除款项 | | 实发金额 |
			事假	病假			社会保险	个人所得税	
第一工程部									
其中：生产工人									
管理人员									
第二工程部									
其中：生产工人									
管理人员									
管理部门									
销售机构人员									
基建工程人员									
医院室、托儿所									
长期病假人员									
合计									

（二）分配职工薪酬

1. 货币性职工薪酬

企业应当在职工为其提供服务的会计期间，根据职工提供服务的受益对象，将应确认的职工薪酬（包括货币性薪酬和非货币性福利）计入相关资产成本或当期损益，同时确认为应付职工薪酬。

职工薪酬的会计处理如表7-9所示：

表7-9　职工薪酬的会计处理

职工薪酬	相应的会计处理
生产部门人员的职工薪酬	借记"生产成本""制造费用""劳务成本"等，贷记"应付职工薪酬"
管理部门人员的职工薪酬	借记"管理费用"，贷记"应付职工薪酬"
销售人员的职工薪酬	借记"销售费用"，贷记"应付职工薪酬"
由在建工程、研发支出负担的职工薪酬	借记"在建工程""研发支出"科目，贷记"应付职工薪酬"
外商投资企业按规定从净利润中提取的职工奖励及福利基金	借记"利润分配——提取的职工奖励及福利基金"科目，贷记"应付职工薪酬"

应付职工薪酬的计提标准如图7-5所示：

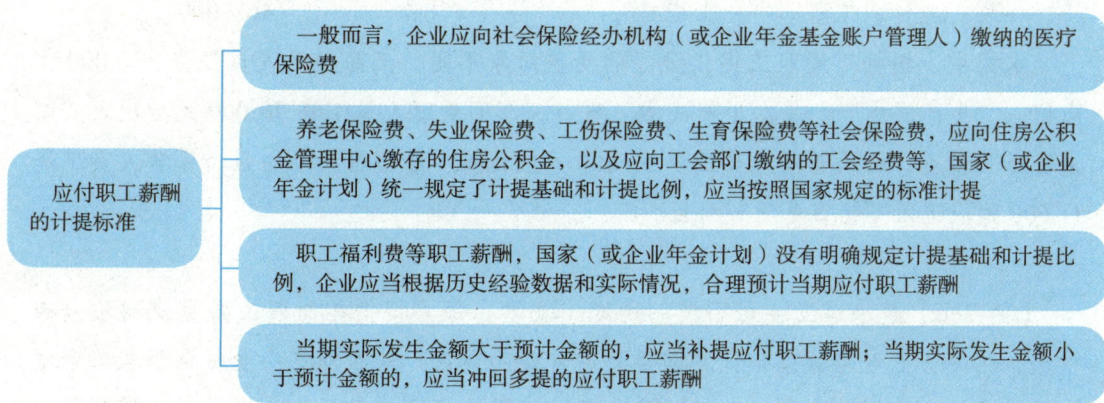

图7-5　应付职工薪酬的计提标准

月份终了，应按照工资的用途，进行工资费用的分配。工资费用的分配，先由各车间根据工资结算凭证等编制工资费用分配表，会计部门根据各车间的工资费用分配表及其他部门发生的工资数，编制工资费用分配汇总表，据以进行总分配核算。工资分配汇总表的格式如表7-10所示：

表 7-10　工资分配汇总表

2×18 年 × 月　　　　　　　　　　　　　　单位：元

应借科目	第一工程部	第二工程部	管理部门	销售部门	基建部门	医院室、托儿所	合计
开发成本							
制造费用							—
管理费用							—
营业费用							—
在建工程							—
应付福利费							
合计	—	—	—	—	—	—	—

【例 7-5】通达建工企业本月应付工资总额 462 000 元，工资费用分配汇总表中列示的产品生产人员工资为 320 000 元，车间管理人员工资为 70 000 元，企业行政管理人员工资为 60 400 元，销售人员工资为 11 600 元。乙企业的有关会计分录如下：

借：生产成本——基本生产成本　　　　　　　　　　　320 000

　　制造费用　　　　　　　　　　　　　　　　　　　 70 000

　　管理费用　　　　　　　　　　　　　　　　　　　 60 400

　　销售费用　　　　　　　　　　　　　　　　　　　 11 600

　　贷：应付职工薪酬——工资　　　　　　　　　　　462 000

本例中，根据不同职工提供服务的受益对象不同，产品生产人员工资 320 000 元应记入"生产成本——基本生产成本"科目，车间管理人员工资 70 000 元应记入"制造费用"科目，行政管理人员工资 60 400 元应记入"管理费用"科目，销售人员工资11 600 元应记入"销售费用"科目。

【例 7-6】通达建工公司下设一所职工食堂，每月根据在岗职工数量及岗位分布情况、相关历史经验数据等计算需要补贴食堂的金额，从而确定企业每期因职工食堂而需要承担的福利费金额。2×18 年 11 月，企业在岗职工共计 100 人，其中管理部门 20 人，生产车间 80 人，企业的历史经验数据表明，对于每个职工企业每月需补贴食堂 120 元。通达建工公司的有关会计分录如下：

借：生产成本　　　　　　　　　　　　　　　　　　　 9 600

　　管理费用　　　　　　　　　　　　　　　　　　　 2 400

　　贷：应付职工薪酬——职工福利　　　　　　　　　 12 000

通达建工公司应当提取的职工福利 =120×100=12 000（元）

其中，生产车间职工相应的福利费 9 600 元应记入"生产成本"科目，管理部门职工相应的福利费 2 400 元应记入"管理费用"科目。

【例 7-7】根据国家规定的计提标准计算，通达建工公司本月应向社会保险经办机构缴纳职工基本养老保险费共计 64 680 元，其中，应计入基本生产车间生产成本的金额为 44 800 元，应计入制造费用的金额为 9 800 元，应计入管理费用的金额为 10 080 元。通达建工公司的有关会计分录如下：

借：生产成本——基本生产成本　　　　　　　　　　44 800

　　制造费用　　　　　　　　　　　　　　　　　　 9 800

　　管理费用　　　　　　　　　　　　　　　　　　10 080

　贷：应付职工薪酬——社会保险费（基本养老保险）　64 680

2. 非货币性职工薪酬

非货币性职工薪酬的账务处理如图 7-6 所示：

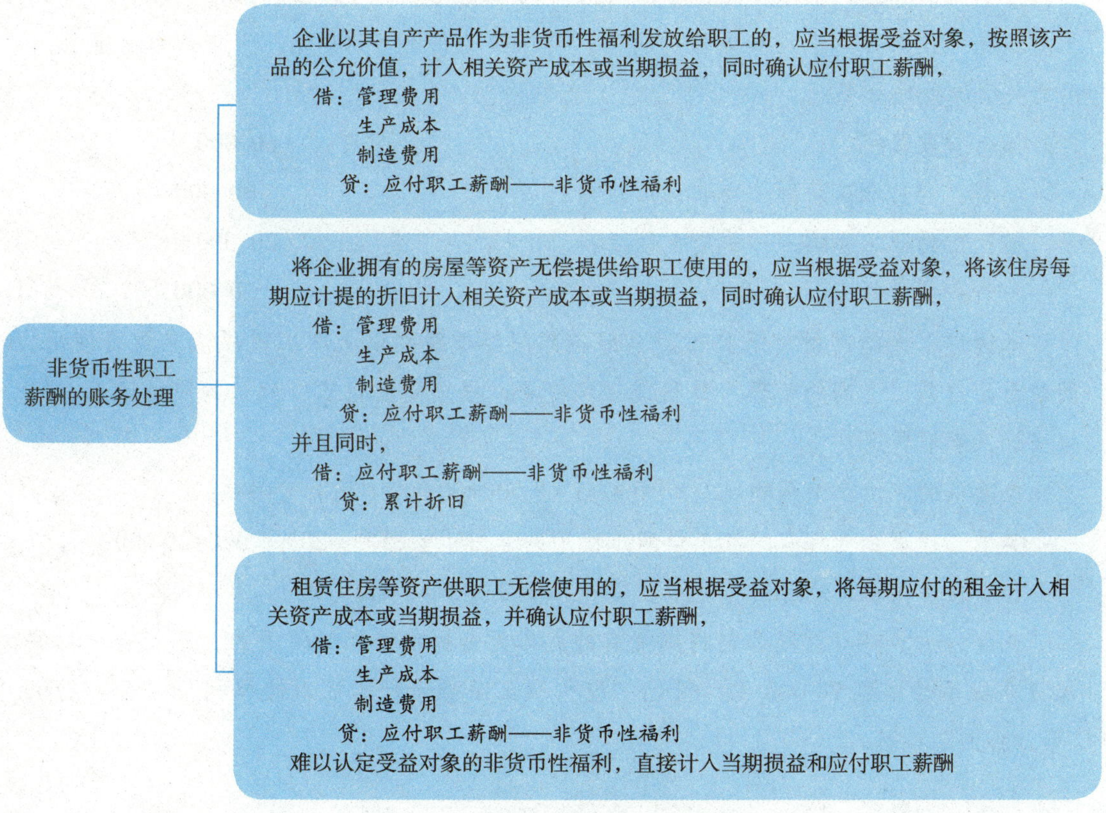

企业以其自产产品作为非货币性福利发放给职工的，应当根据受益对象，按照该产品的公允价值，计入相关资产成本或当期损益，同时确认应付职工薪酬，
借：管理费用
　　生产成本
　　制造费用
　贷：应付职工薪酬——非货币性福利

将企业拥有的房屋等资产无偿提供给职工使用的，应当根据受益对象，将该住房每期应计提的折旧计入相关资产成本或当期损益，同时确认应付职工薪酬，
借：管理费用
　　生产成本
　　制造费用
　贷：应付职工薪酬——非货币性福利
并且同时，
借：应付职工薪酬——非货币性福利
　贷：累计折旧

租赁住房等资产供职工无偿使用的，应当根据受益对象，将每期应付的租金计入相关资产成本或当期损益，并确认应付职工薪酬，
借：管理费用
　　生产成本
　　制造费用
　贷：应付职工薪酬——非货币性福利
难以认定受益对象的非货币性福利，直接计入当期损益和应付职工薪酬

图7-6　非货币性职工薪酬的账务处理

【例7-8】大华建材有限公司为小家电生产企业，共有职工200名，其中170名为直接参加生产的职工，30名为总部管理人员。2×19年2月，大华建材有限公司以其生产的每台成本为900元的电暖器作为春节福利发放给公司每名职工。该型号的电暖器市场售价为每台1 000元，大华建材有限公司适用的增值税税率为13%。大华建材有限公司的有关会计处理如下：

借：生产成本　　　　　　　　　　　　　　　　　192 100

　　管理费用　　　　　　　　　　　　　　　　　 33 900

　贷：应付职工薪酬——非货币性福利　　　　　　226 000

本例中，应确认的应付职工薪酬 =200×1 000×13%+200×1 000=226 000（元）

其中，应记入"生产成本"科目的金额 =170×1 000×13%+170×1 000=192 100（元）

总记入"管理费用"科目的金额 =30×1 000×13%+30×1 000=33 900（元）

【例7-9】大华建材有限公司为总部各部门经理级别以上职工提供汽车免费使用，同时为副总裁以上高级管理人员每人租赁一套住房。大华建材有限公司总部共有部门经理以上职工20名，每人提供一辆桑塔纳汽车免费使用，假定每辆桑塔纳汽车每月计提折旧1 000元；该公司共有副总裁以上高级管理人员5名，公司为每人租赁一套面积为200平方米带有家具和电器的公寓，月租金为每套8 000元。大华建材有限公司的有关会计处理如下：

借：管理费用　　　　　　　　　　　　　　　　　 60 000

　贷：应付职工薪酬——非货币性福利　　　　　　 60 000

借：应付职工薪酬——非货币性福利　　　　　　　 20 000

　贷：累计折旧　　　　　　　　　　　　　　　　 20 000

本例中，大华建材有限公司为总部各部门经理级别以上职工提供汽车免费使用，同时为副总裁以上高级管理人员租赁住房使用，根据受益对象，确认的应付职工薪酬应当计入管理费用。

应确认的应付职工薪酬 =20×1 000+5×8 000=60 000（元）

其中，提供企业拥有的汽车供职工使用的非货币性福利 =20×1 000=20 000（元）

租赁住房供职工使用的非货币性福利 =5×8 000=40 000（元）

此外，大华建材有限公司将其拥有的汽车无偿提供给职工使用的，还应当按照该部分非货币性福利20 000元，借记"应付职工薪酬——非货币性福利"科目，贷记"累计折旧"科目。

（三）发放职工薪酬

发放职工薪酬的账务处理如图 7-7 所示：

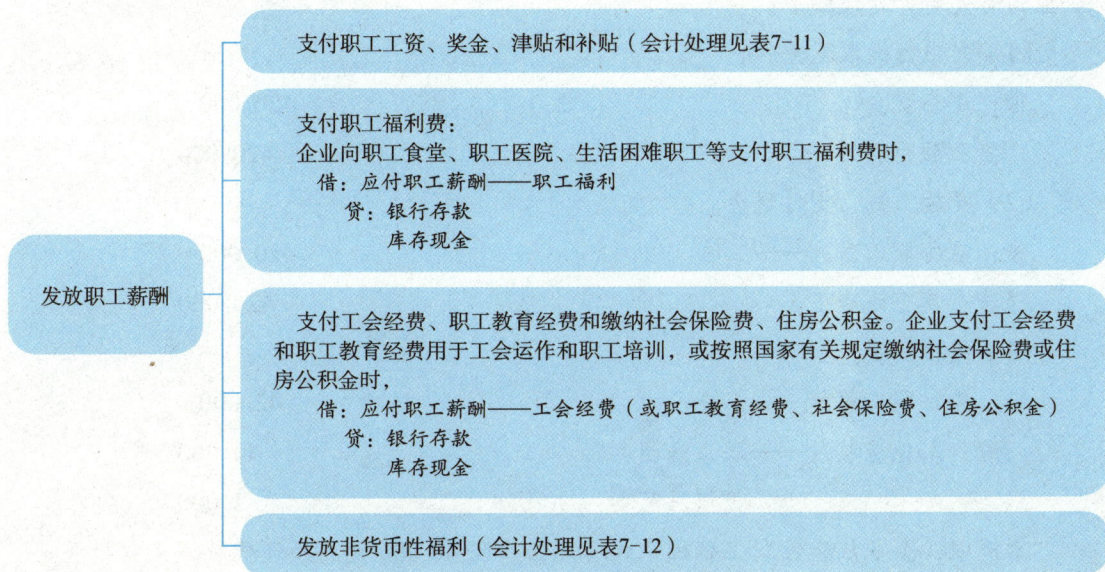

图7-7　发放职工薪酬的账务处理

支付职工工资、奖金、津贴和补贴的会计处理如表 7-11 所示：

表 7-11　支付职工工资、奖金、津贴和补贴的会计处理

相关支付活动	会计处理
向职工支付工资、奖金、津贴等	借记"应付职工薪酬——工资"，贷记"银行存款""库存现金"等
从应付职工薪酬中扣还的各种款项（代垫的家属药费、个人所得税等）	借记"应付职工薪酬"，贷记"银行存款""库存现金""其他应收款""应交税费——应交个人所得税"等
每月发放工资前据"工资结算汇总表"中的"实发金额"栏的合计数向开户银行提取现金	借记"库存现金"科目，贷记"银行存款"科目；然后再向职工发放

发放非货币性福利的会计处理如表 7-12 所示：

表 7-12　发放非货币性福利的会计处理

发放非货币性福利的形式	会计处理
以自产产品作为职工薪酬发放给职工	确认主营业务收入，借记"应付职工薪酬——非货币性福利"科目，贷记"主营业务收入"科目，同时结转相关成本，涉及增值税的，还应进行相应的处理
支付租赁住房等资产供职工无偿使用发生的租金	借记"应付职工薪酬——非货币性福利"科目，贷记"银行存款"等

【例7-10】A企业根据"工资结算汇总表"结算本月应付职工工资总额462 000元，代扣职工房租40 000元，企业代垫职工家属医药费2 000元，实发工资420 000元。A企业的有关会计处理如下：

（1）向银行提取现金。

借：库存现金 420 000

　　贷：银行存款 420 000

（2）发放工资，支付现金。

借：应付职工薪酬——工资 420 000

　　贷：库存现金 420 000

（3）代扣款项。

借：应付职工薪酬——工资 42 000

　贷：其他应收款——职工房租 40 000

　　　　　　——代垫医药费 2 000

本例中，企业从应付职工薪酬中代扣职工房租40 000元、扣还代垫职工家属医药费2 000元，应当借记"应付职工薪酬"科目，贷记"其他应收款"科目。

【例7-11】2×18年9月，通达建工公司以现金支付职工张某生活困难补助800元。通达建工公司的有关会计分录如下：

借：应付职工薪酬——职工福利 800

　　贷：库存现金 800

【例7-12】B企业以银行存款缴纳参加职工医疗保险的医疗保险费40 000元，B企业的有关会计分录如下：

借：应付职工薪酬——社会保险费 40 000

　　贷：银行存款 40 000

【例7-13】大华建材有限公司向职工发放电暖器作为福利，以上电暖器的成本价为180 000元，按该公司同种产品的售价，该批电暖器的总售价为200 000元，其销项税额为26 000元，同时要根据相关税收规定，视同销售计算增值税销项税额。大华建材有限公司的有关会计处理如下：

借：应付职工薪酬——非货币性福利 226 000

　　贷：主营业务收入 200 000

　　　　应交税费——应交增值税（销项税额） 26 000

借：主营业务成本　　　　　　　　　　　　　　　　　　180 000
　　贷：库存商品——电暖器　　　　　　　　　　　　　　180 000

大华建材有限公司应确认的主营业务收入 =200×1 000=200 000（元）

大华建材有限公司应确认的增值税销项税额 =200×1 000×13%=26 000（元）

大华建材有限公司应结转的销售成本 =200×900=180 000（元）

第六节　应交税金的会计核算

施工企业应交税金的种类较多，增值税、企业所得税是最重要的两个税种，这里介绍应交增值税、应交消费税、应交城市维护建设税和"其他应缴款——应交教育费附加"的核算。

自 2016 年 5 月 1 日起，我国全面实施营业税改征增值税改革，这对于酒店企业而言，影响是巨大的，酒店企业最主要的客房、娱乐服务、餐饮等业务，均由缴纳营业税统一变更为缴纳增值税。

一、增值税

依据《营业税改征增值税试点实施办法》第一条的规定："在中华人民共和国境内（以下称境内）销售服务、无形资产或者不动产（以下称应税行为）的单位和个人，为增值税纳税人，应当按照本办法缴纳增值税，不缴纳营业税。"

对于销售服务，是指提供交通运输服务、邮政服务、电信服务、建筑服务、金融服务、现代服务、生活服务。

（一）酒店企业中需要缴纳增值税的业务范围

对于酒店企业而言，餐饮住宿服务和旅游娱乐服务就属于生活服务的一个组成部分。

酒店企业需要缴纳增值税的业务范围如图 7-8 所示：

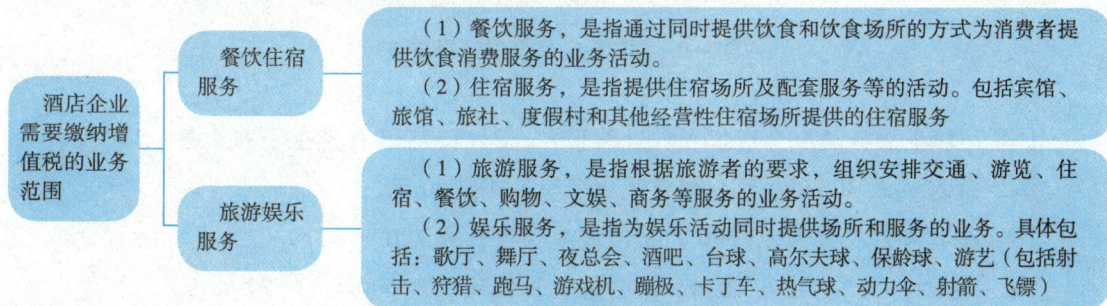

| 酒店企业需要缴纳增值税的业务范围 | 餐饮住宿服务 | （1）餐饮服务，是指通过同时提供饮食和饮食场所的方式为消费者提供饮食消费服务的业务活动。
（2）住宿服务，是指提供住宿场所及配套服务等的活动。包括宾馆、旅馆、旅社、度假村和其他经营性住宿场所所提供的住宿服务 |
| | 旅游娱乐服务 | （1）旅游服务，是指根据旅游者的要求，组织安排交通、游览、住宿、餐饮、购物、文娱、商务等服务的业务活动。
（2）娱乐服务，是指为娱乐活动同时提供场所和服务的业务。具体包括：歌厅、舞厅、夜总会、酒吧、台球、高尔夫球、保龄球、游艺（包括射击、狩猎、跑马、游戏机、蹦极、卡丁车、热气球、动力伞、射箭、飞镖） |

图7-8　酒店企业需要缴纳增值税的业务范围

（二）酒店企业增值税的计算方法

1. 一般纳税人的增值税计算方法

如果酒店企业经国家税务机关认定为一般纳税人，其应纳税额，是指当期销项税额抵扣当期进项税额后的余额。其增值税计算方法如图7-9所示：

应纳税额计算公式：

$$应纳税额=当期销项税额-当期进项税额$$

当期销项税额小于当期进项税额不足抵扣时，其不足部分可以结转下期继续抵扣。

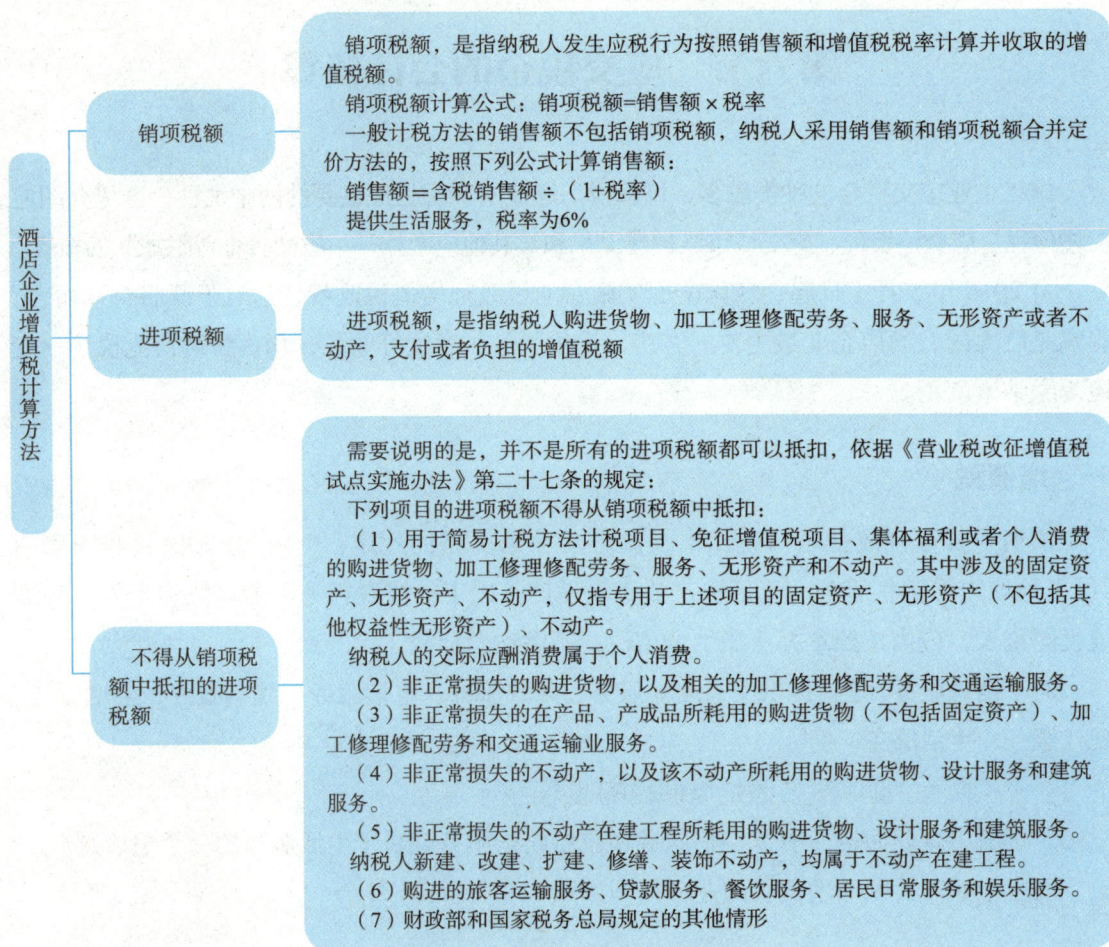

酒店企业增值税计算方法

销项税额

销项税额，是指纳税人发生应税行为按照销售额和增值税税率计算并收取的增值税额。

销项税额计算公式：销项税额=销售额×税率

一般计税方法的销售额不包括销项税额，纳税人采用销售额和销项税额合并定价方法的，按照下列公式计算销售额：

销售额=含税销售额÷（1+税率）

提供生活服务，税率为6%

进项税额

进项税额，是指纳税人购进货物、加工修理修配劳务、服务、无形资产或者不动产，支付或者负担的增值税额

不得从销项税额中抵扣的进项税额

需要说明的是，并不是所有的进项税额都可以抵扣，依据《营业税改征增值税试点实施办法》第二十七条的规定：

下列项目的进项税额不得从销项税额中抵扣：

（1）用于简易计税方法计税项目、免征增值税项目、集体福利或者个人消费的购进货物、加工修理修配劳务、服务、无形资产和不动产。其中涉及的固定资产、无形资产、不动产，仅指专用于上述项目的固定资产、无形资产（不包括其他权益性无形资产）、不动产。

纳税人的交际应酬消费属于个人消费。

（2）非正常损失的购进货物，以及相关的加工修理修配劳务和交通运输服务。

（3）非正常损失的在产品、产成品所耗用的购进货物（不包括固定资产）、加工修理修配劳务和交通运输业服务。

（4）非正常损失的不动产，以及该不动产所耗用的购进货物、设计服务和建筑服务。

（5）非正常损失的不动产在建工程所耗用的购进货物、设计服务和建筑服务。

纳税人新建、改建、扩建、修缮、装饰不动产，均属于不动产在建工程。

（6）购进的旅客运输服务、贷款服务、餐饮服务、居民日常服务和娱乐服务。

（7）财政部和国家税务总局规定的其他情形

图7-9 酒店企业增值税计算方法

【例7-14】丽晶酒店为增值税一般纳税人，2×17年2月发生下列业务：

（1）客房收入300 000元，增值税销项税额18 000元；

（2）餐饮部获得收入12 000元，增值税销项税额720元；

（3）娱乐中心取得收入10 000元，增值税销项税额600元；

（4）当月采购食品等 10 000 元，增值税进项税额 900 元；

（5）当月采购一次性洗漱用品 2 000 元，增值税进项税额 260 元。

请计算本月应该缴纳的增值税税额。

应纳增值税税额 =18 000+720+600−900−260=18 160（元）

2. 小规模纳税人的增值税计算方法

如果酒店企业尚不能达到一般纳税人的标准，则需要按照小规模纳税人的要求计算应交增值税。其计税方法如图 7-10 所示：

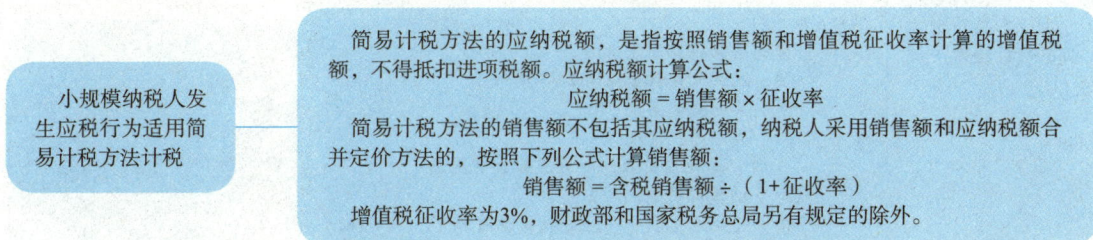

小规模纳税人发生应税行为适用简易计税方法计税

简易计税方法的应纳税额，是指按照销售额和增值税征收率计算的增值税额，不得抵扣进项税额。应纳税额计算公式：

应纳税额 = 销售额 × 征收率

简易计税方法的销售额不包括其应纳税额，纳税人采用销售额和应纳税额合并定价方法的，按照下列公式计算销售额：

销售额 = 含税销售额 ÷（1+ 征收率）

增值税征收率为3%，财政部和国家税务总局另有规定的除外。

图7-10　小规模纳税人发生应税行为适用简易计税方法的计税

二、应交城市维护建设税

城市维护建设税的计税及核算如表 7-13 所示：

表 7-13　城市维护建设税的计税及核算

城市维护建设税的计税依据及公式	会计核算
一种附加税，以应交纳的增值税、消费税为计税依据； 应纳税额 = 计税依据 × 适用税率	计算应纳城市维护建设税时，应借记"税金及附加""其他业务支出""固定资产清理"等，贷记"应交税费——应交城市维护建设税"；实际交纳城市维护建设税时，应借记"应交税费——应交城市维护建设税"，贷记"银行存款"

【例 7-15】通达建工公司 2×19 年 7 月应交增值税、消费税如下：

销售产品应交增值税　　　　　　　　　　　　　60 000 元

销售产品应交消费税　　　　　　　　　　　　　30 000 元

合计　　　　　　　　　　　　　　　　　　　　90 000 元

根据以上数据和本企业城市维护建设税税率 7% 计算的应交城市维护建设税及会计分录如下：

本月应交城市维护建设税 =90 000×7%=6 300（元）

借：税金及附加 6 300

    贷：应交税费——应交城市维护建设税 6 300

三、应交教育费附加

应交教育费附加的会计核算如图 7-11 所示：

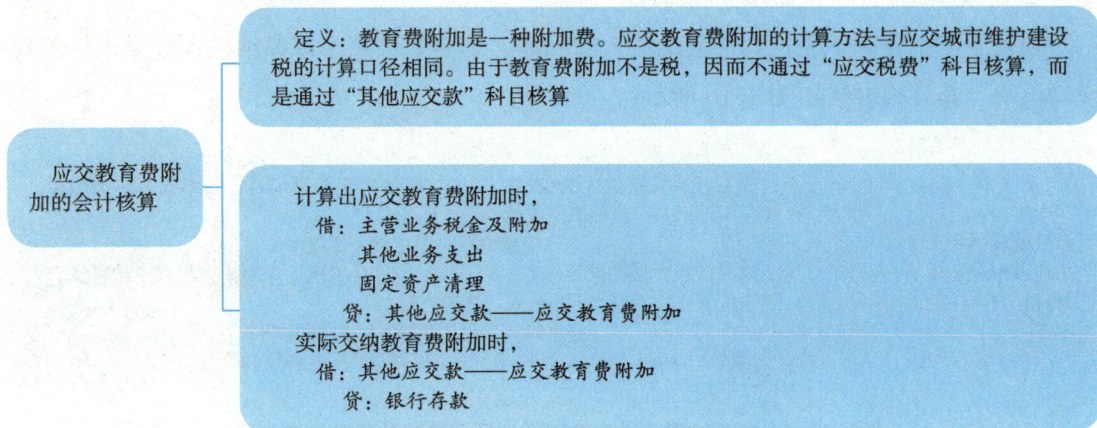

应交教育费附加的会计核算

定义：教育费附加是一种附加费。应交教育费附加的计算方法与应交城市维护建设税的计算口径相同。由于教育费附加不是税，因而不通过"应交税费"科目核算，而是通过"其他应交款"科目核算

计算出应交教育费附加时，
借：主营业务税金及附加
    其他业务支出
    固定资产清理
    贷：其他应交款——应交教育费附加
实际交纳教育费附加时，
借：其他应交款——应交教育费附加
    贷：银行存款

图7-11 应交教育费附加的会计核算

【例 7-16】通达建工公司 2×19 年 7 月应交增值税、消费税如下：

销售产品应交增值税 60 000 元

销售产品应交消费税 30 000 元

合计 90 000 元

根据以上数据和本企业应交教育费附加的税率为 3% 计算的应交教育费附加金额及会计分录如下：

本月应交教育费附加 =90 000×3%=2 700（元）

借：税金及附加 2 700

    贷：其他应交款——应交教育费附加 2 700

第八章

非流动负债

第一节　长期借款

一、长期借款的概念

长期借款的概念如图 8-1 所示：

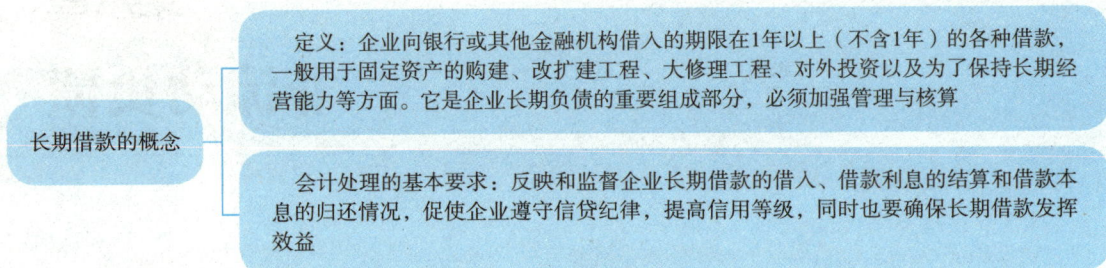

长期借款的概念

定义：企业向银行或其他金融机构借入的期限在1年以上（不含1年）的各种借款，一般用于固定资产的购建、改扩建工程、大修理工程、对外投资以及为了保持长期经营能力等方面。它是企业长期负债的重要组成部分，必须加强管理与核算

会计处理的基本要求：反映和监督企业长期借款的借入、借款利息的结算和借款本息的归还情况，促使企业遵守信贷纪律，提高信用等级，同时也要确保长期借款发挥效益

图8-1　长期借款的概念

二、长期借款的会计核算

长期借款的会计核算如图 8-2 所示：

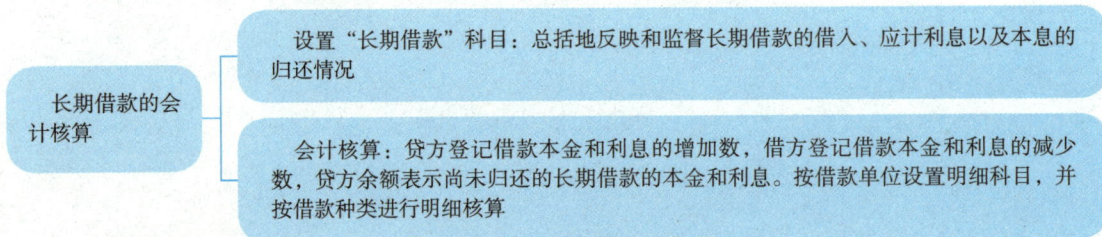

长期借款的会计核算

设置"长期借款"科目：总括地反映和监督长期借款的借入、应计利息以及本息的归还情况

会计核算：贷方登记借款本金和利息的增加数，借方登记借款本金和利息的减少数，贷方余额表示尚未归还的长期借款的本金和利息。按借款单位设置明细科目，并按借款种类进行明细核算

图8-2　长期借款的会计核算

（一）取得长期借款时的账务处理

企业借入长期借款，应按实际收到的金额，借记"银行存款"科目，贷记"长期借款——本金"科目；如存在差额，还应借记"长期借款——利息调整"科目。

【例 8-1】通达建工公司于 2×19 年 4 月 10 日从银行借入资金 4 000 000 元，借款期限为 3 年，年利率为 8.4%（到期一次还本付息，不计复利）。所借款项已存入银行。

通达建工公司的有关会计处理如下：

借：银行存款　　　　　　　　　　　　　　　　　　　　　　　4 000 000

　　贷：长期借款——本金　　　　　　　　　　　　　　　　　4 000 000

（二）长期借款费用的账务处理

借款费用的定义及处理原则如图 8-3 所示：

借款费用

定义：企业因借款而发生的利息、折价或溢价的摊销和辅助费用，以及因外币借款而发生的汇兑差额

处理原则：允许借款费用在符合条件的情况下，计入资产的成本（也称为借款费用的资本化），其他借款费用则作为当期的费用计入当期损益（也称为借款费用的费用化）

图8-3　借款费用的定义及处理原则

长期借款费用的几种情况的账务处理如表 8-1 所示：

表8-1　长期借款费用的几种情况的账务处理

长期借款费用的几种情况	具体的账务处理
属于筹建期间的，计入长期待摊费用	借：长期待摊费用 　　贷：长期借款
属于生产经营期间的，计入财务费用	借：财务费用 　　贷：长期借款
属于发生的与固定资产购建有关的专门借款的借款费用，在固定资产达到预定可使用状态前按规定应予以资本化	借：在建工程 　　贷：长期借款
固定资产达到预定可使用状态后所发生的借款费用以及按规定不能予以资本化的借款费用	借：财务费用 　　贷：长期借款

（三）对借款费用进行账务处理时的关键点

1. 借款费用开始资本化时点的确定

专门借款的借款费用开始资本化应同时具备三个条件，具体如表 8-2 所示：

表8-2　专门借款的借款费用开始资本化应同时具备的条件

序号	应同时具备的条件	说明
1	资产支出已经发生	资产支出只包括为购建固定资产而以支付现金、转移非现金资产或者承担带息债务形式发生的支出
2	借款费用已经发生	指已经发生了因购建固定资产而专门借入款项的利息、折价或溢价的摊销、辅助费用或汇兑差额
3	为使资产达到预定可使用状态所必要的购建活动已经开始	—
注意：因安排专门借款而发生的一次性支出的辅助费用，一般不考虑开始资本化的三个条件，应当在发生时予以资本化，如发行债券的手续费、初始借款手续费应当在实际发生时予以资本化		

2. 借款费用资本化金额的确定

借款费用资本化金额的确定如图 8-4 所示:

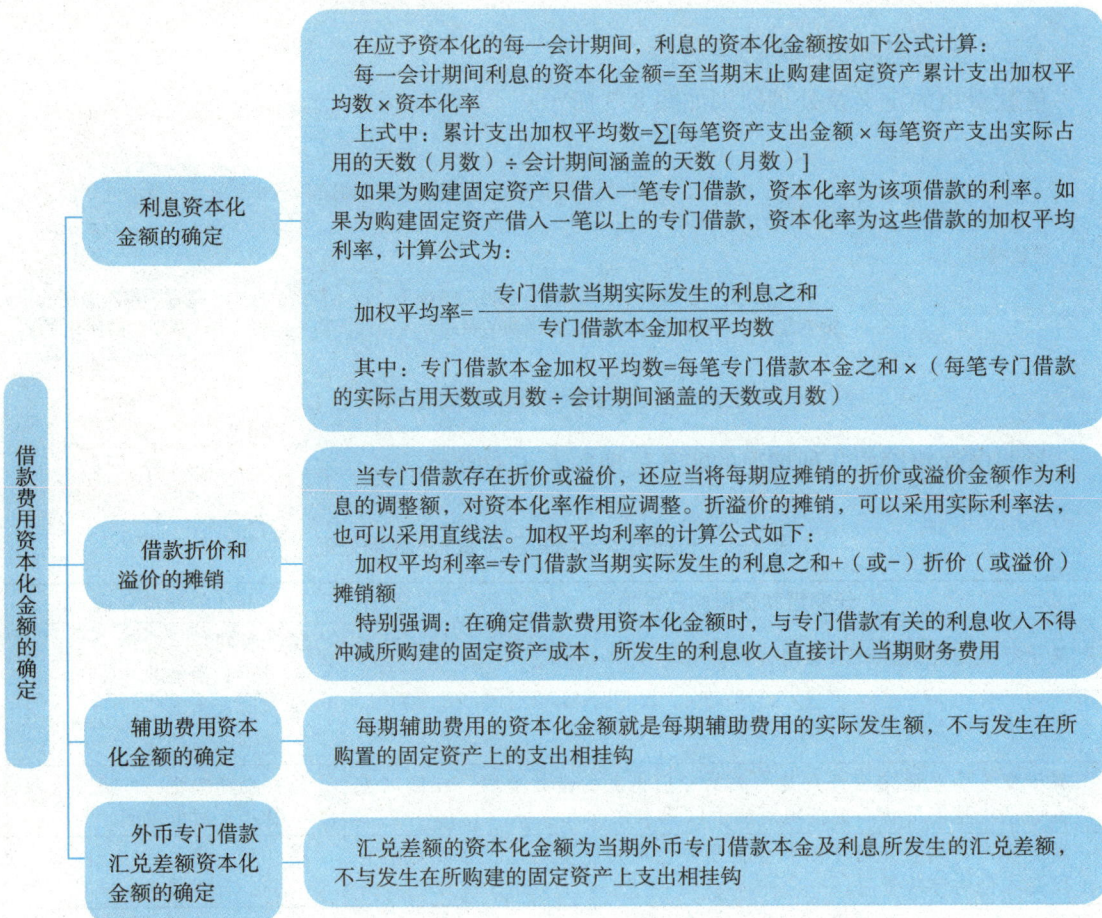

在应予资本化的每一会计期间,利息的资本化金额按如下公式计算:

每一会计期间利息的资本化金额=至当期末止购建固定资产累计支出加权平均数×资本化率

上式中: 累计支出加权平均数=∑[每笔资产支出金额×每笔资产支出实际占用的天数(月数)÷会计期间涵盖的天数(月数)]

如果为购建固定资产只借入一笔专门借款,资本化率为该项借款的利率。如果为购建固定资产借入一笔以上的专门借款,资本化率为这些借款的加权平均利率,计算公式为:

$$加权平均率=\frac{专门借款当期实际发生的利息之和}{专门借款本金加权平均数}$$

其中: 专门借款本金加权平均数=每笔专门借款本金之和×(每笔专门借款的实际占用天数或月数÷会计期间涵盖的天数或月数)

当专门借款存在折价或溢价,还应当将每期应摊销的折价或溢价金额作为利息的调整额,对资本化作相应调整。折溢价的摊销,可以采用实际利率法,也可以采用直线法。加权平均利率的计算公式如下:

加权平均利率=专门借款当期实际发生的利息之和+(或-)折价(或溢价)摊销额

特别强调: 在确定借款费用资本化金额时,与专门借款有关的利息收入不得冲减所购建的固定资产成本,所发生的利息收入直接计入当期财务费用

每期辅助费用的资本化金额就是每期辅助费用的实际发生额,不与发生在所购置的固定资产上的支出相挂钩

汇兑差额的资本化金额为当期外币专门借款本金及利息所发生的汇兑差额,不与发生在所购建的固定资产上支出相挂钩

(图左侧分支: 借款费用资本化金额的确定 → 利息资本化金额的确定 / 借款折价和溢价的摊销 / 辅助费用资本化金额的确定 / 外币专门借款汇兑差额资本化金额的确定)

图8-4 借款费用资本化金额的确定

3. 借款费用资本化的暂停和停止

借款费用资本化的暂停和停止满足的条件以及会计处理如表 8-3 所示:

表8-3 借款费用资本化的暂停和停止

区分	满足的条件	会计处理
借款费用资本化的暂停	固定资产的购建活动发生非正常中断,并且中断时间连续超过 3 个月	暂停借款费用的资本化,将其确认为当期费用,直至资产的购建活动重新开始
借款费用资本化的停止	当所购建的固定资产达到预定可使用状态	停止其借款费用的资本化;以后发生的借款费用应当于发生当期确认为费用

【例 8-2】通达建工公司由于缺乏生产周转资金,决定从银行申请 2 年期的长期贷

款用于企业的生产经营周转，2×18年1月1日从银行取得长期借款100 000元，年利率为8%，按单利计息，每年计提一次利息，到期一次还本付息。

由于该项长期借款的用途是企业的生产经营周转，因而按期确认的借款利息，应计入财务费用。相关会计分录如下：

（1）取得借款，并存入开户银行。

借：银行存款　　　　　　　　　　　　　　　　100 000
　　贷：长期借款　　　　　　　　　　　　　　　　100 000

（2）2×18年年末计提利息。

利息费用 =100 000×8%=8 000（元）

借：财务费用　　　　　　　　　　　　　　　　8 000
　　贷：长期借款　　　　　　　　　　　　　　　　8 000

（3）2×19年年末计提利息的计算和所编制会计分录与2×19年年末的相同。

（4）2×19年年末到期归还本息。

两年的累计利息 =8 000 + 8 000=16 000（元）

应归还的本息之和 =100 000 + 16 000=116 000（元）

借：长期借款　　　　　　　　　　　　　　　　116 000
　　贷：银行存款　　　　　　　　　　　　　　　　116 000

【例8-3】通达建工公司计划购建一条搅拌水泥生产线，2×18年1月1日为购建这条生产线从银行取得2年期借款200万元，年利率8%，按单利计息。在该项固定资产的购建中，分别于1月1日、4月1日和10月1日各投入50万元、100万元和50万元。该项固定资产于2×18年12月31日达到预定可使用状态。有关具体经济业务及资本化金额的计算和会计分录如下：

（1）2×18年1月1日，取得该项借款，其中500 000元直接用于支付工程价款，1 500 000元存入银行。

借：在建工程　　　　　　　　　　　　　　　　500 000
　　银行存款　　　　　　　　　　　　　　　　1 500 000
　　贷：长期借款　　　　　　　　　　　　　　　　2 000 000

（2）2×18年4月1日，支付工程价款1 000 000元。

借：在建工程　　　　　　　　　　　　　　　　1 000 000
　　贷：银行存款　　　　　　　　　　　　　　　　1 000 000

（3）2×18年10月1日，支付工程价款500 000元。

借：在建工程　　　　　　　　　　　　　　　　500 000

  贷：银行存款   500 000

（4）2×18年年末确认借款利息及其中应予资本化的金额和应计入财务费用的金额。

①借款利息 =2 000 000×8%=160 000（元）。

②应予资本化的金额的计算：因为只取得了一笔贷款，因此资本化率也就是该笔贷款的利率8%。

  加权资金金额 =500 000+1 000 000×（9/12）+500 000×（3/12）=1 375 000（元）

  应予资本化的金额 =1 375 000×8%=110 000（元）

③应计入财务费用的金额 =160 000−110 000=50 000（元）。

  借：在建工程   110 000

   财务费用   50 000

   贷：长期借款   160 000

（5）2×18年年末该项固定资产达到预定可使用状态，并验收竣工，交付使用。

该项固定资产的造价 =500 000 +1 000 000+500 000 +110 000=2 110 000（元）

  借：固定资产   2 110 000

   贷：在建工程   2 110 000

（6）2×19年年末确认利息。

借款利息 =2 000 000×8%=160 000（元）

  借：财务费用   160 000

   贷：长期借款   160 000

（7）2×19年年末归还本息。

本息之和 =2 000 000 + 160 000 + 160 000=2 320 000（元）

  借：长期借款   2 320 000

   贷：银行存款   2 320 000

（四）归还长期借款

归还长期借款的会计处理如图 8-5 所示：

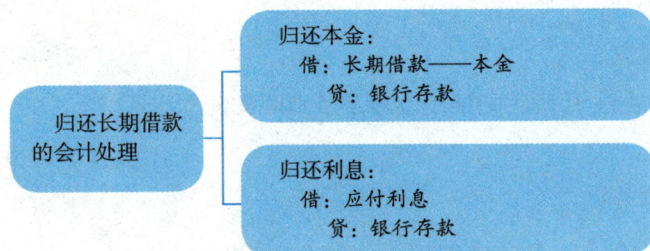

图8-5 归还长期借款的会计处理

第二节 长期债券的会计核算

一、一般公司债券的会计核算

（一）应付债券核算应设置的科目

应付债券科目的设置如表 8-4 所示：

表 8-4 应付债券科目的设置

应付债券科目的设置目的	科目的核算
为了总括地反映和监督企业为筹集长期资金而实际发行的债券及应付的利息	贷方登记应付债券的本息，借方登记归还的债券本息，贷方余额表示尚未归还的债券本息

债券发行方式如图 8-6 所示：

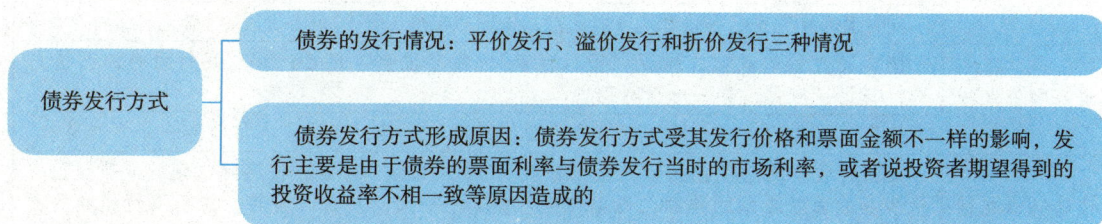

债券发行方式	债券的发行情况：平价发行、溢价发行和折价发行三种情况
	债券发行方式形成原因：债券发行方式受其发行价格和票面金额不一样的影响，发行主要是由于债券的票面利率与债券发行当时的市场利率，或者说投资者期望得到的投资收益率不相一致等原因造成的

图8-6 债券发行方式

债券的发行情况如表 8-5 所示：

表 8-5 债券的发行情况

相关概念	具体内容	发行情况
债券的票面利率（名义利率）	债券上载明的、用以计算应付给债券购买人利息的利率	票面利率等于市场利率时，债券按其面值发行，即平价发行；票面利率大于市场利率时，债券以高于其面值的价格发行，即溢价发行，发行价格超出债券面值的部分，称为债券溢价，这一部分差价，相当是给予债券发行人多支付利息的补偿；票面利率小于市场利率时，债券以低于其面值的价格发行，即折价发行，发行价格低于债券面值的部分，称为债券折价，这一部分差价，相当是给予债券投资人少收获的利息的补偿
市场利率（实际利率）	债券发行时，金融市场上那些风险和期限与该债券类似的借贷资本的通行利率	

应付债券科目的设置如表8-6所示：

表8-6　应付债券科目的设置

科目设置目的	明细科目的设置	核算的内容
为了全面核算企业应付债券的面值、溢价、折价和应计利息	应付债券——债券面值	贷方登记已发行债券的面值；借方登记归还债券的面值；贷方余额表示尚未归还债券的面值
	应付债券——债券溢价	贷方登记已发行债券的溢价金额；借方登记逐期摊销的溢价金额；贷方余额表示尚未摊销的溢价金额
	应付债券——债券折价	借方登记已发行债券的折价金额；贷方登记逐期摊销的折价金额；借方余额表示尚未摊销的折价金额
	应付债券——应计利息	贷方登记各期应计的债券利息；借方登记实际支付的债券利息；贷方余额表示尚未支付的债券利息

（二）公司债券发行的核算

债券发行的会计核算如表8-7所示：

表8-7　债券发行的会计核算

债券发行方式	相关账务处理
债券平价发行	按照实际收到的款项（这时实际收到的款项与已发行债券的面值总额相等），借记"银行存款""库存现金"，贷记"应付债券——债券面值"
	支付债券代理发行手续费及印刷费时，借记"在建工程""财务费用"，贷记"银行存款"
债券溢价发行	按实际收到的款项，借记"银行存款""库存现金"科目；按已发行债券的面值总额，贷记"应付债券——债券面值"
	按实际收到的款项与已发行债券的面值总额的差额，贷记"应付债券——债券溢价"
债券折价发行	按实际收到的款项，借记"银行存款""库存现金"科目；按实际收到的款项与已发行债券的面值总额的差额，借记"应付债券——债券折价"科目；按已发行债券的面值总额，贷记"应付债券——债券面值"

债券发行的核算如图8-7所示：

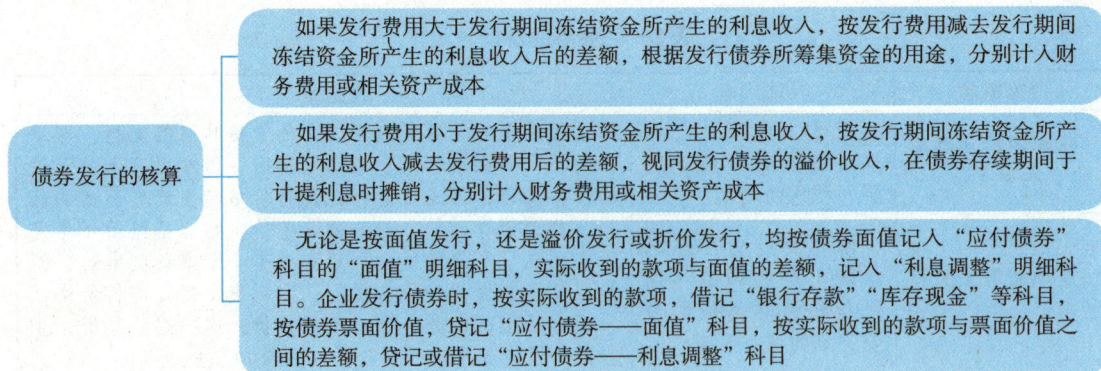

如果发行费用大于发行期间冻结资金所产生的利息收入，按发行费用减去发行期间冻结资金所产生的利息收入后的差额，根据发行债券所筹集资金的用途，分别计入财务费用或相关资产成本

债券发行的核算

如果发行费用小于发行期间冻结资金所产生的利息收入，按发行期间冻结资金所产生的利息收入减去发行费用后的差额，视同发行债券的溢价收入，在债券存续期间于计提利息时摊销，分别计入财务费用或相关资产成本

无论是按面值发行，还是溢价发行或折价发行，均按债券面值记入"应付债券"科目的"面值"明细科目，实际收到的款项与面值的差额，记入"利息调整"明细科目。企业发行债券时，按实际收到的款项，借记"银行存款""库存现金"等科目，按债券票面价值，贷记"应付债券——面值"科目，按实际收到的款项与票面价值之间的差额，贷记或借记"应付债券——利息调整"科目

图8-7　债券发行的核算

【例8-4】中南公司2×19年1月1日发行2年期长期债券，用于生产经营周转。债券面值总额为120 000元，年利率为9%，债券到期一次还本付息。债券平价发行，全部售完，实际收到120 000元，款项已存入银行。请对以上的经济业务编制会计分录：

借：银行存款　　　　　　　　　　　　　　　　　　　　120 000
　　贷：应付债券——债券面值　　　　　　　　　　　　　　120 000

【例8-5】北通公司2×19年1月1日发行2年期长期债券用于生产经营周转。债券面值总额为100 000元，年利率为10%，债券到期一次还本付息。债券溢价发行，全部售完，实际收到101 694元，款项已存入银行。请对以上的经济业务编制会计分录：

收到发行债券筹集到的款项时
借：银行存款　　　　　　　　　　　　　　　　　　　　101 694
　　贷：应付债券——债券面值　　　　　　　　　　　　　　100 000
　　　　　　　　——债券溢价　　　　　　　　　　　　　　　1 694

【例8-6】通达公司2×19年1月1日发行2年期长期债券，用于生产经营周转。债券面值总额为150 000元，年利率为8%，债券到期一次还本付息。债券折价发行，全部售完，实际收到147 458元，款项已存入银行。请对以上的经济业务编制会计分录：

收到发行债券筹集到的款项时
借：银行存款　　　　　　　　　　　　　　　　　　　　147 458
　　　应付债券——债券折价　　　　　　　　　　　　　　　2 542
　　贷：应付债券——债券面值　　　　　　　　　　　　　　150 000

（三）应计利息和债券溢价、折价摊销的核算
应计利息和债券溢折价摊销的核算如图8-8所示：

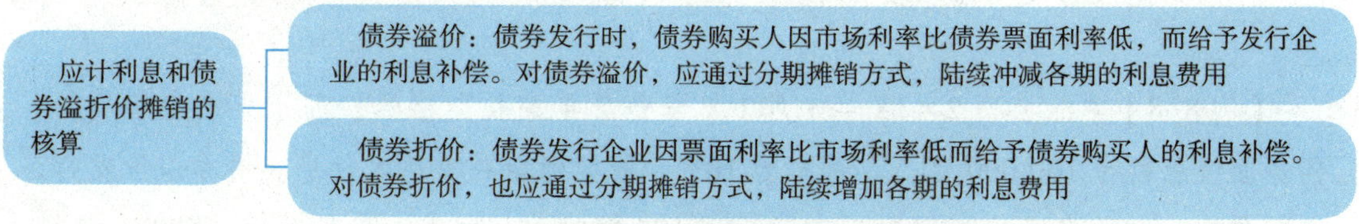

应计利息和债券溢折价摊销的核算
├ 债券溢价：债券发行时，债券购买人因市场利率比债券票面利率低，而给予发行企业的利息补偿。对债券溢价，应通过分期摊销方式，陆续冲减各期的利息费用
└ 债券折价：债券发行企业因票面利率比市场利率低而给予债券购买人的利息补偿。对债券折价，也应通过分期摊销方式，陆续增加各期的利息费用

图8-8　应计利息和债券溢折价摊销的核算

企业债券溢价和折价的摊销，可以采用直线法，也可以采用实际利率法。这里只介绍直线法下企业债券溢价和折价摊销的处理。直线法是将债券溢价或折价平均分摊于各期的一种摊销方法。

债券计提利息的账务处理如图 8-9 所示：

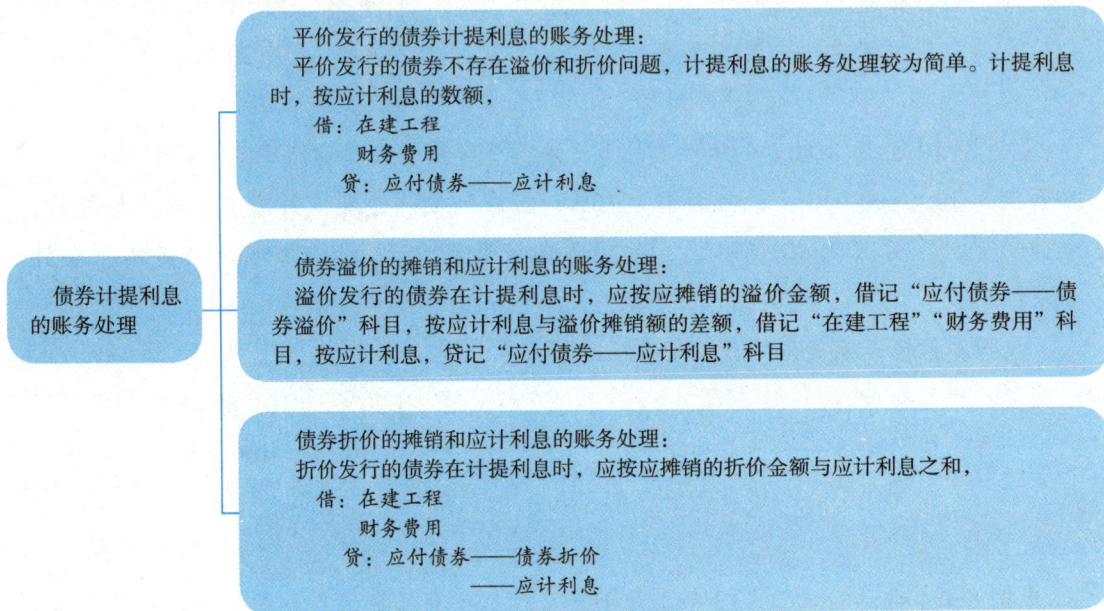

债券计提利息的账务处理

平价发行的债券计提利息的账务处理：
平价发行的债券不存在溢价和折价问题，计提利息的账务处理较为简单。计提利息时，按应计利息的数额，
借：在建工程
　　财务费用
　　贷：应付债券——应计利息

债券溢价的摊销和应计利息的账务处理：
溢价发行的债券在计提利息时，应按应摊销的溢价金额，借记"应付债券——债券溢价"科目，按应计利息与溢价摊销额的差额，借记"在建工程""财务费用"科目，按应计利息，贷记"应付债券——应计利息"科目

债券折价的摊销和应计利息的账务处理：
折价发行的债券在计提利息时，应按应摊销的折价金额与应计利息之和，
借：在建工程
　　财务费用
　　贷：应付债券——债券折价
　　　　　　　　——应计利息

图8-9　债券计提利息的账务处理

【例 8-7】中北公司 2×18 年 1 月 1 日发行 2 年期长期债券，用于生产经营周转。债券面值总额为 120 000 元，年利率为 9%，债券到期一次还本付息。债券平价发行，全部售完，实际收到 120 000 元，款项已存入银行。假设每年计提一次利息，那么各期应计利息可计算如下：

各期应计利息 =120 000×9%=10 800（元）

根据以上计算结果，各期期末（2×18 年 12 月 31 日、2×19 年 12 月 31 日）分别请对以上的经济业务编制会计分录：

借：财务费用　　　　　　　　　　　　　　　　　　　10 800
　　贷：应付债券——应计利息　　　　　　　　　　　　10 800

【例 8-8】中北公司 2×18 年 1 月 1 日发行 2 年期长期债券，用于生产经营周转。债券面值总额为 100 000 元，年利率为 10%，债券到期一次还本付息。债券溢价发行，全部售完，减除各项发行费用后实际收到 105 000 元，款项已存入银行。假设每年计提一次利息，那么各期应计利息和应摊销的溢价金额如下：

各期应计利息 =100 000×10%=10 000（元）

各期期末（2×18 年 12 月 31 日、2×19 年 12 月 31 日）分别请对以上的经济业务编制会计分录：

借：财务费用　　　　　　　　　　　　　　　　　　7 500

　　应付债券——债券溢价　　　　　　　　　　　　2 500

　　贷：应付债券——应计利息　　　　　　　　　　　　10 000

【例 8-9】中北公司 2×18 年 1 月 1 日发行 2 年期长期债券，用于生产经营周转。债券面值总额为 100 000 元，年利率为 10%，债券到期一次还本付息。债券折价发行，全部售完，减除各项发行费用后实际收到 95 000 元，款项已存入银行。假设每年计提一次利息，那么各期应计利息和应摊销的溢价金额如下：

各期应计利息 =100 000×10%=10 000（元）

各期期末（2×18 年 12 月 31 日、2×19 年 12 月 31 日）分别请对以上的经济业务编制会计分录：

借：财务费用　　　　　　　　　　　　　　　　　　12 500

　　贷：应付债券——应计利息　　　　　　　　　　　　10 000

　　　　应付债券——债券溢价　　　　　　　　　　　　2 500

（四）债券到期支付本息的核算

债券到期，支付本息时，应按支付的本金，借记"应付债券——债券面值"科目；按支付的利息，借记"应付债券——应计利息"科目，按支付的本金和利息之和，贷记"银行存款"科目。

【例 8-10】海天公司曾于 2×19 年 10 月 1 日发行一批两年期企业债券，票面金额 120 000 元，票面利率为 9%，单利计息，约定到期后一次性还本付息。请对以上的经济业务编制会计分录：

分析：该笔债券到期时，支付的本金为 120 000 元，支付的利息为 21 600 元（12 000×9%×2）。

借：应付债券——债券面值　　　　　　　　　　　　120 000

　　应付债券——应计利息　　　　　　　　　　　　　21 600

　　贷：银行存款　　　　　　　　　　　　　　　　　　141 600

二、可转换公司债券核算

我国发行可转换公司债券采取记名式无纸化发行方式，债券最短期限为 3 年，最长期限为 5 年。企业发行的可转换公司债券在"应付债券"科目下设置"可转换公司债券"明细科目核算。

可转换公司债券的会计处理如图 8-10 所示：

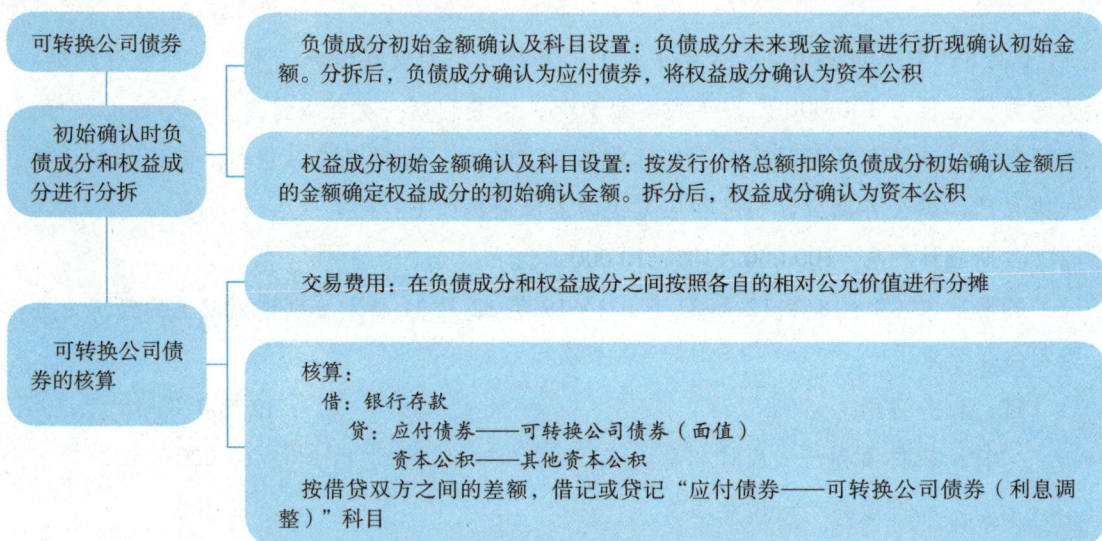

图8-10　可转换公司债券的会计处理

可转换公司债券转换时的会计处理如图 8-11 所示：

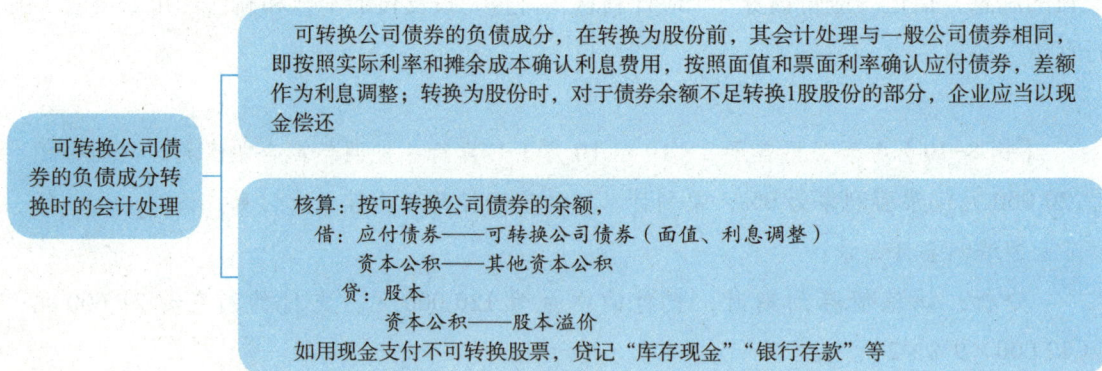

图8-11　可转换公司债券转换时的会计处理

【例 8-11】甲公司经批准于 2×18 年 1 月 1 日按面值发行 5 年期一次还本付息的可转换公司债券 200 000 000 元，款项已收存银行，债券票面年利率为 6%，利息按年支付。债券发行 1 年后可转换为普通股股票，初始转股价为每股 10 元，股票面值为每股 1 元。

2×19 年 1 月 1 日债券持有人将持有的可转换公司债券全部转换为普通股股票（假定按当日可转换公司债券的账面价值计算转股数），甲公司发行可转换公司债券时二级市场上与之类似的没有转换权的债券市场利率为 9%。据此，甲公司的账务处理如下：

（1）2×18 年 1 月 1 日发行可转换公司债券。

借：银行存款	200 000 000
应付债券——可转换公司债券（利息调整）	23 343 600
贷：应付债券——可转换公司债券（面值）	200 000 000
资本公积——其他资本公积	23 343 600

可转换公司债券负债成分的公允价值为：

200 000 000×0.6499+200 000 000×6%×3.8897=176 656 400（元）

可转换公司债券权益成分的公允价值为：200 000 000−176 656 400=23 343 600（元）

（2）2×18 年 12 月 31 日确认利息费用。

借：财务费用	15 899 076
贷：应付债券——可转换公开发行债券（应计利息）	12 000 000
——可转换公司债券（利息调整）	3 899 076

（3）2×19 年 1 月 1 日债券持有人行使转换权。

转换的股份数 ＝（176 656 400+12 000 000+3 899 076）÷10=19 255 547.6（股）

不足 1 股的部分支付现金 0.6 元

借：应付债券——可转换公司债券（面值）	200 000 000
——可转换公司债券（应计利息）	12 000 000
资本公积——其他资本公积	23 343 600
贷：股本	19 255 547
应付债券——可转换公司债券（利息调整）	19 444 524
资本公积——股本溢价	196 643 528.4
库存现金	0.6

第九章

所有者权益

第一节　所有者权益的性质及内容

一、所有者权益的概念

所有者权益概念以及分类如图 9-1 所示：

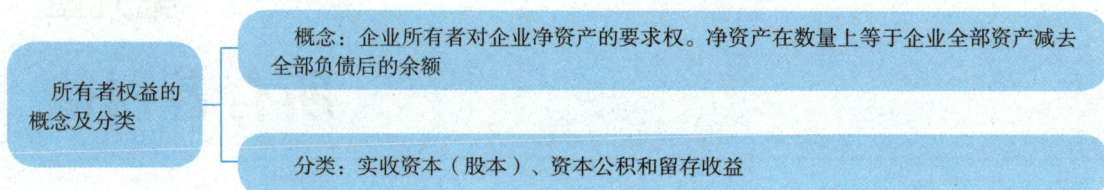

图9-1　所有者权益的概念及分类

二、所有者权益与负债的区别

所有者权益与负债的区别如表 9-1 所示：

表 9-1　所有者权益与负债的区别

项目	所有者权益	负债
要求权及顺序	所有者对企业剩余资产的要求权，是一种"剩余权益"，顺序上置于债权人的要求权之后	企业对债权人应负担的义务
报酬	利润分配是根据企业的盈利情况、经营状况和企业的政策，一般不固定	按一定的利率计算、支付利息，是可以预先确定的固定金额
权利	有法定参与管理企业或委托他人管理企业的权利，同时也有参与企业利润分配的权利	与企业只有债权债务关系，无权参与企业的经营管理，也不参与企业的利润分配
计量	除了在投资人投入资本时以外，在企业存续期间的任一时点，都不是对其直接进行计量的结果，而是按照一定的方法计量资产和负债以后形成的结果	每项负债必须在其发生时按规定的方法单独计价，有明确的计价方法

第二节 实收资本

一、实收资本的概念

我国有关法律规定，投资者设立企业首先必须投入资本。实收资本是投资者投入资本形成法定资本的价值，所有者向企业投入的资本，一般情况下无须偿还，可以长期周转使用。《企业法人登记管理条例》规定，企业申请开业，必须具备国家规定的与其生产经营和服务规模相适应的资金。为了反映和监督投资者投入资本的增减变动情况，企业必须按照国家统一的会计制度的规定进行实收资本的核算，真实地反映所有者投入企业资本的状况，维护所有者各方在企业的权益。

二、取得实收资本的会计核算

取得实收资本的会计核算如表 9-2 所示：

表 9-2 取得实收资本的会计核算

实收资本的会计核算	账务处理
股份有限公司应通过"股本"科目核算，除股份有限公司以外，其他各类企业应通过"实收资本"科目核算。企业收到所有者投入企业的资本后，应根据有关原始凭证（如投资清单、银行通知单等），分别不同的出资方式进行会计处理	企业接受投资者投入的资本，应借记"银行存款""其他应收款""固定资产""无形资产""长期股权投资"等，按其在注册资本或股本中所占份额，贷记"实收资本"（股份公司记"股本科目"），按其差额，贷记"资本公积——资本溢价或股本溢价"

（一）接受现金资产投资

接受现金资产投资的会计处理如图 9-2 所示：

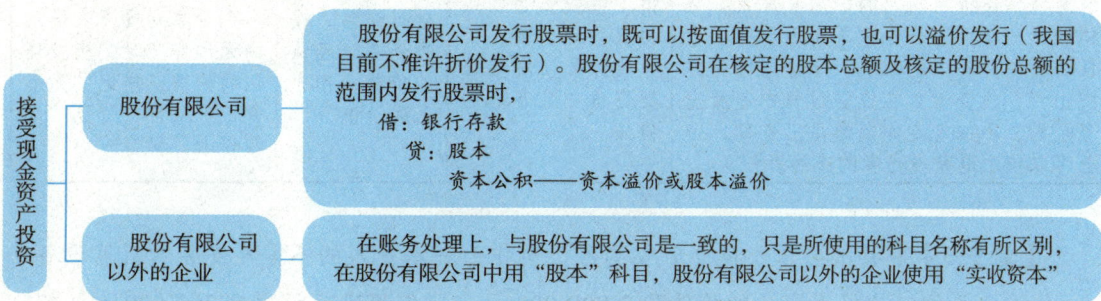

接受现金资产投资
- 股份有限公司
  - 股份有限公司发行股票时，既可以按面值发行股票，也可以溢价发行（我国目前不准许折价发行）。股份有限公司在核定的股本总额及核定的股份总额的范围内发行股票时，
    借：银行存款
    　　贷：股本
    　　　　资本公积——资本溢价或股本溢价
- 股份有限公司以外的企业
  - 在账务处理上，与股份有限公司是一致的，只是所使用的科目名称有所区别，在股份有限公司中用"股本"科目，股份有限公司以外的企业使用"实收资本"

图9-2 接受现金资产投资的会计处理

【例9-1】利兴股份有限公司发行普通股1 000万股，每股面值1元，每股发行价格5元。假定股票发行成功，发行费用忽略不计，股款5 000万元已全部收到。利兴股份公司对于以上的经济业务应作如下账务处理：

借：银行存款　　　　　　　　　　　　　　　　　　　50 000 000
　　贷：股本　　　　　　　　　　　　　　　　　　　10 000 000
　　　　资本公积——股本溢价　　　　　　　　　　　40 000 000

【例9-2】甲、乙、丙共同投资设立A有限公司，注册资本为2 000 000元，甲、乙、丙持股比例分别为60%、25%和15%。按照章程规定，甲、乙、丙投入资本分别为1 200 000元、500 000元和300 000元。A公司已如期收到各投资者一次缴足的款项。A有限公司在进行会计处理时，应编制会计分录如下：

借：银行存款　　　　　　　　　　　　　　　　　　　2 000 000
　　贷：实收资本——甲　　　　　　　　　　　　　　1 200 000
　　　　　　　　　——乙　　　　　　　　　　　　　　500 000
　　　　　　　　　——丙　　　　　　　　　　　　　　300 000

（二）接受非现金资产投资

接受非现金资产投资的规定如表9-3所示：

表9-3　接受非现金资产投资

《公司法》的规定	非现金资产投资		
	接受投入固定资产	接受实物投资	接受无形资产投资
股东可以用货币出资，也可以用实物、知识产权、土地使用权等可以用货币估价并可以依法转让的非货币财产作价出资；但是，法律、行政法规规定不得作为出资的财产除外。对作为出资的非货币财产应当评估作价，核实财产，不得高估或者低估作价。法律、行政法规对评估作价有规定的，从其规定。全体股东的货币出资金额不得低于有限责任公司注册资本的30%。不论以何种方式出资，投资者如在投资过程中违反投资合约，不按规定如期缴足出资额，企业可以依法追究投资者的违约责任	接受投资者作价投入的房屋、建筑物、机器设备等固定资产，应按投资合同或协议约定价值确定固定资产价值（但投资合同或协议约定价值不公允的除外）和在注册资本中应享有的份额	企业在接受股东或国家的原材料、固定资产等实物投资时，应对这些实物的价值进行评估，按投资各方确认的价值，作为入账价值	对于投资人投入的各种无形资产，如专利权、商标权、著作权、土地使用权、非专利技术、商誉等，一般情况下，应以投资各方确认的价值作为入账价值。 　企业收到投资人投入的无形资产时，应按确认的价值，借记"无形资产"科目，贷记"实收资本"科目

【例9-3】甲有限公司于设立时收到乙公司作为资本投入的不需要安装的机器设备一台，合同约定该机器设备的价值为2 000 000元，增值税进项税额为260 000元（假

设不允许抵扣）。合同约定的固定资产价值与公允价值相符，不考虑其他因素，甲有限公司进行会计处理时，应编制会计分录如下：

借：固定资产　　　　　　　　　　　　　　　　　　　　2 260 000

　　贷：实收资本——乙公司　　　　　　　　　　　　　　2 260 000

本例中，该项固定资产合同约定的价值与公允价值相符，并且甲公司接受的固定资产投资产生的相关增值税进项税额不允许抵扣，因此，固定资产应按合同约定价值与增值税进项税额的合计金额 2 260 000 元入账。甲公司接受乙公司投入的固定资产按合同约定全额作为实收资本，因此，可按 2 260 000 元的金额贷记"实收资本"科目。

【例 9-4】利华公司收到 A 公司按合资协议投入的原材料一批，双方所确认的价值为 226 000 元，其中增值税为 26 000 元。编制会计分录如下：

借：原材料　　　　　　　　　　　　　　　　　　　　　200 000

　　应交税费——应交增值税（进项税额）　　　　　　　　26 000

　　贷：实收资本　　　　　　　　　　　　　　　　　　　226 000

【例 9-5】通达建工公司接受 C 公司以一项专利权作为投资，该项专利权经双方商定确认其价值为 100 000 元。通达建工公司在取得该项专利的使用权时，编制会计分录如下：

借：无形资产——专利权　　　　　　　　　　　　　　　100 000

　　贷：实收资本　　　　　　　　　　　　　　　　　　　100 000

（三）实收资本（或股本）的增减变动

实收资本（或股本）的增减变动如表 9-4 所示：

表 9-4　实收资本（或股本）的增减变动

企业法人登记管理条例的规定	实收资本（或股本）的增加	实收资本（或股本）的减少
除国家另有规定外，企业的注册资金应当与实收资本相一致，当实收资本比原注册资金增加或减少的幅度超过 20% 时，应持资金信用证明或者验资证明，向原登记主管机关申请变更登记。如擅自改变注册资本或抽逃资金，要受到工商行政管理部门的处罚	三个途径：接受投资者追加投资、资本公积转增资本和盈余公积转增资本	企业减少实收资本应按法定程序报经批准，股份有限公司采用收购本公司股票方式减资的，按股票面值和注销股数计算的股票面值总额冲减股本，所注销库存股的账面余额与所冲减股本的差额冲减股本溢价，股本溢价不足冲减的，再冲减盈余公积直至未分配利润。如果购回股票支付的价款低于面值总额的，所注销库存股的账面余额与所冲减股本的差额作为增加股本溢价处理
	由于资本公积和盈余公积均属于所有者权益，用其转增资本时，如果是独资企业比较简单，直接结转即可。如果是股份公司或有限公司应该按照原投资者出资比例相应增加各投资者的出资额	

【例9-6】甲、乙、丙三人共同投资设立A有限公司，甲、乙、丙原来的持股比例分别是12.5%、50%、37.5%。为扩大经营规模，经股东会表决通过，甲、乙、丙三位股东按照原出资比例分别追加投资125 000元、500 000元和375 000元。A公司如期收到甲、乙、丙追加的现金投资后，进行了以下的账务处理：

借：银行存款 1 000 000
　贷：实收资本——甲 125 000
　　　　　　——乙 500 000
　　　　　　——丙 375 000

【例9-7】通达建工公司2×19年8月1日发行的总股本为1亿股，面值为1元，资本公积（股本溢价）3 000万元，盈余公积4 000万元。经股东大会批准，通达建工公司以现金在证券市场上回购本公司股票并计划予以注销。

1. 当回购成本低于股票总面额时，增加资本公积时的账务处理

假定通达建工公司按每股0.9元回购2 000万股股票，其他条件不变，通达建工公司的会计处理如下：

（1）回购本公司股票时：

库存股成本 =20 000 000×0.9=18 000 000（元）

借：库存股 18 000 000
　贷：银行存款 18 000 000

（2）注销本公司股票时：

由于折价回购，回购股票总面额与库存股成本的差额200万元应作为增加资本公积处理。

应增加的资本公积 =20 000 000×1-20 000 000×0.9=2 000 000（元）

借：股本 20 000 000
　贷：库存股 18 000 000
　　　资本公积——股本溢价 2 000 000

2. 当回购成本高于股票总面额时，只冲减资本公积时的账务处理

假定通达建工公司按每股2.1元回购股票2 000万股，不考虑其他因素，通达建工公司的会计处理如下：

（1）回购本公司股票时：

回购库存股的成本 =20 000 000×2.1=42 000 000（元）

借：库存股 42 000 000

　　贷：银行存款 42 000 000

（2）注销本公司股票时：

应冲减的资本公积 =20 000 000×2.1-20 000 000×1=22 000 000（元）

借：股本 20 000 000

　　资本公积——股本溢价 22 000 000

　　贷：库存股 42 000 000

3. 当回购成本高于股票总面额时，需要冲减资本公积和盈余公积时账务处理

假定通达建工公司按每股 3 元回购股票，其他条件不变，由于应冲减的资本公积大于公司现有的资本公积，所以只能冲减资本公积 3 000 万元，剩余的 1 000 万元应冲减盈余公积。通达建工公司的会计处理如下：

（1）回购本公司股票时：

借：库存股 60 000 000

　　贷：银行存款 60 000 000

库存股成本 =20 000 000×3=60 000 000（元）

（2）注销本公司股票时：

应冲减的资本公积 =20 000 000×3-20 000 000×1=40 000 000（元）

因为差额大于资本公积的全额，在冲减了全部的资本公积之后，还要冲减盈余公积。

借：股本 20 000 000

　　资本公积——股本溢价 30 000 000

　　盈余公积 10 000 000

　　贷：库存股 60 000 000

第三节 资本公积

一、资本公积的概念与组成

资本公积的概念与组成如表 9-5 所示：

表 9-5 资本公积的概念与组成

项目	定义
资本公积	企业收到投资者的超出其在企业注册资本（或股本）中所占份额的投资，以及直接计入所有者权益的利得和损失等。资本公积包括资本溢价（或股本溢价）和直接计入所有者权益的利得和损失等。
资本溢价（或股本溢价）	企业收到投资者的超出其在企业注册资本（或股本）中所占份额的投资。形成资本溢价（或股本溢价）的原因有溢价发行股票、投资者超额缴入资本等
直接计入所有者权益的利得和损失	不应计入当期损益、会导致所有者权益发生增减变动的、与所有者投入资本或者向所有者分配利润无关的利得或者损失
资本公积核算内容	包括资本溢价（或股本溢价）的核算、其他资本公积的核算和资本公积转增资本的核算等内容

二、资本溢价（或股本溢价）的核算

资本溢价或股本溢价的核算如图 9-3 所示：

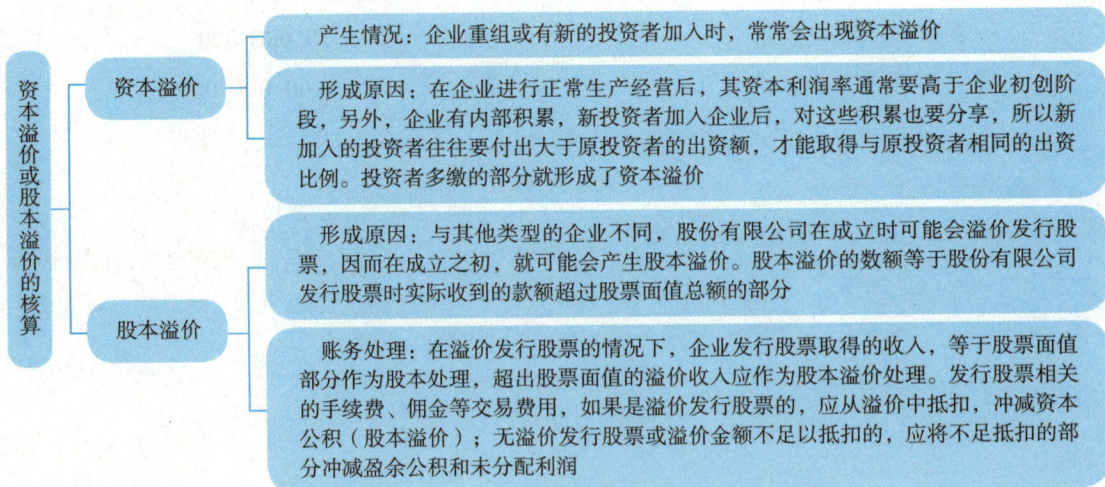

图9-3 资本溢价或股本溢价的核算

【例 9-8】通达建工公司是由甲、乙两位股东在 2×18 年创立，成立时各出资 300 000 元。2×19 年 5 月有丙投资者以实际出资 400 000 元、占有该公司 1/3 的股份为条件加入该公司。该公司变更登记后的注册资本为 900 000 元，甲、乙、丙三位股东各占 1/3 的股份。该公司收到丙股东的出资时，编制会计分录如下：

借：银行存款　　　　　　　　　　　　　　　　　　　　　400 000
　　贷：实收资本　　　　　　　　　　　　　　　　　　　　300 000
　　　　资本公积——资本溢价　　　　　　　　　　　　　　100 000

本例中，通达建工公司收到第三位投资者的现金投资 40 万元中，30 万元属于第三位投资者在注册资本中所享有的份额，应记入"实收资本"科目，10 万元属于资本溢价，应记入"资本公积——资本溢价"科目。

【例 9-9】利兴股份有限公司首次公开发行了普遍股 50 000 000 股，每股面值 1 元，每股发行价格为 4 元。利兴股份有限公司以银行存款支付发行手续费、咨询费等费用共计 6 000 000 元。假定发行收入已全部收到，发行费用已全部支付，不考虑其他因素，利兴股份有限公司的会计处理如下：

（1）收到发行收入时：

借：银行存款　　　　　　　　　　　　　　　　　　　　200 000 000
　　贷：股本　　　　　　　　　　　　　　　　　　　　　50 000 000
　　　　资本公积——股本溢价　　　　　　　　　　　　　150 000 000

应增加的资本公积 =50 000 000×（4-1）=150 000 000（元）

本例中，利兴股份有限公司溢价发行普通股，发行收入中等于股票面值的部分 50 000 000 元应记入"股本"科目，发行收入超出股票面值的部分 150 000 000 元应记入"资本公积——股本溢价"科目。

（2）支付发行费用时：

借：资本公积——股本溢价　　　　　　　　　　　　　　　6 000 000
　　贷：银行存款　　　　　　　　　　　　　　　　　　　6 000 000

本例中，利兴股份有限公司的股本溢价 150 000 000 元高于发行中发生的交易费用 6 000 000 元，因此，交易费用可从股本溢价中扣除，作为冲减资本公积处理。

三、其他资本公积的核算

其他资本公积的核算如图 9-4 所示：

定义：其他资本公积是指除资本溢价（或股本溢价）项目以外所形成的资本公积、其中主要是直接计入所有者权益的利得和损失

其他资本公积
的核算

会计核算：企业对某被投资单位的长期股权投资采用权益法核算的，在持股比例不变的情况下，对因被投资单位除净损益以外的所有者权益的其他变动，如果是利得，则应按持股比例计算其应享有被投资企业所有者权益的增加数额；如果是损失，则作相反的分录。在处置长期股权投资时，应转销与该笔投资相关的其他资本公积

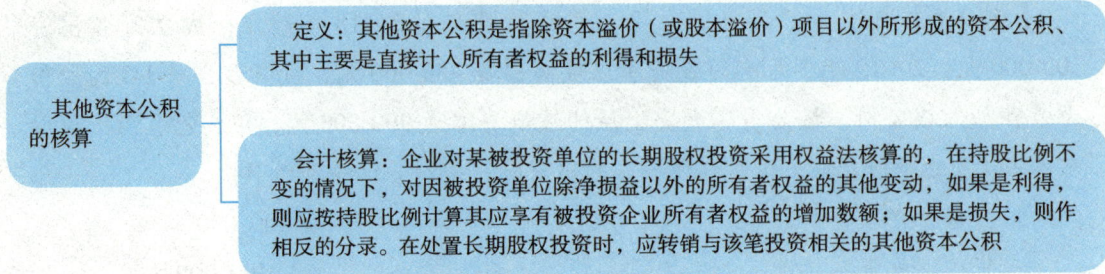

图9-4　其他资本公积的核算

【例9-10】鹏华有限责任公司于2×18年1月1日向富友公司投资8 000 000元。拥有该公司20%的股份，并对该公司有重大影响，因而对富友公司长期股权投资采用权益法核算。2×18年12月31日，富友公司净损益之外的所有者权益增加了1 000 000元。假定除此以外，富友公司的所有者权益没有变化，鹏华有限责任公司的持股比例没有变化，富友公司资产的账面价值与公允价值一致，不考虑其他因素。鹏华有限责任公司的会计分录如下：

借：长期股权投资——富友公司　　　　　　　　　　　　　200 000
　　贷：资本公积——其他资本公积　　　　　　　　　　　　　200 000

鹏华有限责任公司增加的资本公积=1 000 000元 ×20%=200 000（元）

本例中，鹏华有限责任公司对富友公司的长期股权投资采用权益法核算，持股比例未发生变化，富友公司发生了除净损益之外的所有者权益的其他变动，鹏华有限责任公司应按其持股比例计算应享有的富友公司权益的数额200 000元，作为增加其他资本公积处理。

四、资本公积转增资本的核算

经股东大会或类似机构决议，用资本公积转增资本时，应冲减资本公积，同时按照转增前的实收资本（或股本）的结构或比例，将转增的金额记入"实收资本"（或"股本"）科目下各所有者的明细分类账。

第十章

工程成本的会计核算

第一节　工程成本概述

一、工程成本的概念与分类

（一）工程成本的概念

施工企业工程成本的概述如图 10-1 所示：

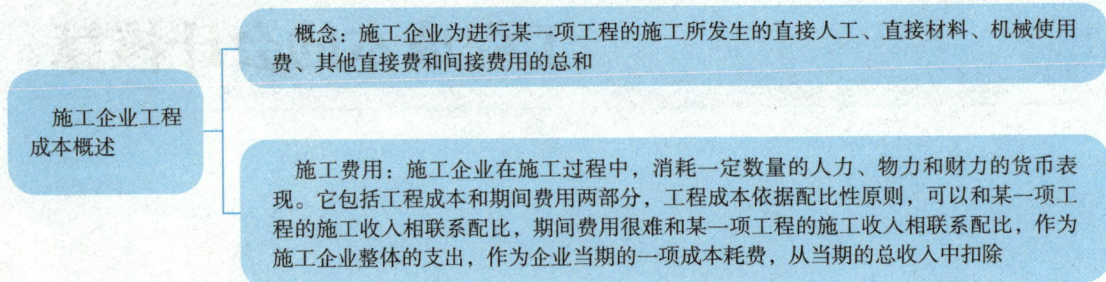

施工企业工程成本概述

概念：施工企业为进行某一项工程的施工所发生的直接人工、直接材料、机械使用费、其他直接费和间接费用的总和

施工费用：施工企业在施工过程中，消耗一定数量的人力、物力和财力的货币表现。它包括工程成本和期间费用两部分，工程成本依据配比性原则，可以和某一项工程的施工收入相联系配比，期间费用很难和某一项工程的施工收入相联系配比，作为施工企业整体的支出，作为企业当期的一项成本耗费，从当期的总收入中扣除

图10-1　施工企业工程成本概述

（二）工程成本的分类

施工企业工程成本分类如图 10-2 所示：

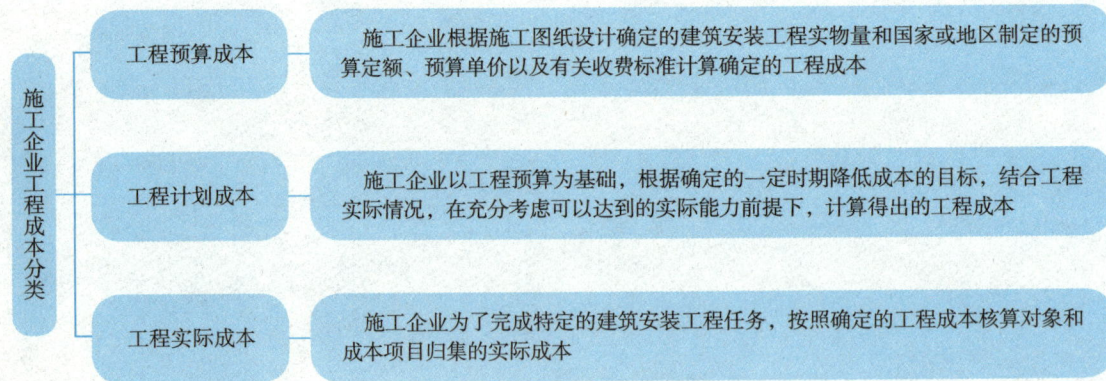

施工企业工程成本分类

工程预算成本：施工企业根据施工图纸设计确定的建筑安装工程实物量和国家或地区制定的预算定额、预算单价以及有关收费标准计算确定的工程成本

工程计划成本：施工企业以工程预算为基础，根据确定的一定时期降低成本的目标，结合工程实际情况，在充分考虑可以达到的实际能力前提下，计算得出的工程成本

工程实际成本：施工企业为了完成特定的建筑安装工程任务，按照确定的工程成本核算对象和成本项目归集的实际成本

图10-2　施工企业工程成本分类

二、工程成本项目的内容

建筑安装工程成本及具体项目如表 10-1 所示：

表 10-1　建筑安装工程成本及具体项目

建筑安装工程成本及具体项目		定义	处理方式
建筑安装工程成本（建造工程合同成本）		施工企业在生产经营过程中，为完成一定数量的建筑工程和安装工程所发生的费用总和	
建筑安装工程成本具体项目	材料费	在施工过程中所耗用的、构成工程实体或有助于工程形成的各种主要材料、外购结构件（包括内部独立核算附属工业企业供应的结构件）的费用，以及周转材料的摊销及租赁费用	在发生时应当直接计入合同成本
	人工费	在施工过程中从事建筑安装合同履约成本的生产工人的各项开支费用，包括工资性补贴、职工福利费等	
	机械使用费	建筑安装合同履约成本过程中使用施工机械所发生的费用（包括机上操作人员人工费，燃料、动力费，机械折旧、修理费，替换工具及部件费，润滑及擦拭材料费，安装、拆卸及辅助设施费，养路费，牌照税等）和按照规定支付的施工机械进出场费等	
	其他直接费用	直接费以外的施工过程中发生的其他费用，具有较大弹性。具体包括设计有关的技术援助费用、施工现场材料的二次搬运费、生产工具和用具使用费、检验试验费、工程定位复测费、工程点交费用、场地清理费用等其他直接费用	
	间接费用	企业下属的施工单位或生产单位为组织和管理施工生产活动所发生的费用，通常是指分公司或项目经理部为施工准备、组织施工生产和管理所需的费用，包括临时设施摊销费用和施工、生产单位管理人员工资、奖金、职工福利费、劳动保护费、固定资产折旧费及修理费、物料消耗、低值易耗品摊销、取暖费、水电费、办公费、差旅费、财产保险费、工程保修费、排污费等	在期末按照合理的方法分摊计入合同成本

三、工程成本核算的重要作用

工程成本核算的作用及意义如表 10-2 所示：

表 10-2　工程成本核算的作用及意义

工程成本核算的作用	指建筑工程成本管理的基础，是进行成本预测、成本决策、成本计划、成本控制、成本分析、成本考核各项工作主要的信息源，同时也是企业进行成本控制的重要实施手段
工程成本核算的意义	将各项生产费用按照它的用途和一定程序，直接计入或分配计入各项工程，正确算出各项工程的实际成本，将它与预算成本进行比较，可以检查预算成本的执行情况，为企业制定经营战略提供依据
	可以及时了解施工过程中人力、物力、财力的耗费，检查各项费用的耗用情况和间接费用定额的执行情况，分析成本升降的原因，挖掘降低工程成本的潜力，发挥竞争优势，增强企业核心竞争力
	可以计算施工企业各个施工单位的经济效益和各项承包工程合同的盈亏，分清各个单位的成本责任，在企业内部实行经济责任制，方便资源的优化配置
	可以为各种不同类型的工程积累经济技术资料，为修订预算定额、施工定额提供依据，使企业成本的定量化管理有了科学的依据

四、工程成本核算的基本要求

施工企业工程成本核算的基本要求如图 10-3 所示：

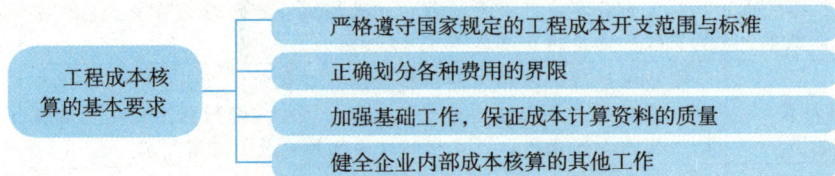

图10-3　施工企业工程成本核算的基本要求

正确划分各种费用的界限如图 10-4 所示：

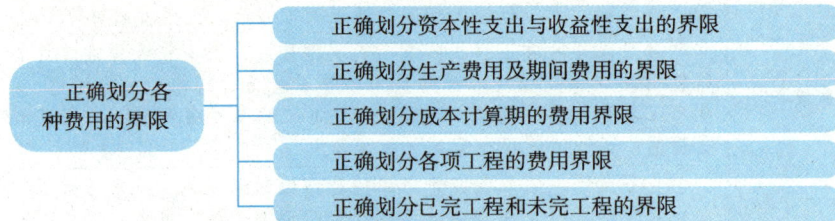

图10-4　正确划分各种费用的界限

加强基础工作的方法如图 10-5 所示：

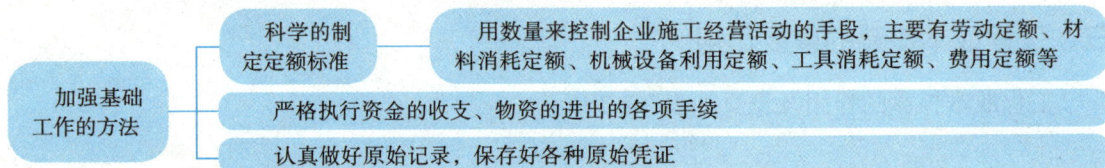

图10-5　加强基础工作的方法

五、健全企业内部成本核算的原则

健全企业内部成本核算的原则如图 10-6 所示：

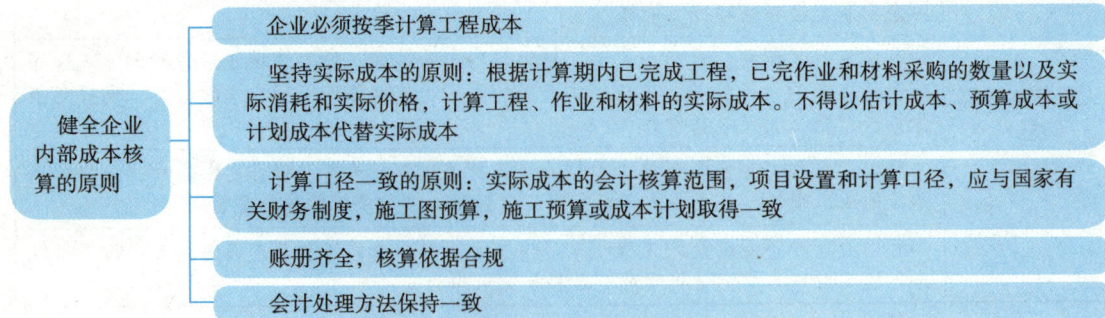

图10-6　健全企业内部成本核算的原则

第二节 工程成本核算的对象、组织与程序

一、工程成本核算的对象

工程成本核算对象的定义和确定如图 10-7 所示：

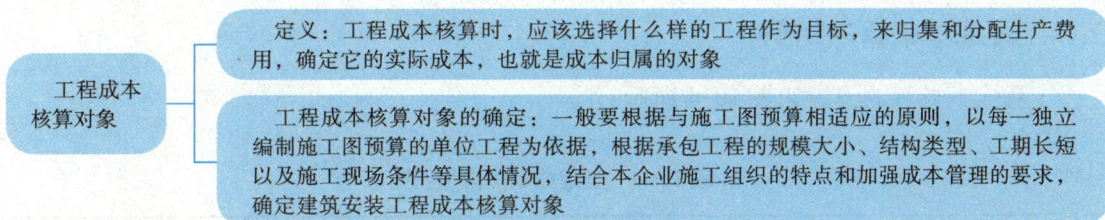

工程成本核算对象

定义：工程成本核算时，应该选择什么样的工程作为目标，来归集和分配生产费用，确定它的实际成本，也就是成本归属的对象

工程成本核算对象的确定：一般要根据与施工图预算相适应的原则，以每一独立编制施工图预算的单位工程为依据，根据承包工程的规模大小、结构类型、工期长短以及施工现场条件等具体情况，结合本企业施工组织的特点和加强成本管理的要求，确定建筑安装工程成本核算对象

图10-7 工程成本核算对象的定义和确定

工程成本核算对象的划分如表 10-3 所示：

表 10-3 工程成本核算对象的划分

分类	核算对象
一般情况	建筑安装工程一般应以每一独立编制施工图预算的单位工程成本为核算对象
一个单位工程由几个施工单位共同施工时	各施工单位都应以同一单位工程成本为核算对象，各自核算自行完成的部分
规模大、工期长的单位工程	可以将工程划分为若干部位，以分部工程作为成本核算对象
同一建设项目，由同一单位施工，同一施工地点、同一结构类型、开竣工时间相近的若干个单位工程	可以合并作为一个成本核算对象
改建、扩建零星工程，可以将开竣工时间相接近、属于同一建设项目的若干个单位工程	合并作为一个成本核算对象
土石方工程、打桩工程	可以根据实际情况和管理需要，以一个单位工程成本为核算对象，或将同一施工地点的若干个工程量较小的单项工程合并作为一个成本核算对象
独立施工的装饰工程的成本核算对象	独立施工的装饰工程的成本核算对象，应与土建工程成本核算对象一致

续表

分类	核算对象
工业设备安装工程	可按单位工程或专业项目，如机械设备、管道、通风设备、工业筑炉的安装等作为工程成本核算对象。变电所、配电站、锅炉房等可按所、站、房等安装工程作为成本核算对象

工程成本核算对象一经确定，在一定期限内不能随意更改，若要更改应及时通知施工企业内部相关部门，以统一工程成本的核算口径，减少因此造成的成本分析和考核上的潜在矛盾。

二、工程成本核算的组织

工程成本核算的组织如表 10-4 所示：

表 10-4　工程成本核算组织

三级核算体制	总公司	汇总企业的生产成本，指导所属各个分公司建立和健全成本管理制度，汇总成本报表，全面进行生产成本的分析
	分公司和附属生产单位	负责计算工程成本，编制成本报表和竣工决算，进行工程成本分析
	项目经理部	负责计算工料等直接费用，签发工程任务单和定额领料单，根据人工、材料、机械使用的原始记录，开展班组经济核算，办理设计变更、材料代用等技术经济签证手续，分析工料成本节超的原因
两级核算体制	公司	进行全面的成本核算工作，汇总核算全部工程、作业的实际生产成本
	项目经理部	核算工程、作业的直接费用及现场管理费，及时向公司提供成本核算资料

三、工程成本核算应设置的会计科目

工程成本核算应设置的会计科目如表 10-5 所示：

表 10-5　工程成本核算应设置的会计科目

会计科目	明细科目设置	会计处理
合同履约成本	核算施工企业（建造承包商）实际发生的合同成本和合同毛利	企业进行合同建造时发生的人工费、材料费、机械使用费以及施工现场材料的二次搬运费、生产工具和用具使用费、检验试验费、临时设施折旧费等其他直接费用，借记该科目（合同成本），贷记"应付职工薪酬""原材料"等科目

续表

会计科目	明细科目设置	会计处理
合同履约成本	核算施工企业（建造承包商）实际发生的合同成本和合同毛利	发生的施工、生产单位管理人员职工薪酬、固定资产折旧费、财产保险费、工程保修费、排污费等间接费用，借记"合同履约成本"科目（间接费用），贷记"累计折旧""银行存款"等科目。 会计期末，将间接费用分配计入有关合同成本，借记"合同履约成本"科目（合同成本），贷记"合同履约成本"科目（间接费用）
		确认合同收入、合同费用时，借记"主营业务成本"科目，贷记"主营业务收入"科目，按其差额，借记或贷记"合同履约成本"（合同毛利）科目
		合同完工时，应将该科目余额与相关合同履约成本合同的"工程结算"科目对冲，借记"工程结算"科目，贷记"合同履约成本"科目。该科目期末借方余额，反映企业尚未完工的建造合同成本和合同毛利

除上述科目外，企业如果由附属内部独立核算的工业企业（如预制构件厂、机械加工厂等），为满足施工工程需要进行产品（包括代制品、代修品）生产并发生各种生产费用，可单设"生产成本——工业生产成本"科目进行核算。企业非独立核算的辅助生产部门为合同履约成本、产品生产、机械作业、专项工程等生产材料和提供劳务（如设备维修，构件的现场制作，铁木件加工，固定资产清理，供应水、电、气，施工机械安装、拆卸的辅助设备的搭建工程等）所发生的各项费用，可单设"生产成本——辅助生产成本"科目核算。

四、工程成本核算的一般程序

工程成本核算的一般程序如图 10-8 所示：

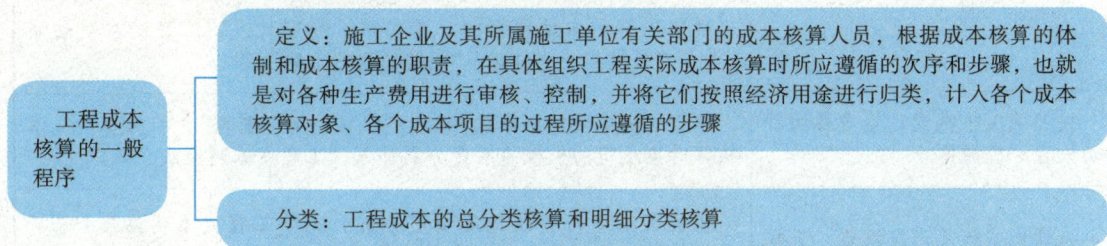

工程成本核算的一般程序

定义：施工企业及其所属施工单位有关部门的成本核算人员，根据成本核算的体制和成本核算的职责，在具体组织工程实际成本核算时所应遵循的次序和步骤，也就是对各种生产费用进行审核、控制，并将它们按照经济用途进行归类，计入各个成本核算对象、各个成本项目的过程所应遵循的步骤

分类：工程成本的总分类核算和明细分类核算

图10-8 工程成本核算的一般程序

（一）工程成本总分类核算的核算程序

工程成本总分类核算的核算程序如图 10-9 所示：

工程成本总分类核算的核算程序

归集在"生产成本——辅助生产成本"科目中的辅助生产费用：按照受益对象和受益数量，经分配后，转入"合同履约成本""机械作业"等科目

会计期末，将本期发生的各项施工费用，按其用途归集到有关成本、费用科目

归集在"待摊费用"科目中的各项费用：按照一定的标准，分摊计入"合同履约成本""机械作业"科目

将由本月成本负担的"预提费用"，转入有关成本、费用科目

在会计期末，计算确定本期已完工工程的实际成本，并将已经完工的实际成本从"合同履约成本"科目的贷方结转到"工程结算"科目的借方。尚未完工的工程的实际成本仍然保留在"合同履约成本"科目中，不予结转

归集在"机械作业"科目中的各项费用：按照受益对象和受益数量进行分配，计入"合同履约成本"科目

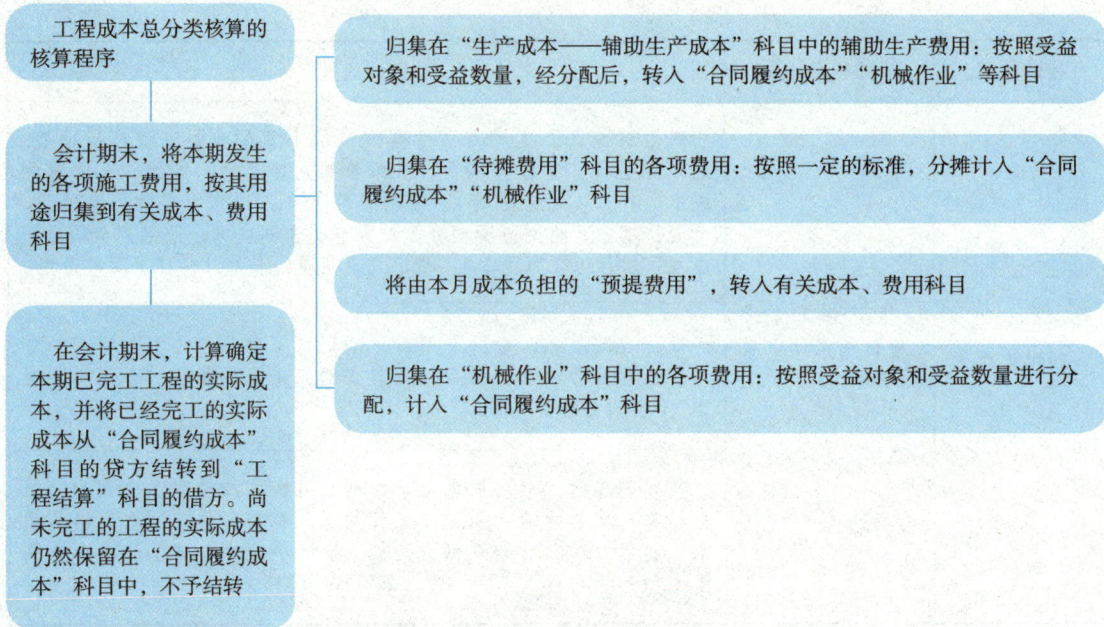

图10-9　工程成本总分类核算的核算程序

（二）工程成本明细分类核算的程序

工程成本明细分类核算的程序如表10-6所示：

表10-6　工程成本明细分类核算的程序

分类		明细账核算
按照费用的种类或项目设置	待摊费用明细账	编制"待摊费用计算表"，按照一定的标准分配计入"工程成本明细账（卡）""机械作业明细账""间接费用明细账"等
	间接费用明细账	编制"间接费用明细表"，将归集在"合同履约成本——合同成本——间接费用"下的间接费用，分别计入各成本核算对象的"工程成本明细账（卡）"
	预提费用计算表	预提应当由本期承担的工程成本，分别计入"工程成本明细账（卡）""机械作业明细账""间接费用明细账"等
按照施工机械或运输设备的种类设置"机械作业明细账"		结合"机械使用台账"，编制"机械使用分配表"，将应当由成本核算对象承担的机械使用费分别计入"工程成本明细账（卡）"
按照成本核算对象设置"工程成本明细账（卡）"		在会计期末，各项施工费用全部计入"工程成本明细账（卡）"后，计算各个成本核算对象的本期已经完工工程的实际成本，并编制"工程成本表"，将已经完工的"工程成本卡"抽出归档保管

第三节 工程成本的会计核算

一、工程成本中材料费的归集和分配

（一）材料费的概念及内容

工程成本中的"材料费"项目，包括在施工过程中耗用、构成工程实体或有助于工程形成的各种主要材料、结构件的实际成本以及周转材料的摊销及租赁费用。

（二）材料费用的会计核算方法及其归集

材料费用的会计核算方法及其归集如表 10-7 所示：

表 10-7　材料费用的会计核算方法及其归集

情况区分	会计核算方法及其归集
凡能点清数量和分清用料对象的，能直接用于工程的材料，如钢材、木材、冰泥	通常都可分别按成本核算对象直接计入各工程成本的材料费项目中
凡能点清数量、集中配料或统一下料的，如油漆、玻璃、木材等	应在领料凭证上注明"工程集中配料"字样，月末由材料管理人员或领用部门，根据用料情况，结合材料消耗定额，编制"集中配料耗用分配表"，在各成本核算对象之间分配
凡不能点清数量，也很难立即分清用料对象的一些大堆材料，如砖、瓦、白灰、沙石等	几个单位工程共同使用，则先由材料员或领料部门验收保管，月末实地盘点结存数量，然后根据月初结存数量与本月进料数量，倒轧本月实际数量，结合材料耗用定额，编制"大堆材料耗用计算单"，据以计入各成本核算对象的成本
其他不能点清数量的材料	需要采用适当的方法分配计入各工程成本材料费项目
实行材料节约的	按材料节约的数额，直接计入各成本核算对象
成本计算期内已办理领料手续，但没有全部耗用的材料	在期末进行盘点，填制"退料单"，作为办理退料的凭证，据以冲减本期材料费。合同履约成本后的剩余材料，应填制"退料单"，办理退料手续。施工过程中发生的残次料和包装物等，应尽量回收利用，并填制"废料交库单"估价入账，并冲减工程材料费
周转材料	根据各个工程成本核算对象在用的数量，按照规定的摊销方法计提当月的摊销额，并编制各种"周转材料摊销计算表"

月末，财会部门必须严格审核各种领退料凭证，并根据各种领料凭证、退料凭证及材料成本差异，编制"材料费分配表"，计算收益对象应分配的材料费。

（三）材料费用的分配

材料费用的分配如图 10-10 所示：

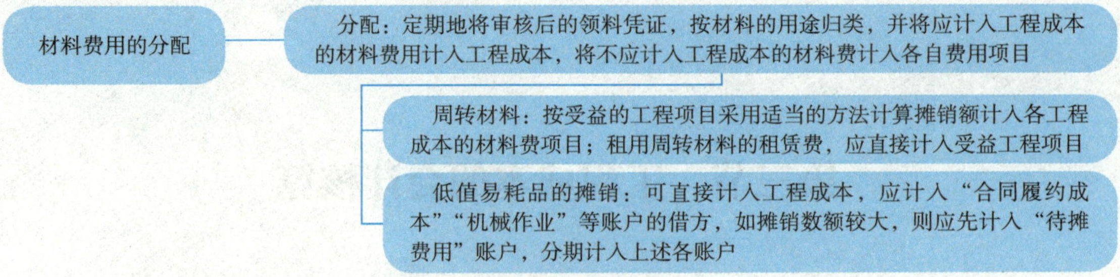

材料费用的分配 —— 分配：定期地将审核后的领料凭证，按材料的用途归类，并将应计入工程成本的材料费用计入工程成本，将不应计入工程成本的材料费计入各自费用项目

周转材料：按受益的工程项目采用适当的方法计算摊销额计入各工程成本的材料费项目；租用周转材料的租赁费，应直接计入受益工程项目

低值易耗品的摊销：可直接计入工程成本，应计入"合同履约成本""机械作业"等账户的借方，如摊销数额较大，则应先计入"待摊费用"账户，分期计入上述各账户

图10-10　材料费用的分配

【例10-1】2×19年5月，安泰建筑工程公司第一工程处根据审核无误的各种领料凭证、大堆材料耗用分配表、周转材料摊销分配表等汇总编制的"材料费用分配表"，见表10-8。

根据"材料费用分配表"资料，作如下会计分录：

（1）确认甲工程应承担的各种材料费用。

借：合同履约成本——甲工程——材料费　　　　　　　543 000
　　贷：原材料——主要材料　　　　　　　　　　　　185 000
　　　　原材料——结构件　　　　　　　　　　　　　350 000
　　　　原材料——其他材料　　　　　　　　　　　　　8 000

（2）对甲工程应该承担的材料成本差异进行调整。

借：合同履约成本——甲工程——材料费　　　　　　　　3 175
　　贷：材料成本差异——主要材料　　　　　　　　　　2 775
　　　　材料成本差异——其他材料　　　　　　　　　　　400
借：合同履约成本——甲工程——材料费　　　　　　　-3 500
　　贷：材料成本差异——结构件　　　　　　　　　　-3 500

（3）确认乙工程应承担的各种材料费用。

借：合同履约成本——乙工程——材料费　　　　　　　205 000
　　贷：原材料——主要材料　　　　　　　　　　　　132 000
　　　　原材料——结构件　　　　　　　　　　　　　 70 000
　　　　原材料——其他材料　　　　　　　　　　　　　3 000

（4）对乙工程应该承担的材料成本差异进行调整。

借：合同履约成本——乙工程——材料费　　　　　　　　2 130
　　贷：材料成本差异——主要材料　　　　　　　　　　1 980
　　　　材料成本差异——其他材料　　　　　　　　　　　150
借：合同履约成本——乙工程——材料费　　　　　　　　-700
　　贷：材料成本差异——结构件　　　　　　　　　　　-700

材料费用分配表如表10-8所示。

表10-8 材料费用分配表

单位：第一工程处　　　　　　　　　2×19年5月　　　　　　　　　单位：元

工程成本核算对象	主要材料								水泥预制件		其他材料		合计		
	钢材		水泥		其他主要材料		合计								成本差异	
	计划成本	成本差异 -1%	计划成本	成本差异 2%	计划成本	成本差异 -4%	计划成本	成本差异 1.5%	计划成本	成本差异 -1%	计划成本	成本差异 5%	计划成本	超支	节约
甲工程	120 000	-1 200	50 000	1 000	15 000	-600	185 000	2 775	350 000	-3 500	8 000	400	543 000	3 175	-3 500
乙工程	90 000	-900	30 000	600	12 000	-480	132 000	1 980	70 000	-700	3 000	150	205 000	2 130	-700
合计	210 000	-2 100	80 000	1 600	27 000	-1 080	317 000	4 755	420 000	-4 200	11 000	550	748 000	5 305	-4 200

二、工程成本中人工费的归集和分配

（一）人工费的概念和内容

工程成本中的人工费，是指在施工过程中直接参加施工生产的建筑安装工人以及在施工现场直接为工程制作构件和运料、配料等辅助生产工人的工资、工资性津贴、职工福利费相劳动保护费等。人工费的内容如表 10-9 所示：

表 10-9　人工费的内容

项目	内容
基本工资（标准工资）	是按照规定的标准计算的工资，在结构工资制下包括：基础工资、职务工资和工龄津贴，是职工的基本收入，基本工资又可分为计时工资和计件工资两种形式
经常性奖金	指对完成和超额完成工作量以及有关经济技术指标的职工而支付的各种奖励性报酬，如超产奖、提前竣工奖等
津贴	指为了补偿职工额外或特殊的劳动消耗，鼓励职工安心于劳动强度大、条件艰苦的工作岗位而支付给职工的各种津贴，如高空津贴、井下津贴、夜班津贴等
补贴	指为了保证职工的工资水平不受物价的影响而支付给职工的各种物价补贴
加班加点工资	指按规定支付给职工的加班工资和加点工资
特殊情况下支付的工资	指根据国家法律、法规和政策的规定，在非工作时间内支付给职工的工资和其他工资

（二）人工费的归集与分配

人工费计入成本的方法如图 10-11 所示：

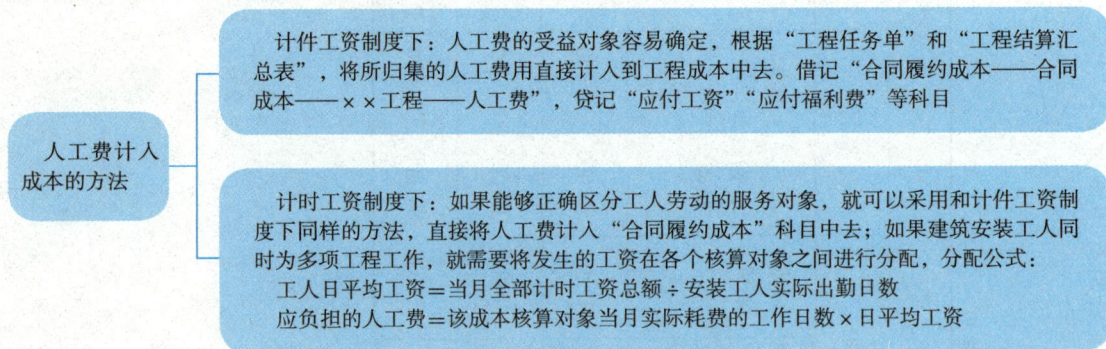

人工费计入成本的方法

计件工资制度下：人工费的受益对象容易确定，根据"工程任务单"和"工程结算汇总表"，将所归集的人工费用直接计入到工程成本中去。借记"合同履约成本——合同成本——××工程——人工费"，贷记"应付工资""应付福利费"等科目

计时工资制度下：如果能够正确区分工人劳动的服务对象，就可以采用和计件工资制度下同样的方法，直接将人工费计入"合同履约成本"科目中去；如果建筑安装工人同时为多项工程工作，就需要将发生的工资在各个核算对象之间进行分配，分配公式：
工人日平均工资＝当月全部计时工资总额÷安装工人实际出勤日数
应负担的人工费＝该成本核算对象当月实际耗费的工作日数×日平均工资

图10-11　人工费计入成本的方法

【例10-2】2×19年5月，通达建工公司第一工程处本年度有甲、乙两个单位工程，分别计算工程成本。本月发生的人工资料如下：

（1）本月为折弯钢筋件支付的计件工资 24 000 元，这批钢筋件甲工程耗用 5 吨，乙工程耗用 3 吨。

工资分配标准 =24 000÷（3+5）=3 000（元）

计件工资可以明确的归属到甲乙两个工程中，人工费分配表如表 10-10 所示：

表 10-10　人工费分配表（计件工资）

单位：第一工程处　　　　　　　　　2×19 年 5 月　　　　　　　　　单位：元

计件工资项目	甲工程	乙工程
钢筋折弯工资	15 000	9 000
合计	15 000	9 000

（2）本月发生计时工资 60 000 元，其中甲工程耗用 2 200 工时，乙工程耗用 1 800 工时。计时工资人工费分配表如表 10-11 所示：

表 10-11　人工费分配表（计时工资）

单位：第一工程处　　　　　　　　　2×19 年 5 月　　　　　　　　　单位：元

成本核算对象	耗用工时	平均工时工资	分配人工费
甲工程	2 200		33 000
乙工程	1 800	15	27 000
合计	4 000		60 000

注：表中，平均工时工资=60 000÷（2 200+1 800）=15(元 / 工时)。

根据上述"人工费分配表"，作如下会计分录：

借：合同履约成本——合同成本——甲工程——人工费　　33 000

　　合同履约成本——合同成本——乙工程——人工费　　27 000

　　贷：应付职工薪酬——职工工资　　　　　　　　　　　60 000

三、工程成本中机械使用费的归集和分配

（一）机械使用费的概念及管理

机械使用费的概念及管理如表 10-12 所示：

表10-12　机械使用费的概念及管理

项目	具体内容阐述
概念	建筑安装合同履约成本过程中使用施工机械所发生的费用（包括机上操作人员人工费，燃料、动力费，机械折旧、修理费，替换工具及部件费，润滑及擦拭材料费，安装、拆卸及辅助设施费，养路费，牌照税，使用外单位施工机械的租赁费，以及保管机械而发生的保管费等）和按照规定支付的施工机械进出场费等
管理	一般中小型机械如小型挖土机、机动翻斗车、混凝土搅拌机、砂浆搅拌机等，由土建施工单位使用并负责管理
	大型机械和数量不多的特殊机械设备如大型挖土机、推土机、压路机、大型吊车、升板滑模设备等，由机械施工单位负责管理，根据各土建施工单位施工的需要，由机械施工单位进行施工，或将机械租给土建施工单位，向土建施工单位结算机械台班费或机械租赁费

（二）施工机械来源的分类及会计处理

施工机械来源及会计处理如图 10-12 所示：

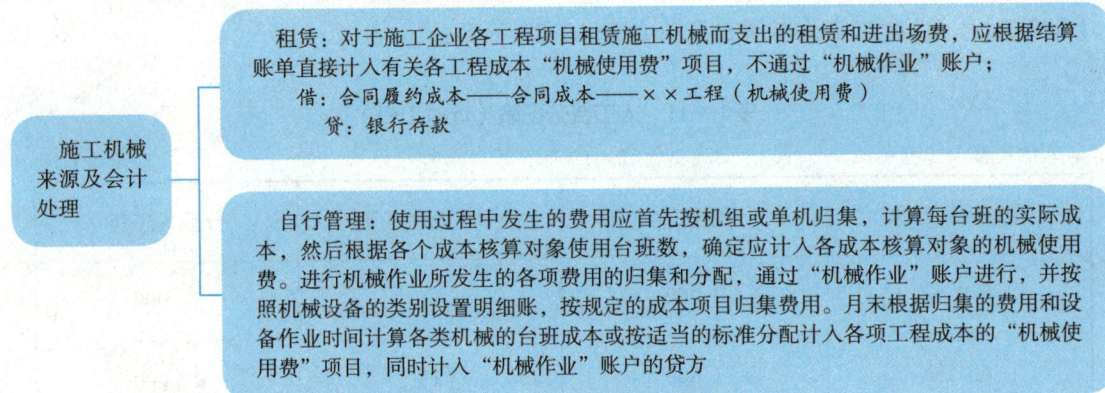

图10-12　施工机械来源及会计处理

（三）机械使用费包括的内容

机械使用费的内容如表 10-13 所示：

表10-13　机械使用费的内容

机械使用费的内容	人工费，指施工设备操作人员的工资和职工福利费
	燃料、动力费，指施工机械耗用的燃料、动力费
	材料费，指施工机械耗用的润滑材料和擦拭材料等
	折旧修理费，指对施工机械计提的折旧费、大修理费用摊销和发生的经常修理费，以及租赁施工机械的租赁费
	替换工具、部件费，指施工机械上使用的传动皮带、轮胎、胶皮管、钢丝绳、变压器、开关、电线、电缆等替换工具和部件的摊销和维修费

续表

机械使用费的内容	运输装卸费，指将施工机械运到施工现场、远离施工现场（若运往其他现场，运出费用由其他施工现场的工程成本负担）和在施工现场范围内转移的运输、安装、拆卸及试车等费用
	辅助设施费，指为使用施工机械而建造、铺设的基础、底座、工作台、行走轨道等费用
	养路费、牌照税，指为施工运输机械（如铲车等）交纳的养路费和牌照税
	间接费用，指机械施工单位组织机械施工、保管机械发生的费用和停机棚的折旧、维修费等。如果是内部独立核算单位，应设置间接费用明细分类账，进行明细分类核算

至于施工机械所加工的各种材料，如搅拌混凝土时所用的水泥、沙石等，应记入工程成本的"材料费"项目，为施工机械担任运料、配料和搬运成品的工人的工资，应记入工程成本的"人工费"项目。

（四）机械使用费的分配方法

机械使用费的分配方法及会计处理如图 10-13 所示：

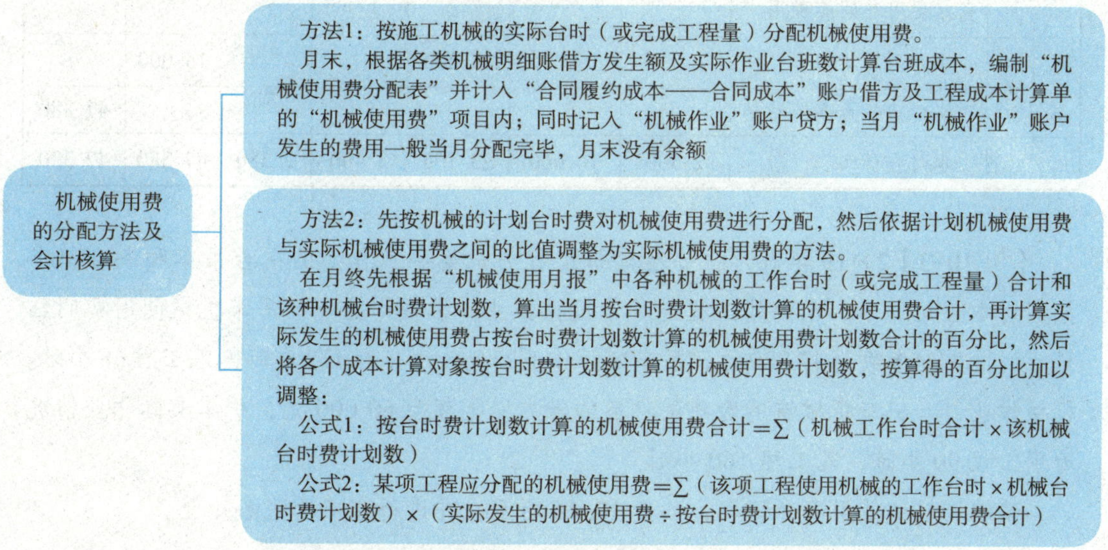

方法1：按施工机械的实际台时（或完成工程量）分配机械使用费。

月末，根据各类机械明细账借方发生额及实际作业台班数计算台班成本，编制"机械使用费分配表"并计入"合同履约成本——合同成本"账户借方及工程成本计算单的"机械使用费"项目内；同时记入"机械作业"账户贷方；当月"机械作业"账户发生的费用一般当月分配完毕，月末没有余额

方法2：先按机械的计划台时费对机械使用费进行分配，然后依据计划机械使用费与实际机械使用费之间的比值调整为实际机械使用费的方法。

在月终先根据"机械使用月报"中各种机械的工作台时（或完成工程量）合计和该种机械台时费计划数，算出当月按台时费计划数计算的机械使用费合计，再计算实际发生的机械使用费占按台时费计划数计算的机械使用费计划数合计的百分比，然后将各个成本计算对象按台时费计划数计算的机械使用费计划数，按算得的百分比加以调整：

公式1：按台时费计划数计算的机械使用费合计=∑（机械工作台时合计×该机械台时费计划数）

公式2：某项工程应分配的机械使用费=∑（该项工程使用机械的工作台时×机械台时费计划数）×（实际发生的机械使用费÷按台时费计划数计算的机械使用费合计）

图10-13 机械使用费的分配方法及会计处理

机械使用费分配方法二的具体操作步骤如表 10-14 所示：

表 10-14 机械使用费分配方法二的具体操作步骤

机械使用费分配方法二的具体操作步骤	确定各种施工机械每种台时费计划数
	求出各种施工机械按台时费计划数计算的机械使用费合计
	根据"机械作业明细分类账"汇总计算实际发生的机械使用费
	计算机械使用费实际数占按台时费计划数计算的百分比
	将各成本计算对象按台时费计划数计算的机械使用费，按算得的百分比加以调整
	做出相关机械使用费分配的会计分录

机械作业——吊车机械使用费明细账如表 10-15 所示：

表 10-15　机械作业——吊车机械使用费明细账

单位：元

日期		摘要	借方						贷方科目
月	日		人工费	燃料及动力费	折旧及修理费	其他直接费	间接费用	合计	
6	6	材料分配表		16 000				16 000	
6	8	修理车间转来修理费			3 500			3 500	
6	19	低值易耗品摊销表			4 600			4 600	
6	20	操作工工资	2 200					2 200	
6	15	安装拆卸费结算单	300					300	
6	30	应由吊车承担的其他直接费用与间接费用				3 400	2 380	5 780	
6	30	本月吊车折旧			15 000			15 000	
6	30	将机械作业费用结转							47 380
		本月合计	2 500	16 000	23 100	3 400	2 380	47 380	47 380

【例 10-3】2×19 年 6 月，安泰建筑工程公司第一工程处的一台吊车和一台铲车分别对本公司的甲、乙两处工程进行了机械作业。机械作业——吊车机械使用费明细科目的借方发生额为 47 380 元，吊车实际作业情况为甲工程 132 小时，乙工程 68 小时。机械作业——铲车机械使用费明细科目的借方发生额为 60 000 元，铲车实际作业情况为甲工程 90 小时，乙工程 160 小时。

请编制机械使用费分配表，如表 10-16 所示，并进行相应的账务处理。

表 10-16　机械使用费分配表

2×19 年 6 月

单位：元

受益对象	吊车			挖土机			合计
	台班数	每台班成本	金额	台班数	每台班成本	金额	
甲工程	132		31 270.80	90		21 600.00	52 870.80
乙工程	68	236.90	16 109.20	160	240	38 400.00	54 509.20
合计	184		47 380.00	250		60 000.00	107 380.00

（1）依据机械使用费分配表，对甲工程应分摊的机械使用费进行如下的账务处理：

借：合同履约成本——合同成本——甲工程　　　　　　　52 870.80

　　贷：机械作业——吊车　　　　　　　　　　　　　　31 270.80

　　　　机械作业——铲车　　　　　　　　　　　　　　21 600.00

（2）依据机械使用费分配表，对乙工程应分摊的机械使用费进行如下的账务处理：

借：合同履约成本——合同成本——乙工程　　　　　　　54 509.20

　　贷：机械作业——吊车　　　　　　　　　　　　　　16 109.20

　　　　机械作业——铲车　　　　　　　　　　　　　　38 400.00

【例 10-4】安泰建筑工程公司机械施工的情况如表 10-17 所示，2×19 年 6 月该企业"机械作业明细分类账"汇总计算实际发生的机械使用费为 37 560 元。

机械使用费资料如表 10-17 所示。

表 10-17　机械使用费资料

2×19 年 6 月

单位：元

施工机械名称	计划台时费（元/台时）①	实际使用台时（台时）②	合计③=①×②	实际机械施工费
履带挖土机	50	380 台时（其中：甲工程 280 台时，乙工程 70 台时，丙工程 30 小时）	19 000	23 600
混凝土搅拌机	15	180 台时（其中：甲工程 90 台时，B 工程 40 台时，丙工程 50 小时）	2 700	2 500
吊车	80	120 台时（其中：甲工程 80 台时，乙工程 40 台时，丙工程 0 小时）	9 600	11 460
合计			31 300	37 560

依据以上的数据，请先按机械的计划台时费对机械使用费进行分配，然后依据计划机械使用费与实际机械使用费之间的比值调整为实际机械使用费，并进行相应的账务处理。

计算与处理的步骤如下：

（1）各种施工机械按台时费计划数计算的机械使用费合计为 31 300 元。

（2）该企业"机械作业明细分类账"汇总计算实际发生的机械使用费为 37 560 元。

（3）机械使用费实际数占按台时费计划数计算的百分比 =37 560÷31 300=1.20。

（4）各成本计算对象按台时费计划数计算的机械使用费，按算得的百分比加以调整后可得表 10-18。

表10-18　机械使用费分配表

2×19 年 6 月　　　　　　　　　　　　　　　　　　　单位：元

工程名称	履带挖土机			混凝土搅拌机			吊车			按计划数计算的机械使用费总额	调整比例	调整后的机械使用费
	计划数（元/台）	实际工时	总费用	计划数（元/台）	实际工时	总费用	计划数（元/台）	实际工时	总费用			
甲	50	280	14 000	15	90	1 350	80	80	6 400	21 750	1.2	26 100
乙		70	3 500		40	600		40	3 200	7 300		8 760
丙		30	1 500		50	750			0	2 250		2 700
合计		380	19 000		180	2 700		120	9 600	31 300		37 560

根据表 10-18，其机械使用费分配的会计分录为：

借：合同履约成本——合同成本——甲工程　　　　　　　　26 100

　　合同履约成本——合同成本——乙工程　　　　　　　　8 760

　　合同履约成本——合同成本——丙工程　　　　　　　　2 700

　　贷：机械作业——挖土机　　　　　　　　　　　　　22 800

　　　　机械作业——搅拌机　　　　　　　　　　　　　3 240

　　　　机械作业——吊车　　　　　　　　　　　　　11 520

四、工程成本中辅助生产费用的归集和分配

辅助生产费用的归集和分配如图 10-14 所示：

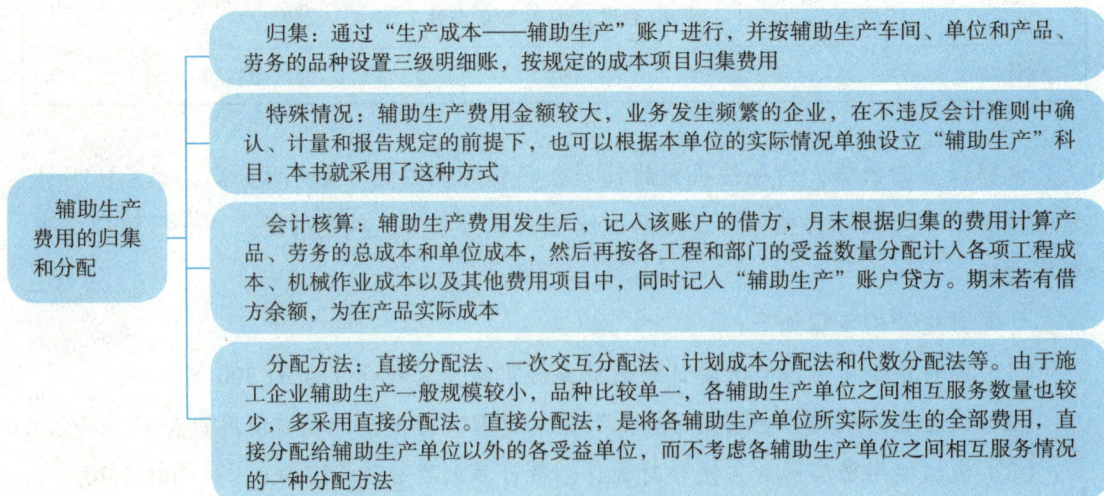

图10-14　辅助生产费用的归集和分配

【例 10-5】通达建工公司运输队 6 月发生各种费用共 261 900 元，已根据有关凭证登记入账，如表 10-19 辅助生产费用明细账所示。

该公司发生辅助生产费用时，进行的账务处理如下：

借：辅助生产 261 900

贷：原材料 134 500

应付职工薪酬 71 800

累计折旧 51 800

合同履约成本——合同成本——其他直接费 1 600

制造费用 2 200

表 10-19　辅助生产费用明细账

类别：运输费　　　　　　　　　　2×19 年 6 月　　　　　　　　　　单位：元

日期		凭证及摘要	借方						贷方
月	日		人工费	燃料及动力费	折旧及修理费	其他直接费	间接费用	合计	
		材料分配表		134 500				136 100	
		折旧计算表			17 200			17 200	
		修理费			33 800			33 800	
		低值易耗品摊销			800			800	
		工资分配表	71 800					71 800	
		分配制造费用							
		分配运输费					2 200	2 200	261 900
		合计	71 800	134 500	51 800	1 600	2 200	261 900	261 900

月末，根据各辅助生产明细账借方发生额及实际提供的产品、劳务数量，编制"辅助生产费用分配表"（表 10-20）。

表 10-20　辅助生产费用分配表

类别：运输费　　　　　　　　　　2×19 年 6 月　　　　　　　　　　单位：元

受益对象	受益数量（吨千米）	分配系数	金额
甲项目部	18 580		92 900
乙项目部	12 380	5 元 / 吨千米	61 900
其中：1 号工程	9 120		45 600

续表

受益对象	受益数量（吨千米）	分配系数	金额
2 号工程	3 260	5 元 / 吨千米	16 300
公司总部	21 420		107 100
合计	52 380		261 900

根据分配表作会计分录如下：

借：合同履约成本——合同成本——甲项目部   92 900

  合同履约成本——乙项目部   61 900

  管理费用   107 100

 贷：辅助生产   261 900

五、工程成本中其他直接费的归集和分配

其他直接费是指不包括在人工费、材料费、机械使用费项目内而在预算定额以外，在施工现场发生的材料二次搬运费、临时设施摊销费、生产工具用具使用费、检验试验费、工程定位复测费、工程点交费及场地清理费等。

其他直接费用的归集和分配如图 10-15 所示：

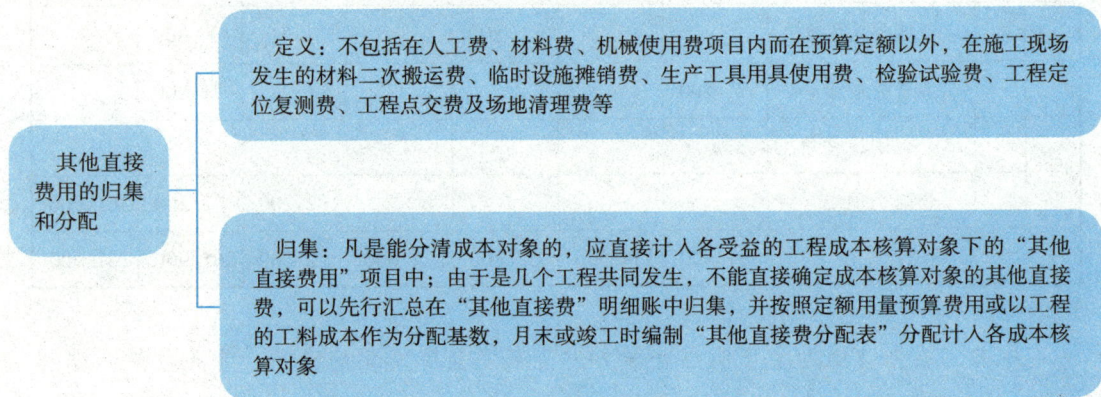

其他直接费用的归集和分配

定义：不包括在人工费、材料费、机械使用费项目内而在预算定额以外，在施工现场发生的材料二次搬运费、临时设施摊销费、生产工具用具使用费、检验试验费、工程定位复测费、工程点交费及场地清理费等

归集：凡是能分清成本对象的，应直接计入各受益的工程成本核算对象下的"其他直接费用"项目中；由于是几个工程共同发生，不能直接确定成本核算对象的其他直接费，可以先行汇总在"其他直接费"明细账中归集，并按照定额用量预算费用或以工程的工料成本作为分配基数，月末或竣工时编制"其他直接费分配表"分配计入各成本核算对象

图10-15 其他直接费用的归集和分配

【例 10-6】某建筑公司第一工程处，6 月发生其他直接费 19 000 元。其中分配给 1 号工程 12 000 元，2 号工程 7 000 元。账务处理程序作以下分录：

借：合同履约成本——合同成本——1 号工程   12 000

  合同履约成本——合同成本——2 号工程   7 000

 贷：合同履约成本——合同成本——其他直接费   19 000

六、工程成本中间接费用的归集和分配

（一）间接费用的内容

间接费用会计核算，先记入"合同履约成本——间接费用"或"生产成本——合同履约成本——间接费用"科目，然后按照适当分配标准，将它记入各项工程成本。

间接费用明细账相关内容如表 10-21 所示：

表 10-21　间接费用明细账及相关内容

明细项目	临时设施摊销费	为保证施工和管理的正常进行而建造的各种临时性生产和生活设施，如临时宿舍、文化福利及公用设施、仓库、办公室、加工厂，以及规定范围内道路、水、电管线等临时设施的摊销费
	管理人员工资	施工单位管理人员的工资、奖金和工资性津贴
	职工福利费	按照施工单位管理人员工资总额的 14% 提取的职工福利费
	劳动保护费	用于施工单位职工的劳动保护用品和技术安全设施的购置、摊销和修理费，供职工保健用的解毒剂、营养品、防暑饮料、洗涤肥皂等物品的购置费或补助费，以及工地上职工洗澡、饮水的燃料费等
	办公费	施工单位管理部门办公用的文具、纸张、账表、印刷、邮电、书报、会议、水电、烧水和集体取暖（包括现场临时宿舍取暖）用煤等费用
	差旅交通费	施工单位职工因公出差期间的旅费、住勤补助费，市内交通费和误餐补助费，职工探亲路费，劳动力招募费，职工离退休、退职一次性路费，工伤人员就医路费，工地转移费，以及现场管理使用的交通工具的油料、燃料、养路费及牌照费等
	折旧费	施工单位施工管理和试验部门等使用属于固定资产的房屋、设备、仪器，以及不实行内部独立核算的辅助生产单位的厂房等的折旧费
	修理费	施工单位施工管理和试验部门等使用属于固定资产的房屋、设备、仪器，以及不实行内部独立核算的辅助生产单位的厂房等的经常修理费和大修理费
	工具用具使用费	施工单位施工管理和试验部门等使用不属于固定资产的工具、器具、家具和检验、试验、测绘、消防用具等的购置、摊销和维修费
	其他费用	上列各项费用以外的其他间接费用，如工程排污费等

（二）间接费用的归集和分配

间接费用的归集和分配如表 10-22 所示：

表 10-22　间接费用的归集和分配

间接费用的归集	间接费用的分配标准
当间接费用发生时计入"制造费用"科目的借方；月末将归集的费用采用一定的标准全数分配，借记相应的工程成本项目，贷记"制造费用"科目，月末应该没有余额	1. 土建工程一般应以工程成本的直接费用为分配标准。 2. 安装工程应以安装工程的人工费用为分配标准。在实际工作中，由于施工单位施工的工程往往有土建工程和安装工程，有时辅助生产单位生产的产品或劳务可能还会对外销售，所以施工单位的间接费用一般要经过两次分配，一次是在不同类的工程、劳务和作业间进行分配，另一次是在同类的工程、劳务和作业间进行分配

间接费用的二次分配如表 10-23 所示：

表 10-23　间接费用的二次分配

第一次分配	第一次分配是将发生的全部间接费用在不同类的工程、劳务和作业间进行分配。一般是以各类工程、劳务和作业中的人工费为基础进行分配
	计算公式如下： 间接费用分配率＝间接费总额÷各类工程（劳务、作业）成本中人工费总额×100% 某类工程应分配的间接费用＝该类工程成本中的人工费×间接费分配率
第二次分配	第二次分配是将第一次分配到各类的工程间接费用再分配到本类的工程、劳务和作业中去。第二次分配是按各类工程、劳务和作业发生的直接费或人工费为基础进行分配的
	（1）土建工程：以工程的直接成本（即人工费、材料费、机械使用费、其他直接费之和）实际发生数或已完工程直接费预算数为标准进行分配。 间接费用分配率＝建筑工程分配的间接费总额÷全部土建工程直接费总额×100% 某土建工程应分配的间接费用＝该土建工程直接费×间接费分配率 （2）安装工程：以工程实际发生人工费或已完工程人工费预算数作为标准分配。 间接费用分配率＝安装工程应分配的间接费总额÷各安装工程人工费总额×100% 某安装工程应分配的间接费用＝该安装工程人工费×间接费分配率

实际核算中间接费用的分配如图 10-16 所示：

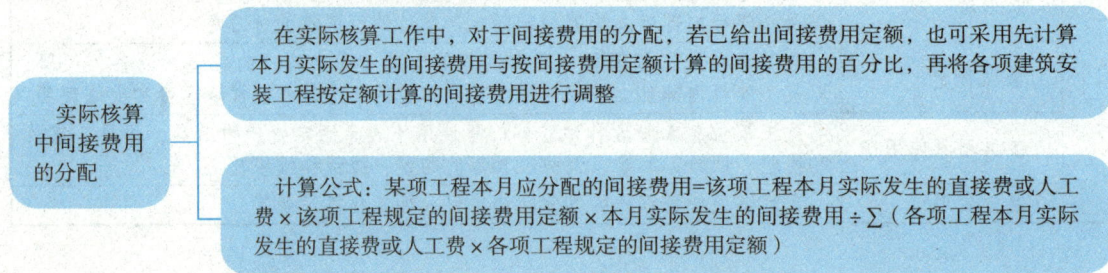

实际核算中间接费用的分配

在实际核算工作中，对于间接费用的分配，若已给出间接费用定额，也可采用先计算本月实际发生的间接费用与按间接费用定额计算的间接费用的百分比，再将各项建筑安装工程按定额计算的间接费用进行调整

计算公式：某项工程本月应分配的间接费用＝该项工程本月实际发生的直接费或人工费×该项工程规定的间接费用定额×本月实际发生的间接费用÷$\sum$（各项工程本月实际发生的直接费或人工费×各项工程规定的间接费用定额）

图 10-16　实际核算中间接费用的分配

【例 10-7】安泰建筑公司道路工程处在 2×19 年 6 月只有甲、乙两处建筑工程，没有安装工程和劳务。本月间接费用的发生情况如表 10-24 间接费用明细账所示，该公司的间接费用采用直接分配法，按照各个工程项目所耗费的直接费用为依据进行分配，本月甲工成发生直接费用 75 000 元，乙工程发生直接费用 65 000 元。

请编制间接费用分配表，并进行相应的会计处理。

间接费用明细账如表 10-24 所示：

表10-24 间接费用明细账

单位名称：道路工程处

单位：元

日期 月	日	凭证及摘要	借方									合计	贷方
			工作人员工资	奖金	职工福利费	办公费差旅费	固定资产及工具使用费	劳动保护费	工程保修费	财产保险费	其他		
6	9	工资汇总分配表	25 800	32 500								58 300	
6	12	以银行存款支付				12 000		9 290	12 600	7 465	1 700	43 055	
6	15	以现金支付费用				6 825		4 394	12 806			24 025	
6	30	折旧计算表					6 800					6 800	
6	30	低耗品摊销表						1 620				1 620	
6	30	材料汇总分配表					6 200					6 200	
6	30	分配间接费用											140 000
		合计	25 800	32 500	0	18 825	13 000	15 304	25 406	7 465	1 700	140 000	140 000

会计处理如表 10-25 所示：

表 10-25　间接费用分配表

2×19 年 6 月　　　　　　　　　　　　　　　　　　单位：元

工程项目	直接费	分配系数	金额
甲工程	1 500 000		75 000
乙工程	1 300 000	0.05	65 000
合计	2 800 000		140 000

分配系数 =140 000÷2 800 000=0.05

根据分配表作会计分录：

借：合同履约成本——合同成本——甲工程　　　　　75 000

　　合同履约成本——合同成本——乙工程　　　　　65 000

　贷：制造费用　　　　　　　　　　　　　　　　　140 000

第四节　工程成本结算

一、月度工程成本结算

月度工程成本核算要点如图 10-17 所示：

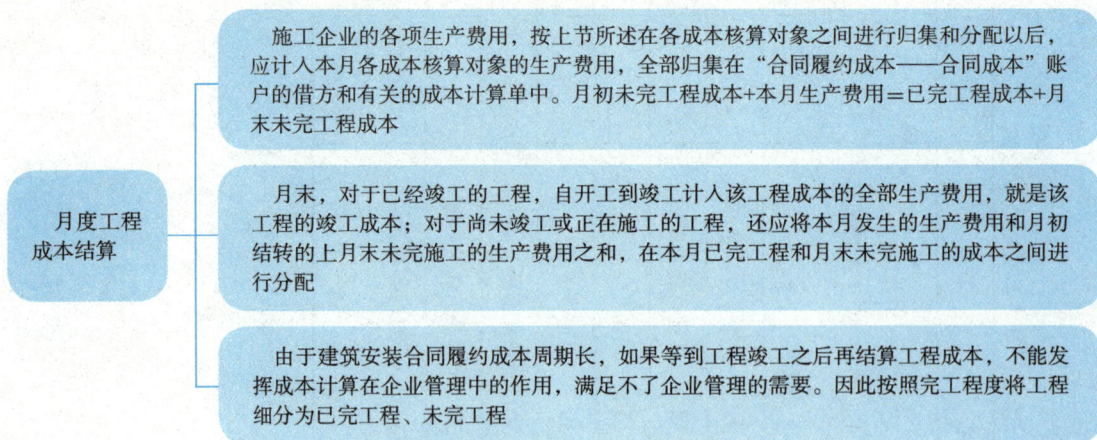

月度工程成本结算

施工企业的各项生产费用，按上节所述在各成本核算对象之间进行归集和分配以后，应计入本月各成本核算对象的生产费用，全部归集在"合同履约成本——合同成本"账户的借方和有关的成本计算单中。月初未完工程成本+本月生产费用=已完工程成本+月末未完工程成本

月末，对于已经竣工的工程，自开工到竣工计入该工程成本的全部生产费用，就是该工程的竣工成本；对于尚未竣工或正在施工的工程，还应将本月发生的生产费用和月初结转的上月末未完施工的生产费用之和，在本月已完工程和月末未完施工的成本之间进行分配

由于建筑安装合同履约成本周期长，如果等到工程竣工之后再结算工程成本，不能发挥成本计算在企业管理中的作用，满足不了企业管理的需要。因此按照完工程度将工程细分为已完工程、未完工程

图10-17　月度工程成本核算要点

月度工程成本结算计算公式如表 10-26 所示：

表 10-26　月度工程成本结算计算公式

月度工程成本结算	月初未完工程成本 + 本月生产费用 = 已完工程成本 + 月末未完工程成本
已完工程实际成本	已完工程实际成本 = 月初未完工程成本 + 本月生产费用 − 月末未完工程成本
已完工程预算成本	已完工程预算成本 = ∑（实际完成工程量 × 预算单价）（1+ 间接费定额） 已完安装工程预算成本 = ∑（实际完成安装工程量 × 预算单价）+（已完安装工程人工费 × 间接费定额）
未完工程成本	未完工程成本 = 未完施工实物量 × 完工程度 × 预算单价

月度工程成本结算的相关说明如表 10-27 所示：

表 10-27　月度工程成本结算的相关说明

工程分类	定义	说明	能否收款
竣工工程	在企业范围内全部竣工，不再需要进行任何施工活动的工程	如果某房屋砖墙抹石灰浆工程在月末时已完成了全部工程内容，就应作为"已完工程"计算；如果只完成了其中一部分工序，则应算作"未完施工"	可计算它的预算成本和预算价值，向客户收取工程价款
已完工程（已完施工）	凡是已经完成预算定额所规定的全部工序，在本企业不需要再进行任何加工的分部分项工程	分部分项工程虽不具有完整的使用价值，也不是竣工工程，但是由于在企业内已完成全部施工活动，已可确定工程数量和工程质量，故可将它视为已完工程	可计算它的预算成本和预算价值，向客户收取工程价款
未完施工（未完工程）	对虽已投入人工、材料进行施工，但尚未达到预算定额规定的全部工程内容的一部分工序	例如砖墙抹石灰砂浆工程，按工程预算定额规定的工程内容为修整表面、清扫、抹灰、抹平、罩面、压光、作护角等工序	不能据以收取工程价款

二、工程成本的计算

（一）未完工程成本的计算

未完工程成本计算要点如图 10-18 所示：

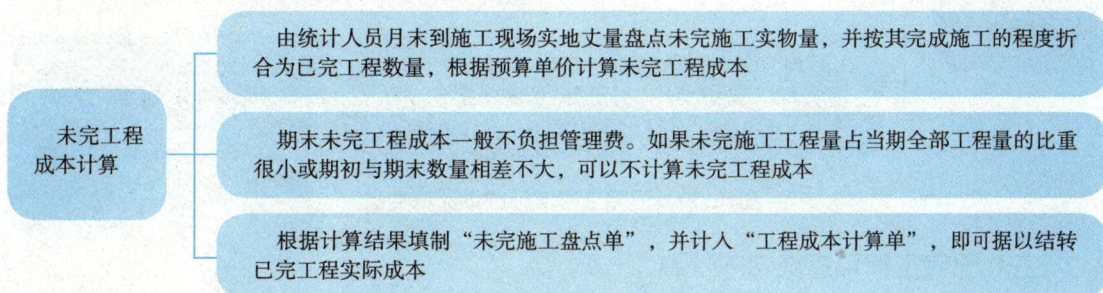

未完工程成本计算	由统计人员月末到施工现场实地丈量盘点未完施工实物量，并按其完成施工的程度折合为已完工程数量，根据预算单价计算未完工程成本
	期末未完工程成本一般不负担管理费。如果未完施工工程量占当期全部工程量的比重很小或期初与期末数量相差不大，可以不计算未完工程成本
	根据计算结果填制"未完施工盘点单"，并计入"工程成本计算单"，即可据以结转已完工程实际成本

图10-18　未完工程成本计算要点

【例 10-8】安泰建筑工程有限公司在其承包的一处学校的建筑工程（甲工程）中，包括一项 3 000 平方米的风雨操场工程，该分部分项工程包括平整、硬化和铺设塑胶等三道工序。目前第二道工序应经完成。约等于已完工程量 70%，折合已完工程量为：

折合已完工程量 =3 000×70%=2 100 平方米

设每平方米涂料工程预算单价为 220.00 元，3 000 平方米的风雨操场未完工程成本为：

2 100×220=462 000（元）

再按预算单价所含工、料费比例进一步分解计算出人工费、材料费等。

编制"未完施工盘点单"如表 10-28 所示。

表 10-28 未完施工盘点单

编制：项目部　　　　　　　　　2×17 年 6 月　　　　　　　　　单位：元

单位	分部分项工程		已完工序					其中			
工程名称	名称	预算单价	工序名称或内容	占分部分项工程比率	已做数量	折合分部分项工程量	预算成本	人工费	材料费	机械费	其他直接费
甲工程	塑胶风雨操场	220	已完成硬化	70%	3 000 平方米	2 100 平方米	462 000	69 300	369 600	23 100	
小计							462 000	69 300	369 600	23 100	

（二）已完工程实际成本的计算

已完工程实际成本计算要点如图 10-19 所示：

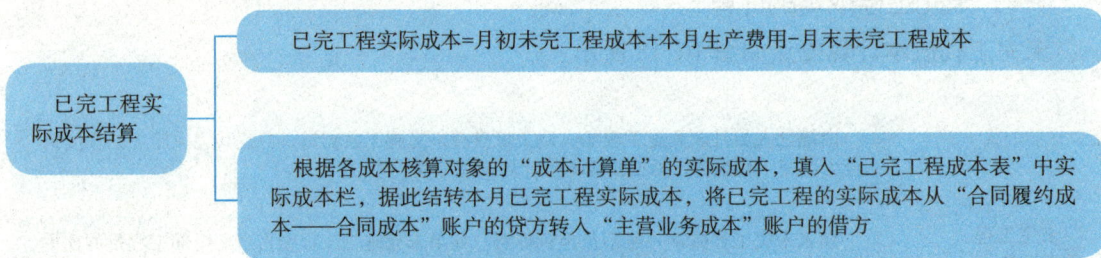

图10-19 已完工程实际成本计算要点

（三）已完工程预算成本的计算

已完工程预算成本计算要点如图 10-20 所示：

已完工程实际成本确定以后，为了对比考察成本的升降情况和与客户进行结算，还要计算当月已完工程的预算成本和预算价值

已完工程预算成本

已完工程预算成本的计算，是根据已完工程实物量，预算单价和间接费定额进行的。其计算公式如下：

已完工程预算成本＝∑［（实际完成工程量×预算单价）（1+间接费定额）］

已完安装工程预算成本＝∑［（实际完成安装工程量×预算单价）+（已完安装工程人工费×间接费定额）］

在实际工作中，已完工程预算成本通常是由统计部门于月末先行实地丈量已完工程实物量，再根据预算定额中预算单价和间接费定额，在"已完工程结算表"或"已完工程月报表"中进行计算

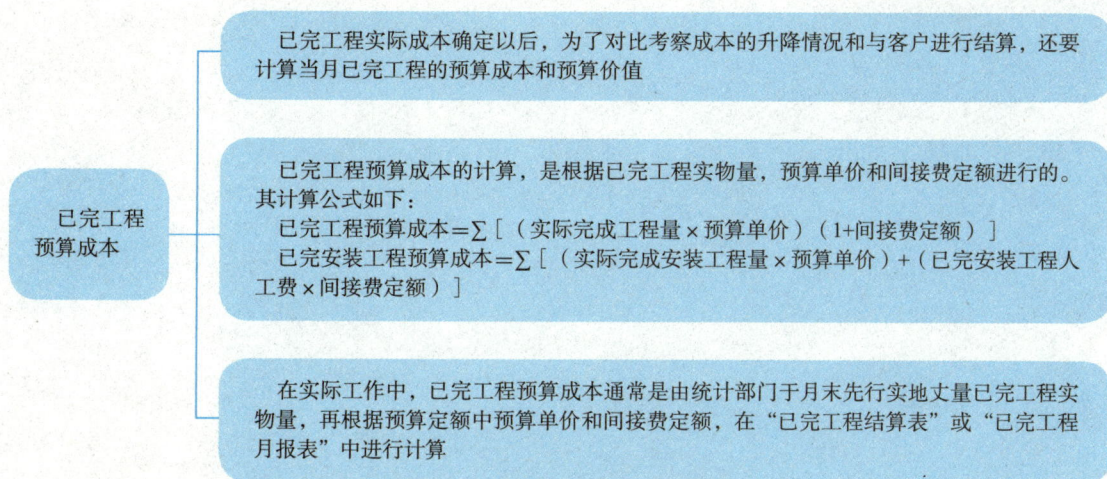

图10-20　已完工程预算成本计算要点

"已完工程结算表"的定义及调整如表 10-29 所示：

表 10-29　"已完工程结算表"的定义及调整

项目	定义	说明
已完工程结算表	反映的是当月已完工程的预算总价值，由直接费、间接费、计划利润和税金四部分组成	直接费包括按预算单价计算的人工费、材料费、机械使用费、其他直接费
		间接费包括按间接取费率计算的管理费和临时设施费、劳动保险费等构成的其他间接费
已完工程结算表的调整	由于"已完工程结算表"中所提供的预算成本项目所包含内容和实际成本不完全一致，为了和工程实际成本的各个项目进行对比，就须根据"已完工程结算表"将属于预算成本范围的项目进行分解调整	按上式间接费定额计算的间接费包括公司机关和施工单位的管理费，由于公司机关管理费不计入工程成本，而计入期间费用，因此，必须分别测算出公司机关管理费和施工单位管理费各自所占比重，将按综合取费率计算的间接费分开
		包括在其他间接费中的临时设施费，已列入工程实际成本的其他直接费项目中，预算成本也应作相应调整
		将预算成本中包括的综合性取费项目，如冬雨季施工增加费、夜间施工增加费等，应按所含工、料费比重分解为人工、材料费等项目，分别计入预算成本的相应项目

第十一章

施工企业收入的会计核算

第一节　收入概述

一、收入的概念和特征

收入的概念和特征如表 11-1 所示：

表 11-1　收入的概念和特征

项目	收入
概念	收入是指企业在日常活动中形成的、会导致所有者权益增加的、与所有者投入资本无关的经济利益的总流入。
特征	收入是企业在日常活动中形成的经济利益的总流入； 收入会导致企业所有者权益的增加； 收入与所有者投入资本无关

二、施工企业收入的主要内容

施工企业收入的主要内容如表 11-2 所示：

表 11-2　施工企业收入的主要内容

项目	定义	内容
施工企业的营业收入	企业在生产经营活动中，由于承包工程、销售产品、提供劳务等实现的收入。营业收入是企业生产经营成果的价值表现，是企业的一项重要财务指标	建造工程合同收入
		其他业务收入
建造工程合同收入	施工企业承包工程所获得的收入，它是施工企业的主营业务收入。工程结算收入在施工企业的营业收入中占有较大比重，其收入水平的变化直接影响着企业的经济效益。 　　其中，合同变更收入、索赔款和奖励款这三部分收入并不构成合同双方在签订合同时已在合同中商定的合同总金额，而是在执行合同过程中由于合同变更、索赔、奖励等原因形成的收入。建造承包施工企业不能随意确定这部分收入，只有在符合规定条件时才能构成合同总收入	建造工程合同初始收入，指建造承包方与客户在双方签订合同中最初商定的合同总金额。它包括合同工程价款以及向客户收取的临时设施费、劳动保险费、施工机构调迁费等
		合同变更收入，是指因客户改变合同规定的作业内容增加的收入
		工程索赔款收入，是指因客户或第三方的原因造成的、由建造承包方向客户或第三方收取的、用以补偿不包括在合同造价中的成本款项
		奖励款，是指工程达到或超过规定的标准时，客户同意支付给建造承包方的额外款项

续表

项目	定义	内容
其他业务收入	施工企业除建造工程合同收入以外的兼营活动中取得的各项收入，是对主营业务收入的一种补充	产品销售收入，是指企业内部独立核算的生产单位销售产品取得的收入。如销售自制的各种建筑结构件，钢木门窗、砖、瓦、机械设备和机械配件等
		机械作业收入，是指企业或其所属内部独立核算单位的机械或运输设备对外单位或内部其他独立核算单位提供机械作业、运输作业等取得的收入
		材料销售收入，是指企业向其他企业（或内部独立核算单位）出售建筑材料或其他材料而获得的收入
		无形资产转让收入，是指无形资产对外转让实现的收入
		固定资产出租收入，是指企业对外单位出租机械设备等固定资产而取得的收入
		对外承包工程收入，是指企业承包国外工程、国内外资工程和提供劳务获得的收入
		多种经营收入，指施工企业开展多种经营业务（如饮食、服务、商业等）而获得的收入
		其他兼营业务收入

第二节　建造工程合同收入的会计核算

一、建造合同收入的概念和特征

建造合同收入的概念和特征如表 11-3 所示：

表 11-3　建造合同收入的概念和特征

项目	建造合同收入
概念	为建造一项或数项在设计、技术、功能、最终用途等方面密切相关的资产而订立的合同。其中，所指资产主要包括房屋、道路、桥梁、水坝等建筑物以及船舶、飞机、大型机械设备等等。由于本书主要针对建筑施工企业，如无特殊的说明，建造合同均指建造工程合同
特征	先有买主（即客户），后有标底（即资产），建造资产的造价在合同签订时就已经确定； 资产的建设周期长，一般都要跨越一个会计年度，有的长达数年； 所建造资产的体积大，造价高； 建造合同一般为不可撤销合同

二、建造合同的类型

建造合同的类型如表11-4所示：

表11-4 建造合同的类型

建造合同的类型	定义及举例	区别：风险的承担者不同
固定造价合同	指按照固定的合同价或固定单价确定工程价款的建造合同。例如，第一建筑公司与客户签订一项高速公路施工合同，总里程为100公里，每公里单价为600万元。该合同就是固定造价合同	由于工程价款已确定，使发包人的资产得以锁定，承包人的利润大小取决于承包合同实际成本的大小，因此固定造价合同风险主要由建造合同承包人来承担
成本加成合同	成本加成合同是指以合同约定或其他方式议定的成本为基础，加上该成本的一定比例或定额费用确定工程价款的建造合同。 例如，某建筑公司与客户签订一项建造污水处理设施的建造合同，双方约定以该设备的实际成本为基础，采用2%的加成率来计算合同总造价。该合同就是成本加成合同	由于加成率或者定额费用固定，因此，建造合同成本越大，导致建造资产的成本也越高，因此建造成本加成合同的风险，主要由建造合同发包人承担

三、建造合同的合并与分立

建造合同的合并与分立如表11-5所示：

表11-5 建造合同的合并与分立

项目	原因	区别：风险的承担者不同
合同的合并与分立	企业通常应当按照单项建造合同进行会计处理。但是，在某些情况下，为了反映一项或一组合同的实质，需要将单项合同进行分立或将数项合同进行合并	由于工程价款已确定，使发包人的资产得以锁定，承包人的利润大小取决于承包合同实际成本的大小，因此固定造价合同风险主要由建造合同承包人来承担
合并为单项合同的情况	一项包括建造数项资产的建造合同，同时满足下列条件的，每项资产应当分立为单项合同	每项资产均有独立的建造计划；与客户就每项资产单独进行谈判，双方能够接受或拒绝与每项资产有关的合同条款；每项资产的收入和成本可以单独辨认
	追加资产的建造，满足下列条件之一的，应当作为单项合同	该追加资产在设计、技术或功能上与原合同包括的一项或数项资产存在重大差异；议定该追加资产的造价时，不需要考虑原合同价款
	一组合同无论对应单个客户还是多个客户，同时满足下列条件的，应当合并为单项合同	该组合同按一揽子交易签订；该组合同密切相关，每项合同实际上已构成一项综合利润率工程的组成部分；该组合同同时或依次履行

四、合同收入的内容

合同收入的内容如图 11-1 所示：

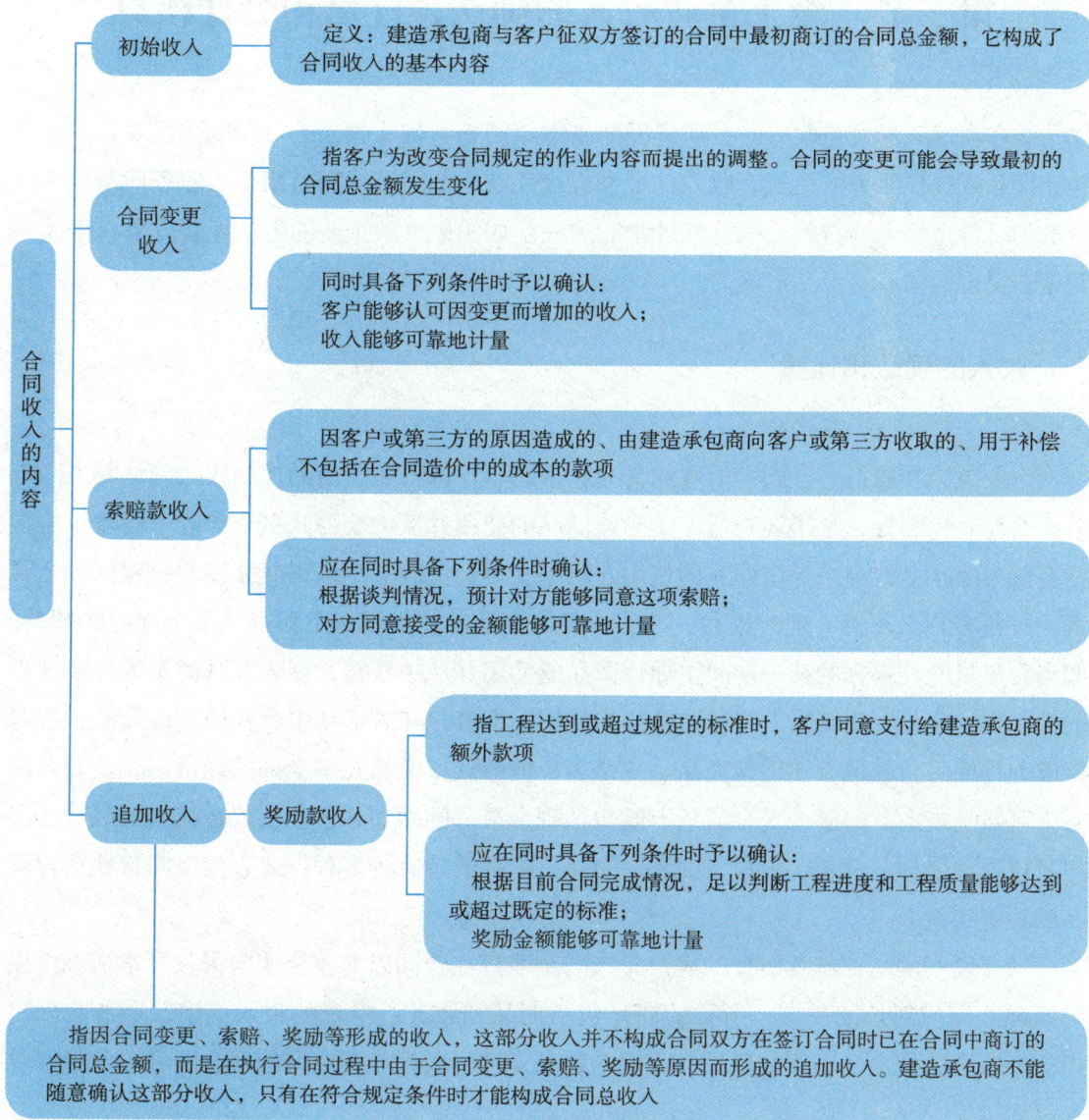

初始收入
定义：建造承包商与客户征双方签订的合同中最初商订的合同总金额，它构成了合同收入的基本内容

合同变更收入
指客户为改变合同规定的作业内容而提出的调整。合同的变更可能会导致最初的合同总金额发生变化

同时具备下列条件时予以确认：
客户能够认可因变更而增加的收入；
收入能够可靠地计量

索赔款收入
因客户或第三方的原因造成的、由建造承包商向客户或第三方收取的、用于补偿不包括在合同造价中的成本的款项

应在同时具备下列条件时确认：
根据谈判情况，预计对方能够同意这项索赔；
对方同意接受的金额能够可靠地计量

追加收入　**奖励款收入**
指工程达到或超过规定的标准时，客户同意支付给建造承包商的额外款项

应在同时具备下列条件时予以确认：
根据目前合同完成情况，足以判断工程进度和工程质量能够达到或超过既定的标准；
奖励金额能够可靠地计量

合同收入的内容

指因合同变更、索赔、奖励等形成的收入，这部分收入并不构成合同双方在签订合同时已在合同中商订的合同总金额，而是在执行合同过程中由于合同变更、索赔、奖励等原因而形成的追加收入。建造承包商不能随意确认这部分收入，只有在符合规定条件时才能构成合同总收入

图11-1　合同收入的内容和确认

第三节　施工企业收入的确认、计量和会计核算

　　企业在确认和计量收入时，应遵循的基本原则是：确认收入的方式应当反映其向客户转让商品或提供服务的模式，收入的金额应当反映企业因转让商品或提供服务而预期有权收取的对价金额。通过收入确认和计量能进一步如实地反映企业的生产经营成果，准确核算企业实现的损益。

一、收入的确认和计量

（一）收入确认的原则

　　企业应当在履行了合同中的履约义务，即在客户取得相关商品控制权时确认收入。取得相关商品控制权，是指客户能够主导该商品的使用并从中获得几乎全部经济利益，也包括有能力阻止其他方主导该商品的使用并从中获得经济利益。取得商品控制权包括三个要素：一是客户必须拥有现时权利，能够主导该商品的使用并从中获得几乎全部经济利益。如果客户只能在未来的某一期间主导该商品的使用并从中获益，则表明其尚未取得该商品的控制权。二是客户有能力主导该商品的使用，即客户在其活动中有权使用该商品，或者能够允许或阻止其他方使用该商品。三是客户能够获得商品几乎全部的经济利益。商品的经济利益是指商品的潜在现金流量，既包括现金流入的增加，也包括现金流出的减少。客户可以通过使用、消耗、出售、处置、交换、抵押或持有等多种方式直接或间接地获得商品的经济利益。

　　需要说明的是，本章所称的客户是指与企业订立合同以向该企业购买其日常活动产出的商品并支付对价的一方；所称的商品包括商品和服务。本章的收入不涉及企业对外出租资产收取的租金、进行债权投资收取的利息、进行股权投资取得的现金股利以及保费收入等。

（二）收入确认的前提条件

　　企业与客户之间的合同同时满足下列五项条件的，企业应当在客户取得相关商品控制权时确认收入：

　　（1）合同各方已批准该合同并承诺将履行各自义务；

　　（2）该合同明确了合同各方与所转让商品相关的权利和义务；

　　（3）该合同有明确的与所转让商品相关的支付条款；

（4）该合同具有商业实质，即履行该合同将改变企业未来现金流量的风险、时间分布或金额；

（5）企业因向客户转让商品而有权取得的对价很可能收回。

（三）收入确认和计量的步骤

根据《企业会计准则第14号——收入》（2018），收入确认和计量大致分为五步：

第一步，识别与客户订立的合同。合同是指双方或多方之间订立有法律约束力的权利义务的协议。合同有书面形式、口头形式以及其他形式。合同的存在是企业确认客户合同收入的前提，企业与客户之间的合同一经签订，企业即享有从客户取得与转移商品和服务对价的权利，同时负有向客户转移商品和服务的履约义务。

第二步，识别合同中的单项履约义务。履约义务是指合同中企业向客户转让可明确区分商品或服务的承诺。企业应当将向客户转让可明确区分商品（或者商品的组合）的承诺以及向客户转让一系列实质相同且转让模式相同的、可明确区分商品的承诺作为单项履约义务。例如，企业与客户签订合同，向其销售商品并提供安装服务，该安装服务简单，除该企业外其他供应商也可以提供此类安装服务，该合同中销售商品和提供安装服务为两项单项履约义务。若该安装服务复杂且商品需要按客户定制要求修改，则合同中销售商品和提供安装服务合并为单项履约义务。

第三步，确定交易价格。交易价格是指企业因客户转让商品而预期有权收取的对价金额，不包括企业代第三方收取的款项（如增值税）以及企业预期将退还给客户的款项。合同条款所承诺的对价，可能是固定金额、可变金额或两者兼有。例如，甲公司与客户签订合同为其建造一栋厂房，约定的价款为100万元，4个月完工，交易价格就是固定金额100万元；假如合同中约定若提前1个月完工，客户将额外奖励甲公司10万元，甲公司对合同估计工程提前1个月完工的概率为95%，则甲公司预计有权收取的对价为110万元，因此交易价格包括固定金额100万元和可变金额10万元，总计为110万元。

第四步，将交易价格分摊至各单项履约义务。当合同中包含两项或多项履约义务时，需要将交易价格分摊至各单项履约义务，分摊的方法是在合同开始日，按照各单项履约义务所承诺商品的单独售价（企业向客户单独销售商品的价格）的相对比例，将交易价格分摊至各单项履约义务。通过分摊交易价格，使企业分摊至各单项履约义务的交易价格能够反映其因向客户转让已承诺的相关商品而有权收取的对价金额。

例如，企业与客户签订合同，向其销售A、B、C三件产品，不含增值税的合同总价款为10 000元。A、B、C产品的不含增值税单独售价分别为5 000元、3 500元和7 500元，合计16 000元。按照交易价格分摊原则，A产品应当分摊的交易价格为3 125元（5 000÷16 000×10 000），B产品应当分摊的交易价格为2 187.5元（3 500÷16 000×10 000），C产品应当分摊的交易价格为4 687.5元（7 500÷16 000×10 000）。

第五步，履行各单项履约义务时确认收入。当企业将商品转移给客户，客户取得了相关商品的控制权，意味着企业履行了合同履约义务，此时，企业应确认收入。企业将商品控制权转移给客户，可能是在某一时段内（即履行履约义务的过程中）发生，也可能在某一时点（即履约义务完成时）发生。企业应当根据实际情况，首先判断履约义务是否满足在某一时段内履行的条件，如不满足，则该履约义务属于在某一时点履行的履约义务。

收入确认和计量五个步骤中，第一步、第二步和第五步主要与收入的确认有关，第三步和第四步主要与收入的计量有关。

需要说明的是，一般而言，确认和计量任何一项合同收入应考虑全部的五个步骤。但履行某些合同义务确认收入不一定都经过这五个步骤，如企业按照第二步确定某项合同仅为单项履约义务时，可以从第三步直接进入第五步确认收入，不需要第四步（分摊交易价格）。

二、收入核算应设置的会计科目

为了核算企业与客户之间的合同产生的收入及相关的成本费用，一般需要设置"主营业务收入""其他业务收入""主营业务成本""其他业务成本""合同取得成本""合同履约成本""合同资产""合同负债"等科目。其中：

"主营业务收入"科目核算企业确认的销售商品、提供服务等主营业务的收入。该科目贷方登记企业主营业务活动实现的收入，借方登记期末转入"本年利润"科目的主营业务收入，结转后该科目应无余额。该科目可按主营业务的种类进行明细核算。

"其他业务收入"科目核算企业确认的除主营业务活动以外的其他经营活动实现的收入，包括出租固定资产、出租无形资产、出租包装物和商品、销售材料、用材料进行非货币性交换（非货币性资产交换具有商业实质且公允价值能够可靠计量）或债务重组等实现的收入。该科目贷方登记企业其他业务活动实现的收入，借方登记期末转入"本年利润"科目的其他业务收入，结转后该科目应无余额。该科目可按其他业务的种类进行明细核算。

"主营业务成本"科目核算企业确认销售商品、提供服务等主营业务收入时应结转的成本。该科目借方登记企业应结转的主营业务成本，贷方登记期末转入"本年利润"科目的主营业务成本，结转后该科目应无余额。该科目可按主营业务的种类进行明细核算。

"其他业务成本"科目核算企业确认的除主营业务活动以外的其他经营活动所形成的成本，包括出租固定资产的折旧额、出租无形资产的摊销额、出租包装物的成本或摊销额、销售材料的成本等。该科目借方登记企业应结转的其他业务成本，贷方登记期末转入"本年利润"科目的其他业务成本，结转后该科目应无余额。该科目可按其他业务的种类进行明细核算。

"合同取得成本"科目核算企业取得合同发生的、预计能够收回的增量成本。该科目借方登记发生的合同取得成本，贷方登记摊销的合同取得成本，期末借方余额，反映企业尚未结转的合同取得成本。该科目可按合同进行明细核算。

"合同履约成本"科目核算企业为履行当前或预期取得的合同所发生的、不属于其他企业会计准则规范范围且按照收入准则应当确认为一项资产的成本。该科目借方登记发生的合同履约成本，贷方登记摊销的合同履约成本，期末借方余额，反映企业尚未结转的合同履约成本。该科目可按合同分别"服务成本""工程施工"等进行明细核算。

"合同资产"科目核算企业已向客户转让商品而有权收取对价的权利，且该权利取决于时间流逝之外的其他因素（如履行合同中的其他履约义务）。该科目借方登记因已转让商品而有权收取的对价金额，贷方登记取得无条件收款权的金额，期末借方余额，反映企业已向客户转让商品而有权收取的对价金额。该科目按合同进行明细核算。

"合同负债"科目核算企业已收或应收客户对价而应向客户转让商品的义务。该科目贷方登记企业在向客户转让商品之前，已经收到或已经取得无条件收取合同对价权利的金额；借方登记企业向客户转让商品时冲销的金额；期末贷方余额，反映企业在向客户转让商品之前，已经收到的合同对价或已经取得的无条件收取合同对价权利的金额。该科目按合同进行明细核算。

此外，企业发生减值的，还应当设置"合同履约成本减值准备""合同取得成本减值准备""合同资产减值准备"等科目进行核算。

三、履行履约义务确认收入的账务处理

（一）在某一时点履行履约义务确认收入

对于在某一时点履行的履约义务，企业应当在客户取得相关商品控制权时点确认收入。在判断控制权是否转移时，企业应当综合考虑下列迹象：

第一，企业就该商品享有现时收款权利，即客户就该商品负有现时付款义务。例如，甲企业与客户签订销售商品合同，约定客户有权定价且在收到商品无误后10日内付款。在客户收到甲企业开具的发票、商品验收入库后，客户能够自主确定商品的销售价格或商品的使用情况，此时甲企业享有收款权利，客户负有现时付款义务。

第二，企业已将该商品的法定所有权转移给客户，即客户已拥有该商品的法定所有权。例如，房地产企业向客户销售商品房，在客户付款后取得房屋产权证时，表明企业已将该商品房的法定所有权转移给客户。

第三，企业已将该商品实物转移给客户，即客户已占有该商品实物。例如，企业与客户签订交款提货合同，在企业销售商品并送货到客户指定地点，客户验收合格并付款，表明企业已将该商品实物转移给客户，即客户已占有该商品实物。

第四，企业已将该商品所有权上的主要风险和报酬转移给客户，即客户已取得该商

品所有权上的主要风险和报酬。例如，甲房地产公司向客户销售商品房办理产权转移手续后，该商品房价格上涨或下跌带来的利益或损失全部属于客户，表明客户已取得该商品房所有权上的主要风险和报酬。

第五，客户已接受该商品。例如，企业向客户销售为其定制生产的节能设备，客户收到并验收合格后办理入库手续，表明客户已接受该商品。

第六，其他表明客户已取得商品控制权的迹象。

1. 一般销售商品业务收入的账务处理

【例 11-1】远通建筑公司向 ABC 公司销售商品一批，开具的增值税专用发票上注明售价为 400 000 元，增值税税额为 52 000 元；远通建筑公司收到 ABC 公司开出的不带息银行承兑汇票一张，票面金额为 452 000 元，期限为 2 个月；远通建筑公司以银行存款支付代垫运费，增值税专用发票上注明运输费 2 000 元，增值税税额为 180 元，所垫运费尚未收到；该批商品成本为 320 000 元。ABC 公司收到商品并验收入库。

本例中远通建筑公司已经收到 ABC 公司开出的不带息银行承兑汇票，客户 ABC 公司收到商品并验收入库，因此，销售商品为单项履约义务且属于在某一时点履行的履约义务。远通建筑公司应编制如下会计分录：

（1）确认收入时：

借：应收票据   452 000

贷：主营业务收入   400 000

应交税费——应交增值税（销项税额）   52 000

借：主营业务成本   320 000

贷：库存商品   320 000

（2）代垫运费时：

借：应收账款   2 180

贷：银行存款   2 180

2. 已经发出商品但不能确认收入的账务处理

企业按合同发出商品，合同约定客户只有在商品售出取得价款后才支付货款。企业向客户转让商品的对价未达到"很可能收回"收入确认条件。在发出商品时，企业不应确认收入，将发出商品的成本记入"发出商品"科目，借记"发出商品"科目，贷记"库存商品"科目。如已发出的商品被客户退回，应编制相反的会计分录。"发出商品"科目核算企业商品已发出但客户没有取得商品的控制权的商品成本。当收到货款或取得收取货款权利时，确认收入，借记"银行存款""应收账款"科目，贷记"主营业务收入"科目，贷记"应交税费——应交增值税（销项税额）"科目，同时结转已销商品成本，借记"主营业务成本"科目，贷记"发出商品"科目。

【例11-2】远通建筑公司与ABC公司均为增值税一般纳税人。2×19年6月3日，远通建筑公司与ABC公司签订委托代销合同，远通建筑公司委托ABC公司销售W商品1 000件，W商品已经发出，每件商品成本为70元。合同约定ABC公司应按每件100元对外销售，远通建筑公司按不含增值税的销售价格的10%向ABC公司支付手续费。除非这些商品在ABC公司存放期间内由于ABC公司的责任发生毁损或丢失，否则在W商品对外销售之前，ABC公司没有义务向远通建筑公司支付货款。ABC公司不承担包销责任，没有售出的W商品须退回给远通建筑公司，同时，远通建筑公司也有权要求收回W商品或将其销售给其他的客户。至2×19年6月30日，ABC公司实际对外销售100件，开出的增值税专用发票上注明的销售价款为100 000元，增值税税额为13 000元。

本例中，远通建筑公司将W商品发送至ABC公司后，ABC公司虽然已经承担W商品的实物保管责任，但仅为接受远通建筑公司的委托销售W商品，并根据实际销售的数量赚取一定比例的手续费。远通建筑公司有权要求收回W商品或将其销售给其他的客户，ABC公司并不能主导这些商品的销售，这些商品对外销售与否、是否获利以及获利多少等不由ABC公司控制，ABC公司没有取得这些商品的控制权。因此，远通建筑公司将W商品发送至ABC公司时，不应确认收入，而应当在ABC公司将W商品销售给最终客户时确认收入。

（1）2×19年6月10日，远通建筑公司按合同约定发出商品时，应编制如下会计分录：

借：发出商品——ABC公司	70 000
贷：库存商品——W商品	70 000

（2）2×19年6月30日，远通建筑公司收到ABC公司开具的代销清单时，应编制如下会计分录：

借：应收账款	113 000
贷：主营业务收入	100 000
应交税费——应交增值税（销项税额）	13 000
借：主营业务成本	70 000
贷：发出商品	70 000
借：销售费用	10 000
应交税费——应交增值税（进项税额）	600

　　　　贷：应收账款　　　　　　　　　　　　　　　　　　　　10 600

　　（3）收到 ABC 公司支付的货款时，应编如下会计分录：

　　借：银行存款　　　　　　　　　　　　　　　　　　　　102 400

　　　　贷：应收账款　　　　　　　　　　　　　　　　　　102 400

　　3. 商业折扣、现金折扣和销售退回的账务处理

　　（1）商业折扣。

　　商业折扣是指企业为促进商品销售而给予的价格扣除。例如，企业为鼓励客户多买商品，可能规定购买 100 件以上商品给予客户 10% 的折扣。此外，企业为了尽快出售一些残次、陈旧、冷背的商品，也可能降价销售。商业折扣在销售前即已发生，并不构成最终成交价格的一部分，企业应当按照扣除商业折扣后的金额确定商品销售价格和销售商品收入金额。

　　（2）现金折扣。

　　现金折扣是指债权人为鼓励债务人在规定的期限内付款而向债务人提供的债务扣除。现金折扣一般用符号"折扣率 / 付款期限"表示，例如，"2/10，1/20，N/30"表示：销货方允许客户最长的付款期限为 30 天，如果客户在 10 天内付款，销货方可按商品售价给予客户 2% 的折扣；如果客户在 11 ～ 20 天内付款，销货方可按商品售价给予客户 1% 的折扣；如果客户在 21 ～ 30 天内付款，将不能享受现金折扣。

　　现金折扣发生在商品销售之后，是否发生以及发生多少要视客户的付款情况而定，企业在确认销售商品收入时不能确定现金折扣金额。因此，企业销售商品涉及现金折扣的，应当按照扣除现金折扣前的金额确定销售商品收入金额。

　　在计算现金折扣时，还应注意是按不含增值税的价款计算确定，还是按含增值税的价款计算确定，两种情况下客户享有的折扣金额不同。例如，销售价格为 1 000 元的商品，增值税税额为 130 元，如计算现金折扣不考虑增值税，按 1% 折扣率计算，客户享有的现金折扣金额为 10 元；如果企业与客户约定计算现金折扣时一并考虑增值税，则客户享有的现金折扣金额为 11.3 元。

　　【例 11-3】远通建筑公司为增值税一般纳税人，2×19 年 9 月 1 日销售 A 商品 5 000 件并开具增值税专用发票，每件商品的标价为 200 元（不含增值税），A 商品适用的增值税税率为 13%；每件商品的实际成本为 120 元；由于是成批销售，远通建筑公司给予客户 10% 的商业折扣，并在销售合同中规定现金折扣条件为 2/10，1/20，N/30；A 商品于 9 月 1 日发出，客户于 9 月 9 日付款。该项销售业务属于在某一时点履行的履约义务。假定计算现金折扣不考虑增值税。

　　本例涉及商业折扣和现金折扣问题，销售商品收入的金额应是未扣除现金折扣但

扣除商业折扣后的金额，现金折扣应在实际发生时计入当期财务费用。因此，远通建筑公司应确认的销售商品收入的金额为 900 000 元（200×5 000-200×5 000×10%），增值税销项税额为 117 000 元（900 000×13%）。客户在 10 日内付款，享有的现金折扣为 18 000 元（900 000×2%）。远通建筑公司应编制如下会计分录：

①9 月 1 日确认收入时：

借：应收账款	1 017 000
贷：主营业务收入	900 000
应交税费——应交增值税（销项税额）	117 000
借：主营业务成本	600 000
贷：库存商品	600 000

②9 月 9 日收到货款时：

借：银行存款	999 000
财务费用	18 000
贷：应收账款	1 017 000

本例中，若客户于 9 月 19 日付款，则享受的现金折扣为 9 000 元（900 000×1%），收到货款时，远通建筑公司应编制如下会计分录：

借：银行存款	1 008 000
财务费用	9 000
贷：应收账款	1 017 000

若客户于 9 月底付款，则应按全额付款，收到货款时，远通建筑公司应编制如下会计分录：

借：银行存款	1 017 000
贷：应收账款	1 017 000

（3）销售退回。

销售退回是指企业因售出商品在质量、规格等方面不符合销售合同规定条款的要求，客户要求企业予以退货。企业销售商品发生退货，表明企业履约义务的减少和客户商品控制权及其相关经济利益的丧失。已确认销售商品收入的售出商品发生销售退回的，除属于资产负债表日后事项的外，企业收到退回的商品时，应退回货款或冲减应收账款，并冲减主营业务收入和增值税销项税额，借记"主营业务收入""应交税费——应交增值税（销项税额）"等科目，贷记"银行存款""应收票据""应收账款"等科目。收到退回商品验收入库，按照商品成本，借记"库存商品"科目，贷记"主营业务成本"科目。如该项销售退回已发生现金折扣，应同时调整相关财务费用的金额。

【例11-4】远通建筑公司2×19年5月20日销售A商品一批，增值税专用发票上注明售价为350 000元，增值税税额为45 500元，该批商品成本为182 000元。A商品于2×19年5月20日发出，客户于5月27日付款。该项业务属于在某一时点履行的履约义务并确认销售收入。2×19年9月16日，该商品质量出现严重问题，客户将该批商品全部退回给远通建筑公司。远通建筑公司同意退货，于退货当日支付了退货款，并按规定向客户开具了增值税专用发票（红字）。假定不考虑其他因素，远通建筑公司应编制如下会计分录：

①2×19年5月20日确认收入时：

借：应收账款　　　　　　　　　　　　　　　　395 500

　　贷：主营业务收入　　　　　　　　　　　　　350 000

　　　　应交税费——应交增值税（销项税额）　　45 500

借：主营业务成本　　　　　　　　　　　　　　182 000

　　贷：库存商品　　　　　　　　　　　　　　　182 000

②2×19年5月27日收到货款时：

借：银行存款　　　　　　　　　　　　　　　　395 500

　　贷：应收账款　　　　　　　　　　　　　　　395 500

③2×19年9月16日销售退回时：

借：主营业务收入　　　　　　　　　　　　　　350 000

　　应交税费——应交增值税（销项税额）　　　　45 500

　　贷：银行存款　　　　　　　　　　　　　　　395 500

借：库存商品　　　　　　　　　　　　　　　　182 000

　　贷：主营业务成本　　　　　　　　　　　　　182 000

4. 销售材料等存货的账务处理

企业在日常活动中会发生对外销售不需用的原材料、随同商品对外销售单独计价的包装物等业务。企业销售原材料、包装物等存货取得收入的确认和计量原则比照商品销售。企业销售原材料、包装物等存货确认的收入作为其他业务收入处理，结转的相关成本作为其他业务成本处理。

【例11-5】远通建筑公司向ABC公司销售一批原材料，开具的增值税专用发票上注明售价为100 000元，增值税税额为13 000元；远通建筑公司收到ABC公司支付的款项存入银行；该批原材料的实际成本为90 000元；ABC公司收到原材料并验收入库。

本例中远通建筑公司已经收到 ABC 公司支付的货款，客户 ABC 公司收到原材料并验收入库，因此，该项业务为单项履约义务且属于在某一时点履行的履约义务。远通建筑公司应编制如下会计分录：

（1）确认收入时：

借：银行存款　　　　　　　　　　　　　　　　　113 000

　　贷：其他业务收入　　　　　　　　　　　　　　100 000

　　　　应交税费——应交增值税（销项税额）　　　 13 000

（2）结转原材料成本时：

借：其他业务成本　　　　　　　　　　　　　　　 90 000

　　贷：原材料　　　　　　　　　　　　　　　　　 90 000

（二）在某一时段内履行履约义务确认收入

建筑施工企业的建造合同，一般属于在某一时段内履行履约义务的合同，对于在某一时段内履行的履约义务，企业应当在该段时间内按照履约进度确认收入，但是，履约进度不能合理确定的除外。企业应当考虑商品的性质，采用产出法或投入法确定恰当的履约进度，并且在确定履约进度时，应当扣除那些控制权尚未转移给客户的商品。企业按照履约进度确认收入时，通常应当在资产负债表日按照合同的交易价格总额乘以履约进度扣除以前会计期间累计已确认的收入后的金额，确认为当期收入。

1. 产出法

产出法是根据已转移给客户的商品对于客户的价值确定履约进度，通常可采用实际测量的完工进度、评估已实现的结果、已达到的工程进度节点、时间进度、已完工或交付的产品等产出指标确定履约进度。企业在评估是否采用产出法确定履约进度时，应当考虑具体的事实和情况，并选择能够如实反映企业履约进度和向客户转移商品控制权的产出指标。当选择的产出指标无法计量控制权已转移给客户的商品时，不应采用产出法。

【例 11-6】2×18 年 8 月 1 日，远通建筑公司与客户签订合同，为该客户拥有的一条铁路更换 100 根铁轨，合同价格为 100 万元（不含税价）。截至 2×18 年 12 月 31 日，远通建筑公司共更换铁轨 60 根，剩余部分预计在 2×19 年 3 月 31 日之前完成。该合同仅包含一项履约义务，且该履约义务满足在某一时段内履行的条件。假定不考虑其他情况。

本例中，远通建筑公司提供的更换铁轨的服务属于在某一时段内履行的履约义务，远通建筑公司按照已完成的工作量占预计总工作量的比例确定履约进度。因此，截至 2×18 年 12 月 31 日，该合同的履约进度为 60%（60÷100），远通建筑公司应确认的收入为 60 万元（100×60%）。

2. 投入法

投入法是根据企业为履行履约义务的投入确定履约进度，通常可采用投入的材料数量、花费的人工工时或机器工时、发生的成本和时间进度等投入指标确定履约进度。当企业从事的工作或发生的投入是在整个履约期间内平均发生时，企业也可以按照直线法确认收入。产出法下有关产出指标的信息有时可能无法直接观察获得，或者企业为获得这些信息需要花费很高的成本时，可能需要采用投入法来确定履约进度。

【例 11-7】远通建筑公司于 2×18 年 12 月 1 日接受一项设备安装任务，安装期为 3 个月，合同总收入 600 000 元，至年底已预收安装费 440 000 元，实际发生安装费用为 280 000 元（假定均为安装人员薪酬），估计还将发生安装费用 120 000 元。假定远通建筑公司按实际发生的成本占估计总成本的比例确定安装的履约进度，不考虑增值税等其他因素。远通建筑公司的账务处理如下：

实际发生的成本占估计总成本的比例 =280 000÷（280 000+120 000）×100% =70%

2×18 年 12 月 31 日确认的劳务收入 =600 000×70% − 0 =420 000（元）

（1）实际发生劳务成本。

借：合同履约成本——设备安装 280 000

　　贷：应付职工薪酬 280 000

（2）预收劳务款。

借：银行存款 440 000

　　贷：合同负债——×× 公司 440 000

（3）2×18 年 12 月 31 日确认劳务收入并结转劳务成本。

借：合同负债——×× 公司 420 000

　　贷：主营业务收入——设备安装 420 000

借：主营业务成本——设备安装 280 000

　　贷：合同履约成本——设备安装 280 000

对于同一合同下属于在一时段内履行的履约义务涉及与客户结算对价的，通常情况下，企业对其已向客户转让商品而有权收取的对价金额应当确认为合同资产或应收账款，对于其已收或应收客户对价而应向客户转让商品的义务，应当按照已收或应收的金额确认合同负债。由于同一合同下的合同资产和合同负债应当以净额列示，企业也可以设置"合同结算"科目（或其他类似科目），以核算同一合同下属于在一时段内履行的履约义务涉及与客户结算对价所产生的合同资产或合同负债，并在此科目下设置"合同结算——价款结算"科目反映定期与客户进行结算的金额，设置"合同结算——收入结转"科目反映按履约进度结转的收入金额。资产负债表日，"合同结算"科目的期末余额在借方的，根据其流动性，在资产负债表中分别列示为"合同资产"或"其他非流动资产"项目；期末余额在贷方的，根据其流动性，在资产负债表中分别列示为"合同负债"或"其他非流动负债"项目。

【例 11-8】2×18 年 1 月 1 日，远通建筑公司与 ABC 公司签订一项大型设备建造工程合同，根据双方合同，该工程的造价为 6 300 万元，工程期限为一年半，预计 2×19 年 6 月 30 日竣工；预计可能发生的总成本为 4 000 万元；远通建筑公司负责工程的施工及全面管理，ABC 公司按照第三方工程监理公司确认的工程完工量，每半年与远通建筑公司结算一次。假定该建造工程整体构成单项履约义务，并属于在某一时段履行的履约义务，远通建筑公司采用已发生成本占预计总成本比例计算履约进度，增值税税率为 9%，不考虑其他相关因素。

2×18 年 6 月 30 日，工程累计实际发生成本 1 500 万元，ABC 公司与远通建筑公司结算合同价款 2 500 万元，远通建筑公司实际收到价款 2 000 万元；2×18 年 12 月 31 日，工程累计实际发生成本 3 000 万元，ABC 公司与远通建筑公司结算合同价款 1 100 万元，远通建筑公司实际收到价款 1 000 万元；2×19 年 6 月 30 日，工程累计实际发生成本 4 100 万元，ABC 公司与远通建筑公司结算合同竣工价款 2 700 万元，并支付剩余工程款 3 300 万元。上述价款均不含增值税额。假定远通建筑公司与 ABC 公司结算时即发生增值税纳税义务，ABC 公司在实际支付工程价款的同时支付其对应的增值税款。远通建筑公司的账务处理为：

（1）2×18 年 1 月 1 日至 2×18 年 6 月 30 日实际发生工程成本。

借：合同履约成本   15 000 000

  贷：原材料、应付职工薪酬等   15 000 000

（2）2×18 年 6 月 30 日。

履约进度 =15 000 000÷40 000 000= 37.5%

合同收入 =63 000 000×37.5%=23 625 000（元）

借：合同结算——收入结转   23 625 000

  贷：主营业务收入   23 625 000

借：主营业务成本   15 000 000

  贷：合同履约成本   15 000 000

借：应收账款　　　　　　　　　　　　　　　　27 250 000

　　贷：合同结算——价款结算　　　　　　　　　25 000 000

　　　　应交税费——应交增值税（销项税额）　2 250 000

借：银行存款　　　　　　　　　　　　　　　　20 000 000

　　贷：应收账款　　　　　　　　　　　　　　20 000 000

当日，"合同结算"科目的余额为贷方137.5万元（2 500-2 362.5），表明远通建筑公司已经与ABC公司结算但尚未履行履约义务的金额为137.5万元，由于远通建筑公司预计该部分履约义务将在2×18年内完成，因此，应在资产负债表中作为"合同负债"列示。

（3）2×18年7月1日至12月31日实际发生工程成本。

借：合同履约成本　　　　　　　　　　　　　　15 000 000

　　贷：原材料、应付职工薪酬等　　　　　　　15 000 000

（4）2×18年12月31日。

履约进度 = 30 000 000 ÷ 40 000 000 =75%

合同收入 =63 000 000×75%-23 625 000 =23 625 000（元）

借：合同结算——收入结转　　　　　　　　　　23 625 000

　　贷：主营业务收入　　　　　　　　　　　　23 625 000

借：主营业务成本　　　　　　　　　　　　　　15 000 000

　　贷：合同履约成本　　　　　　　　　　　　15 000 000

借：应收账款　　　　　　　　　　　　　　　　11 990 000

　　贷：合同结算——价款结算　　　　　　　　11 000 000

　　　　应交税费——应交增值税（销项税额）　990 000

借：银行存款　　　　　　　　　　　　　　　　10 000 000

　　贷：应收账款　　　　　　　　　　　　　　10 000 000

当日，"合同结算"科目的余额为借方1 125万元（2 362.5-1 100-137.5），表明远通建筑公司已经履行履约义务但尚未与ABC公司结算的金额为1 125万元，由于该部分金额将在2×19年内结算，因此，在资产负债表中作为"合同资产"列示。

（5）2×19年1月1日至6月30日实际发生工程成本。

借：合同履约成本　　　　　　　　　　　　　　11 000 000

　　贷：原材料、应付职工薪酬等　　　　　　　11 000 000

（6）2×19年6月30日。

由于当日该工程已竣工决算，其履约进度为100%。

合同收入 =63 000 000-23 625 000-23 625 000=15 750 000（元）

借：合同结算——收入结转　　　　　　　　　　15 750 000
　　贷：主营业务收入　　　　　　　　　　　　　　15 750 000
借：主营业务成本　　　　　　　　　　　　　　11 000 000
　　贷：合同履约成本　　　　　　　　　　　　　　11 000 000
借：应收账款　　　　　　　　　　　　　　　　29 430 000
　　贷：合同结算——价款结算　　　　　　　　　　27 000 000
　　　　应交税费——应交增值税（销项税额）　　　2 430 000
借：银行存款　　　　　　　　　　　　　　　　38 670 000
　　贷：应收账款　　　　　　　　　　　　　　　　38 670 000

当日，"合同结算"科目的余额为 0 万元（1 125+1 575-2 700）。

由于投入法下的投入指标与企业向客户转移商品的控制权之间未必存在直接的对应关系，企业在采用投入法时，应当扣除那些虽然已经发生，但是未导致向客户转移商品的投入。实务中，企业通常按照累计实际发生的成本占预计总成本的比例（即成本法）确定履约进度，累计实际发生的成本包括企业向客户转移商品过程中所发生的直接成本和间接成本，如直接人工、直接材料、分包成本以及其他与合同相关的成本。

在下列情形下，企业在采用成本法确定履约进度时，需要对已发生的成本进行适当的调整：

（1）已发生的成本并未反映企业履行履约义务的进度。如因企业生产效率低下等原因而导致的非正常消耗，包括非正常消耗的直接材料、直接人工及制造费用等，不应包括在累计实际发生的成本中，除非企业和客户在订立合同时已经预见会发生这些成本并将其包括在合同价款中。

（2）已发生的成本与企业履行履约义务的进度不成比例。当企业已发生的成本与履约进度不成比例，企业在采用成本法确定履约进度时需要进行适当调整。对于施工中尚未安装、使用或耗用的商品或材料成本等，当企业在合同开始日就预期将能够满足下列所有条件时，应在采用成本法确定履约进度时不包括这些成本：

第一，该商品或材料不可明确区分，即不构成单项履约义务；

第二，客户先取得该商品或材料的控制权，之后才接受与之相关的服务；

第三，该商品或材料的成本相对于预计总成本而言是重大的；

第四，企业自第三方采购该商品或材料，且未深入参与其设计和制造，对于包含该商品的履约义务而言，企业是主要责任人。

【例 11-9】2×18 年 10 月，远通建筑公司与客户签订合同，为客户装修一栋办公楼，包括安装一部电梯，合同总金额为 100 万元。远通建筑公司预计的合同总成本为 80 万元，其中包括电梯的采购成本 30 万元。

2×18 年 12 月，远通建筑公司将电梯运达施工现场并经过客户验收，客户已取得对电梯的控制权，但是根据装修进度，预计到 2×19 年 2 月才会安装该电梯。截至 2×18 年 12 月，远通建筑公司累计发生成本 40 万元，其中包括支付给电梯供应商的采购成本 30 万元以及因采购电梯发生的运输和人工等相关成本 5 万元。

假定该装修服务（包括安装电梯）构成单项履约义务，并属于在某一时段内履行的履约义务，远通建筑公司是主要责任人，但不参与电梯的设计和制造；远通建筑公司采用成本法确定履约进度；上述金额均不含增值税。

本例中，截至 2×18 年 12 月，远通建筑公司发生成本 40 万元（包括电梯采购成本 30 万元以及因采购电梯发生的运输和人工等相关成本 5 万元），远通建筑公司认为其已发生的成本和履约进度不成比例，因此需要对履约进度的计算作出调整，将电梯的采购成本排除在已发生成本和预计总成本之外。在该合同中，该电梯不构成单项履约义务，其成本相对于预计总成本而言是重大的，远通建筑公司是主要责任人，但是未参与该电梯的设计和制造，客户先取得了电梯的控制权，随后才接受与之相关的安装服务，因此，远通建筑公司在客户取得该电梯控制权时，按照该电梯采购成本的金额确认转让电梯产生的收入。

因此，2×18 年 12 月，该合同的履约进度为 20%［（40-30）÷（80-30）］，应确认的收入和成本金额分别为 44 万元［（100-30）×20%+30］和 40 万元［（80-30）×20%+30］。

每一资产负债表日，企业应当对履约进度进行重新估计。当客观环境发生变化时，企业需要重新评估履约进度是否发生变化，以确保履约进度能够反映履约情况的变化。对于每一项履约义务，企业只能采用一种方法来确定其履约进度，并加以一贯运用。对于类似情况下的类似履约义务，企业应当采用相同的方法（例如，成本法）确定履约进度。

对于在某一时段内履行的履约义务，只有当其履约进度能够合理确定时，才应当按照履约进度确认收入。当履约进度不能合理确定时，企业已经发生的成本预计能够得到补偿的，应当按照已经发生的成本金额确认收入，直到履约进度能够合理确定为止。

第四节 其他业务收入的核算

一、其他业务收入的确认

施工企业的其他业务收入一般包括产品销售收入、作业销售收入、材料销售收入和其他销售收入等。各种类型收入的确认条件如表 11-6 所示：

表 11-6 其他业务收入的确认

施工企业的其他业务收入		确认的条件（需同时满足）	
商品销售收入的确认		（1）企业已将商品所有权上的主要风险和报酬转移给购货方； （2）企业既没有保留通常与所有权相联系的继续管理权，也没有对已售出的商品实施有效控制； （3）收入的金额能够可靠地计量； （4）相关的经济利益很可能流入企业； （5）相关的已发生或将发生的成本能够可靠地计量。 　　其中，商品包括企业为销售而生产的产品和为转售而购进的商品，如工业企业生产的产品、商业企业购进的商品等，企业销售的其他存货，如原材料、包装物等，也视同商品	
提供劳务交易结果能够可靠估计的条件		如果劳务是在同一会计年度开始并完成，应在完成劳务时确认。如果劳务的开始和完成分属不同的会计年度，在提供劳务交易结果能够可靠估计的情况下，应按完成百分比法确认营业收入。 （1）收入的金额能够可靠地计量，是指提供劳务收入的总额能够合理地估计； （2）相关的经济利益很可能流入企业，是指提供劳务收入总额收回的可能性大于不能收回的可能性； （3）交易的完工进度能够可靠地确定，是指交易的完工进度能够合理地估计。企业确定提供劳务交易的完工进度； （4）交易中已发生和将发生的成本能够可靠地计量，是指交易中已经发生和将要发生的成本能够合理地估计	
让渡资产使用权取得收入的确认	利息收入	进行债权投资收取的利息、进行股权投资取得的股利	（1）相关的经济利益很可能流入企业； （2）收入的金额能够可靠地计量
	使用费收入	施工企业对外出租机器设备等资产收取的租金	

二、其他业务收入的核算

其他业务收入的科目设置如表 11-7 所示：

表 11-7 其他业务收入的科目设置

一级科目	二级科目	
其他业务收入	反映产品销售的销售收入	其他业务收入——产品销售收入
	反映作业销售的销售收入	其他业务收入——作业销售收入
	反映材料销售的销售收入	其他业务收入——材料销售收入
其他业务支出	反映产品销售的销售成本、销售税金	其他业务支出——产品销售支出
	反映作业销售的销售成本、销售税金	其他业务支出——作业销售支出
	反映材料销售的销售成本、销售税金	其他业务支出——材料销售支出

（一）产品销售核算

施工企业附属工业企业销售产品实现的销售收入，发生的销售成本和销售税金支出，应分别在"其他业务收入——产品销售收入"和"其他业务支出——产品销售支出"账户核算。

【例 11-10】安泰建筑工程公司所属水泥搅拌站销售水泥 100 吨，每吨售价 400 元，实际成本为每吨 260 元。增值税税率 13%。此笔销售业务应缴纳的城建税为 84 元，教育费附加为 36 元。

（1）收到货款时，作如下分录：

借：银行存款 45 200

贷：其他业务收入——产品销售收入 40 000

应交税费——应交增值税（销项税额） 5 200

（2）结转成本时，作如下分录：

借：其他业务支出——产品销售支出 26 000

贷：库存商品 26 000

（3）月份终了，应将"其他业务收入——产品销售收入""其他业务支出——产品销售支出"账户的余额，分别转入"本年利润"账户的贷方和借方。作如下分录：

借：其他业务收入 40 000

贷：本年利润 40 000

借：本年利润 26 000

贷：其他业务支出 26 000

（二）作业销售的核算

施工企业为其他企业提供机械、运输作业所发生的销售收入和销售成本、销售税金，应分别在"其他业务收入——作业销售收入"和"其他业务支出——销售支出"账户核算。

【例11-11】安泰建筑工程公司出动一台铲车和三辆载重汽车给其他施工企业清运沙石，应收价款 10 000 元，增值税税率为9%。按规定台班成本标准，应结转的作业成本为 8 000 元。

（1）收到作业收入10000元时，作如下分录：

借：银行存款 10 900

　　贷：其他业务收入——作业销售收入 10 000

　　　　应交税费——应交增值税（销项税额） 900

（2）接转机械对外作业成本，作如下分录：

借：其他业务支出——作业销售支出 8 000

　　贷：机械作业 8 000

（三）材料销售的核算

材料销售的核算如表11-8所示：

表11-8 材料销售的核算

材料销售的内容	会计处理
施工企业对外销售材料所发生的收入	借：银行存款 　　贷：其他业务收入——材料销售收入 　　　　应交税费——应交增值税（销项税额）
结转销售材料实际成本	借：其他业务支出——材料销售支出 　　贷：原材料——主要材料 　　　　材料成本差异

【例11-12】安泰建筑工程公司将本公司剩余的一批地砖对外销售。这批地砖的实际成本为 20 000 元，该公司对材料按照实际成本法进行核算。获得销售款 30 000 元，增值税销项税额 3 900 元，货款收到并存入开户银行。

（1）收到材料销售货款时，作如下分录：

借：银行存款 33 900

　　贷：其他业务收入——材料销售收入 30 000

　　　　应交税费——应交增值税（销项税额） 3 900

（2）结转材料实际成本，作如下分录：

借：其他业务支出——材料销售支出   20 000

    贷：原材料——主要材料   20 000

（四）其他销售的核算

其他销售的核算如表 11-9 所示：

表 11-9　其他销售的核算

其他销售的内容	会计处理
对其他企业提供技术服务，技术转让所发生的收入	借：银行存款 　　贷：其他业务收入——技术服务收入 　　　　其他业务收入——无形资产转让收入 　　　　应交税费——应交增值税（销项税额）
提供技术服务和技术转让的成本，以及应交税金和教育费附加	借：其他业务支出——技术服务支出 　　贷：其他业务支出——无形资产转让支出
对其他企业出租机械、设备所发生的收入	借：银行存款／应收账款 　　贷：其他业务收入——机械设备出租收入
出租机械、设备所发生的各项费用	借：机械作业——机械出租 　　贷：银行存款
月终转出出租机械设备实际成本和应交税金、教育费附加	借：其他业务支出——机械设备出租支出 　　贷：机械作业——机械出租 　　　　应交税金 　　　　其他应交款——应交教育费附加

第十二章

施工企业的期间费用与利润

第一节 期间费用的核算

一、管理费用

有关管理费用含义、内容和科目设置的介绍如表 12-1 所示：

表 12-1 管理费用含义、内容和科目设置的介绍

管理费用含义	管理费用内容	"管理费用"科目
企业为组织和管理生产经营活动而发生的各种管理费用	企业在筹建期间发生的开办费、董事会和行政管理部门在企业的经营管理中发生的或者应由企业统一负担的公司经费（包括行政管理部门职工薪酬、物料消耗、低值易耗品摊销、办公费和差旅费等）、工会经费、董事会费（包括董事会成员津贴、会议费和差旅费等）、聘请中介机构费、咨询费（含顾问费）、诉讼费、业务招待费、房产税、车船使用税、土地使用税、印花税、技术转让费、矿产资源补偿费、研究费用、排污费以及企业生产车间（部门）和行政管理部门发生的固定资产修理费等	核算管理费用的发生和结转情况。该科目借方登记企业发生的各项管理费用，贷方登记期末转入"本年利润"科目的管理费用，结转后该科目应无余额。该科目应按管理费用的项目进行明细核算

【例 12-1】某企业筹建期间发生办公费、差旅费等开办费 25 000 元，均用银行存款支付。会计分录如下：

借：管理费用 　　　　　　　　　　　　　　　　　　25 000
　　贷：银行存款 　　　　　　　　　　　　　　　　　25 000

【例 12-2】某企业行政部 9 月份共发生费用 224 000 元，其中：行政人员薪酬 150 000 元，行政部专用办公设备折旧费 45 000 元，报销行政人员差旅费 21 000 元（假定报销人均未预借差旅费），其他办公、水电费 8 000 元（均用银行存款支付）。会计分录如下：

借：管理费用 　　　　　　　　　　　　　　　　　　224 000
　　贷：应付职工薪酬 　　　　　　　　　　　　　　　150 000
　　　　累计折旧 　　　　　　　　　　　　　　　　　45 000
　　　　库存现金 　　　　　　　　　　　　　　　　　21 000
　　　　银行存款 　　　　　　　　　　　　　　　　　8 000

二、销售费用

销售费用含义、内容和科目设置的介绍如图 12-1 所示：

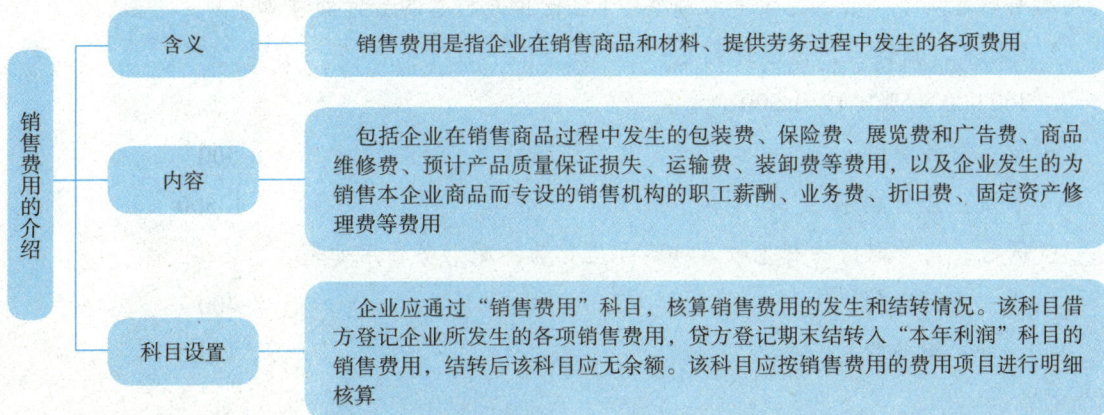

销售费用的介绍	含义	销售费用是指企业在销售商品和材料、提供劳务过程中发生的各项费用
	内容	包括企业在销售商品过程中发生的包装费、保险费、展览费和广告费、商品维修费、预计产品质量保证损失、运输费、装卸费等费用，以及企业发生的为销售本企业商品而专设的销售机构的职工薪酬、业务费、折旧费、固定资产修理费等费用
	科目设置	企业应通过"销售费用"科目，核算销售费用的发生和结转情况。该科目借方登记企业所发生的各项销售费用，贷方登记期末结转入"本年利润"科目的销售费用，结转后该科目应无余额。该科目应按销售费用的费用项目进行明细核算

图12-1　销售费用含义、内容和科目设置的介绍

【例 12-3】某公司销售部 8 月份共发生费用 220 000 元，其中：销售人员薪酬 100 000 元，销售部专用办公设备折旧费 50 000 元，业务费 70 000 元（均用银行存款支付）。会计分录如下：

借：销售费用　　　　　　　　　　　　　　　　　　220 000
　　贷：应付职工薪酬　　　　　　　　　　　　　　　100 000
　　　　累计折旧　　　　　　　　　　　　　　　　　 50 000
　　　　银行存款　　　　　　　　　　　　　　　　　 70 000

三、财务费用

财务费用含义、内容和科目设置的介绍如图 12-2 所示：

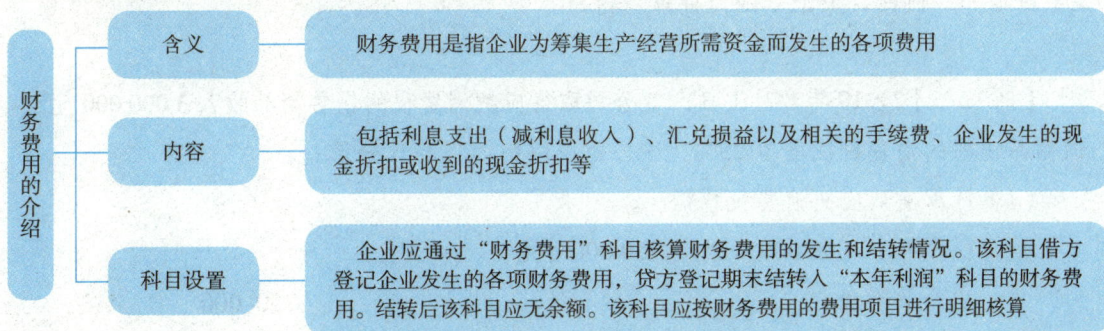

财务费用的介绍	含义	财务费用是指企业为筹集生产经营所需资金而发生的各项费用
	内容	包括利息支出（减利息收入）、汇兑损益以及相关的手续费、企业发生的现金折扣或收到的现金折扣等
	科目设置	企业应通过"财务费用"科目核算财务费用的发生和结转情况。该科目借方登记企业发生的各项财务费用，贷方登记期末结转入"本年利润"科目的财务费用。结转后该科目应无余额。该科目应按财务费用的费用项目进行明细核算

图12-2　财务费用含义、内容和科目设置的介绍

【例12-4】某企业于2×19年1月1日向银行借入生产经营用短期借款360 000元，期限6个月，年利率5%，该借款本金到期后一次归还，利息分月预提，按季支付。假定1月份其中120 000元暂时作为闲置资金存入银行，并获得利息收入400元。假定所有利息均不符合利息资本化条件。1月份相关利息的会计处理如下：

1月末，预提当月份应计利息：

360 000×5%÷12=1 500（元）

借：财务费用   1 500

  贷：应付利息   1 500

同时，当月取得的利息收入400元应作为冲减财务费用处理。

借：银行存款   400

  贷：财务费用   400

四、税金及附加

税金及附加是指企业经营活动应负担的相关税费，包括消费税、城市维护建设税、教育费附加、资源税、环境保护税、土地增值税、房产税、城镇土地使用税、车船税、印花税、耕地占用税、契税、车辆购置税等。

企业应当设置"税金及附加"科目，核算企业经营活动发生的消费税、城市维护建设税、教育费附加、资源税、房产税、城镇土地使用税、车船税、环境保护税、印花税等相关税费。其中，按规定计算确定的与经营活动相关的消费税、城市维护建设税、资源税、教育费附加、房产税、城镇土地使用税、车船税、环境保护税等税费，企业应借记"税金及附加"科目，贷记"应交税费"科目。期末，应将"税金及附加"科目余额转入"本年利润"科目，结转后，"税金及附加"科目无余额。企业交纳的印花税，不会发生应付未付税款的情况，不需要预计应纳税金额，同时也不存在与税务机关结算或者清算的问题。因此，企业交纳的印花税不通过"应交税费"科目核算，于购买印花税票时，直接借记"税金及附加"科目，贷记"银行存款"科目。

【例12-5】2×19年8月1日，某公司取得应纳消费税的销售商品收入3 000 000元，该商品适用的消费税税率为25%。该公司应编制如下会计分录：

（1）计算确认应交消费税税额。

消费税税额=3 000 000×25%=750 000（元）

借：税金及附加   750 000

  贷：应交税费——应交消费税   750 000

（2）实际交纳消费税。

借：应交税费——应交消费税　　　　　　　　　　　　　750 000

　　贷：银行存款　　　　　　　　　　　　　　　　　　　　750 000

【例 12-6】2×19 年 9 月，某公司当月实际缴纳的增值税 450 000 元、消费税 150 000 元，城市维护建设税税率为 7%，教育费附加征收比率为 3%。该公司应编制与城市维护建设税、教育费附加有关的会计分录如下：

（1）计算确认应交城市维护建设税和教育费附加。

城市维护建设税：（450 000+150 000）×7% =42 000（元）

教育费附加：（450 000+150 000）×3% =18 000（元）

借：税金及附加　　　　　　　　　　　　　　　　　　60 000

　　贷：应交税费——应交城市维护建设税　　　　　　　　　42 000

　　　　　　　　——应交教育费附加　　　　　　　　　　　18 000

（2）实际交纳城市维护建设税和教育费附加。

借：应交税费——应交城市维护建设税　　　　　　　　　42 000

　　　　　　——应交教育费附加　　　　　　　　　　　18 000

　　贷：银行存款　　　　　　　　　　　　　　　　　　　　60 000

【例 12-7】2×19 年 12 月，某公司一幢房产的原值为 2 000 000 元，已知房产税税率为 1.2%，当地规定的房产税扣除比例为 30%。该公司应编制如下会计分录：

（1）计算应交房产税税额 16 800 元［2 000 000×（1-30%）×1.2%］。

借：税金及附加　　　　　　　　　　　　　　　　　　16 800

　　贷：应交税费——应交房产税　　　　　　　　　　　　　16 800

（2）实际交纳房产税。

借：应交税费——应交房产税　　　　　　　　　　　　　16 800

　　贷：银行存款　　　　　　　　　　　　　　　　　　　　16 800

【例 12-8】2×19 年 12 月，某公司按规定当月实际应交车船税 24 000 元，应交城镇土地使用税 50 000 元。该公司应编制如下会计分录：

（1）计算应交纳的车船税、城镇土地使用税。

借：税金及附加　　　　　　　　　　　　　　　　　　74 000

　　贷：应交税费——应交车船税　　　　　　　　　　　　　24 000

　　　　　　　　——应交城镇土地使用税　　　　　　　　　50 000

（2）实际交纳车船税、城镇土地使用税。

借：应交税费——应交车船税 24 000

        ——应交城镇土地使用税 50 000

  贷：银行存款 74 000

第二节　利润的核算

利润的含义及计算如表 12-2 所示：

表 12-2　利润及其计算

利润的含义	利润的计算
企业在一定会计期间的经营成果	包括收入减去费用后的净额、直接计入当期利润的利得和损失等。其中直接计入当期利润的利得和损失，是指应当计入当期损益、会导致所有者权益发生增减变动的、与所有者投入资本或者向所有者分配利润无关的利得或者损失

一、营业利润的核算

营业利润的核算如表 12-3 所示：

表 12-3　营业利润的核算

各种利润	核算公式	相关定义
营业利润	营业利润＝营业收入－营业成本－税金及附加－销售费用－管理费用－财务费用－资产减值损失＋公允价值变动收益（－公允价值变动损失）＋投资收益（投资损失）	营业收入是指企业经营业务所确认的收入总额，包括主营业务收入和其他业务收入。 营业成本是指企业经营业务所发生的实际成本总额，包括主营业务成本和其他业务成本。 资产减值损失是指企业计提各项资产减值准备所形成的损失。 公允价值变动收益（或损失）是指企业交易性金融资产等公允价值变动形成的应计入当期损益的利得（或损失）。 投资收益（或损失）是指企业以各种方式对外投资所取得的收益（或发生的损失）
利润总额	利润总额＝营业利润＋营业外收入－营业外支出	营业外收入是指企业发生的与其日常活动无直接关系的各项利得。 营业外支出是指企业发生的与其日常活动无直接关系的各项损失
净利润	净利润＝利润总额－所得税费用	所得税费用是指企业确认的应从当期利润总额中扣除的所得税费用

二、营业外收入和营业外支出的核算

营业外收入的含义、内容和会计处理如表 12-4 所示：

表 12-4　营业外收入的含义、内容和会计处理

含义	包含的内容	"营业外收入"科目	会计处理
企业发生的与其日常活动无直接关系的各项利得	非流动资产处置利得、盘盈利得、罚没利得、捐赠利得、确实无法支付而按规定程序经批准后转作营业外收入的应付款项等	核算营业外收入的取得及结转情况。该科目贷方登记企业确认的各项营业外收入，借方登记期末结转入本年利润的营业外收入。结转后该科目应无余额。该科目应按照营业外收入的项目进行明细核算	确认营业外收入，借记"固定资产清理""银行存款""库存现金""应付账款"等，贷记"营业外收入"。期末，应将"营业外收入"余额转入"本年利润"，借记"营业外收入"，贷记"本年利润"
注：营业外收入并不是企业经营资金耗费所产生的，不需要企业付出代价，实际上是经济利益的净流入，不可能也不需要与有关的费用进行配比	注：非流动资产处置利得包括固定资产处置利得和无形资产出售利得。固定资产处置利得，指企业出售固定资产所取得价款或报废固定资产的材料价值和变价收入等，扣除处置固定资产的账面价值、清理费用、处置相关税费后的净收益；无形资产出售利得，指企业出售无形资产所取得价款，扣除出售无形资产的账面价值、出售相关税费后的净收益。 盘盈利得，主要指对于现金等清查盘点中盘盈的现金等，报经批准后计入营业外收入的金额。 罚没利得，指企业取得的各项罚款，在弥补由于对违反合同或协议而造成的经济损失后的罚款净收益。 捐赠利得，指企业接受捐赠产生的利得		

营业外支出的含义、内容和会计处理如表 12-5 所示：

表 12-5　营业外支出的含义、内容和会计处理

含义	包含的内容	"营业外支出"科目	会计处理
企业发生的与其日常活动无直接关系的各项损失	非流动资产处置损失、盘亏损失、罚款支出、公益性捐赠支出、非常损失等	核算营业外支出的发生及结转情况。该科目借方登记企业发生的各项营业外支出，贷方登记期末结转入本年利润的营业外支出结转后该科目应无余额。该科目应按照营业外支出的项目进行明细核算	发生营业外支出时，借记"营业外支出"，贷记"固定资产清理""待处理财产损溢""库存现金""银行存款"等期末，应将"营业外支出"科目余额转入"本年利润"，借记"本年利润"，贷记"营业外支出"
	流动资产处置损失包括固定资产处置损失和无形资产出售损失。固定资产处置损失，指企业出售固定资产所取得价款或报废固定资产的材料价值和变价收入等，不足以抵补处置固定资产的账面价值、清理费用、处置相关税费所发生的净损失；无形资产出售损失，指企业出售无形资产所取得价款，不足以抵补出售无形资产的账面价值、出售相关税费后所发生的净损失。 盘亏损失，主要指对于固定资产清查盘点中盘亏的固定资产，在查明原因处理时按确定的损失计入营业外支出的金额。 罚款支出，指企业由于违反税收法规、经济合同等而支付的各种滞纳金和罚款		

续表

含义	包含的内容	"营业外支出"科目	会计处理
企业发生的与其日常活动无直接关系的各项损失	公益性捐赠支出，指企业对外进行公益性捐赠发生的支出。 非常损失，指企业对于因客观因素（如自然灾害等）造成的损失，在扣除保险公司赔偿后应计入营业外支出的净损失	—	—

【例12-9】某公司将拥有的一项非专利技术出售，取得价款900 000元。该非专利技术的账面余额为1 000 000元，累计摊销额为100 000元，未计提减值准备。会计分录如下：

借：银行存款　　　　　　　　　　　　　　　　　　900 000

　　累计摊销　　　　　　　　　　　　　　　　　　100 000

　　贷：无形资产　　　　　　　　　　　　　　　 1 000 000

三、所得税费用

企业的所得税费用包括当期所得税和递延所得税两个部分，其中，当期所得税是指当期应交所得税。递延所得税包括递延所得税资产和递延所得税负债。递延所得税资产是指以未来期间很可能取得用来抵扣可抵扣暂时性差异的应纳税所得额为限确认的一项资产。递延所得税负债是指根据应纳税暂时性差异计算的未来期间应付所得税的金额。

（一）应交所得税的计算

应交所得税是指企业按照企业所得税法规定计算确定的针对当期发生的交易和事项，应交纳给税务部门的所得税金额，即当期应交所得税。应纳税所得额是在企业税前会计利润（即利润总额）的基础上调整确定的，计算公式为：

应纳税所得额=税前会计利润+纳税调整增加额−纳税调整减少额

纳税调整增加额主要包括企业所得税法规定允许扣除项目中，企业已计入当期费用但超过税法规定扣除标准的金额（如超过企业所得税法规定标准的职工福利费、工会经费、职工教育经费、业务招待费、公益性捐赠支出、广告费和业务宣传费等），以及企业已计入当期损失但企业所得税法规定不允许扣除项目的金额（如税收滞纳金、罚金、罚款等）。

纳税调整减少额主要包括按企业所得税法规定允许弥补的亏损和准予免税的项目，如前5年内未弥补亏损和国债利息收入等。

企业当期应交所得税的计算公式为：

应交所得税=应纳税所得额×所得税税率

【例 12-10】甲公司 2×19 年度利润总额（税前会计利润）为 19 800 000 元，所得税税率为 25%。甲公司全年实发工资、薪金为 2 000 000 元，职工福利费 300 000 元，工会经费 50 000 元，职工教育经费 210 000 元；经查，甲公司当年营业外支出中有 120 000 元为税收滞纳罚金。假定甲公司全年无其他纳税调整因素。

企业所得税法规定，企业发生的合理的工资、薪金支出准予据实扣除；企业发生的职工福利费支出，不超过工资、薪金总额 14% 的部分准予扣除；企业拨缴的工会经费，不超过工资、薪金总额 2% 的部分准予扣除；除国务院财政、税务主管部门另有规定外，企业发生的职工教育经费支出，不超过工资、薪金总额 8% 的部分准予扣除，超过部分准予结转以后纳税年度扣除。

本例中，按企业所得税法规定，企业在计算当期应纳税所得额时，可以扣除工资、薪金支出 2 000 000 元，扣除职工福利费支出 280 000 元（2 000 000×14%），工会经费支出 40 000 元（2 000 000×2%），职工教育经费支出 160 000 元（2 000 000×8%）。甲公司有两种纳税调整因素：一是已计入当期费用但超过企业所得税法规定标准的费用支出；二是已计入当期营业外支出但按企业所得税法规定不允许扣除的税收滞纳金，这两种因素均应调整增加应纳税所得额。甲公司当期所得税的计算如下：

纳税调整增加额 =（300 000－280 000）+（50 000－40 000）+（210 000－160 000）+ 120 000=200 000（元）

应纳税所得额 = 税前会计利润 + 纳税调整增加额 =19 800 000 +200 000=20 000 000（元）

当期应交所得税额 =20 000 000×25%=5 000 000（元）

【例 12-11】甲公司 2×19 年全年利润总额（即税前会计利润）为 10 200 000 元，其中包括本年实现的国债利息收入 200 000 元，所得税税率为 25%。假定甲公司全年无其他纳税调整因素。

按照企业所得税法的有关规定，企业购买国债的利息收入免交所得税，即在计算应纳税所得额时可将其扣除。甲公司当期所得税的计算如下：

应纳税所得额 = 税前会计利润 － 纳税调整减少额 =10 200 000－200 000 =10 000 000（元）

当期应交所得税额 =10 000 000×25% =2 500 000（元）

（二）所得税费用的账务处理

企业根据企业会计准则的规定，计算确定的当期所得税和递延所得税之和，即为应从当期利润总额中扣除的所得税费用。即：

$$所得税费用=当期所得税+递延所得税$$

其中，递延所得税 =（递延所得税负债的期末余额 － 递延所得税负债的期初余额）-（递

延所得税资产的期末余额－递延所得税资产的期初余额）

企业应设置"所得税费用"科目，核算企业所得税费用的确认及其结转情况。期末，应将"所得税费用"科目的余额转入"本年利润"科目，借记"本年利润"科目，贷记"所得税费用"科目，结转后，"所得税费用"科目应无余额。

【例12-12】2×19年，甲公司当年应交所得税税额为5 000 000元；递延所得税负债年初数为400 000元，年末数为500 000元；递延所得税资产年初数为250 000元，年末数为200 000元。

甲公司所得税费用的计算如下：

递延所得税＝（500 000－400 000）－（200 000－250 000）＝150 000（元）

所得税费用＝5 000 000＋150 000＝5 150 000（元）

甲公司应编制如下会计分录：

借：所得税费用   5 150 000

 贷：应交税费——应交所得税   5 000 000

   递延所得税负债   100 000

   递延所得税资产   50 000

四、利润的结转与分配

（一）利润的结转

"本年利润"科目设置目的、期末会计核算以及年度终了时的会计核算如表12-6所示：

表12-6 "本年利润"科目的设置

"本年利润"科目设置目的	期末会计核算	年度终了时的会计核算
核算企业本年度内实现的利润总额（或亏损总额）	将各收益类科目的余额转入"本年利润"科目的贷方；将各成本、费用类科目的余额转入"本年利润"科目的借方。转账后，"本年利润"科目如为贷方余额，反映本年度自年初开始累计实现的净利润；如为借方余额，反映本年度自年初开始累计发生的净亏损	将"本年利润"科目的全部累计余额，转入"利润分配"科目，如为净利润，借记"本年利润"科目，贷记"利润分配"科目；如为净亏损，作相反会计分录。年度结账后，"本年利润"科目无余额

【例12-13】某企业在2×18年度决算时，各损益账户12月31日的余额如下：

科目名称   结前余额（元）

主营业务收入   90 000

税金及附加   4 500

主营业务成本	50 000
营业费用	2 000
管理费用	8 500
财务费用	2 000
其他业务收入	9 400
其他业务支出	7 400
投资收益	1 500
营业外收入	3 500
营业外支出	1 800
所得税	8 500

根据上述资料，企业作如下会计处理：

（1）结转主营业务收入。

借：主营业务收入　　　　　　　　　　　　90 000

　　贷：本年利润　　　　　　　　　　　　　　　90 000

（2）结转销售税金、成本和期间费用。

借：本年利润　　　　　　　　　　　　　　67 000

　　贷：税金及附加　　　　　　　　　　　　　　4 500

　　　　主营业务成本　　　　　　　　　　　　　50 000

　　　　营业费用　　　　　　　　　　　　　　　2 000

　　　　管理费用　　　　　　　　　　　　　　　8 500

　　　　财务费用　　　　　　　　　　　　　　　2 000

（3）结转其他业务收支。

借：其他业务收入　　　　　　　　　　　　9 400

　　贷：本年利润　　　　　　　　　　　　　　　9 400

借：本年利润　　　　　　　　　　　　　　7 400

　　贷：其他业务支出　　　　　　　　　　　　　7 400

（4）结转投资净收益。

借：投资收益　　　　　　　　　　　　　　1 500

　　贷：本年利润　　　　　　　　　　　　　　　1 500

（5）结转营业外收支。

借：营业外收入　　　　　　　　　　　　　3 500

　　贷：本年利润　　　　　　　　　　　　　　　3 500

借：本年利润　　　　　　　　　　　　　　1 800

　　贷：营业外支出　　　　　　　　　　　　　　　　　　　　　　　　1 800

（6）结转本年所得税费用。

借：本年利润　　　　　　　　　　　　　　　　　　　　　　　　　8 500

　　贷：所得税　　　　　　　　　　　　　　　　　　　　　　　　　8 500

（7）计算并结转本年净利润

"本年利润"科目借方发生额 = 67 000 + 7 400 + 1 800 + 8 500=84 700（元）

"本年利润"科目贷方发生额 =90 000+9 400+1 500+3 500= 104 400（元）

净利润 =104 400−84 700=19 700（元）

借：本年利润　　　　　　　　　　　　　　　　　　　　　　　　19 700

　　贷：利润分配——未分配利润　　　　　　　　　　　　　　　　19 700

（二）利润分配的会计核算

利润分配的含义、顺序以及科目如表 12-7 所示：

表 12-7　利润分配

利润分配的含义	利润分配的顺序	"利润分配"科目
企业根据国家有关规定和企业章程、投资者协议等，对企业当年可供分配的利润所进行的分配	提取法定盈余公积；提取任意盈余公积；向投资者分配利润	核算企业利润的分配（或亏损的弥补）和历年分配（或弥补）后的未分配利润（或未弥补亏损）。该科目应分别"提取法定盈余公积""提取任意盈余公积""应付现金股利或利润""盈余公积补亏""本分配利润"等进行明细核算。企业未分配利润通过"利润分配——未分配利润"明细科目进行核算。年度终了，企业应将全年实现的净利润或发生的净亏损，自"本年利润"科目转入"利润分配——未分配利润"，并将"利润分配"科目所属其他明细科目的余额，转入"未分配利润"明细科目。结转后，"利润分配——未分配利润"如为贷方余额，表示累积未分配的利润数额；如为借方余额，则表示累积未弥补的亏损数额

【例 12-14】立兴股份有限公司年初未分配利润为0，本年实现净利润 2 000 000元，本年提取法定盈余公积 200 000 元，宣告发放现金股利 800 000 元。假定不考虑其他因素，立兴股份有限公司会计处理如下：

（1）结转本年利润。

借：本年利润　　　　　　　　　　　　　　　　　　　　　　2 000 000

　　贷：利润分配——未分配利润　　　　　　　　　　　　　　2 000 000

如企业当年发生亏损，则应借记"利润分配——未分配利润"科目，贷记"本年利润"科目。

（2）提取法定盈余公积、宣告发放现金股利。

借：利润分配——提取法定盈余公积　　　　　　　　　　　　　200 000

	——应付现金股利	800 000
贷：盈余公积		200 000
应付股利		800 000

同时，

借：利润分配——未分配利润	1 000 000
贷：利润分配——提取法定盈余公积	200 000
——应付现金股利	800 000

　　结转后，如果"未分配利润"明细科目的余额在贷方，表示累计未分配的利润；如果余额在借方，则表示累积未弥补的亏损。本例中，"利润分配——未分配利润"明细科目的余额在贷方，此贷方余额 1 000 000 元（本年利润 2 000 000 - 提取法定盈余公积 200 000 - 支付现金股利 800 000）即为立兴股份有限公司本年年末的累计未分配利润。

（三）盈余公积的会计核算

　　盈余公积的含义、法律规定、作用以及相关内容如表 12-8 所示：

表 12-8　盈余公积

盈余公积含义	《公司法》对盈余公积的规定	盈余公积的作用	相关内容
企业按规定从净利润中提取的企业积累资金。公司制企业的盈余公积包括法定盈余公积和任意盈余公积	公司制企业应当按照净利润（减弥补以前年度亏损，下同）的 10% 提取法定盈余公积。非公司制企业法定盈余公积的提取比例可超过净利润的 10%。法定盈余公积累计额已达注册资本的 50% 时可以不再提取。注：在计算提取法定盈余公积的基数时，不应包括企业年初未分配利润	经批准可用于弥补亏损、转增资本、发放现金股利或利润等	公司制企业可根据股东大会的决议提取任意盈余公积。非公司制企业经类似权力机构批准，也可提取任意盈余公积。法定盈余公积和任意盈余公积的区别在于其各自计提的依据不同，前者以国家的法律法规为依据；后者由企业的权力机构自行决定

1. 提取盈余公积

　　企业按规定提取盈余公积时，应通过"利润分配"和"盈余公积"等科目处理。

　　【例 12-15】亿银股份有限公司本年实现净利润为 5 000 000 元，年初未分配利润为 0。经股东大会批准，亿银股份有限公司按当年净利润的 10% 提取法定盈余公积。假定不考虑其他因素，亿银股份有限公司的会计分录如下：

借：利润分配——提取法定盈余公积	500 000
贷：盈余公积——法定盈余公积	500 000

　　本年提取盈余公积金额 =5 000 000×10%=500 000（元）

2. 盈余公积补亏

【例 12-16】经股东大会批准，富友股份有限公司用以前年度提取的盈余公积弥补当年亏损，当年弥补亏损的数额为 600 000 元。假定不考虑其他因素，富友股份有限公司的会计分录如下：

借：盈余公积 600 000

贷：利润分配——盈余公积补亏 600 000

3. 盈余公积转增资本

【例 12-17】因扩大经营规模需要，经股东大会批准，精工股份有限公司将盈余公积 400 000 元转增股本。假定不考虑其他因素，精工股份有限公司的会计分录如下：

借：盈余公积 400 000

贷：股本 400 000

4. 用盈余公积发放现金股利或利润

【例 12-18】利通股份有限公司 2×18 年 12 月 31 日普通股股本为 50 000 000 股，每股面值 1 元，可供投资者分配的利润为 5 000 000 元，盈余公积 20 000 000 元。2×19 年 3 月 20 日，股东大会批准了 2×18 年度利润分配方案，以 2×18 年 12 月 31 日为登记日，按每股 0.2 元发放现金股利。利通股份有限公司共需要分派 10 000 000 元现金股利，其中动用可供投资者分配的利润 55 000 元、盈余公积 500 000 元。假定不考虑其他因素，利通股份有限公司会计处理如下：

（1）宣告分派股利时：

借：利润分配——应付现金股利 5 000 000

盈余公积 5 000 000

贷：应付股利 10 000 000

（2）支付股利时：

借：应付股利 10 000 000

贷：银行存款 10 000 000

本例中，利通股份有限公司经股东大会批准，以未分配利润和盈余公积发放现金股利，属于以未分配利润发放现金股利的部分 5 000 000 元应记入"利润分配——应付现金股利"科目，属于以盈余公积发放现金股利的部分 5 000 000 元应记入"盈余公积"科目。

第十三章

会计报表

第一节 会计报表概述

一、会计报表基本概念

在实际工作中，人们往往将财务报告和会计报表混为一谈。对两者的比较如表 13-1 所示：

表 13-1 财务报告和会计报表

财务报告含义	会计报表含义	两者联系
用于综合反映单位财务状况和经营成果的书面文件，由会计报表和财务情况说明书两大部分构成	以日常核算资料为主要依据编制的，用来集中反映各单位一定时期的财务状况、经营成果以及成本费用情况的一系列表式报告	会计报表是财务报告的主体组成部分；我国当前法规的规定，会计报表是指资产负债表、利润表、现金流量表和会计报表附注以及相关附表

二、会计报表的作用

会计报表就像一面镜子，从中可以看到各单位的财务状况和经营全貌，为实施经营管理和进行相关决策提供丰富的会计信息。会计报表的作用如图 13-1 所示：

会计报表的作用 —— 为各单位的投资者和债权人进行投资决策，了解各单位财务状况，提供必要的信息资料；
为各单位内部的经营管理者和员工进行日常的经营管理，提供必要的信息资料；
为财政、工商、税务等行政管理部门提供实施管理和监督的信息资料

图13-1 会计报表的作用

三、会计报表的分类

对会计报表分类标准和各类报表的介绍如表 13-2 所示：

表 13-2 会计报表的分类

会计报表的分类标准	分类	具体内容	具体要求
按会计报表编制和报送的时间差异	月报	在月份终了时编制的反映月末或当月情况的会计报表	要求简明扼要，以便及时反映各单位的主要情况和主要问题。常用的月报有资产负债表、利润表、应交增值税明细表等

续表

会计报表的分类标准	分类	具体内容	具体要求
按会计报表编制和报送的时间差异	季报	在季度终了时编制的反映季末或当季情况的会计报表	所包括的会计报表一般较少
	年报	在年度终了时编制的反映年末或当年情况的会计报表	要求做到全面完整，能总结全年的经济活动。常见的年报有利润分配表、现金流量表和主营业务收支明细表等
按会计报表的编制单位分类	单位报表	由独立核算的会计主体编制的，用以反映本会计主体的财务状况和经营成果的报表	—
	汇总报表	由上级主管部门将其所属单位报送的会计报表，连同本单位会计报表汇总编制的综合性会计报表	—
按会计报表的服务对象不同	内部报表	适应单位内部经营管理的需要而编制的不对外公开的会计报表，如单位的成本费用明细表、存货明细表等	一般没有规范的格式，不需统一的指标体系，各单位可根据自己的情况和需要自行制定
	外部报表	为满足外部会计信息使用者的需要，按照国家财务、会计制度编制的会计报表，如资产负债表、利润表、现金流量表等	外部报表的种类、格式、内容及编制方法均有统一规定，任何单位不得随意增减变动

注：股份有限公司还应编制半年报（即中期报告）。

四、会计报表的结构

会计报表作为一种商业语言，是通过各个会计要素和项目，用特定的排列顺序和组合，以特有的逻辑关系来披露财务信息。只有熟悉会计报表的基本框架，理解各个会计要素的内在联系，才能顺利地编出或读懂会计报表，掌握会计报表所提供的信息。对会计报表的结构组成部分的介绍如表 13-3 所示：

表 13-3 会计报表的结构

会计报表的构成	表头部分	主体部分	补充资料部分
具体内容	展示报表的名称、编号、编制单位、编制日期、金额计量单位等	报表的核心和主干，会计报表基本是通过这一部分来总括地表述单位的财务状况和经营成果	一般列在报表的下端，所提供的是使用者需要了解但在基本部分内无法反映或难以单独反映的一些资料，如期末库存商品余额、已贴现的商业承兑汇票金额等

为充分表达使用者要了解的信息，以及方便使用者阅读和理解，在每一报表内部，都必须按一定的逻辑关系来设置相应项目。由于会计报表的种类、作用和性质不同，其结构也必然不一样。为便于对比，各种对外报送的主要会计报表，都需按统一的格式和结构来填列。

五、会计报表的编制要求

为了保证会计报表的质量，充分发挥其作用，我国《企业会计准则》规定了编制会计报表的基本要求："会计报表应按登记完整、核对无误的账簿记录和其他有关资料编制，做到数字真实、计算准确、内容完整、报送及时。"会计报表的编制要求详见表 13-4 所示：

表 13-4　会计报表的编制要求

基本要求	数字真实，计算准确	内容完整	编报及时
具体内容	能够真实准确地反映企业的财务状况和经营成果，所以会计报表中各项目的数字必须以核对无误的账簿记录和其他资料填写，不得用预计数字、估计数字代替真实数字，更不得弄虚做假，伪造报表数字，同时还要对会计报表中各项目的金额采用正确计算方法，确保计算结果的准确；为了保证数字真实、准确，在编制会计报表时要根据程度按期结账、认真对账和财产清查，使会计账簿所有记录准确无误	会计信息的内容必须全面、系统地反映出企业经营活动的全部情况，为此要求企业必须按规定的报表种类、格式和内容来编制，不得漏编漏报，对不同会计期间应编报的各种会计报表，都必须填列完整；同时要求企业在每种会计报表中应填写的各项指标，不论是表内项目还是表外补充资料，都必须填列齐全，对某些不便列入报表的重要资料，应在括号内说明或以附注等形式加以说明	如果会计信息的报告期被不适当地拖延，即使是最真实最完整的会计报表也将失去其效用。所以，会计报表必须按照规定的期限和程序，及时编制、及时报送。根据我国会计制度规定：月份会计报表应于月份终了后 6 天内报出；季度报告应于季度终了后 15 天内报出；中报应于年度中期结束后 60 天内报出；年度会计报表应于年度终了后 4 个月内报出。法律、法规另有规定者，从其规定

为了保证会计报表及时报送，各企业应当科学地组织好日常核算工作，认真做好记账、算账、对账和按期结账等工作。

六、《企业会计准则》所要求的财务报表的组成

按照《企业会计准则》的要求，一套完整的财务报表至少应当包括资产负债表、利润表、现金流量表、所有者权益变动表（对于股份制公司而言，也称之为股东权益变动表）以及附注。对财务报表的组成部分的介绍如表 13-5 所示：

表 13-5 财务报表的组成

财务报表的组成	含义	相关内容
资产负债表	反映企业在某一特定日期所拥有的资产、需偿还的债务，以及股东（投资者）拥有的净资产情况	我国企业资产负债表采用账户式结构，左方为资产，右方为负债和所有者权益。在资产负债表中，资产项目按照流动资产和非流动资产分类列示，负债按照流动负债和非流动负债列示，在各类别下再按照性质分项列示。资产负债表各项目主要有按照总账科目余额、按照明细科目余额直接或分析填列、根据总账及相关备抵科目余额分析填列等方法
利润表	反映企业在一定会计期间的经营成果，即利润或亏损的情况，表明企业运用所拥有的资产的获利能力	我国企业利润表采用多步式进行编制。利润表中可反映营业利润、利润总额和净利润金额，利润表项目一般按其发生额填列
现金流量表	反映企业在一定会计期间现金和现金等价物流入和流出的情况。现金流量表反映企业在某一会计期间现金和现金等价物流入和流出的情况	我国企业现金流量表采用报告式，分为经营活动产生的现金流量、投资活动产生的现金流量和筹资活动产生的现金流量三类。企业应当采用直接法编制经营活动产生的现金流量。采用直接法编制经营活动的现金流量时，可以采用工作底稿法或 T 型账户法，也可以根据有关科目记录分析填列
所有者权益变动表	反映构成所有者权益的各组成部分当期的增减变动情况	企业的净利润及其分配情况是所有者权益变动的组成部分，相关信息已经在所有者权益变动表及其附注中反映，企业不需要再单独编制利润分配表
附注	财务报表不可或缺的组成部分	对在资产负债表、利润表、现金流量表和所有者权益变动表等报表中列示项目的文字描述或明细资料，以及对未能在这些报表中列示项目的说明等

第二节 资产负债表

一、资产负债表的概念

资产负债表能从整体上反映一个企业的实力及其财务状况，因而被誉为企业的"第一会计报表"。报表使用者通过阅读和分析资产负债表可获得的财务信息如图 13-2 所示：

报表使用者通过阅读和分析资产负债表，可获得的财务信息	某一日期资产的总额，表明企业拥有或控制的经济资源及其分布情况； 某一日期的负债总额及其结构，表明企业未来需要用多少资产或劳务清偿债务； 所有者权益的情况，表明投资者在企业资产中所占的份额，了解所有者权益的构成情况； 资产负债表还能够提供进行财务分析的基本资料，如通过资产负债表可以计算流动比率、速动比率等

图13-2 报表使用者通过阅读和分析资产负债表可获得的财务信息

二、资产负债表内容与结构

资产负债表主要反映资产、负债和所有者权益三方面的内容，并满足"资产 = 负债 + 所有者权益"平衡式。资产的相关内容介绍如表 13-6 所示，负债的相关内容介绍如表 13-7 所示：

表 13-6　资产的相关内容

资产的含义	反映由过去的交易、事项形成并由企业在某一特定日期所拥有或控制的、预期会给企业带来经济利益的资源。按照流动资产和非流动资产两大类别在资产负债表中列示	
资产的分类	流动资产	预计在一个正常营业周期中变现、出售或耗用，或者主要为交易目的而持有，或者预计在资产负债表日起一年内（含一年）变现的资产，或者自资产负债表日起一年内交换其他资产或清偿负债的能力不受限制的现金或现金等价物；具体包括：货币资金、交易性金融资产、应收票据、应收账款、预付款项、应收利息、应收股利、其他应收款、存货和一年内到期的非流动资产等
	非流动资产	流动资产以外的资产。具体包括：长期股权投资、固定资产、在建工程、工程物资、固定资产清理、无形资产、开发支出、长期待摊费用以及其他非流动资产等

表 13-7　负债的相关内容

负债的含义	反映在某一特定日期企业所承担的、预期会导致经济利益流出企业的现时义务。按照流动负债和非流动负债在资产负债表中进行列示	
负债的分类	流动负债	预计在一个正常营业周期中清偿，或者主要为交易目的而持有，或者自资产负债表日起一年内（含一年）到期应予以清偿，或者企业无权自主地将清偿推迟至资产负债表日后一年以上的负债。具体包括：短期借款、应付票据、应付账款、预收款项、应付职工薪酬、应交税费、应付利息、应付股利、其他应付款、一年内到期的非流动负债等
	非流动负债	流动负债以外的负债。具体包括：长期借款、应付债券和其他非流动负债等

所有者权益，是企业资产扣除负债后的剩余权益，反映企业在某一特定日期股东（投资者）拥有的净资产的总额，它一般按照实收资本、资本公积、盈余公积和未分配利润分项列示。

三、资产负债表编制示例

【例 13-1】奥莱商业发展股份公司 2×17 年 12 月 31 日的资产负债表（年初余额略）如表 13-8，2×18 年 12 月 31 日的科目余额表和资产负债表分别如表 13-9 和表 13-10。假设该公司 2×18 年度除计提固定资产减值准备导致固定资产账面价值与其计税基础存在可抵扣暂时性差异外，其他资产和负债项目的账面价值均等于其计税基础。

假定该公司未来很可能获得足够的应纳税所得额用来抵扣可抵扣暂时性差异，适用的所得税税率为25%。根据上述资料编制该公司2×18年12月31日的资产负债表。

表13-8　资产负债表 会企01表

编制单位：奥莱商业发展股份公司　　　　　　2×17年12月31日　　　　　　单位：元

资产	期末余额	上年年末余额	负债和所有者权益（或股东权益）	期末余额	上年年末余额
流动资产：			流动负债：		
货币资金	1 406 300		短期借款	300 000	
交易性金融资产	15 000		交易性金融负债	0	
衍生金融资产	0		衍生金融负债	0	
应收票据	246 000		应付票据	200 000	
应收账款	299 100		应付账款	953 800	
应收款项融资	0		预收款项	500 000	
预付款项	100 000		合同负债	0	
其他应收款	5 000		应付职工薪酬	110 000	
存货	2 580 000		应交税费	36 600	
合同资产	0		其他应付项	500 000	
持有待售资产	0		持有待售负债	0	
一年内到期的非流动资产	0		一年内到期的非流动负债	501 000	
其他流动资产	100 000		其他流动负债	0	
流动资产合计	4 751 400		流动负债合计	2 651 400	
非流动资产：			非流动负债：		
债券投资	0		长期借款	600 000	
其他债券投资	0		应付债券	0	
长期应收款	0		其中：优先股	0	
长期股权投资	250 000		永续债	0	
其他权益工具投资	0		租赁负债	0	
其他非流动金融资产	0		长期应付款	0	
投资性房地产	0		预计负债	0	
固定资产	1 100 000		递延收益	0	
在建工程	1 500 000		递延所得税负债	0	
生产性生物资产	0		其他非流动负债	0	
油气资产	0		非流动负债合计	600 000	
使用权资产	0		负债合计	3 251 400	
无形资产	600 000		所有者权益（或股东权益）		
开发支出	0		实收资本（或股本）	5 000 000	
商誉	0		其他权益工具	0	

续表

资产	期末余额	上年年末余额	负债和所有者权益（或股东权益）	期末余额	上年年末余额
长期待摊费用	0		其中：优先股	0	
递延所得税资产	0		永续债	0	
其他非流动资产	200 000		资本公积	0	
非流动资产合计	3 650 000		减：库存股	0	
			其他综合收益	0	
			专项储备	0	
			盈余公积	100 000	
			未分配利润	50 000	
			所有者权益（或股东权益）合计	5 150 000	
资产总计	8 401 400		负债和股东权益总计	8 401 400	

表 13-9　科目余额表

编制单位：奥莱商业发展股份公司　　　　2×18 年 12 月 31 日　　　　单位：元

科目名称	借方余额	科目名称	贷方余额
库存现金	125 566.75	短期借款	50 000
银行存款	344 943.25	应付票据	100 000
其他货币资金	240 690	应付账款	603 800
交易性金融资产	0	应付股利	100 000
应收票据	46 000	预收账款	350 000
应收账款	600 100	其他应付款	50 000
坏账准备	1 600	应付职工薪酬	180 000
预付账款	100 000	应交税费	100 000
其他应收款	5 000	应付利息	0
材料采购	305 000	应付股利	0
原材料	732 000	一年内到期的长期负债	0
周转材料	230 000	长期借款	1 160 000
库存商品	1287 700	股本	5 000 000
材料成本差异	20 000	盈余公积	166 621.10
其他流动资产	7 125	利润分配（未分配利润）	108 037.15
长期股权投资	250 000		
固定资产	2 401 000		
累计折旧	140 000		
固定资产减值准备	30 000		
工程物资	100 000		
在建工程	603 933.25		
无形资产	600 000		

续表

科目名称	借方余额	科目名称	贷方余额
累计摊销	30 000		
递延所得税资产	7 500		
其他长期资产	162 500		
合 计	7 968 458.25	合 计	7 968 458.25

表13-10 资产负债表 会企01表

编制单位：奥莱商业发展股份公司　　　　　　2×18年12月31日　　　　　　单位：元

资产	期末余额	上年年末余额	负债和所有者权益（或股东权益）	期末余额	上年年末余额
流动资产：			流动负债：		
货币资金	712 200	1 406 300	短期借款	50 000	300 000
交易性金融资产	0	15 000	交易性金融负债	0	0
衍生金融资产	0	0	衍生金融负债	0	0
应收票据	46 000	246 000	应付票据	100 000	200 000
应收账款	598 500	299 100	应付账款	603 800	953 800
应收款项融资	0	0	预收款项	350 000	500 000
预付款项	100 000	100 000	合同负债	0	0
其他应收款	5 000	5 000	应付职工薪酬	180 000	110 000
存货	2 574 700	2 580 000	应交税费	100 000	36 600
合同资产	0	0	其他应付项	150 000	50 000
持有待售资产	0	0	持有待售负债	0	0
一年内到期的非流动资产	0	0	一年内到期的非流动负债	0	501 000
其他流动资产	7 125	100 000	其他流动负债	0	0
流动资产合计	4 043 525	4 751 400	流动负债合计	1 533 800	2 651 400
非流动资产：			非流动负债：		
债券投资	0	0	长期借款	1 160 000	600 000
其他债券投资	0	0	应付债券	0	0
长期应收款	0	0	其中：优先股	0	0
长期股权投资	250 000	250 000	永续债	0	0
其他权益工具投资	0	0	租赁负债	0	0
其他非流动金融资产	0	0	长期应付款	0	0
投资性房地产	0	0	预计负债	0	0
固定资产	2 231 000	1 100 000	递延收益	0	0

续表

资产	期末余额	上年年末余额	负债和所有者权益（或股东权益）	期末余额	上年年末余额
在建工程	703 933.25	1 500 000	递延所得税负债	0	0
生产性生物资产	0	0	其他非流动负债	0	0
油气资产	0	0	非流动负债合计	1 160 000	600 000
使用权资产	0	0	负债合计	2 693 800	3 251 400
无形资产	570 000	600 000	所有者权益（或股东权益）：		
开发支出	0	0	实收资本（或股本）	5 000 000	5 000 000
商誉	0	0	其他权益工具	0	0
长期待摊费用	0	0	其中：优先股	0	0
递延所得税资产	7 500	0	永续债	0	0
其他非流动资产	162 500	200 000	资本公积	0	0
非流动资产合计	3 924 933.25	3 650 000	减：库存股	0	0
			其他综合收益	0	0
			专项储备	0	0
			盈余公积	166 621.1	100 000
			未分配利润	108 037.15	50 000
			所有者权益（或股东权益）合计	5 274 658.25	5 150 000
资产总计	7 968 458.25	8 401 400	负债和股东权益总计	7 968 458.25	8 401 400

第三节　利润表

一、利润表的概念和作用

利润表是指反映企业在一定会计期间的经营成果的报表。通过提供利润表，可以反映企业在一定会计期间收入、费用、利润（或亏损）的数额、构成情况，帮助财务报表使用者全面了解企业的经营成果，分析企业的获利能力及盈利增长趋势，从而为其作出经济决策提供依据。

二、利润表的编制

（一）利润表的编制步骤（如图 13-3 所示）

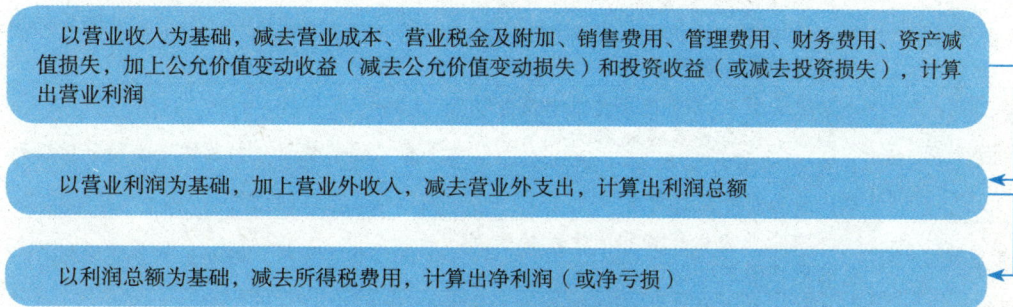

以营业收入为基础，减去营业成本、营业税金及附加、销售费用、管理费用、财务费用、资产减值损失，加上公允价值变动收益（减去公允价值变动损失）和投资收益（或减去投资损失），计算出营业利润

以营业利润为基础，加上营业外收入，减去营业外支出，计算出利润总额

以利润总额为基础，减去所得税费用，计算出净利润（或净亏损）

图13-3　利润表编制的三个步骤

普通股或潜在普通股已公开交易的企业及正处于公开发行普通股或潜在普通股过程中的企业，还应当在利润表中列示每股收益信息。

（二）利润表项目的填列方法

利润表各项目均需填列"本期金额"和"上期金额"两栏。

在编制中期利润表时，"本期金额"栏应分为"本期金额"和"年初至本期末累计发生额"两栏，分别填列各项目本中期（月、季或半年）各项目实际发生额，以及自年初起至本中期（月、季或半年）末止的累计实际发生额。"上期金额"栏应分为"上年可比本中期金额"和"上年初至可比本中期末累计发生额"两栏，应根据上年可比中期利润表"本期金额"下对应的两栏数字分别填列。上年度利润表与本年度利润表的项目名称和内容不一致的，应对上年度利润表项目的名称和数字按本年度的规定进行调整。年终结账时，由于全年的收入和支出已全部转入"本年利润"科目，并且通过收支对比结出本年净利润的数额。因此，应将年度利润表中的"净利润"数字，与"本年利润"科目结转到"利润分配——未分配利润"科目的数字相核对，检查账簿记录和报表编制的正确性。

利润表"本期金额""上期金额"栏内各项数字，除"每股收益"项目外，应当按照相关科目发生额分析填列。

（三）利润表项目的填列说明（见表 13-11）

表 13-11　利润表项目的填列说明

利润表项目	反映内容	填列说明
营业收入	反映企业经营主要业务和其他业务所确认的收入总额	据"主营业务收入"和"其他业务收入"科目的发生额分析填列

续表

利润表项目	反映内容	填列说明
营业成本	反映企业经营主要业务和其他业务所发生的成本总额	据"主营业务成本"和"其他业务成本"科目的发生额分析填列
税金及附加	反映企业经营业务应负担的消费税、城市建设维护税、资源税、土地增值税和教育费附加等	据"税金及附加"科目的发生额分析填列
销售费用	反映企业在销售商品过程中发生的包装费、广告费等费用和为销售本企业商品而专设的销售机构的职工薪酬、业务费等经营费用	据"销售费用"科目的发生额分析填列
管理费用	反映企业为组织和管理生产经营发生的管理费用	据"管理费用"的发生额分析填列
财务费用	反映企业筹集生产经营所需资金等而发生的筹资费用	据"财务费用"科目的发生额分析填列
资产减值损失	反映企业各项资产发生的减值损失	据"资产减值损失"科目的发生额分析填列
公允价值变动损益	反映企业应当计入当期损益的资产或负债公允价值变动收益	据"公允价值变动损益"科目的发生额分析填列，如为净损失，本项目以"-"号填列
投资收益	反映企业以各种方式对外投资所取得的收益	据"投资收益"科目的发生额分析填列。如为投资损失，本项目以"-"号填列
营业利润	反映企业实现的营业利润	如为亏损，本项目以"-"号填列
营业外收入	反映企业发生的与经营业务无直接关系的各项收入	据"营业外收入"科目的发生额分析填列
营业外支出	反映企业发生的与经营业务无直接关系的各项支出	据"营业外支出"科目的发生额分析填列
利润总额	反映企业实现的利润	如为亏损，本项目以"-"号填列
所得税费用	反映企业应从当期利润总额中扣除的所得税费用	据"所得税费用"科目的发生额分析填列
净利润	反映企业实现的净利润	如为亏损，本项目以"-"号填列

三、利润表编制示例

【例 13-2】损益表的编制。

奥莱商业发展股份公司2×18年度有关损益类科目本年累计发生净额如表13-12所示。

表13-12 损益类科目2×18年度累计发生净额

科目名称	借方发生额	贷方发生额
主营业务收入		2 470 000
主营业务成本	732 000	
税金及附加	20 000	
销售费用	180 000	

科目名称	借方发生额	贷方发生额
管理费用	153 100	
财务费用	40 500	
资产减值损失	30 800	
投资收益		95 000
营业外收入		150 000
营业外支出	18 500	
所得税费用	205 000	

根据上述资料，编制该公司 2×18 年度利润表，如表 13-13 所示。

表 13-13 利润表格式　　会企 02 表

编制单位：奥莱商业发展股份公司　　2×18 年度　　单位：元

项目	本期金额	上期金额
一、营业收入	2 470 000	
减：营业成本	732 000	
税金及附加	20 000	
销售费用	180 000	
管理费用	153 100	
研发费用		
财务费用	40 500	
其中：利息费用		
利息收入		
加：其他收益		
投资收益（损失以"-"号填列）	95 000	
其中：对联营企业和合营企业的投资收益	0	
以摊余成本计量的金融资产终止确认收益（损失以"-"号填列）		
净敞口套期收益（损失以"-"号填列）		
公允价值变动收益（损失以"-"号填列）	0	
信用减值损失（损失以"-"号填列）		
资产减值损失（损失以"-"号填列）	30 800	
资产处置收益（损失以"-"号填列）		
二、营业利润（亏损以"-"号填列）	1 408 600	
加：营业外收入	150 000	
减：营业外支出	18 500	
三、利润总额（亏损总额以"-"号填列）	1 540 100	
减：所得税费用	205 000	
四、净利润（净亏损以"-"号填列）	133 510	

续表

项目	本期金额	上期金额
（一）持续经营净利润（净损失以"-"号填列）		
（二）终止经营净利润（净损失以"-"号填列）		
五、其他综合收益的税后净额		
（一）不能重分类进损益的其他综合收益		
1.重新计量设定受益计划变动额		
2.权益法下不能转损益的其他综合收益		
3.其他权益工具投资公允价值变动		
4.企业自身信用风险公允价值变动		
……		
（二）将重分类进损益的其他综合收益		
1.权益法下可转损益的其他综合收益		
2.其他债券投资公允价值变动		
3.金融资产重分类计入其他综合收益的金额		
4.其他债券投资信用减值准备		
5.现金流量套期储备		
6.外币财务报表折算差额		
……		
六、综合收益总额		
七、每股收益		
（一）基本每股收益		
（二）稀释每股收益		

第四节　现金流量表

一、现金流量表的概念和作用

现金流量表是反映企业在一定会计期间现金和现金等价物流入和流出的报表。

通过现金流量表，可以为报表使用者提供企业一定会计期间内现金和现金等价物流入和流出的信息，便于使用者了解和评价企业获取现金和现金等价物的能力，据以预测企业未来现金流量。

二、现金流量及其分类

现金流量的相关概念介绍如表 13-14 所示，现金流量的分类及产生如表 13-15 所示。

表 13-14　现金流量的相关概念

概念	具体含义	相关说明
现金流量	一定会计期间内企业现金和现金等价物的流入和流出	企业从银行提取现金、用现金购买短期到期的国库券等现金和现金等价物之间的转换不属于现金流量
现金	企业库存现金以及可以随时用于支付的存款,包括库存现金、银行存款和其他货币资金(如外埠存款、银行汇票存款、银行本票存款等)等	不能随时用于支付的存款不属于现金
现金等价物	企业持有的期限短、流动性强、易于转换为已知金额现金、价值变动风险很小的投资。期限短,一般是指从购买日起三个月内到期	通常包括三个月内到期的债券投资等。权益性投资变现的金额通常不确定,因而不属于现金等价物。企业应当根据具体情况,确定现金等价物的范围,一经确定不得随意变更

表 13-15　现金流量的分类及产生

现金流量的分类	相关活动的概念	现金流的产生途径
经营活动产生的现金流量	经营活动:企业投资活动和筹资活动以外的所有交易和事项	销售商品或提供劳务、购买商品、接受劳务、支付工资和交纳税款等流入和流出的现金和现金等价物
投资活动产生的现金流量	投资活动:企业长期资产的购建和不包括在现金等价物范围内的投资及其处置活动	购建固定资产、处置子公司及其他营业单位等流入和流出的现金和现金等价物
筹资活动产生的现金流量	筹资活动:导致企业资本及债务规模和构成发生变化的活动	吸收投资、发行股票、分配利润、发行债券、偿还债务等流入和流出的现金和现金等价物。偿付应付账款、应付票据等商业应付款等属于经营活动,不属于筹资活动

三、现金流量表的编制

企业应当采用直接法列示经营活动产生的现金流量。直接法,是指通过现金收入和现金支出的主要类别列示经营活动的现金流量。采用直接法编制经营活动的现金流量时,一般以利润表中的营业收入为起算点,调整与经营活动有关的项目的增减变动,然后计算出经营活动的现金流量。采用直接法具体编制现金流量表时,可以采用工作底稿法或 T 型账户法,也可以根据有关科目记录分析填列。对经营活动产生的现金流量的介绍如表 13-16 所示,投资活动产生的现金流量的介绍如表 13-17 所示,筹资活动产生的现金流量如表 13-18 所示。

表13-16　经营活动产生的现金流量

经营活动产生的现金流量	"销售商品、提供劳务收到的现金"	反映企业本年销售商品、提供劳务收到的现金，以及以前年度销售商品、提供劳务本年收到的现金（包括应向购买者收取的增值税销项税额）和本年预收的款项，减去本年销售本年退回商品和以前年度销售本年退回商品支付的现金。企业销售材料和代购代销业务收到的现金，也在本项目反映
	"收到的税费返还"	反映企业收到返还的所得税、增值税、营业税、消费税、关税和教育费附加等各种税费返还款
	"收到其他与经营活动有关的现金"	反映企业经营租赁收到的租金等其他与经营活动有关的现金流入，金额较大的应当单独列示
	"购买商品、接受劳务支付的现金"	反映企业本年购买商品、接受劳务实际支付的现金（包括增值税进项税额），以及本年支付以前年度购买商品、接受劳务的未付款项和本年预付款项，减去本年发生的购货退回收到的现金。企业购买材料和代购代销业务支付的现金，也在本项目反映
	"支付给职工以及为职工支付的现金"	反映企业本年实际支付给职工的工资、资金、各种津贴和补贴等职工薪酬（包括代扣代缴的职工个人所得税）
	"支付的各项税费"	反映企业本年发生并支付、以前各年发生本年支付以及预交的各项税费，包括所得税、增值税、营业税、消费税、印花税、房产税、土地增值税、车船使用税、教育费附加等
	"支付其他与经营活动有关的现金"	反映企业经营租赁支付的租金、支付的差旅费、业务招待费、保险费、罚款支出等其他与经营活动有关的现金流出，金额较大的应当单独列示

表13-17　投资活动产生的现金流量

投资活动产生的现金流量	"收回投资收到的现金"	反映企业出售、转让或到期收回除现金等价物以外的对其他企业长期股权投资而收到的现金，但处置子公司及其他营业单位应收到的现金净额除外
	"取得投资收益收到的现金"	反映企业除现金等价物以外的对其他企业的长期股权投资等分回的现金股利和利息等
	"处置固定资产、无形资产和其他长期资产收回的现金净额"	反映企业出售、报废固定资产、无形资产和其他长期资产所取得的现金（包括因资产毁损而收到的保险赔偿收入），减去为处置这些资产而支付的有关费用后的净额
	"处置子公司及其他营业单位应收到的现金净额"	反映企业处置子公司及其他营业单位所取得的现金，减去相关处置费用以及子公司及其他营业单位持有的现金和现金等价物后的净额
	"购建固定资产、无形资产和其他长期资产支付的现金"	反映企业购买、建造固定资产、取得无形资产和其他长期资产所支付的现金（含增值税款等），以及用现金支付的应由在建工程和无形资产负担的职工薪酬
	"投资支付的现金"	反映企业取得除现金等价物以外的对其他企业的长期股权投资所支付的现金以及支付的佣金、手续费等附加费用，但取得子公司及其他营业单位支付的现金净额除外
	"取得子公司及其他营业单位支付的现金净额"	反映企业购买子公司及其他营业单位购买出价中以现金支付的部分，减去子公司及其他营业单位持有的现金和现金等价物后的净额
	"收到其他与投资活动有关的现金"与"支付其他与投资活动有关的现金"	反映企业除上述项目外收到或支付的其他与投资活动有关的现金，金额较大的应当单独列示

表 13-18 筹资活动产生的现金流量

筹资活动产生的现金流量	"吸收投资收到的现金"	反映企业以发行股票、债券等方式筹集资金实际收到的款项，减去直接支付的佣金、手续费、宣传费、咨询费、印刷费等发行费用后的净额
	"取得借款收到的现金"	反映企业举借各种短期、长期借款而收到的现金
	"偿还债务支付的现金"	反映企业为偿还债务本金而支付的现金
	"分配股利、利润或偿付利息支付的现金"	反映企业实际支付的现金股利、支付给其他投资单位的利润或用现金支付的借款利息、债券利息
	"收到其他与筹资活动有关的现金""支付其他与筹资活动有关的现金"	反映企业除上述项目外收到或支付的其他与筹资活动有关的现金，金额较大的应当单独列示

"汇率变动对现金及现金等价物的影响"项目，反映下列项目之间的差额：

（1）企业外币现金流量折算为记账本位币时，采用现金流量发生日的即期汇率近似的汇率折算的金额（编制合并现金流量表时折算境外子公司的现金流量，应当比照处理）。

（2）企业外币现金及现金等价物净增加额按年末汇率折算的金额填列。

四、现金流量表编制示例

【例 13-3】现金流量表的编制。

沿用【例 13-1】和【例 13-2】的资料，奥莱商业发展股份公司其他相关资料如下：

1. 2×18 年度利润表有关项目的明细资料如下：

（1）管理费用的组成：职工薪酬 80 000 元，无形资产摊销 30 000 元，折旧费 20 000 元，支付其他费用 23 100 元。

（2）财务费用的组成：计提借款利息 10 500 元，支付应收票据（银行承兑汇票）贴现利息 30 000 元。

（3）资产减值损失的组成：计提坏账准备 800 元，计提固定资产减值准备 30 000 元。上年年末坏账准备余额为 800 元。

（4）投资收益的组成：收到股息收入 90 500 元，与本金一起收回的交易性股票投资收益 500 元，自公允价值变动损益结转投资收益 4 000 元。

（5）营业外收入的组成：处置固定资产净收益 150 000 元（其所处置固定资产原价为 400 000 元，累计折旧为 250 000 元。收到处置收入 300 000 元）。假定不考虑与固定资产处置有关的税费。

（6）营业外支出的组成：报废固定资产净损失 18 500 元（其所报废固定资产原价为 200 000 元，累计折旧为 180 000 元，支付清理费用 300 元，收到残值收入 1 800 元）。

（7）所得税费用的组成：当期所得税费用 212 500 元，递延所得税收益 7 500 元。

除上述项目外，利润表中的销售费用 180 000 元至期末已经支付。

2. 资产负债表有关项目的明细资料如下：

（1）本期收回交易性股票投资本金 15 000 元、公允价值变动 4 000 元，同时实现投资收益 500 元。

（2）存货中生产成本、制造费用的组成：职工薪酬 353 800 元，折旧费 90 000 元。

（3）应交税费的组成：本期增值税进项税额 165 512 元，增值税销项税额 207 536 元，已交增值税 10 000 元；应交所得税期末余额为 21 376 元，应交所得税期初余额为 0；应交税费期末数中应由在建工程负担的部分为 100 000 元。

（4）应付职工薪酬的期初数无应付在建工程人员的部分，本期支付在建工程人员职工薪酬 200 000 元。应付职工薪酬的期末数中应付在建工程人员的部分为 25 000 元。

（5）应付利息均为短期借款利息，其中本期计提利息 10 500 元，支付利息 10 500 元。

（6）本期用现金购买固定资产 1 200 000 元，工程物资 100 000 元。

（7）本期用现金偿还短期借款 250 000 元，偿还一年内到期的长期借款 501 000 元；借入长期借款 560 000 元。

根据以上资料，采用分析填列的方法，编制奥莱商业发展股份公司 2×18 年度的现金流量表。

1. 奥莱商业发展股份公司 2×18 年度现金流量表各项目金额，分析确定如下：

（1）销售商品、提供劳务收到的现金

＝主营业务收入＋应交税费（应交增值税－销项税额）＋（应收账款年初余额－应收账款期末余额）＋（应收票据年初余额－应收票据期末余额）－当期计提的坏账准备－票据贴现的利息＋（预收账款期末余额－预收账款年初余额）

＝2 470 000+207 536+（299 100−598 500）+（246 000−46 000）−800−30 000+（350 000−500 000）=2 397 336（元）

（2）购买商品、接受劳务支付的现金

＝主营业务成本＋应交税费（应交增值税－进项税额）－（存货年初余额－存货期末余额）＋（应付账款年初余额－应付账款期末余额）＋（应付票据年初余额－应付票据期末余额）＋（预付账款期末余额－预付账款年初余额）－当期列入生产成本、制造费用的职工薪酬－当期列入生产成本、制造费用的折旧费和固定资产修理费

＝732 000+165 512−（2 580 000−2 574 700）+（953 800−603 800）+（200 000−100 000）+（100 000−100 000）−353 800−90 000

＝898 412（元）

（3）支付给职工以及为职工支付的现金

= 生产成本、制造费用、管理费用中职工薪酬 +（应付职工薪酬年初余额 – 应付职工薪酬期末余额）–［应付职工薪酬（在建工程）年初余额 – 应付职工薪酬（在建工程）期末余额］

=353 800+80 000+（110 000–180 000）–（0–25 000）

=388 800（元）

（4）支付的各项税费

= 当期所得税费用 + 税金及附加 + 应交税费（应交增值税——已交税金）–（应交所得税期末余额 – 应交所得税期初余额）

=212 500+20 000+100 000–（21 376–0）

=311 124（元）

（5）支付其他与经营活动有关的现金 = 其他管理费用 + 销售费用

=23 100+180 000

=203 100（元）

（6）收回投资收到的现金

= 交易性金融资产贷方发生额 + 与交易性金融资产一起收回的投资收益

=19 000+500

=19 500（元）

（7）取得投资收益所收到的现金

= 收到的股息收入

=90 500（元）

（8）处置固定资产收回的现金净额

=300 000+（1 800–300）

=301 500（元）

（9）购建固定资产支付的现金

= 用现金购买的固定资产、工程物资 + 支付给在建工程人员的薪酬

=1 200 000+100 000+200 000

=1 500 000（元）

（10）取得借款所收到的现金 =560 000（元）

（11）偿还债务支付的现金

=250 000+501 000

=751 000（元）

（12）偿还利息支付的现金 =10 500（元）

2. 根据上述数据，编制现金流量表（表 13-19）

表 13-19　现金流量表　　　会企 03 表

编制单位：奥莱商业发展股份公司　　　　2×18 年　　　　单位：元

项目	本期金额	上期金额
一、经营活动产生的现金流量		略
销售商品、提供劳务收到的现金	2 397 336	
收到的税费返还	0	
收到其他与经营活动有关的现金	0	
经营活动现金流入小计	2 397 336	
购买商品、接受劳务支付的现金	898 412	
支付给职工以及为职工支付的现金	388 800	
支付的各项税费	311 124	
支付其他与经营活动有关的现金	203 100	
经营活动现金流出小计	1 801 436	
经营活动产生的现金流量净额	595 900	
二、投资活动产生的现金流量		
收回投资收到的现金	19 500	
取得投资收益收到的现金	90 500	
处置固定资产、无形资产和其他长期资产收回的现金净额	301 500	
处置子公司及其他营业单位收到的现金净额	0	
收到其他与投资活动有关的现金	0	
投资活动现金流入小计	411 500	
购建固定资产、无形资产和其他长期资产支付的现金	1 500 000	
投资支付的现金	0	
取得子公司及其他营业单位支付的现金净额	0	
支付其他与投资活动有关的现金	0	
投资活动现金流出小计	1 500 000	
投资活动产生的现金流量净额	-1 088 500	
三、筹资活动产生的现金流量		
吸收投资收到的现金	0	
取得借款收到的现金	560 000	
收到其他与筹资活动有关的现金	0	
筹资活动现金流入小计	560 000	
偿还债务支付的现金	751 000	

项目	本期金额	上期金额
分配股利、利润或偿付利息支付的现金	10 500	
支付其他与筹资活动有关的现金	0	
筹资活动现金流出小计	761 500	
筹资活动产生的现金流量净额	−201 500	
四、汇率变动对现金及现金等价物的影响	0	
五、现金及现金等价物净增加额	−694 100	
加：期初现金及现金等价物余额	1 406 300	
六、期末现金及现金等价物余额	712 200	

第五节　所有者权益变动表

一、所有者权益变动表的内容及结构

本部分介绍如表 13-20 所示。

表 13-20　所有者权益变动表的内容及结构

所有者权益变动表	反映构成所有者权益各组成部分当期增减变动情况的报表
结构	当期损益、直接计入所有者权益的利得和损失，以及与所有者的资本交易导致的所有者权益的变动分别列示
单独列示反映的信息项目	净利润；直接所有者权益的利得和损失项目及其总额；会计政策变更和差错更正的累积影响金额；所有者投入资本和向所有者分配利润等；提取的盈余公积；实收资本或股本、资本公积、盈余公积、未分配利润的期初和期末余额及其调节情况

二、所有者权益变动表的填列方法

（1）"上年年末余额"项目，反映企业上年资产负债表中实收资本（或股本）、资本公积、库存股、盈余公积、未分配利润的年末余额。

（2）"会计政策变更""前期差错更正"项目，分别反映企业采用追溯调整法处理的会计政策变更的累积影响金额和采用追溯重述法处理的会计差错更正的累积影响金额。

（3）"本年增减变动额"项目如表 13-21 所示：

表 13-21 "本年增减变动额"项目

	净利润	反映企业当年实现的净利润（或净亏损）金额	
"本年增减变动额"项目	直接计入所有者权益的利得和损失	反映企业当年直接所有者权益的利得和损失金额	"可供出售金融资产公允价值变动净额"：反映企业持有的可供出售金融资产当年公允价值变动的金额
			"权益法下被投资单位其他所有者权益变动的影响"：反映企业对按照权益法核算的长期股权投资，在被投资单位除当年实现的净损益以外其他所有者权益当年变动中应享有的份额
			"与所有者权益项目相关的所得税影响"：反映企业根据《企业会计准则第 18 号——所得税》规定所有者权益项目的当年所得税影响金额
	所有者投入和减少资本	反映企业当年所有者投入的资本和减少的资本	"所有者投入资本"：反映企业接受投资者投入形成的实收资本（或股本）和资本溢价或股本溢价
			"股份支付所有者权益的金额"：反映企业处于等待期中的权益结算的股份支付当年资本公积的金额
	利润分配	反映企业当年的利润分配金额	"提取盈余公积"：反映企业按照规定提取的盈余公积
			"对所有者（或股东）的分配"：反映对所有者（或股东）分配的利润（或股利）金额
	所有者权益内部结转	反映企业构成所有者权益的组成部分之间的增减变动情况	"资本公积转增资本（或股本）"：反映企业以资本公积转增资本或股本的金额
			"盈余公积转增资本（或股本）"：反映企业以盈余公积转增资本或股本的金额
			"盈余公积弥补亏损"：反映企业以盈余公积弥补亏损的金额

三、所有者权益变动表编制示例

【例 13-4】所有者权益变动表的编制。

沿用【例 13-1】、【例 13-2】和【例 13-3】的资料，奥莱商业发展股份公司其他相关资料为：提取盈余公积 66 621.10 元，向投资者分配现金股利 1 210 441.75 元。

根据上述资料，奥莱商业发展股份公司编制 2×18 年度的所有者权益变动表。如表 13-22 所示：

编制单位：奥莱商业发展股份公司

表13-22 所有者权益变动表

会企04表

2×18年度

单位：元

项目	本年金额							上年金额（略）						
	实收资本（或股本）	资本公积	减：库存股	其他综合收益	盈余公积	未分配利润	所有者权益合计	实收资本（或股本）	资本公积	减：库存股	其他综合收益	盈余公积	未分配利润	所有者权益合计
一、上年年末余额	5 000 000	0	0	0	100 000	5 0000	5 150 000							
加：会计政策变更														
前期差错更正														
二、本年年初余额	5 000 000	0	0	0	100 000	50 000	5 150 000							
三、本年增减变动金额（减少以"—"号填列）						1 335 000	1 335 000							
（一）综合收益总额														
（二）所有者投入和减少资本														
1. 所有者投入资本														
2. 股份支付计入所有者权益的金额														
3. 其他														
（三）利润分配														
1. 提取盈余公积					66 621.10	-66 621.10	0							
2. 对所有者（或股东）的分配						-1 210 441.75	-1 210 441.75							

续表

项目	本年金额							上年金额（略）						
	实收资本（或股本）	资本公积	减：库存股	其他综合收益	盈余公积	未分配利润	所有者权益合计	实收资本（或股本）	资本公积	减：库存股	其他综合收益	盈余公积	未分配利润	所有者权益合计
3. 其他														
（四）所有者权益内部结转														
1. 资本公积转增资本（或股本）														
2. 盈余公积转增资本（或股本）														
3. 盈余公积弥补亏损														
4. 其他														
四、本年年末余额	5 000 000	0	0	0	166 621.10	108 037.15	5 274 658.25							

第六节 一般企业报表附注

附注是财务报表的重要组成部分。企业应当按照规定披露附注信息，主要包括下列内容：

（一）企业的基本情况

（1）企业注册地、组织形式和总部地址。

（2）企业的业务性质和主要经营活动。

（3）母公司以及集团最终母公司的名称。

（4）财务报告的批准报出者和财务报告批准报出日。

（二）财务报表的编制基础

（三）遵循企业会计准则的声明

企业应当声明编制的财务报表符合企业会计准则的要求，真实、完整地反映了企业的财务状况、经营成果和现金流量等有关信息。

（四）重要会计政策和会计估计

企业应当披露采用的重要会计政策和会计估计，不重要的会计政策和会计估计可以不披露。在披露重要会计政策和会计估计时，应当披露重要会计政策的确定依据和财务报表项目的计量基础，以及会计估计中所采用的关键假设和不确定因素。

（五）会计政策和会计估计变更以及差错更正的说明

企业应当按照《企业会计准则第 28 号——会计政策、会计估计变更和差错更正》及其应用指南的规定，披露会计政策和会计估计变更以及差错更正的有关情况。

（六）报表重要项目的说明

企业对报表重要项目的说明，应当按照资产负债表、利润表、现金流量表、所有者权益变动表及其项目列示的顺序，采用文字和数字描述相结合的方式进行披露。报表重要项目的明细金额合计，应当与报表项目金额相衔接。

参考文献

［1］财政部.企业会计准则［M］.北京：经济科学出版社，2019.

［2］财政部.企业会计准则——应用指南［M］.北京：中国财政经济出版社，2020.

［3］财政部会计司.企业会计准则讲解［M］.北京：人民出版社，2010.

［4］中国注册会计师协会.会计［M］.北京：中国财政经济出版社，2020.

［5］财政部会计资格评价中心.初级会计实务［M］.北京：中国财政经济出版社，
2020.

［6］财政部会计资格评价中心.中级会计实务［M］.北京：经济科学出版社，2019.

［7］方晶晶、张思纯.建筑施工企业会计核算实务［M］.北京：化学工业出版，2011.

［8］代义国.建筑施工企业会计与纳税技巧［M］.北京：机械工业出版社，2012.

［9］周霞.新编施工企业会计操作实务［M］.北京：经济科学出版社，2011.

［10］夏国存，焦建平.施工企业会计核算［M］.北京：中国财政经济出版社，2010.

［11］辛艳红，李爱华.施工企业会计［M］.北京：北京大学出版社，2009.